香山讲坛演讲录

聆听智者的声音

（第三辑）

主编 吕 梅

副主编 麦丽明 贾 晓

中华书局

图书在版编目(CIP)数据

聆听智者的声音:香山讲坛演讲录.第3辑/吕梅主编.—北京:中华书局,2012.4
ISBN 978 - 7 - 101- 08575 - 4

Ⅰ.聆…　Ⅱ.吕…　Ⅲ.社会科学 - 文集　Ⅳ.C53

中国版本图书馆 CIP数据核字(2012)第 056153 号

书　　名　聆听智者的声音:香山讲坛演讲录(第三辑)
主　　编　吕　梅
副 主 编　麦丽明　贾　晓
责任编辑　祝安顺
出版发行　中华书局
　　　　　(北京市丰台区太平桥西里38 号　100073)
　　　　　http://www.zhbc.com.cn
　　　　　E-mail:zhbc@zhbc.com.cn
印　　刷　北京天来印务有限公司
版　　次　2012 年 4 月北京第 1 版
　　　　　2012 年 4 月北京第 1 次印刷
规　　格　开本/787×1092 毫米　1/16
　　　　　印张 15¾　插页 2　字数 367 千字
印　　数　1-3200 册
国际书号　ISBN 978 - 7 - 101- 08575 - 4
定　　价　35.00 元

# 目录

# 出版说明

　　"香山讲坛"是广东省中山市中山图书馆开办的大众公益讲座,也是其致力于打造、培育的文化品牌,以人文精神和智慧思想引领民众的独立思考和探索精神,开启心智,提升自我,迄今已成功举办 280 多期,引起了社会的广泛关注和极大反响。2010 年 11 月,我们曾选编"香山讲坛"部分演讲词,推出了《聆听智者的声音》一书,在读者中产生了共鸣。其后,"香山讲坛"演讲词改由他社出版,是为《聆听智者的声音》第二辑。我们此次编选的这本《聆听智者的声音》第三辑,主要收录的是"香山讲坛"2010 年度的部分演讲词,希望本书的出版能继续带给读者美的享受。

　　本书的编排,充分凸显"香山讲坛"这一大众讲座形式"讲"的特点,分设历史篇、文化篇、社会篇、教育篇、健康篇、经济篇、科技篇七大板块,二十九讲。讲座的遴选严格遵循"贴近实际、贴近生活、贴近市民"三原则,以关注历史文化特色、关注社会发展脉搏、关注不同阶层声音为出发点。这二十九讲既熔宏大的人文历史、社会生活和经济科技于一炉,又关乎微观的社会热点、焦点和民生问题,兼具学术性、思想性、知识性、实用性和趣味性,同时又不乏时代感,雅俗共赏。阅读本书,读者可以聆听智者的声音,鉴古知今,解读当下。

　　此外,本书在每一讲的开篇位置,都配发了主讲人的讲座照片和学术简介,读者可通过相关领域的教授、专家或学者提供的学科门径,按图索骥,深入了解其学术专长,学习自己感兴趣的学科知识。若本书的出版,能缩短象牙塔与社会民众的距离,将相关学科的研究成果切实传播给大众,也正为我们所期待的。

　　谨此说明。

中华书局编辑部

2012 年 3 月

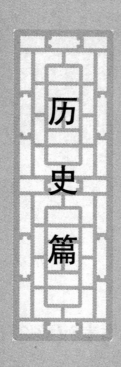

历史篇

# 第一讲　论五德理论与秦汉帝德谱的关系及演变过程

## 杨　权

**主讲人简介：**

中山大学中文系教授,全国高校古籍整理研究工作委员会重点项目——《全粤诗》的副总主编,《中华道家大辞典》的分科主编及主要撰稿人之一。曾任中山大学出版社总编辑。主要从事秦汉史与岭南明清文献的研究与教学工作。著有《新五德理论与两汉政治》《秘戏图考》《叶公超》《天然之光》等专著或译著,整理有《易经注》《千山诗集》《咸陟堂集》《曹溪通志》等作品。

五行与中国古代的哲学、医学、农业、军事、音乐、天文、地理等关系密切，但五行与政治的关系也同样密切。这与中国古代的"正僭"观念有关。所谓正僭，是说政治权力正当与否，合法与否。秦汉时期，统治者们证明正僭的理论手段只有两种：一种是宗法方面的，一种是天道方面的。所谓宗法，指以家族为中心，按血统、嫡庶来组织、统治社会的法则。天道手段是指利用某种理论工具来向世人证明，自然的运动变化有严密的法则、规律，而本朝或本人对天下的统治，与这种法则、规律是完全吻合的。

在秦汉时期，统治者为了证明自已"王天下"具有理据，在天道方面所采用的主要理论工具，是以五行学说为基础的"五德说"；在某些特定时期，也采用过"三统说"。"三统说"是董仲舒在《春秋繁露》一书中提出来的，它认为王朝演变，是黑、白、赤三统循环的结果。这种带有神秘主义色彩的历史观，政治逻辑与"五德说"很相像，只不过是把代表五德的五种颜色减去了两种。五德说有两种：一种以五行相胜为框架，因为五行是循环的，所以称为"五德终始说"；另外一种以五行相生为框架，为了与前者相区别，把它称为"新五德终始说"。新旧两种五德说所反映的思想，都是政治循环论，它们都把古代王朝的更替视作天道演变的结果，所不同的只是一个主相胜，一个主相生。

五行学说是中华民族的一种极为古老的物质运动观念，它曾被民国时期"古史辨"学派的领军人物顾颉刚先生称为"中国人的思想律"。它是我们民族源远流长的思维模式，在这种思维模式的影响下，先民把自然与社会中各种事物的变化，都归结为水、木、火、土、金五种元素或属性的循环。"五行"，最初见于《尚书·甘誓》。《甘誓》是夏启在讨伐有扈氏之前发布的一篇檄文，檄文说"有扈氏威侮五行，怠弃三正"。第一次具体谈及五行的文献，是被学术界认为产生于春秋时代的《尚书·洪范》。这篇文献说到：

> 五行，一曰水，二曰火，三曰木，四曰金，五曰土，水曰润下，火曰炎上，木曰曲直，金曰从革，土爰稼穑。

五行观念产生之后，逐步发展成了两种相反的理论体系：一个是五行相胜，一般从水开始，水胜火，火胜金，金胜木，木胜土，土胜水。另外一个是五行相生，一般从木开始，木生火，火生土，土生金，金生水，水生木。无论相胜还是相生，都是循环往复的。

现存史料，可以证明五行相胜观念在春秋时代就已经产生了。《左传》文公七年曾记载："晋郤缺言于赵宣子曰：……水、火、金、木、土、谷，谓之六府。"郤缺所说的，便是五行相胜，只不过次序是反着的罢了。《左传》昭公三十一年还记载道："入郢必以庚辰，日月在辰尾，庚午之日，日始有谪，火胜金，故弗克。"《左传》哀公九年则记载到："……水胜火，伐姜则可。"这两处文字都直接提到了"某行胜某行"。此外，《逸周书·周祝》有"陈彼五行，必有胜"之语，《墨子·经下》有"五行毋常胜"之语，《孙子·虚实》有"故五行无常胜"之语。

学术界有人认为，五行相生观念产生的时间，比五行相胜要晚。但是清代王引之的《经义述闻》有一节叫《春秋名字解诂》，里面说到，在春秋时期，秦国有一个人叫白丙，字乙；而按照天干与五行的配属关系，丙属火，乙属木，暗寓火生于木。郑国有一个人叫石癸，字甲父；癸属水，甲属木，暗寓木生于水。楚国的公子壬夫，字子辛；壬属水，辛属金，暗寓水生于金。卫国有一个人叫宜戊，字丁；戊属土，丁属火，暗寓土生于火。人的"名"与"字"之间是存在着某种联系的，王引之对这些人物名与字的解析，令人信服地证明了五行相生观念在春秋时期也已经存在了。

虽然五行相胜和五行相生两种相反的学说都产生于春秋时期，但是最初被引入政治历史领域的学说，却是五行相胜。始作俑者是战国晚期齐国的一位阴阳五行家邹衍。邹衍是当时的一位超级"侃爷"，外号叫作"谈天衍"。《史记集解》曾引用刘向《别录》里的话，说"驺衍之所言，五德终始，天地广大，书言天事，故曰'谈天'"。为什么首先被引入政治历史领域的学说是五行相胜？这跟春秋、战国时期的形势有关。春秋战国时代是一个群雄并起、相互割据的时代，谁的武力强大，谁就拥有政治上的话语权。而五行相胜理论，与武力征伐的形势，是正相合拍的。

五行相胜观念被引入政治历史领域的结果，是一种被用来解释王朝更迭或政权变迁原因的理论的产生，这便是"五德终始说"。五德终始理论认为，天道运转有严格的法则与规律，历史、现实和未来的任一王朝（或帝王）统治天下，都与五德中的某德相应（德，是指与五行相应的政治品格）。新朝之德兴，必是由于前朝之德衰。每个王朝的产生，都是五德中的某一德战胜前面之德从而获得统治地位的结果。而改朝换代后，德制也必须作相应的改变。

关于邹衍创立五德终始说的情况，《史记·孟子荀卿列传》有如下记载：

> 驺衍睹有国者益淫侈，不能尚德，若大雅整之于身，施及黎庶矣。乃深观阴阳消息而作怪迂之变，《终始》《大圣》之篇十馀万言。其语闳大不经，必先验小物，推而大之，至于无垠。先序今以上至黄帝，学者所共术，大并世盛衰，因载其禨祥度制，推而远之，至天地未生，窈冥不可考而原也。……称引天地剖判以来，五德转移，治各有宜，而符应若兹。……然要其归，必止乎仁义节俭，君臣上下六亲之施，始也滥耳。

除了《始终》《大圣》之外，邹衍还写有两部书，分别叫《主运》与《五德终始》，但它们都不存在了。不过他的理论体系，被完整地保存在《吕氏春秋·应同》中。《应同》是这么记载的：

> 凡帝王之将兴也，天必先见祥乎下民。黄帝之时，天先见大螾大蝼。黄帝曰："土气胜。"土气胜，故其色尚黄，其事则土。及禹之时，天先见草木秋冬不杀。禹曰："木气胜。"木气胜，故其色尚青，其事则木。及汤之时，天先见金刃生于水。汤曰："金气胜。"金气胜，故其色尚白，其事则金。及文王之时，天先见火，赤乌衔丹书集于周社。文王曰："火气胜。"火气胜，故其色尚赤，其事则火。

这段话的意思是，每个朝代的帝王君临天下，上天都会出现相应的祥瑞。黄帝时，上天显现的祥瑞是大蚯蚓与大蝼蛄，因为它们都是土里头的生物，所以它们的出现便意味着要行土德之运了。其他各代帝王当政，都是如此。黄帝时为什么"色尚黄"呢？因为黄是土的对应色。东方是苍龙之象，属木，对应色青；南方是朱雀之象，属火，对应色赤；西方是白虎之象，属金，对应色白；北方是玄武之象，属水，对应色黑；中央属土，对应色黄。《应同》这段话说得很具体，黄帝属土，大禹属木，商汤属金，周文王属火。根据它的说法，可以作成这样一个帝德谱：

黄帝──→夏朝──→殷朝──→周朝──→□

土　　　木　　　金　　　火　　　水

黄　　　青　　　白　　　赤　　　黑

（邹衍版帝德谱）

这是五行相胜框架下的第一个帝德谱。在这个谱中，五德尚未完成一轮循环，因为当时真命天子是谁还不知道。邹衍在黄帝之后省略了尧与舜，可能他认为尧是黄帝的四世孙，所继承的是黄帝的天下，而尧又以禅让的方式把天下给了同是黄帝后代的舜，德运是一脉相承的。禹虽然也是黄帝的后代，但是他废除了禅让制，开创了夏朝"家天下"的局面，因此德运便与黄帝不同了。

《史记·封禅书》说"邹衍以阴阳主运，显于诸侯"，可见他的学说在当时影响很大。但他在活着的时候，并没有把自己的学说贩卖出去。直到秦王嬴政于公元前221年统一天下之后，他的学说才有了市场，而那时他去世已差不多二十年了。

嬴政是历史上第一个统一中国的人，觉得自己很了不起，因此连古代的"三皇五帝"都不入他的法眼。史书说他"自以为功过五帝，地广三皇，而羞与之伟"。《史记·秦始皇本纪》记载，他要为自己取一个尊号，以便"称成功，传后世"。经过一番斟酌，他决定去"泰"着"皇"，采上古"帝"位号，号曰"皇帝"。因为他是第一个称皇帝的，所以在"皇帝"的前面，又加上了一个"始"字。这就是政治权力高度集中，与最高地位不可转移。要实现王朝的长治久安，秦始皇还必须向世人证明，自己占有天下是正当而合法的。要做到这一点，秦始皇所可采用的理论手段有两种：或者在宗法上攀附古圣，或者在天道上挤入五行。根据《史记》记载，秦的先祖是"帝颛顼之苗裔"。这就是说，嬴氏与颛顼存在血缘关系。可是秦始皇在骨子里是瞧不起古圣的。在《琅琊刻石》中，他曾大言不惭地说自己"功盖五帝"。还轻慢地指谪古圣的缺失，说"古之五帝三王，知教不同，法度不明，假威鬼神，以欺远方，实不称名，故不久长。其身未殁，诸侯倍叛，法令不行"（《史记·秦始皇本纪》）。放弃宗法手段不同，他所可采用的，便只有天道手段了。这时候，齐人把邹衍的五德终始说告诉了他，他便决定接受邹衍的理论。邹衍理论所包含的相胜观念，与他以武力征伐方式灭六国得天下，在价值取向上是非常合拍的。《史记·封禅书》记载："自齐威、宣之时，邹子之徒论著终始五德之运，及秦帝而齐人奏之，故始皇采用之。"

《吕氏春秋·应同》说："代火者必将水，天且先见水气胜。水气胜，故其色尚黑，其事则水。"按照"水克火"的规律，继火德周朝之后占有天下的王朝，应当为水德。因此秦始皇就把本朝的属德定为了水。《史记·秦始皇本纪》记载道：

> 始皇推终始五德之传，以为周得火德，秦代周德，从所不胜。方今水德之始，改年始，朝贺皆自十月朔，衣服旄旌节旗皆上黑。数以六为纪，符、法冠皆六寸，而舆六尺，六尺为步，乘六马。更名河曰"德水"，以为水德之始。

《史记·封禅书》也记载：

> 于是秦更名河曰"德水"，以冬十月为年首，色上黑，度以六位名，音上大吕，事统上法。

秦所以"色尚黑"，是因为在五行中，黑是与水的对应色。数以六为纪，在用事的时候，特别重视"六"这个数字。比如秦始皇出门，车要用六匹马拉。为何要"数用六"？在古代，人们习惯拿"一二三四五"与"水火木金土"相配，这五个数被称为"生数"。光有生数，孤男寡女的不好，阴阳必须搭配才和谐，于是古人又把"六七八九十"拿来与"水火木金土"再相配，这五个数叫"成数"。一和六分别是水的生数和成数，二和七分别是火的生数和成数，其馀依此类推。在《河图》《洛书》中，就有"天一生水，地六成之"的说法。

所以秦始皇的这些举措，都是为了证明本朝是水德朝。邹衍版帝德谱，原是一个五行尚未完成一轮循环的的帝德谱，秦朝加入之后，第一轮循环就完成了。秦始皇版帝德谱，与邹衍版帝德谱其实没有什么区别，所不同的只是多了一个水德秦朝。如图：

黄帝——→夏朝——→商朝——→周朝——→秦朝

土　　　木　　　金　　　火　　　水

黄　　　青　　　白　　　赤　　　黑

（秦始皇版帝德谱）

秦始皇把五德终始说引入政治生活中，是不怎么成功的。不过他的做法对后世还是产生了深远的影响。继秦而起的西汉王朝，也拿邹衍这套东西去证明自己统治天下的合法性。

汉朝对自己属德的认定，经历了一个复杂的过程。《史记·封禅书》记载，刘邦称王的第二年，就在东方打败了项羽，之后带兵西进，攻入了秦的政治中心——关中，经过数百里的推进，到达了秦的都城咸阳。他入秦都后问："故秦祠上帝祠何帝也？"身边的人告诉他："秦所祠的帝共有四个，分白、青、黄、赤四帝，分别为西畤、东畤、中畤与南畤。"刘邦说："我听说天有五帝，怎么秦只祠四帝？"他身边的人都说不出所以然来。刘邦想了想，一拍脑袋，说："吾知之矣，乃待我而具五也！"于是便立黑帝祠，并把它命名为北畤。就这样，刘邦一句戏言，汉德就被定为了水。刘邦的做法，反映了他对五行说的无知。秦德已经是水，汉德怎么还可能是水！但刘邦是开国之君，因此他这么一说，别人就不敢怎么样了。

汉为水德，到文帝时代，获得了朝中硕学张苍的理论证明。《史记·张丞相列传》这样记载：

> 自汉兴至孝文二十餘年，会天下初定，将相公卿皆军吏。张苍为计相时，绪正律历。以高祖十月始至霸上，因故秦时本以十月为岁首，弗革。推五德之运，以为汉当水德之时，尚黑如故。

张苍以汉德为水，意味着把秦从五行循环中排斥出去了，因为一德不可能安排两个朝代。他这样做，在当时人看来，并不是没有道理的。按照那时的主流舆论，秦朝并不是一个正统王朝，因为它"反圣背道"。在西汉初年出现的"过秦"思潮中，秦始皇就曾被站在古典文化立场的"三贾"（陆贾、贾山、贾谊）大肆抨击，他们指他"燔烧诗书，坑杀儒士，上小尧舜，下邈三王"，更何况秦朝相当短命。秦在五德之运中被排斥出去，就意味着汉认为自己是直接继周而有天下的。这种理论到西汉末年被刘歆所借用，对在五行相生的框架下推演出尧与汉都是火德，起了关键性的作用。

以下是汉高祖—张苍版帝德谱：

黄帝——→夏——→商——→周——→汉

土　　　木　　　金　　　火　　　水

黄　　　青　　　白　　　赤　　　黑

（汉高祖—张苍版帝德谱）

这个由汉高祖开始、经过张苍论证的帝德谱，是五行相胜框架下的第三个帝德谱。它跟秦始皇版帝德谱很相像，所不同的只是把"秦"改成了"汉"。虽然排斥了秦朝，但是西汉推演五德之运的动机，与秦朝却是一样的，都要通过五行推演，来证明自己统治天下正当而合法。

因为刘邦原来只不过是沛县的一个小吏，且出身相当贫寒。《史记·高祖本纪》说他是"沛丰邑中阳里人，姓刘氏，字季。父曰太公，母曰刘媪。……不事家人生产作业。及壮，试为吏，为泗水亭长，廷中吏无所不狎侮。好酒及色"。这段话，已有"为尊者讳"的味道。汉高祖出身如此贫寒，后继者就更有需要向别人证明本朝统治天下正当合法。

西汉作为一个新兴王朝，袭用前朝的德制和正朔服色，这是说不通的。因此在西汉前期，就不断有人提意见，要求改德。最早开声的人是西汉的政论家贾谊。《史记·贾生列传》记载：

> 贾生以为汉兴至孝文二十馀年，天下和洽，而固当改正朔，易服色，法制度，定官名，兴礼乐。乃悉草具其事仪法，色尚黄，数用五，为官名，悉更秦之法。

贾谊提出"悉更秦之法"，便是请朝廷废除水德之制；"色尚黄，数用五"，便是要朝廷改行土德制。因为在五行相胜的系统中，黄是土的对应色，五是与土相对应的生数。从五德循环的规律来看，贾谊这个主张显然是合理的。可是当时受人诬陷，不久便被外贬到湖南，任长沙王太傅，因此他的主张未能为朝廷所接受。到文帝前元十四年（前166年），改德之议又被鲁人公孙臣重新提起。《史记·封禅书》记载：

> 鲁人公孙臣上书曰："始秦得水德，今汉受之。推终始传，则汉当土德，土德之应黄龙见。宜改正朔，易服色，色上黄。"

公孙臣还是持同样的主张，文帝最终把公孙臣的上书交给身边的丞相。这时张苍为丞相，也就是证明汉德为水的元老，最终，"丞相推以为今水德，始明正十月上黑事，以为其言非是，请罢之"（《史记·孝文本纪》）。可是第二年春天，公孙臣所说的"土德之应"——"黄龙"，却果真出现在成纪这个地方了！黄龙都出现了，这不就是汉德应该为土的祥瑞吗？因此"文帝乃召公孙臣，拜为博士，与诸生草改历服色事"（《史记·封禅书》），"草立土德时历制度"（《汉书·任傲传》）。他还把前元十七年改为后元元年，以示新制开始。张苍眼见失势，"由此自绌，谢病称老"（《史记·张丞相列传》）。"天有不测之风云"，这时有个大臣新垣平犯了大罪，文帝要了他的头，遂"怠于改正朔服色神明之事"（《史记·封禅书》），改德之事于是又不了了之。就这样，西汉改制之事直至汉武帝时期才改。

改变本朝的属德，是汉武帝"太初改制"的重要内容之一。这次改制，虽然在元封七年（前106年）才全面展开，但是汉德应当为土的信息，在太初改制之前就已经透露出来了。据《史记·孝武本记》记载，元封元年秋，"有星孛于东井。后十馀日，有星孛于三能。望气王朔言：'候独见填星出如瓜，食顷复入焉。'有司皆曰：'陛下建汉家封禅，天其报德星云。'""填星"也称"镇星"。《史记·天官书》说："填星，其色黄，九芒。"在传统上与土配，因此叫土星。望气专官王朔把填星说成是西汉的"报德星"，分明是说本朝的属德为土。第二年，在武帝拜祭泰一的一项仪式中，还出现了这样的赞飨辞：

> 德星昭衍，厥维休祥。寿星仍出，渊耀光明。信星昭见，皇帝敬拜泰祝之飨。（《史记·孝武本记》）

这里所说的"德星"，也是指土星。不仅"德星"出现，与土德相应的"黄云""黄气"也频频进入人们的视野，《汉书·郊祀志上》提到元鼎四年（前113年）"地出鼎"，就是说地下出土了一件大型青铜器，当这件宝贝被迎至中山时，"有黄云焉"。有关方面在回答武帝的提问时说：

"受命而帝者,心知其意而合德焉。"这些话,反映出当时土德说勃兴的事实。既然与土德相应的祥瑞频频出现,改德就如矢在弓上,不得不发了。于是到了元封七年,在董仲舒、公孙卿、壶遂、司马迁、儿宽等人的鼓动下,汉武帝开始了他的改制行动。历史上把这称为"太初改制"。这次改制,涉及的范围很广,包括变历法、改年号、易服色、更官号、行封禅和礼百神等等,其中一项是:

> 正历,以正月为岁首。色上黄,数用五,定官名,协音律。(《汉书·武帝纪》)

"色上黄,数用五",是西汉认为自己的属德为土的证明。"色上黄",意思是五色之中,最重与土相配的黄色;"数用五",意思是把土的生数"五"作为吉利数,例如丞相的印文,要刻作"丞相之印章",凑够五个字。汉武帝把本朝的属德定为土,意味着承认了秦朝在五德运序中的合法地位,否则汉德不可能被推演为土。这一点,与汉为水德时有原则的不同。汉武帝版的帝德谱如下:

$$黄帝 \longrightarrow 夏 \longrightarrow 商 \longrightarrow 周 \longrightarrow 秦 \longrightarrow 汉$$
$$土 \qquad 木 \qquad 金 \qquad 火 \qquad 水 \qquad 土$$
$$黄 \qquad 青 \qquad 白 \qquad 赤 \qquad 黑 \qquad 黄$$

(汉武帝版帝德谱)

这是五行相胜框架下的第四个帝德谱。土德之制,施行了近百年,直到西汉末年,才被新的德制所取代。而新的德制,是根据以五行相生为框架的新五德终始说推演出来的。

"新五德终始说"的产生,与西汉时期人们思想观念的变化有密切的关系。以五行相胜为框架的五德终始说的理论源头,可以追溯到先秦儒家的"革命"说那里。在先秦儒家看来,"商汤放桀""周武伐纣",都是应天顺命之举,因此他们把这两件事合称为"汤武革命"。天道变了,革命当然就被看作是正当、合法的。《孟子·公孙丑下》里有言:"五百年必有王者兴。""王者兴"意味着革命。在西汉前期,人们对改朝换代的理解,也是以"革命"说为基点的。《盐铁论·褒贤》载有"文学"的辩辞:"庶几成汤、文、武之功,为百姓除残去贼。"这分明是把反秦战争与"汤武革命"相提并论。事实上在西汉前期,"革命"说的确是维护皇权的理论武器。例如汉景帝的时候,辕固生与黄生在御前争论,"商汤放桀"与"周武伐纣"是否合法? 辕固生是赞同革命说的,因此肯定这两个历史事件的正当性,他说那是"受命"。但是黄生认为那是"弑"。最后辕固生质问黄生:"必若所说,是高帝代秦即天子之位,非邪?"(《史记·儒林列传》)。从这件事中,可以看出"革命"说对维护西汉皇权的巨大威力,以五行相胜为框架的五德终始说为人们所接受,便是可以理解的了。

但"革命"说是一把双刃剑。它既可以证明政权据有天下正当、合法,也可以证明这个政权将来必然会被某个政权所取代。从长远来看,这种理论并不见得有利于现有政治秩序的稳定。因此西汉的统治者在坐稳天下之后,就对革命说冷淡了。在这样的背景下,以五行相胜为框架的五德终始说,为以五行相生为框架的新五德终始说所取代,就只是一个时间问题了。

五行相生是什么时候取代五行相胜的? 这个问题比较复杂。不过,最早把五行相生学说引入政治历史领域的,是西汉末年的刘向父子。《汉书·郊祀志下》曾这么记载:

> 刘向父子以为帝出于震,故包羲氏始受木德,其后以母传子,终而复始,自神农、黄帝下历唐虞三代而汉得火焉。

《前汉纪·前高祖皇帝纪》则记载：

> 及至刘向父子，乃推五行之运，以子承母，始自伏羲，以迄于汉，宜为火德。其序之也，以为《易》称"帝出乎震"，故太皞始出于震，为木德，号曰伏羲氏。

两则史料，都说刘向父子用"以母传子"或"以子承母"的方式，来推演历代帝王的德运。这套新的理论，便是新五德终始说。新五德终始说是刘向一个人创立的，刘歆只是后来对这套东西做了修改。

刘向版帝德谱中各个帝王或朝代的属德，在上面两则材料中并未全部罗列出来，不过根据伏羲为木德、神农为火德、黄帝为土德和汉为火德这些已知条件，其他帝王或朝代的属德是可以一一推求出来的。《后汉书·贾逵传》唐李贤注说："《史记》曰：'黄帝崩，葬桥山，其孙昌意之子高阳立，是为帝颛顼'。当时五经家同为此说。若以颛顼代黄帝以土德王，即颛顼当为金德，高辛为水德，尧为木德。"这里所说的，正是刘向版帝德谱的构成。如图：

伏羲→炎帝（神农）→黄帝→颛顼→帝喾（高辛）→尧→舜→夏→殷→周→秦→汉
木　　火　　　　土　　金　　水　　　　木　火　土　金　水　木　火
青　　赤　　　　黄　　白　　黑　　　　青　赤　黄　白　黑　青　赤

（刘向版帝德谱）

上述这个帝德谱，是笔者从唐代的李贤对贾逵传所作的注中获得启发而还原出来。

虽然刘向在新五德终始说的理论框架下推演出了汉为火德，但是他的帝德谱并不是尽善尽美的，因为它未能证明尧汉同德。为了解决这个问题，西汉建立后，大概在昭帝时代，就有人炮制了一种舆论，说刘氏是古代的圣王——尧的后代，这种理论被称为"汉家尧后"说。刘氏既然是"尧后"，那汉朝统治天下便是尧帝圣绪的光大，尧汉没有理由不同德。然而在刘向版帝德谱中，汉是火德，尧却是木德！这个漏洞，后来由刘歆做了修补。不过与刘向推五德之运的动机是想从天道角度证明汉朝是正统王朝不同，刘歆改造刘向版帝德谱的动机是为王莽的新室代汉张本。

刘歆是通过《世经》的帝王安排，来达到改造刘向谱的目的的。为了说明刘歆是如何在刘向版帝德谱的基础上构建其革新版帝德谱的，《世经》的部分原文逐录于下：

> 太昊帝：《易》曰"炮牺氏之王天下也"，言炮牺继天而王，为百王先，首德始于木，故为帝太昊。……

> 《祭典》曰"共工氏伯九域"，言虽有水德，在火、木之间，非其序也。任知刑以强，故伯而不王。秦以水德，在周、汉木、火之间。

> 炎帝：《易经》曰："炮牺氏没，神农氏作。"言共工伯而不王，虽有水德，非其序也。以火承木，故为炎帝。……

> 黄帝：《易经》曰："神农氏没，黄帝氏作。"火生土，故为土德。……

> 少昊帝：《考德》曰"少昊曰清"，清者，黄帝之子清阳也。是其子孙名挚立。土生金，故为金德，天下号曰金天氏。

> 颛顼帝：《春秋外传》曰："少昊之衰，九黎乱德；颛顼受之，乃命重黎。"苍林昌意之子也。金生水，故为水德。……

> 帝喾：《春秋外传》曰："颛顼之所建，帝喾受之。"清阳玄嚣之孙也。水生木，故为木

德,天下号曰高辛氏。……

唐帝:《帝系》曰:"帝喾四妃,陈丰生帝尧。封于唐。"盖高辛氏衰,天下归之。木生火,故为火德。……

虞帝:《帝系》曰:"颛顼生穷蝉,五世而生瞽叟,瞽叟生帝舜。处虞之妫、汭,尧嬗以天下。"火生土,故为土德。……

伯禹:《帝系》曰:"颛顼五世而生鲧;鲧生禹。虞舜嬗以天下。"土生金,故为金德。……

成汤:《书经·汤誓》:"汤伐夏桀。"金生水。故为水德。天下号曰商,后曰殷。……

武王:《书经·牧誓》:"武王伐商纣。"水生木,故为木德。天下号曰周室。……

秦伯:……凡秦伯五世,四十九岁。

汉高祖皇帝:《著纪》:"代秦继周。"木生火,故为火德,天下号曰汉。

根据《世经》,我们可以编制出以下这个帝德谱:

太昊包羲→共工→炎帝神农→黄帝轩辕→少昊金天→颛顼高阳→帝喾高辛→帝挚→帝尧陶唐→帝舜有虞→伯禹→成汤→武王→秦伯→汉高祖

木　(闰水)火　土　金　水　木　(闰统)火　土　金　水　木　(闰水)火

青　　　　赤　黄　白　黑　青　　　　赤　黄　白　黑　青　　　　赤

(刘歆版帝德谱)

刘歆版帝德谱与刘向版帝德谱的不同就在于,第一,刘向版帝德谱没有闰统,而刘歆版帝德谱在木德帝与火德帝之间各安置了一个闰统。第二,在刘向版帝德谱中,继黄帝而治天下的是颛顼;而在刘歆版帝德谱中,黄帝轩辕氏与颛顼高阳氏之间多了一个少昊金天氏。

刘歆版出来以后,有两种观念就在当时人的思想中凝固下来了。一种是汉为火德说,另一种是汉为尧后说。尧后火德,就像一个硬币的两面,成了一个复合性的命题。

除了刘向版与刘歆版两个帝德谱外,在五行相生的理论框架下,西汉还出现过谶纬版帝德谱。谶纬是在西汉末年突然大量冒出来的神秘文献,它们全被假托为圣人孔子的作品。本来,"子不语怪力乱神",可是《史记·天官书》却这么记载:"孔子论六经,纪异而说不书。至天道命,不传;传其人,不待告;告非其人,虽言不著。"这种说法,与佛教禅宗"不立文字,教外别传"的说法很相似。到了西汉末年,就有一些方士化的儒生,利用上述记载大作文章,炮制出了许多谶纬书。"谶"就是谶言,"纬"是对"经"的神秘化解释。谶纬书在西晋以后遭到了查禁,慢慢地都散失了。谶纬之学,在两汉之交曾形成为一种社会的思潮,在当时影响非常大,其思想渗透到政治、思想、文化、学术等许多方面。其中包括对汉代德制的推演与认定。

谶纬在《吕氏春秋·十二纪》《礼记·月令》与《淮南子·天文训》等古典文献中的五行配合图式的基础上,炮制了一个古里古怪的"五帝"系统。纬书《诗含神雾》说:

五精星座,其东苍帝座,神名灵威仰,精为青龙。其中黄帝座,神名含枢纽。其南赤帝座,神名曰赤熛怒,其精为朱鸟之类。其西白帝座,曰白招矩,其精为白虎之类。其北黑帝座,神名曰协光纪,其精为玄武之类。五帝并设神灵,集谋者也。

五帝究竟是指天帝还是人帝?谶纬颇为含糊其辞。从"夫太微者,大妙之谓,……五帝居之,以试天地四方之邪正而起灭之"等语看,似乎是指天帝;可是从"五帝降精而使之反复其道焉"和"五德所重,五行所降,五帝御世"等语看,又似乎是指人帝。这两种说法,均见于纬书

《春秋文曜钩》。谶纬对这个问题的含混表述，反映出它对星象的讨论表面上是天文的，实质上是人事的；谶纬关心的是人而不是天，它是用天文说人事。顾颉刚先生说："这些纬书的作者是把天神和人王的界线打通了的。他们觉得人间的五帝（《全史五德系统表》所列）和天上的五帝（太微宫五星）是一非二。降则在地，神即人也；陟则在天，人即神也。"

那谶纬是用什么手段，实现天人的转换的呢？它采用的是天子的"神精与天地通"的理论。纬书《尚书璇玑钤》称："天子，至尊也，神精与天地通，血气与日月摅，含五帝精，天之爱子也。"纬书《春秋保乾图》称："天子，至尊也，神精与天地通，血气含五帝精。""五帝精"，就是五星帝的"精气"。谶纬说天子的血气含"五帝精"，等于告诉人们，天子是五星帝生的。

既然天子"神精与天地通"，血气"含五帝精"或"皆五帝精"，那么他们就不是肉身凡胎了。可是他们又是怎样降临到人间的呢？谶纬用"感生"说解决了这个问题。所谓感生，就是无性生殖。按照感生说，某些非凡人物诞生到我们这个世界，是出自于其母亲与"神物"的"交感"。感生说在上古就已经产生了，感生神话也不是华夏所独有的。一般认为，感生神话是母系氏族社会的产物，但也有人认为它是远古时代图腾生育信仰的产物。感生说并不是谶纬的发明，但谶纬对感生说做了发展，它将感生与五行相生的理论结合起来，使人间帝王变成了与天上五星帝一一对应的"感生帝"。

由以下两个例子可知，谶纬是怎么编造神话的：

伏羲（木德）——伏羲母华胥感大迹而生伏羲。《诗含神雾》说："华胥履大人迹而生伏羲。""大迹出雷泽，华胥履之，生伏牺。"《孝经钩命诀》说："华胥履迹，怪生皇牺。"《河图稽命征》说："华胥于雷泽履大人迹而生伏羲于成纪。"在谶纬中，但凡"履大迹"而感生的，都被认为是木德帝。故《春秋内事》说："伏牺氏以木德王天下。"

汉（火德）——高祖母女媪感赤龙而生高祖。《诗含神雾》说："含始吞赤珠，刻曰玉英，生汉皇。后赤龙感女媪，刘季兴。"《春秋握诚图》说："刘媪梦赤鸟如龙戏己，生执嘉。执嘉妻含始游雒池，赤珠上刻曰：'玉英，吞此为王客。'以其年生刘季为汉王。"感赤龙而兴者为火德帝，不言而喻。在这里，汉高祖不是刘太公的后代了，而是其母感了赤龙之精后生的。

谶纬文字虽然佶屈聱牙，但是作者的用心，还是表现得相当清楚，这就是要按照五行相生的逻辑，一个一个地安排历代的帝王或王朝。顾颉刚先生说："纬书中的记载，固不能说是西汉后发生的思想，但其用了五行相生的系统支配感生说，则确是西汉末年的学说所造成的事实。"通过这种感生安排，谶纬使天上帝星与人间帝统，实现了融合。如果把谶纬文字中的感生帝按时间顺序重新排列，便形成了谶纬版帝德谱：

伏羲→神农→黄帝→少昊→颛顼→帝喾→尧→舜→禹（夏）→汤（商）→后稷、姬昌（周）→孔子→高祖（汉）

| 木 | 火 | 土 | 金 | 水 | 木 | 火 | 土 | 金 | 水 | 木 | （闰水） | 火 |
|---|---|---|---|---|---|---|---|---|---|---|---|---|
| 青 | 赤 | 黄 | 白 | 黑 | 青 | 赤 | 黄 | 白 | 黑 | 青 | （黑） | 赤 |

（谶纬版帝德谱）

"周灭火起，薪采得麟""知庶姓刘季当代周""周亡赤气起""赤帝将代周居其位""赤受命，苍失权""庶人燃火之意，此赤帝将代周""苍帝七百二十岁而授火""卯金刀，名为刘，中国东南出荆州，赤帝后，次代周"等等，这些谶纬文字反映了在谶纬家眼中，火德"赤汉"是直接继木德"苍周"而统治天下的，这种观点与刘歆相同。因此，像刘歆版帝德谱一样，谶纬在"周木"与

"汉火"之间也安排了一个闰统,不过这个闰统不是秦,而是孔子。像刘歆一样,谶纬也不承认秦在五德中的正统地位,但谶纬比刘歆走得更远,它连秦的非正统地位也不予承认了。谶纬版帝德谱,在为古史平添了一个虚拟的"孔子朝"(或"春秋朝")的同时,也撤销了一个曾真实存在过的秦朝。这一调整,使"赤汉"继"苍周"的媒介,由"伯"(霸)变成了"圣"。这在汉朝的统治者看来,当然是求之不得的。试想,连圣人都屈居闰统而为汉制法,充当"周木"与"汉火"之间的"二传手",还有谁敢怀疑刘氏统治天下的正当性、合法性呢?还有谁敢说汉朝的产生不合乎天道呢?

虽然谶纬版帝德谱在结构上与刘歆版帝德谱很接近,但是它们在本质上却有一个很大的差别,那就是刘歆谱的宗法色彩很浓,在他那个谱中,各个帝王哪怕不同德,也有血缘关系。他的理论基石是古文经学的"同祖说"。今天说中华民族都是炎黄子孙,依据的也是这个"同祖说"。"同祖说"是古文经学家所主张的,今文经学家并不赞同,后者主张的是"感生说"。按感生说,所有帝王都是天上帝星精气结胎凡尘的结果。无性生殖,是感生说的基本特征。谶纬是今文经学的变种,因此在它的感生安排中,人间帝王与天帝之间存在着一一对应的关系,但是一代帝王与另一代帝王之间并没有血缘关系,哪怕他们的属德相同。

# 第二讲　魏晋士族阶层的兴衰状况分析

孙立群

**主讲人简介:**

南开大学历史学院教授、博士生导师。主要从事中国古代史、秦汉魏晋南北朝史的教学和科研工作。主讲课程"中国古代史"为南开大学示范精品课、天津市精品课。现为中央电视台百家讲坛主讲人。参与编写教材、专著十多部,发表论文数十篇。著有《中国古代的士人生活》(商务印书馆)、《解读大秦政坛双星——吕不韦、李斯》(中华书局)等。所在学科为国家级重点学科,曾多次获教学质量优秀奖。

士族是东汉魏晋南北朝时期在官僚内部逐渐发展起来的特殊阶层。在数百年中,士族对政治、经济、思想文化和社会产生了重要影响。长期以来,学术界对魏晋南北朝的士族进行了深入研究,一些学者在其著作中对士族问题有所涉及,如唐长孺《魏晋南北朝史论丛》(三联书店 1955 年版)、《魏晋南北朝史论丛续编》(三联书店 1959 年版)、《魏晋南北朝史论拾遗》(中华书局 1983 年版)、何兹全《读史集》(上海人民出版社 1982 年版)、王仲荦《魏晋南北朝史》(上下)(上海人民出版社 1979 年版)、万绳楠整理《陈寅恪魏晋南北朝史讲演录》(黄山书社 1987 年版)等。

一、士族的形成

在史书中,对士族有许多称呼,最常见的称"门阀世族",这是强调其家族世代为官;而称士族则表明其家族具有一定的文化传统。

士族形成于东汉时期。汉代以来,大地主土地所有制不断发展,那些广占土地、又居高官的官僚地主称"衣冠族"或"大族",他们是构成士族的基础。刘秀建立东汉,主要依靠豪族大地主的支持。东汉前期,以功臣、外戚为代表形成了一批世代把持高官的大族,如邓氏、耿氏、窦氏等。其中"邓氏自中兴后,累世宠冠,凡侯者二十九人,公二人,大将军以下十三人,中二千石十四人,列校二十二人,州牧、郡守四十八人,其馀侍中、将、大夫、郎、谒者不可胜数,东京莫与为比"(《后汉书·邓寇列传》)。东汉中期以后,世代为官的家族还有弘农杨氏和汝南袁氏等。杨氏从杨震任司徒起至杨彪四世为三公,执掌东汉朝政数十年。袁氏自袁安任宰相始,直到汉末,四世五人为三公。

东汉的世家大族除了累世公卿外,还以通经为标榜,某一门经学常常成为某个家族的家学。如汝南袁氏以《易经》为家学,弘农杨氏以欧阳《尚书》为家学。于是,世家大族又成为最高封建文化的代表。正如北朝人颜之推所说:"汉时贤俊,皆以一经弘圣人之道,上明天时,下该人事,用此致卿相者多矣。"(《颜氏家训·勉学》)这时世家大族已具备了士族的基本特征。

东汉末年,社会动乱,各政治集团为扩大势力和影响,对出身显贵之家的名士尽力拉拢。如曹操一方面从社会较低阶层网罗有才能之士,实行唯才是举,同时也不遗馀力地拉拢大族名士。曹操的重要谋臣荀彧便出自颇有名望的颍川高门。经荀彧推荐,许多大族名士加入了曹氏政权,其中有荀攸、陈群、钟繇、司马懿、杜袭等多人。他们既是曹魏政权的上层骨干,也是魏晋士族的主要来源之一。

东汉以来的大姓和汉末涌现的名士是构成魏晋士族的基础,但不是所有的汉代大姓、名士都能在魏晋时成为士族,只有那些显贵之家才有资格成为士族,这些显贵之家显然有别于家世悠久的大族。故晋代又出现了"势族"的称呼,以表明这种差别。西晋大臣刘毅批评九品中正制弊端时说"上品无寒门,下品无势族"(《晋书·刘毅传》),即指此。势族虽然和世族有联系,但毕竟不是同义语。势族更多地指现实拥有权势的大族。东汉的著名大姓汝南袁氏和弘农杨氏由于政治上的失势,到魏晋便销声匿迹了。

二、士族的谱牒、标准和内部构成

从东汉至魏晋南北朝历史发展过程看,士族特权身份的确立,经历了一个由习惯到制度化的过程。魏晋以后,无论新老士族都要得到朝廷和社会上的承认。为了表明自己家族的宗支源流,维护士族门第的谱牒便应运而生。

两晋南北朝时期,政府十分重视编修族谱。如西晋的挚虞是著名的谱学家。挚氏为京兆大族,挚虞才学渊博,著述不倦。他认为汉末以来天下丧乱,许多大族的子孙已不能明其祖先的事迹,辨其家族的由来,于是编撰《族姓昭穆》,献于朝廷(《晋书·挚虞传》)。东晋南朝著名的谱学家有贾弼之、贾匪之、贾渊和王僧孺等人。贾弼之在东晋太元(376—396年)年间任员外散骑侍郎,受朝廷委任编修谱牒,他"广集众家,大搜群族"(《南齐书·贾渊传》),撰成《百家谱》。这部著作按州郡记录各地宗族姓氏,含十八州一百一十六郡,"该究精悉,当世莫比",藏于皇家秘阁。齐武帝时,王俭又与贾弼之之孙贾渊改定《百家谱》,做到繁简得体。梁武帝也很重视谱牒,令北中郎咨议参军王僧孺编纂族谱,先后编成《十八州谱》710卷、《百家谱集抄》15卷、《东南谱集抄》10卷(《南史·王僧孺传》)。北朝也有官修的氏族谱。如北魏的《河南官氏志》,为姓氏家所崇尚(《通志·氏族略》)。东魏洛州刺史刁遵墓志铭谓传主的"姓氏之兴,录于《帝图》",可知政府制有图谱。这些谱牒是政府和社会确定士族地位的一种依据。

谱牒对于证明士族的身份具有十分重要的作用。朝廷在选拔官吏和士族联结姻亲之前,都要先看人才和姻家的出身是否士族,所谓"有司选举,必稽谱籍而考其真伪"(《新唐书·柳冲传》)。"官之选举,必由于簿状,家之婚姻,必由于谱系。"(《通志·氏族略》)由于士族一般不承担兵役和徭役,谱牒还有防止庶族冒充士族的作用。

士族是有严格的划分标准的。从士族的特征看,主要是累世官宦、门阀显耀和经学传家。如史书记载某人"世二千石""累世公卿",便可视为具备了士族的第一个条件,而本人现任官职则为士族的第二个条件。那么,累世几代、本人居官几品以上方可以为士族呢?北魏孝文帝于太和十九年(495年)依照汉制定族姓,规定了士族的标准。《魏书·官氏志》载:

> 自皇始已来,有三世官在给事已上,及州刺史、镇大将,及品登王公者为姓。若本非大人,而皇始已来,职官三世尚书已上,及品登王公而中间不降官绪,亦为姓。凡诸部落大人之后,而皇始已来官不及前列,而有三世为中散、监已上;外为太守、子都,品登子男者为族。若本非大人,而皇始已来,三世有令已上;外为副将、子都、太守,品登侯已上者,亦为族。

这里多次提到"居官三世",可视为判断士族的标准之一;从所列举的职官看,几乎全在五品以上。可以说,凡居官三世以上,现任官职在五品以上者,可定为士族。

魏晋南北朝的士族内部成分复杂,有地域、民族等区别,如"侨姓""吴姓""郡姓""虏姓"等;士族内部还有不同等第的划分。北魏依据所任官职的高低,把士族分为六个层次:膏粱、华腴、甲姓、乙姓、丙姓、丁姓。其具体标准是:膏粱,三世出任三公;华腴,三世有尚书令、尚书仆射;甲姓,三世有尚书、领军将军、护军将军;乙姓,三世有九卿、刺史;丙姓,三世有散骑常侍、太中大夫;丁姓,三世有吏部正员郎(《新唐书·柳冲传》)。在这六个等级中,膏粱、华腴、甲姓、乙姓为高门士族,丙姓为中级士族,丁姓为低级士族。

依据以上确认士族的标准,毛汉光先生对两晋南北朝郡太守以上的文官4137人的出身进行了统计,把他们分为士族、小姓、寒素三类,他们之间为官的比例是:士族:小姓:寒素=7:2:1。可见,士族任官在文官总数中处于绝对优势。

三、士族的特权与相关制度

魏晋南北朝是士族的全盛期,其主要标志是门阀士族把持朝政大权并确立了士族制度。

所谓士族制度,就是政府通过立法对士族的特权予以确认。高门士族与寒门庶族有不同的法律地位和社会身份。士族制度主要包括:

第一,九品中正制。设立于曹魏初年的九品中正制最初并不存在对门第的特殊照顾。中正官主要依据人才的优劣评定品级的高低,多少改变了东汉末年宦官把持选举、任人唯亲的现象,有利于政权的稳定。正如西晋卫瓘说:"其始造也,乡邑清议,不拘爵位,褒贬所加,足为劝励,犹有乡论馀风。"(《晋书·卫瓘传》)

按照九品中正制的规定,中正官对人物品评主要依据家世、道德、才能。家世又称"簿阀",指被评者的族望和父祖官爵;道德、才能是中正官对人物操行的概括性评语,称为"状"。中正官对人物作出高下的评定称"品",品分九等,即上上、上中、上下、中上、中中、中下、下上、下中、下下。中正官将评定结果上交司徒府,复核批准,然后送吏部作为选官的依据。可见,中正官在人物的评品和官吏的选拔上具有非常重要的作用。士人的政治命运完全掌握在他们手中。西晋以后,随着士族力量在政权中的增长,品评人物、选拔官吏的权力为士族所占有,中正官多由士族担任。唐人柳芳指出:"其州大中正、主簿、郡中正、功曹,皆取著姓士族为之,以定门胄,品藻人物。晋宋因之,始尚姓已。"(《新唐书·柳冲传》)据乌廷玉先生统计,"在两晋南北朝三百馀年间,各朝总共有中正官327人,由士族门阀出身者255人,占总数的75.3%,可见当时选拔评定全国官员之权,基本上是由士族门阀掌握"。这些人利用担任中正职务之便,上下其手,"计资定品……唯以居位为贵"(《晋书·卫瓘传》)。在家世、才德中,只看前者。凡出身世家大族、高门望姓的就评为上品,否则即使才德兼优,也只能评为下品。许多有才德但门第不高或不受赏识的人遭到排斥,九品中正制成为维护士族利益的重要工具,为士族子弟入仕大开方便之门。

士族和皇族一样有出仕权。他们进入仕途的官,即释褐官、起家官十分重要,标志他们的士族身份。正如唐长孺先生所说:"是否士族决定于起家官。"比如,宋齐以来,秘书郎和著作郎为"甲族起家之选"(《梁书·张缵传》),秘书郎员额四名,四品,掌中外秘阁的书籍,著作郎八名,七品,掌修国史和起居注。他们的品级虽然不高,但职闲俸重,故成为士族子弟的起家官。由于士族子弟入仕大多要经过这个阶梯,人多职少,谁也不能在此职位上久留,一般任职数十天,最多百天便可升迁。有了任秘书郎、著作郎的资格,以后的仕途便十分畅达了。此外,职闲权重的官职如黄门侍郎、散骑常侍、秘书丞等也多由士族把持,成为他们的起家官。所谓"黄散之职,故须人门兼美"(《陈书·蔡凝传》)。《宋书·谢弘微传》称:"晋世名家身有国封者,起家多拜员外散骑侍郎。"南朝还明文规定了士族子弟出仕的年龄:"甲族以二十登仕,后门以过立试吏。"(《梁书·武帝纪上》)即高级士族出身者20岁便可出仕,而庶族子弟则30岁以上方可做官。事实上,许多士族子弟20岁以前就开始做官了。如张缅起家为秘书郎,旬日之间出任淮南太守,才18岁。其弟张缵17岁为秘书郎,累迁至尚书吏部郎(《梁书·张缅传》)。由于高门子弟少年入仕,升官容易,"平流进取,坐致公卿",故当时流行谚语说:"上车不落则著作,体中如何则秘书。"(《颜氏家训·勉学》)北朝士族的仕宦与南朝大体相同,但不像南朝那样重名位。起家官比南朝略低,在南朝释褐为秘书郎、著作郎等是寻常的事情,在北朝则被视为特殊的恩典,汾阴士族薛聪以佐著作郎起家,受到人们的赞美。《北史·薛聪传》记载:"正定官品,士大夫解巾,优者不过奉朝请,聪起家便佐著作,时论美之。"

第二，占田荫客制。士族的政治特权最终是为保护其经济利益。为此，从西晋开始，政府便制定了占田荫客制度，以确立士族官僚的经济特权。占田是按官品高低规定占田数量，即一品官占田五十顷，以下每品递减五顷，至九品官占田十顷(《晋书·食货志》)。荫客制是政府允许士族官僚合法地占有依附人口。三国时，吴国实行领兵制和复客制，实际上承认官僚拥有荫客的特权。领兵制是政府赐予将帅一部分兵士，将帅也可以自己招募一定数量的兵士，父子可以世代相承，统领其兵。如陆逊因功封江陵侯，有部曲五千，他死后，其子陆抗继续统领(《三国志·陆逊传》)。复客制是政府承认士族荫庇依附民的合法性，甚至国家直接赐客户给某些功臣、权贵。孙权曾下令："故将军周瑜、程普，其有人客，皆不得问。"(《三国志·周瑜传》)曹魏后期，也推行类似的制度。《晋书·王恂传》："魏氏给公卿以下租牛客户数各有差，自后小人惮役，多乐为之，贵势之门，动有数百。"在此基础上，西晋制定了统一的荫客制度。荫客包括三类：一为荫亲属，多者九族，少者三世；二为荫衣食客，多者三人，少者一人；三为荫佃客，一、二品官为五十户，以下递减，至八、九品为一户。东晋时荫佃客户数又有所增加。《隋书·食货志》记载：一、二品官为四十户，以下递减，至九品为五户。被荫的亲属及客户"皆注家籍"，均免除租税徭役负担。占田荫客制所规定的土地和客户数字仅是政府所允许的数额，并非包括他们私有的全部土地和佃客。在占田荫客制颁布不久，大臣李重就指出："人之田宅既无定限，则奴婢不宜偏制其数。"(《晋书·李重传》)占田荫客制是在全国范围内正式承认士族官僚的经济特权，对于士族制度的形成具有重要作用。

第三，文化制度。在士族形成的过程中，文化条件是重要的组成部分。魏晋南北朝时期，士族始终保持文化上的优势，这是士族区别于庶族的主要标志之一。就文化制度而言，西晋设立国子学，确立了士族在文化教育上的特权。

晋初仍设太学，生源沿袭汉魏旧制，除门阀士族子弟外，一般人家子弟亦可入学。随着士族力量的增长和士庶等级界限的划分，士庶混杂的学校已不能满足士族的需要，于是，晋武帝于咸宁四年(278年)在太学之外另设国子学(《晋书·职官志》)，元康三年(293年)设立国子学官品，规定五品以上的官僚子弟方有资格入国子学读书。从此太学与国子学并存，国子学为贵胄学校，太学则专收六品以下的官僚子弟，显然这样做的目的是"殊其士庶，异其贵贱"(《南齐书·礼志上》)，保证士族子弟在文化教育上的特权。

魏晋南北朝时期，士族之所以重视文化教育，是因为文化素质是入仕的必备条件。《南史·萧遥光传》："文义之事，此是士大夫以为伎艺，欲求官耳！"《梁书·江淹传》也说："二汉求贤，率先经术，近世取人，多由文史。"由于文化条件与政治、经济条件一样，对士族保持门第的优势具有同等重要性，故士族除了在官位上必须蝉联外，在文化上也要文才相继，以积世文儒为贵。否则不仅为士族所轻视，也难以保持门第的清贵。正如颜之推所说："自荒乱以来，诸见俘虏。虽百世小人，知读《论语》《孝经》者，尚为人师；虽千载冠冕，不晓书记者，莫不耕田养马。以此观之，安可不自勉耶？若能常保数百卷书，千载终不为小人也。"(《颜氏家训·勉学》)

以上几方面，构成了士族制度的主要内容。士族制度是封建等级制在官僚集团内部的集中表现。士族制度保证了士族拥有各种特权。他们世居高官，垄断朝政，形成了"公门有公，卿门有卿"(《晋书·王沈传》)的局面。从东汉末年直到隋朝，不少门阀士族始终担任五品以上的高官,如琅琊王氏、范阳卢氏、清河崔氏、太原王氏、河北裴氏、京兆杜氏、陈郡谢氏、吴郡陆氏等几十家士族,各家连续担任五品以上官职的时间,少者百馀年,多者三四百年。这期间,朝代更迭极为频繁,不少皇族只能显赫一时,但门阀士族的权势却不受改朝换代的影响。这反映了士族力量的强大。

士族的特权除了制度的规定外,还有社会习惯势力和不成文的约定俗成,使士族处处表现出与庶族不同。所谓"士庶之际,实自天隔"(《宋书·王弘传》)。比如士族通婚,多在族内进行,而且等第相配,著名的大士族琅琊王氏、陈郡谢氏、袁氏三家的婚嫁,全在三家内部解决,特别是王、谢两家,彼此通婚最多。南齐时,东海王源嫁女于富商满氏,被认为违反惯例,御史中丞沈约进章弹劾王源,认为"王满连姻,实骇物听",请求"免源所居官,禁锢终身"。士族看不起寒素之人,甚至不愿与庶族同坐。宋孝武帝时,路太后的内侄孙路琼之到王僧达家,"僧达了不与语",琼之走后,王僧达命人将路琼之坐过的床烧掉。路太后听说后,向孝武帝哭诉,孝武帝竟说:"琼之年少,无事诣王僧达门,见辱,乃其宜耳。"(《南史·王弘传》)面对高傲的士族,皇帝也无可奈何。

士族形成于东汉,西晋时确立了维护士族特权的制度,东晋是士族制度发展的鼎盛时期。南朝后期士族开始衰落,庶族地主取得了政治地位。士族的衰落从根本上讲是士族自身腐朽造成的。

门阀士族制度对维护士族的政治、经济特权起了重要作用,但士族制度的独占性和排他性不仅造成了士族的孤立,也加速了士族的腐朽。士族做官容易,但他们虽身居高官,却不屑于办理具体政务,许多士族鄙视武事,"不乐武位"(《南齐书·丘灵鞠传》),结果把军事指挥权让给了庶族寒门。在生活上,他们一味享乐,"薰衣剃面,傅粉施朱"(《颜氏家训·勉学》),"尚褒衣博带,大冠高履,出则车舆,入则扶侍"。有些人身体虚弱,甚至见到马跳跃都大惊失色,以为是老虎。在士族日益腐朽的同时,庶族地主开始崛起。

隋唐时期,魏晋以来的士族制度全面瓦解。首先,隋朝废除了九品中正制,实行科举制,动摇了士族的政治根基。实行科举制的重要意义是为庶族地主入仕开辟了道路,扩大了封建统治的社会基础。唐人刘秩说:"隋氏罢中正,选举不本乡曲,故里闾无豪族,井邑无衣冠。"(《通典·选举》)柳芳也说:隋行科举后,"士族乱而庶族僭矣"(《新唐书·柳冲传》)。其次,隋朝取消了士族的经济特权。西晋以后,士族官僚都享受占田荫客的特权,隋朝政府为了加强对经济的管理和对劳动人口的控制,推行"大索貌阅"和"输籍法",大力检括隐户,使士族所占的依附人口有所减少。

入唐以后,唐太宗修《氏族志》、武则天修《姓氏录》,从根本上改变了士族在门第上的优越地位。《氏族志》和《姓氏录》依据现实官位的高低划分门第,而不考虑祖先历任官职的情况。在编制《氏族志》时,唐太宗的标准是:"不须论数世以前,止取今日官爵高下作等级。"(《旧唐书·高士廉传》)武则天修《姓氏录》的原则是:"皇朝得五品官者,皆升士流。"(《旧唐书·李义府传》)这样,使不少旧士族的地位被压低。总之,入唐以后,魏晋南北朝的士族已是明日黄花,许多特权丧失殆尽,"名虽著于州间,身未免于贫贱"(《唐会要·嫁娶门》),势力大为衰落了。

# 第三讲　宋代的历史沿革

## ——以十一世纪的北宋东京为例

高有鹏

**主讲人简介：**

　　河南大学教授，我国著名民俗学家、长篇历史小说作家，中国神话学会副会长、中国地域文化学会副会长，中央电视台百家讲坛主讲人。著有《中国民间文学史》《庙会与中国文化》等，出版有《袁世凯》（一、二、三卷）、《清明上河》（一、二卷）等作品，被称为"我国第三代长篇历史小说代表作家"。

一个美国记者曾经写了一本书,谈论中国历史文化中的开封与现在美国纽约之间的对比,他以宋代的东京为历史个案,谈论城市发展。同时,他也提了一个问题,纽约作为国际大都市,它又能够保持多久的魅力？事实上,冷战至今,文化是多元共存的,现在已经进入一个特殊时期,此前的以西方价值为中心作为自己的一种判断标准的格局正被日益打破。一位巴基斯坦籍的美国学者提出过一个他者概念,他认为对于每个人来说这个世界都是相互依存的,一切问题都在进行着一个跳跃。文化发展也确实是这样,我们从历史上可以感受到今天与历史的一种联系。历史文化的一个基本使命就是传承传统。读史可以明智。对于中国宋代这样的特殊历史时期,形成中国文化的黄金时代的时期,我们应该认真思索。

宋代作为中国文化的黄金时代,就像我们在俗语中说的造化一样,它一直都在等待;这个等待就是一个积累。从遥远的神话传说时代,宋代的踪影就好像一直在人们眼前晃动;从当年的百家争鸣到汉唐雄风的树立,一直都在等待。李白、杜甫作为文化灿烂的巨星,出现在中国文学的夜空,像明月一样,照亮我们的长夜、照亮我们的大地,鼓舞着我们的人生,兴起了我们的希望。到宋代,我们又看到这么一群灿烂的文化巨子。有人曾经统计过,说宋代的很多生活方式和我们今天几乎是完全一致的。这和历史的传承机制有着非常密切的联系,我们自觉不自觉地把宋代的文化生活、风俗现象与今天联系在一起。事实上,这并不仅仅是一个历史问题,而是包含、体现着社会文化发展的一个普遍存在的重要规律。

在宋代,以都城东京(今开封)为例,我们可以看一个硬件标准。一个地区如果仅仅是旧有的居民在这里盘根错节,经营着自己的城堡一般的生活,那么这里的生活将会不幸。而美国的硅谷,那里大部分的科学家都是从世界各地聚集在这里的,这就形成了一个文化向往,宋代的开封也是一样。宋代的开封从隋朝开始崛起,现在我们一般称它为七朝古都,也有人把它算成是十一朝古都。无论是七朝古都还是十一朝古都,至少说明了开封这个地方在中国历史上的重要性。

当年,这个城市的基本规模不是现在开封市的格局,而是离开封比较远的一个叫仙人庄的地区,即今天开封到尉氏的中间十五公里左右的地方。魏国的首都以前是在晋东南一带。因为开封最早发迹,实际上是历史文化的一个转移,应该是一个移民城市。最早的启封是从晋东南那一带搬迁到了黄河岸边,在黄河两岸转移。但应该明白,黄河并不是现在这个流域、这条路线,而是往东北,一般靠着河南安阳那一带,在天津入海。现在的黄河是由于后来黄淮夺海,后来河道成这样了。魏国晋文公在位时期,先是在山西周围汾河流域,后来往东南发展看中了开封,即启封这个地方。来到这以后,城市就繁荣起来了。所以魏国选中了启封,即开封。到了汉代,因为当时的皇帝是刘启,为尊者讳,因此启封改叫开封。它作为一个文化发展的典型,在隋唐时期发生了一个相当重要的变化。

隋唐时代,中国的政治中心在长安。隋朝虽然很短暂,但他们对中国文化的贡献是非常了不起的,如隋炀帝在开发运河方面,把东南和西北用河流联系起来了,结果形成一个地点就是汴河。汴河开通以后,财富从当年的富甲天下的江南地区源源不断地运入中原内地。从现在的地理构形上可以看到,我国的格局是西高东低,以洛阳为基本交流点,洛阳以西地势高,属于黄土高原。经过郑州,往东南,一马平川,黄淮大平原在这里形成了一个腹地,这个对比形成了一个相持的阶段,汴河的作用也越来越明显。当时东南地区是富足之地,李唐把江南的财富运到中原地区的时候,先要到开封中转,然后再送到洛阳,或者再往关中,或者通关再到西安。整个过程中间成本增大,社会成本增大以后社会有一个自然选择。在唐代,长安的东市、西市、南市、北市都有自己的分工,哪个地方卖柴火,哪个地方卖米面,哪个地方卖衣服都有规定。一到夜晚,城门一关人不得出;谁要是敢出来,抓住治罪,所以这个城市因此生活不方便。在远离城市之外的地方许多城市也都在建,其中一个叫"扬一益二",即扬州和益州。扬州为什么能够那样迅速地发展起来呢?其实这都是和一定的地理环境、一定的社会政治背景密切联系的。在隋唐时期,扬州、益州,成了天下最丰硕的两个都市。而此时洛阳和长安就是一般消费城市,没有太多自己的主产业。它就是宫廷里面集结的一个区域,王公贵族在这里聚集,除了消费还是消费。在这样的背景下,发生了一个事件,就在隋代的汴州。

隋文帝东征回来的时候,天刚刚落黑,一看前面灯火通明,像天上人间一样,一下子惊的从马上掉下来了,大臣们慌忙把他扶起来。他就问这是怎么回事,当年这里没有这么繁华,带兵的说此地叫汴州,即开封。因为长安城市生活控制太死,城市没有发展的空间,而这个地方好多老百姓在这里聚居、经商,特别是东南的商人也到这里,汴州一下子就激活了。有人统计,当年西安城市人口不过56万,洛阳也就是30多万。而这个时候的汴州,有些历史学家统计,人口是75万左右。为什么一下这么多的人来到这里呢?就是商业刺激了其发展,市场刺激变更了这个城市。

隋文帝看到这个情况,担心会对东都洛阳的发展构成危险,就强令驱逐这里的商户,各回其家,不让老百姓再成群居住。除了这个原因,他还有一个述说的理论根据,民为机巧,奸诈难控。所以有一段时间汴州很快破落了,但隋王朝快结束的时候,这个城市忽然又繁荣起来了。

到了唐代以后,开封确实发展起来了,商业出现了繁荣,说到底还是交通的便利。交通的便利形成了历史地理的重新划分,使开封迅速繁华起来,汴州变成了胜地,变成了一个重要的军事之地。不仅宋代是这样,五代时期更是如此,许多帝王都选择这里作为自己的政治中心。他们没有选择洛阳,虽然它有许多便利的地方,但是交通不便,战乱后凋敝了。城市建设如果没有几十年、上百年的历史,发展起来很困难。所以历史认同、社会认同、文化认同常常是需要一定的实业做保证。

同样的道理,汴州在唐五代时期得到迅速发展,并达成了社会认同。这里的人气非常旺,尤其是后周时期发生了一个重要的历史事件,就是后周出现一个五代第一英雄柴荣。柴荣对老百姓非常体恤,在当时军阀混乱的情况下,他大胆作为,为民谋福,但柴荣三十八九岁就死了,开封人民就以年画的形式纪念他。开封人把他作为财神,有一个年画叫柴王推车,就是对柴荣的一种颂扬。也正是这个时候出现了一个了不起的人物赵匡胤,后周检点将军,相当于卫戍区司令员。有一天他忽然得到一个情报,在黄河的南岸陈桥驿发生敌情,由于黄河改道,陈桥现在跑到黄河北岸了。后来就发生了历史上著名的陈桥驿兵变,赵匡胤黄袍加身称帝的事件。这一年是公元960年正月初四晚,这一天就成了宋代的国庆节。就是这样一个游戏式的事件,可以看到政权的和平更迭对国家有一个良好的开端的重要性。

一个王朝代替另外一个王朝的时候,血雨腥风、你死我活的拼杀是不足以解决问题的。所以宋王朝就此开始了新的篇章,赵匡胤扬文抑武,用今天的话讲,他实现了一个具有高度前瞻性的文化发展战略,这个文化发展战略影响了中国历史的发展。所以,宋代的东京能成为十一世纪世界最发达的城市,是和这有直接联系的。历史一直在等待,从当年的远古时代,从夏商周,从秦汉到魏晋南北朝,到隋唐,一直在期待着宋代文化,期待着宋词唱响神州大地。由于内因、外因共同作用,天时地利人和,一切都占尽了,所以开封成为了当时世界上繁华的大都市。当时,每个人在大街小巷天天唱歌、跳舞,数不尽的教坊、文化站,到处都是艺术景点。

宋王朝吸取了以往的教训,提出了强干弱枝、扬文抑武的战略。通过杯酒释兵权,皇帝收回了权力,同时对文化人给予了特殊的利益,使得王朝慢慢走向了一个新的轨道,从当年的强调武装斗争,即国之大事在祀与戎,变成了以祀代戎,更看重文化的内容。在这个时候,就出现了对于王朝的一种新的文化规范。有人考据说,赵匡胤在做文化选择的时候,曾经对自己的子孙立下了一个祖训,每一个王朝都不能随便杀文人,否则天诛地灭。就这样,读书人的地位一下子就提高了。当时一个叫赵普的人就提出一个非常著名的理论,半部《论语》治天下,提倡齐家、治国、平天下。宋朝在政治选择上实际上实行了一种御史制度。御史其实就相当于一个专门委员会,他们可以对皇帝提出批评。这在今天,就像西方国家的议会制度,大家互相监督、互相批评。这个文化制度创新是非常了不起的。其实,历史上有很多值得我们借鉴的地方。

这是一个历史的进程。在宋代,文化是以政治做保证的,文化得到了自由的空间,自然就繁荣了。这是一个战略选择,它形成一种影响,这个影响是赵匡胤,在他的带动下,一批人都是这样的,其中一个就是曹彬。曹彬是当时开国的一个大将军,有一年进攻江南,由于这个地方非常富有,很多人都在预谋。曹彬知道这事后就隐隐不安。于是,他就借自己肚子疼临危之际,让部下对天宣誓,进城后不拿老百姓的一针一线,最终江南许多城市因此避免了战火的洗劫。所以,江南便成了开封文化即东京文化深刻的记忆,这是一种情结。"江南好,风景旧曾谙。日出江花红胜火,春来江水绿如蓝。能不忆江南?"正是这种江南的山水,形成了东京人心中的梦幻,一代一代地传承,所以东京街头弥漫的都是如画的世界。所以,宋代开国开始就引起了对文化的尊重,就出现了宋代文人和唐代文人不一样的历史现实。

在唐代,李白、杜甫、白居易身心都非常疲惫。除了白居易官做的高一点,李白、杜甫才高八斗,虽受尽天下人拥戴,但历史如风如云卷来卷去,使他们一生颠沛流离,最终走向死亡。与此相比,宋代则尊重文化,宋代的诗、宋代的艺术家都得到了很好的发展。

首先是欧阳修,他当年也是孤苦的,靠自己的本事走进了朝野,做参政执政,相当于中央政治局常委,甚至国务院总理级别。还有王安石,他小时候生活也不太好,后来写信给皇帝说明自己的现状,请求不要让自己太变动。后来有了皇帝对他的支持,王安石做到了参政执政,相当于国家总理的职位。还有柳永,他是历史上定位最高的专业作家,他词写的好,凡有水井处,人人皆歌柳词。这表明了宋代文人的地位是很高的。一个社会的文化发展是需要平台的,这个平台就是我们今天说的媒介;这个媒介并不仅仅指传媒,还需要一系列的条件。在宋代,尤其是在北宋时期,文化发展经过一次又一次的社会动荡,变得愈加繁荣。所以在仁宗时代,经历了庆历新政之后,曾经有一科 200 多个进士的情况,一位学者曾经写了文章专门对这个现象进行研究。文化需要自己的空间,这个空间需要去激活或者去点化,而文化是有生命的,生命是需要呵护的、需要培植的,需要创造条件给它一个新的时空单位,然后才能发展壮大。宋代有了这样一个文化政策,所以宋代文人的命运就相对好的多。宋代同时也给了文人许多的宽容,所以宋代的文化就这样走向繁荣。

宋代的社会政策,尤其是风俗政策的调整,为文化的发展提供了必要的空间。风俗就是传统,其实并不仅仅是历史构成的,它还包揽当下社会对于民众生活习惯的一种尊重。宋代的节日很多,有人统计说,宋代大大小小的节日,无论是国假日、私假日,还是传统节日,结合在一起一年有110多天。宋代是一个非常明显的文化盛世。我们今天的风俗、节日在宋代几乎都有。比如,一说清明,都说扫墓,其实不是那么回事。清明扫墓,是在唐代才慢慢合拢起来。其实清明,在历史上起源于宗教活动。它是一个被禊,包括水禊和火禊。水禊就是泼水节,比如有一种宗教仪式叫沐浴而行,在参拜的时候,先洗脸或是洗澡,这一天不吃肉,吃素食。因为人们相信吃肉就是杀生,吃肉多了五脏里面就含着凶气。水禊就是强调对于水的尊重。还有一个火禊,就是火把节,烧纸和洒地都有一种宗教仪式,这个原始宗教仪式到后来的清明就是水禊。后来,清明的时候,曾经有一个文化生活的规定,就是"仲春之月,令会男女,于是时也,奔者不禁",一到春天的时候,清明前后,到处是桑间濮上。此时漂亮的姑娘、英俊的小伙子,走向河边,到山边,一遍遍洗澡,看哪一个是自己心爱的人,如果情投意合,就走到林子的深处幸福结合。那时候,开放就是我们民族伟大的风尚。

事实上,清明节没具体规定是在什么时代。作为一个概念,它最早出现在春秋战国时期。当时一个叫管子的中原学者就提到了清明,书已经没有了,后来残存一点,大家进一步补充。但清明真正作为四时八节,作为一个时令,是在汉代。汉代有一个学者写了《淮南子》这本书,中间提到"冬至之风之后为调风,为介风,便为清明之风"。古人是按照农时、农耕习惯、农耕生产的需要设计自己的风俗。清明是农时,清明前后,点瓜种豆,看到当时的雨水、当时的气温,以此来作为清明安排的。但它还与取薪火联系在一起。在唐代,人们崇尚介子推,山西绵山出现了介子推的文化祭祀。寒食这一天实际上是取薪火的一种习俗,寒食这天是不举火的,不举火就是这天从早到晚不吃热的食物。

在唐代曾经发生了一件事,因为寒食节时间太长,吃冷食,病死人了。因此政府需要调整文化政策。因为一两天可以,一天大家觉得寒食很新鲜,而唐代的寒食节曾经达到过九天。因此寒食节就归到清明,二者联合在一起了。所以清明扫墓,其实是在唐代经过饿死人的事件之后形成的。到了宋代,清明与寒食两者被固定化。读书人的一个基本标志是善于从历史文化中间去总结文化发展的重要规律。所以毛泽东一再强调,一个没有文化的军队是一个愚蠢的军队,打仗是这样,社会发展同样是这样。不尊重文化最终都会被文化所抛弃。而在宋代有这样一个文化的规范,所以宋代的风俗非常多。

再举一个简单的例子,当时节日假日是统一的,皇帝生日那一天,老百姓都庆贺。这一天不用上班,有的是一天,有的是三天、五天,有的甚至放假九天。宋代皇帝提倡孝道,所以皇太后过生日,老百姓也过,天下的道场一块吹吹打打。所以因为假期多,城市规模就大大发展。孔子说,诗可以兴观群怨,没有文化生活,情绪怎么能调整?在这样的情况下,宋代出现了夜市。因为汴京是一个商业发展的城市,商人做大了要享受富贵生活的。

所以,消费拉动经济的发展,经济的发展刺激了社会的繁荣,社会的繁荣影响了人们对幸福生活的执着向往,增强了社会稳定。这样的文化发展,宋代非常巧妙地安置了风俗。宋代从正月到十二月,每一个月都有几个节日。一月的元旦,煮丸子吃;从大年初一开始喝酒,高兴了放炮,大家狂欢。到二月,二月十五花朝节,那天大家都出去,戴朵大花或假花。三月三上巳节,四月八浴佛,五月端午,六月初六,天天高兴。尤其是六月初六这天,当年的宋真宗迎接天书,装神弄鬼,成为后来的读书日。据说,宋真宗到泰山去封禅,为了掩盖澶渊之盟的耻辱,张扬天意,装神弄鬼地让天上降下了几本天书,封禅泰山,这样就有了六月初六千书降临。到了七月七,七月十五中元节。七月七那天有一个非常盛行的游戏,叫磨合罗。那天东京街头到处敲着锣做商业广告,这个地方的一些艺人都早早地做了两个土偶。因为家里有磨合罗,以后子孙不愁,幸福不断,快乐永远。磨合罗还有很多唱词,敲着铜板,唱讲着故事。当天还有乞巧,家家户户扎彩楼,上面写着颂祷词语,乞求织女、牛郎回来,成群的姑娘在那里一跪就是一宿。她们到了晚上,做一个游戏,闭着眼睛穿针引线,说谁穿的多谁得到的巧多。歌舞不断,连绵数日,馀香环绕大地。七月十五的夜晚,放河灯,闹得沸沸扬扬。八月中秋,与清明一样,就是农时。我们最早的中秋节日,实际上就是庆祝丰收的,感谢苍天,感谢月亮。那时候,八月十五中秋明月最圆,皇帝在家里面吃月饼,老百姓在家里吃月饼;宋代已经有月饼了,那时的月饼与现在不一样,是敬奉月亮的面饼。月饼其实用现在的话说就是馅饼。馅饼与宋代饮食有关。宋代有馒头,宋代的馒头不是今天切的方方、圆圆的那种,而是里面馅非常多的肉馒头。宋代尤其喜欢吃羊肉,羊肉包子在宋代非常流行。宋代的人还喜欢吃蜜枣。所以馒头里面有肉馅、素馅。孟元老《东京梦华录》中记述很多,显示出东京街头到处都是无边无际的快乐!宋代的人为什么那么幸福?因为吃的是文化,享受的是文化,创造的是文化,生活在文化之中。在这样的生活之中,文化成为无边的风景。九月初九重阳节的时候,开封的菊花会与敬老会等活动会影响到全国各个城市。十月更多,十月初一、十月十五,都是节日。十一月十五也是节日。到了腊月,初八以后,天天都是节日。宋代非常重视艺术人才的培养,除了画院之外,还有当时的许多勾栏瓦舍,专门有一些画画的、唱歌的。

还有宋代的妓女,不要以为宋代的小姐都和我们现在一样,偷偷摸摸地在哪个地方生存,人家是光明正大的。举个简单的例子,宋代有一个宋祁,兄弟两人都是状元,一次与皇帝一起坐着,他们总是看皇帝后面的美女。皇帝说你们两个想要什么啊?给国家做这么大的贡献,我得奖励你们啊。宋祁说,也不缺钱花、也不缺酒喝,就是皇帝旁边那个姑娘真漂亮。于是皇帝就答应了。就这样,赏赐女艺术家给大臣、给下属成了制度。常常激活生活,生活文化世界就会充满幸福,幸福也会越来越多。还有苏东坡,诗写那么好,词填那么好,字写那么漂亮,画又那么漂亮,都不是无缘无故的。文化的精灵变成了一个又一个漂亮的姑娘,在他身边吹动了春心,北宋的大地就结出了苏轼这样一个伟大的硕果。

在文化发展中间,这是人之情感的一个重要规律。艺术说到底是情感的表现。所以,宋代的风俗文化那么多,那么繁荣。比如,宋代的元宵节要点鳌灯,鳌灯有几十丈高。人们统计,一般来说,都要有九万九千九百九十九盏灯,意味着长久,最亮的是上面的一个灯,需要皇帝点燃,意味着点燃天下。所以,在这个时候,皇帝分封天下,滋润天下,与民同乐。在元宵节这天,还有一个节目屡禁不绝,就是宋代的摔跤、相扑。这不是让两个男人,而是让两个女人,一丝不挂,在锦缎上面去扭来扭去。皇帝常常跟大家一块叫好。所以,文化在这个时候以过于宽容、任性,进入了一个新的阶段。宋代风俗由文化繁荣变成了自己的一个重要特色。

当时开封的大街小巷经济繁荣得不得了,就是因为它打破了当年的城坊制度。大家在《清明上河图》中可以看到,一片熙熙攘攘的景象,各种杂摊特别多。有人统计过,整个东京地区有240多万人口,而成群的艺术家最少在30万左右,作坊将近11000家。可以设想,一个城市让文化拉着,宋代东京就变成了世界最繁华的都市。文化是需要选择的,文化确定的方式常常是由政府来引导的,所以要发展文化,政府应该有服务民众、服务社会、服务时代的意识,这个地方才能繁荣昌盛。宋代的文化繁荣,除了有制度创新,还有艺术创新、思想创新、文化创新等一系列的创新。宋代的文人,走向政治舞台,都非常重视文化。教育重视教化,教化并不仅仅是技术的培养,也包含思想品德的培养,也就是说,宋代知识分子具有一种非常重要的自觉意识。

比如范仲淹,自己提出"先天下之忧而忧,后天下之乐而乐""居庙堂之高则忧其民,处江湖之远则忧其君",要忠于国家,忠于人民,忠于社会。同时,他影响了一大批学者,如关中之学的代表张载。张载就提出了鲜明的文化基点,他说文化的基本任务就在于为天地立心,为生民立命,为往圣继绝学,为万世开太平。为天地立心,是有了社会秩序,让整个社会的伦理得到了健康的发展;为生民立命,让人们生活水平不断提高的同时,也提高文化软实力,就像今天说的提高人民群众文化水平,满足人民群众日益增长的物质文化需要,把以往的文化传统做一个融合,使学术的薪火更加旺盛,让各种思想都得到储备;为万世开太平,是目标,不仅仅是当时的社会,而且为未来社会的可持续发展提供必要的思想保证、制度保证、文化保证,显现出宋代文人的高风亮节。宋代的知识分子虽然有穷有富,但是几乎所有的知识分子都有自己的品格。宋代的文人得到了社会比较高的尊重,他们有自己的使命感,有自己的文化自觉。在这种意义上,宋代的文化表现出思想的坚强,表现出学术的繁荣。所以,在宋代我们可以看到很多的文化典籍,比如《道藏》等等,从不同的方面对历史文化做整合,宋代对于文化典籍的整理和保护做了非常重要的贡献。

宋代雕工非常多,其中很多人技术很高。我们现在说的年画是怎么出现的?其实在宋代,东京的许多图画很像叫卖市场。据说,有一年司马光去世了,很多人为了怀念他,就印制他的像,印制彩色的图画,家家户户模仿,后来很多人都赚了钱。宋代首先是最高阶层的人物带头参与了文化活动,所以使得文化也非常有趣味儿。而文化强调合理性,比如宋代统治者很会玩,文化就大繁荣了。宋代的统治者重视文化,宋代的文化制度的创新,使得王权一次又一次避免了政治的风险,在惊涛骇浪中间行走,孤儿寡母常常这样有惊无险。如赵光义的后代体弱,到真宗皇帝也不怎么样,仁宗无子,英宗活了30多岁也死了。英宗的儿子宋神宗,支持了王安石变法,当时司马光、欧阳修、苏轼几个人都得到他的保护。据说,当时几个御史在皇帝面前说欧阳修作风不好,因为宋代文人小心眼非常多,但是总体上还是有操守的。宋神宗当时听了非常生气,但是他不能杀这些人,因为有界碑,不能随便杀文人。于是宋神宗吸收了王安石的建议,进行变法,创造的财富在徽宗时期还没有挥霍完,但宋神宗38岁就死了。宋代的皇帝都活了二三十岁,有人统计说,他们可能有一种家族病,就像现在的血友病一样,当时医学不发达解决不了,就听天由命。但是宋代文人的自觉性都了不起,像范仲淹、寇准、包拯等。宋朝的大臣几乎都有一颗忠心，无论国家遇到多大的困难，都自觉为国家保驾护航，保护政治的旺盛力、平衡力。

还有就是宋代的皇帝和大臣的关系处理得非常好。举一个简单的例子，司马光是北方人，脾气非常硬。当时一个叫吕惠卿的人，是福建人。因为两个人意见不合，说着说着就打起来了，吕惠卿抓住司马光的脖子跟他扭起来了，司马光是北方人，抓住吕惠卿的脖子就扭。而皇帝却笑眯眯地看着他们说，勿动怒啊。宋朝的皇帝喜欢唱歌、跳舞，当时朝廷最简单的礼仪就是戴花，皇帝动不动给大臣们奖赏花，当时有真花有假花。皇帝拿出鲜花亲自给大臣们戴上，比军功章都厉害，因为它代表着国家对你的鼓励。

当年的音乐也非常发达，如钩容直，还有其他的勾栏瓦舍。宋代政治制度空间，由于对艺术的尊重，形成了自己特殊的生活。比如，大臣们两三点就起来去早朝。若外边下雪、下雨，大臣们就非常艰难，因为不能随便入内。等到天亮的时候，皇帝起来了，大家都喊万岁万岁万万岁，进了殿以后，各就其位，往那一站多累啊。所以，当时宋朝有一个就像今天的广播操，隔一段时辰，皇帝就让大家在音乐中间去跳舞。大臣们不管真的假的，舞动起来都充满了兴趣和快乐。有一次，司马光中风以后，跳舞不能像别人那样整齐。他中风后手比较不灵，皇帝专门下来说，你可以不参加舞蹈。一个时辰，他们有四五分钟跳一段舞，唱一段歌。其实，宋代皇帝对文化的这种信任，也是文化繁荣的重要标志。

上行下效，上面有这样的文化活动，经常在宫廷里面演水戏、拔河、斗胜，老百姓逢年过节也开始一系列的狂欢。所以，艺术在这片土地上，在这个时代，长成了森林。这样就不难理解宋代的绘画、音乐、科学技术，整个文化都是繁荣昌盛的。所以，只有在这样的背景下才能诞生《清明上河图》，也只有在这样的条件下，宋词才成为一代的绝响。

宋代的文化拯救了宋代的一次又一次的政治风险。

1126 年，金兵掠夺了开封的时候，南宋建立了，整个南宋王朝又延续了上百年。原因是什么呢？宋代的皇帝一个比一个无能、一个比一个小心眼，但是宋代的文化却坚韧不拔，一直到南宋的末年还仍然在承载着政治的大舟，让政治的长船在风浪中间保持着平安，一直到蒙古人把中原灭掉之后，南宋灭亡了。所以宋代的风俗，宋代的历史文化以自己独特的风格在中国文化史上形成了一个亮色。它也告诉我们，文化发展具有自己特殊的价值和意义，一个社会就像没有舵的船是不行的。一个社会必须有自己的文化，但文化不是万能的，而我们必须记住，没有文化绝对是不行的。宋代的历史告诉我们，宋代的文化为宋代的社会政治的健康发展提供了必要的保障，但是他失去了对军事、对政治制度一系列事物必要的建设、监督。所以，宋代的文化就显得那么悲壮，像岳飞的《满江红》、辛弃疾、陆游他们一系列伟大的诗歌一样，永远激励着后人，让我们今天仍然承受着宋代文化的福音，让我们也承受着宋代知识分子思想文化的福泽。我们承载着先天下之忧而忧后天下之乐而乐，我们秉承着王安石的不足畏，我们秉承着司马光的直言，我们秉承着苏轼他们大江东去的豪情，传唱着自强不息。

今天，我们实行民族复兴这样一个伟大战略。在这样的历史意义上，宋代的风俗、文化，有许多值得我们思索、值得我们发扬、值得我们借鉴的地方。

# 第四讲　孙中山与辛亥武昌起义的关系

严昌洪

**主讲人简介：**

华中师范大学中国近代史研究所教授，华中科技大学武昌分校辛亥革命研究所所长，辛亥革命史研究会副理事长兼秘书长、武昌辛亥革命研究中心学术委员会副主任。著有《辛亥革命辞典》《癸卯年万岁——1903 年革命思潮与革命运动》《辛亥革命与中国政治发展》《湖北地区辛亥革命档案资料联合目录》《中国内地及港台地区辛亥革命史论文目录汇编》《辛亥革命与 20 世纪中国社会》等。

过去人们认为孙中山跟武昌起义关系不大,因为辛亥革命爆发的时候,孙中山正在美国。所以很多人就认为武昌起义跟孙中山关系不是很大。不能这样看。孙中山跟辛亥武昌起义的关系,这里主要讲五个问题。

一、1911 年的武昌起义为什么称为首义?

有些人认为孙中山领导过十次起义。他的自传性的文章《有志竟成》里面说,他发动过十次革命。武昌起义又不在那十次革命里面,怎么认识它和孙中山的关系?有人说,因为孙中山十次起义都失败了,武昌起义取得成功,所以说是首义,不仅仅是这一点。这应该从辛亥革命的概念出发。辛亥革命有一个广义的概念,一个狭义的概念。广义的概念就是从孙中山 1894 年在檀香山创立中国第一个革命小团体兴中会开始,到1913 年 9 月二次革命失败,整个的过程都是一个辛亥革命的历史时期。它包括了辛亥革命的酝酿、准备、发动、发展和结局的一个过程。学者们为了研究辛亥革命,不能仅仅研究 1911 年的革命,还要对革命如何酝酿、如何准备、如何发动的都要研究。为什么说 2011 年是辛亥革命一百周年呢?兴中会是 1894 年成立的,为什么不说 1994 年是辛亥革命一百周年呢?这就说明还有一个概念,就是狭义的辛亥革命。辛亥革命是农历辛亥年 10 月 10 号,在我的家乡湖北武昌,革命党人打响了起义的第一枪,然后获得全国各省的响应,最后逼使清帝退位,推翻了清政府,建立了中华民国,这个历史事件就叫辛亥革命。所以说武昌起义就是辛亥革命的首义,是首先发动的一场起义。武昌首义就是这样来的,"首义"两个字不是武汉自封的,是孙中山先生命名的。孙中山先生在 1912 年 1 月 1 号宣誓担任中华民国临时大总统的宣言书里面,就说"武汉首义,十数行省先后独立",在其他地方又说"武汉首义,则用内外十八省之徽志",就是指武昌起义的时候有一个革命的旗帜,是十八颗黄星,代表当时内地的十八个行省联合起来实行铁血革命,推翻清朝。武昌起义以后清军来攻,把汉口一把火烧为一片废墟,孙中山也说"务使首义之区,变为模范之市"。他还在南京祭明太祖朱元璋,因为当时革命党人心理上有一个情结,搞革命就是推翻满清,恢复汉族的统治,明朝的朱元璋就是汉族的统治者,明朝是被清朝灭亡的。所以孙中山革命成功以后祭明太祖,表示把汉族的统治地位又夺回来了,告慰先祖。祭文中他就说到"武汉首义,天人合同,四方向风,海隅景从,遂定长江,淹有河淮",于是全国光复了。

他在 1912 年 4 月访问武昌首义之区,在给报界表示感谢的时候说,"文于武汉首义之地,心驰已久"。所以武昌首义,就是指武昌是辛亥革命打响的第一枪,是引起全国响应的一个地方。有人说广东1911 年的 4 月 27 号的黄花岗起义也是辛亥年,其实那还是辛亥革命准备时期的一次起义,虽然同盟会孤注一掷,还是失败了,没有引起全国的响应,没有达到推翻清政府的目的,所以孙中山把武昌起义称之为首义。现在武汉就称为首义之区,还有"首义文化""首义精神"等概念。孙中山还充分肯定了武昌起义是肇建民国的首功,他在几个地方说"民国开创,武汉实为首功,而诸烈士血战捐躯,其死义亦最烈"。他在祭奠武汉先烈的时候也说"乃及辛亥,火中成军,武汉飙发,胡虏土崩。既攻既击,稼我弟昆,虽稼我昆,大功则成"。因此,武汉是辛亥革命的发生地,辛亥革命是从武昌起义开始的。

二、孙中山到过武汉没有?几次到武汉?

孙中山第一次到武汉是他自己在《有志竟成》里面说的。1894 年,孙中山不但有革命的思想,还有改良的思想,改造中国的希望还寄托于清政府的大官僚手上。他说,如果你们能够改革的话，中国就有前途。于是，他就写了一个关于改革方面的意见书，上书给李鸿章。李鸿章是当时清朝最有实权的地方大员，担任直隶总督、北洋大臣，在天津工作。后来，孙中山就通过一些关系，跟他的同乡、朋友、革命战友陆皓东一起到天津，但李鸿章没有接见他们，孙中山上书失败。在天津上书不成就到北京，看见清政府在中日甲午战争中一败涂地，却在北京城里庆贺慈禧太后六十大寿。他就感觉清政府不可救药，他的革命思想进一步坚定，要推翻清朝，然后他就到南方考察哪些力量能够被利用起来革命，所以就到武汉考察。他在《有志竟成》中就说"北游京津，以窥清廷之虚实，深入武汉，以观长江之形势"。

有人说孙中山1906年来过武汉，还给张之洞写信，想与张见面。笔者曾写了一篇文章，论证孙中山1906年不可能到武汉。1905年孙中山领导的同盟会已经建立，决定以武装斗争来推翻清朝，从主观上，这个时候不会再和清朝官员合作了，他怎么会去找张之洞呢？从客观上，他那年也不能到武汉来。1895年广州起义失败后，孙中山是朝廷通缉的钦犯，1896年在伦敦蒙难，差点被秘密解押回国处死。张之洞有这个机会，他能不把孙中山抓起来立功吗？1906年孙中山在日本，此时他都是在轮船上面跟革命党人接触的，他不可能深入到武汉。孙中山第二次到武汉，是在辛亥革命以后1912年4月9号到12号，孙中山已经辞去临时大总统的职务，无官一身轻，有邀请他就访问，他不但到了武汉，还到了广州，回到家乡。孙中山为什么会关注武汉？因为孙中山有一种情结，他觉得武汉的地理位置非常重要。他曾经想过要建立革命的国家、革命的政府，首都定在哪个地方，定到北京也不合适，定到上海也不适合，南京和武昌差不多，但是武昌更有一些优势，他觉得武昌定都是最好的，可惜当时辛亥革命特殊的环境。因为武昌起义以后袁世凯大军压境，武昌差不多不保了，当时湖北省军政府的都督黎元洪已经逃到郊外去了。这个时候南京被江浙联军打下来了，各省准备推举革命政府的代表都到上海开会，最后决定定都南京。

三、孙中山跟湖北革命党人的关系怎么样？

湖北最早参加孙中山兴中会的是吴禄贞，他在日本留学，奉孙中山的命令于1900年回到国内参加了唐才常举行的自立军起义，这次起义是保皇派和革命派联合举行的。当时，孙中山还想联合康有为、梁启超等保皇派一起来推翻清朝，但是保皇派是只推翻慈禧太后，要光绪皇帝亲政，他们认为光绪皇帝很英明，希望通过光绪皇帝搞改革实现他们君主立宪的理想。他们在1900年趁义和团在北方反对外国侵略的时候，在武汉准备举行起义，孙中山是支持的，就派了兴中会员吴禄贞等人回到国内来参加。但是这次起义因为康有为在海外的捐款迟迟没有到，最后是失败的，唐才常等人都被张之洞抓住处死。吴禄贞在安徽大通响应起义失败后，又回到日本，继续读书。他受孙中山的革命思想影响很深，毕业回到湖北，湖广总督张之洞听说他参加过自立军起义，准备训诫一顿，结果见了他以后，吴禄贞就跟张之洞侃侃而谈，说现在的国际形势、国内形势，张之洞认为他说得有道理，不但不惩罚他，还委以重任。他就利用这个机会联络武汉的革命青年，在革命学生李廉方所租住的孙茂森花园房子里经常一起聚谈，宣传革命。这在首义历史上称为"花园山聚会"，这是湖北革命组织的雏形。笔者把它称为革命的火种开始在湖北燃烧，但是这个火种的点火人是孙中山。花园山聚会以后，湖北形成了一系列的革命团体，最后发动起义的都和花园山聚会有关。吴禄贞后来得到清政府的重用，已经当了第六镇镇统（师长）。武昌起义后清廷派他去镇压山西的革命，他和山西革命党联络,准备组成"燕晋联军"攻打北京,逼迫清政府退位,但最后被袁世凯派人在石家庄车站暗杀了。

孙中山在日本的时候,很多的湖北留学生都慕孙中山之名去拜访他,孙中山就给他们一些任务。孙中山对武昌人刘成禺说,洪秀全是反对清朝的,他的历史值得研究,值得宣传,你是不是能够写一本关于太平天国的书? 刘成禺就接受了,写了《太平天国战史》,宣传排满革命,孙中山为之作序。张之洞还派了一批学生到欧美留学,这些学生把到国外留学视为寻找孙中山,接受其领导的好机会。1904年冬天,孙中山从美国到欧洲去活动的时候没有旅费,美洲的同志就给欧洲的湖北留学生写信,留学生就凑了一笔钱寄到美国,让孙中山的欧洲之旅得以成行。孙中山当时在欧洲想建立革命组织,就在这些青年留学生里面发展,建立革命组织,这些人当时都是骨干力量。这些留学生里面有朱和中、石瑛等人。后来有的成为革命骨干,有的成为民国外交家、工程师。

孙中山跟湖北的革命团体又有什么关系呢? 湖北革命团体最早的雏形是花园山聚会,吴禄贞调走后就散了,但是他点燃的革命火种没有熄灭。1904年7月,受革命影响的一些人成立了一个科学补习所,湖北第一个革命团体。1904年11月,黄兴的华兴会准备在慈禧太后70大寿的那天,乘长沙的清朝官员祝寿的时候爆炸、起义。当时黄兴跟湖北革命党人有个约定,一省起义,另一省要响应。湖北革命党人积极准备响应,但长沙由于事机不密,消息泄露,起义流产。湖北官府得到消息查抄了科学补习所,但由于早已得到黄兴的电报通知,补习所的人员都疏散了,官府只抓了房东,了解到是两个学生租住的,就没有罗织大狱。因为张之洞怕自己管辖的学生里面出了革命党,难辞其咎,就大事化小,小事化了,只开除了欧阳瑞骅和宋教仁两人学籍了事。科学补习所因此停止了活动。科学补习所的一个成员刘静庵在军营里面呆不下去了,就到教会阅览室日知会当了司理,相当于图书管理员。他利用这个阅览室宣传革命,买了很多的革命书刊,来这里看书的人越来越多,并大谈革命,刘静庵乘势把日知会变成了一个革命团体,把科学补习所流散的革命同志召集起来,声势很大。孙中山在日本知道了,就派法国武官欧几罗在鄂籍同盟会员吴昆陪同下到武汉考察,日知会开盛大的欢迎会欢迎欧几罗。孙中山实际上是把日知会作为同盟会的一个分会来看待的。同盟会湖北分会是在日本建立的,前几任会长都没有回来搞活动,湖北麻城人余诚当会长后,他说:"革命应该在内地策动,如今大家都聚在他人国都,终日谈论革命,只图口耳之快,有什么用呢?"于是,他就回来了。他以日知会为同盟会的活动阵地,实际上就是同盟会的一个分支机构。孙中山和同盟会跟湖北的革命党人关系非常密切,受孙中山影响的这些湖北人后来多半在武昌起义中发挥了重要作用。这也从一个方面反映了孙中山跟武昌起义的关系。为什么武昌起义能够取得成功? 是湖北革命党人的努力,这些湖北革命党人是受到孙中山革命思想启蒙的。还有一个人——居正,他也是受孙中山影响的湖北籍同盟会员。1910年有一批同盟会员不满意孙中山、黄兴总在南方边界发动起义,比如惠州起义、镇南关起义、云南河口起义等,为什么不能在中部起义呢? 于是就组织了同盟会中部总会,负责促进在中部地区起义。居正是同盟会中部总会的骨干,他回到武昌活动,与中部总会的谭人凤一起促成武汉的两个革命团体文学社和共进会实现了联合,共同制定了起义计划,最后发动了武昌起义。武昌起义以后,居正在湖北军政府的政权建设和制度建设方面也做出了重要贡献。

四、武昌起义跟孙中山、同盟会到底有没有关系？

前面说到，武昌起义的时候孙中山在海外。有人认为起义出于孙中山意料之外，因为他在1911年4月27号广州黄花岗起义失败后，觉得革命党损失太大，元气一下子难以恢复，但只隔几个月湖北就爆发了起义。其实武昌起义并非出于他的意外，因为武昌起义前夕，黄兴已经给他发了一个电报，说武昌新军必动，请速汇款接济。武昌起义以后也电告，希望他回来做中华民国的大总统。他后来说，本来应该回来和武昌起义的战士们一起跟清朝决一死战，但是想到革命还需要得到国际上的支持，所以我的重任在樽俎之间，应该到各个国家去游说一番，让他们来支持，所以他又到了欧洲。

有人认为发动武昌起义的两个团体文学社、共进会，都不是同盟会的下属组织，跟孙中山、跟同盟会没什么关系。笔者不同意这个看法，曾专门写过一篇文章《武昌起义与同盟会》，从几个方面论证。

首先，从组织上论证。联合发动武昌起义的湖北的两个革命团体文学社、共进会，跟孙中山创建的同盟会有很深的渊源关系和实际上的联络关系。文学社由日知会演变而来。1906年，湖南和江西交界地方发动的萍浏醴起义失败了，当时日知会准备响应萍浏醴起义，因人告密被张之洞侦破，日知会有九个骨干被抓，受到严重破坏。这九个人参加了推翻清朝的革命，但没有一个被处死，为什么？日知会有教会的背景，传教士和外国外交官为他们说话，然后通过各方面的关系，清政府就对这些人从轻发落，有的关了，有的保外就医，有的送回原籍监管。但里面确实有死的人，日知会的创始人刘静庵在狱中因为坚贞不屈，受严刑拷打，在武昌起义爆发前不久病死狱中。此事件在历史上叫做日知会"丙午之狱"。其他没有被捕的人又在新军里建立了一个湖北军队同盟会，被破坏后又建立群治学社，群治学社又改为振武学社，后来觉得这个武字太刺眼，又改为文学社，以便掩人耳目。文学社就是这样发展过来的，所以说日知会是文学社的前身。而日知会的部分骨干又是同盟会的骨干，同盟会湖北分会是以日知会为依托的，前面提到孙中山派法国武官欧几罗到湖北考察就是找日知会的，可见孙中山与同盟会东京总部是将日知会视为同盟会的下属组织的。共进会跟同盟会的关系更密切，共进会是在日本东京的一批同盟会员和留学生因不满意于孙中山总在南方搞革命，于是他们就成立另外一个组织共进会，以便联络会党，及时在长江中下游发难。这个组织并不是在搞分裂，他们拥戴的领袖还是孙中山，以同盟会的总理为总理，以同盟会的纲领为纲领，只是把同盟会的纲领换了一个字。同盟会纲领是"驱除鞑虏，恢复中华，建立民国，平均地权"，他们把"平均地权"改为"平均人权"。有人曾经用阶级分析方法来分析认为，这些人都是大地主家庭出身，不愿意平均地权。其实他们认为会党文化水平底，难以理解平均地权，平均人权容易理解一些，争取实现人与人平等的社会。共进会的历届领导人，有四川省的，后来是湖北的刘公、孙武。他们回到湖北建立了共进会组织，所以说共进会和同盟会有很深的关系。甚至同盟会谭人凤携款到湖北资助革命的时候，就给了湖北共进会八百银元。所以说武昌起义表面看起来是由文学社、共进会共同发动，实际上可视为同盟会领导发动的又一次武装起义，它与同盟会此前在南方各地发动的系列武装斗争是一脉相承的。虽然孙中山说是十次革命，笔者觉得武昌起义应该也是孙中山领导的一次革命。

　　在思想上看,武昌起义的发动者所信奉的都是孙中山的思想,他们以孙中山为共主,拥护孙中山的三民主义的革命思想。在革命方略上,武昌起义的一些重大决策,基本上遵循了同盟会《革命方略》。1906年孙中山、黄兴、章太炎主持在日本东京制定了同盟会的《革命方略》,按照该方略中《军政府宣言》的规定,起义后新政权的国号采用了"中华民国"的名称,政府的名称则用"中华民国军政府鄂军都督府"。1911年(宣统三年)10月11日,以黎元洪名义发布的第一道布告即称"中华民国军政府鄂军都督"布告,布告开首第一句则称"今奉军政府命"。新政权既不奉清朝正朔,也未采用夏历的干支纪年,而是采用了同盟会革命党人创立的黄帝纪元,该布告后面落款处标明时间为"黄帝纪元四千六百零九年八月二十日"。据说,布告的文字还是东京同盟会预拟的。其他一些重要文告也取同盟会的现成文件。例如,鄂军都督府发布的《布告汉族同胞之为满洲将士文》,直接采用了同盟会《革命方略》中的《招降满洲将士文》。《中华民国军政府鄂省都督致汉口各国领事照会》中,向外人宣布的七条与同盟会《革命方略》中的《对外宣言》的七条亦基本一致。

　　在革命程序上,武昌起义后所采取的步骤基本上按同盟会《革命方略》所规定的军法之治、约法之治、宪法之治三个时期进行。《革命方略·军政府宣言》规定:实现治国的措施之次序分三期:第一期为军法之治。第二期为约法之治。第三期为宪法之治。具体说来,军法之治时期为军政府督率国民扫除旧污之时代,地方行政由军政府总摄之,并以次扫除积弊。约法之治时期为军政府授地方自治权于人民,而自总揽国事之时代,"地方议会议员及地方行政官皆由人民选举。凡军政府对于人民之权利义务,及人民对于军政府之权利义务,悉规定于约法,军政府与地方议会及人民各循守之,有违法者,负其责任"。宪法之治时期为军政府解除权柄,宪法上国家机关分掌国事之时代。事实上,武昌起义后的次日即成立军政府,开始了军法之治时期,以革命权威对政治之害和风俗之害加以扫除。湖北军政府还制定并颁布了《鄂州约法》,为进入约法之治时期准备。该约法虽没有明确提出授地方自治权于人民,但规定了都督由人民公举,议会由人民于人民中选举议员组织之,并规定了都督代表鄂州政府总揽政务,对于人民之权利和义务也作了明确规定。该约法还规定,"中华民国完全成立后,此约法即取消,应从中华民国宪法之规定",这就为将来实行宪法之治作了铺垫。

　　从行动上看,很多的同盟会员参加了武昌起义,而且同盟会的领袖、骨干都参与了保卫首义胜利果实的军事行动。例如黄兴指挥了阳夏之战,所谓阳夏之战就是武昌起义以后清军就派北洋大军南下武汉进行镇压,武汉是由武昌、汉阳、汉口三镇组合的,这个"阳"就是指汉阳,"夏"就是指汉口,当时汉口称夏口厅。清朝军队通过京汉铁路坐火车来镇压武昌起义,武汉的革命军民就开展了激烈的阳夏保卫战,阳夏保卫战开始取得胜利,后来清政府把袁世凯抬出来,北洋军听袁世凯的指挥,一把火把汉口烧了,革命军只好退到汉阳。此时黄兴到了武汉,他曾在孙中山领导下指挥过历次起义,如广州的黄花岗起义。他到了以后,黎元洪就拜他为战时总司令,历史上称为"黄兴拜将",实际上是黎元洪拜黄兴为"将"(战时总司令),他们是借用汉高祖刘邦拜韩信为大将的历史典故。黄兴就领导革命军进行艰苦卓越的阳夏保卫战。阳夏保卫战虽然最终失败了,但是坚持了四十天之久,为各省响应赢得了时间。同盟会另外一位很重要的领导人宋教仁,在日本留学的时候是学法政的,到了武汉以后就参加起草了《鄂州约法》。《鄂州约法》是中国历史上第一个资产阶级宪法性质的文件,它规定废除君主专制,实行民主共和,给人民很多的民主权利。所以《鄂州约法》是中国走向共和的第一步,武昌不仅打响了辛亥革命的第一枪,而且迈出了走向共和的第一步。《鄂州约法》后来还成为各省起义以后的军政府约法的一个蓝本,甚至成为《中华民国临时约法》的一个蓝本。中国走向共和、民主,遏制袁世凯的独裁中,宋教仁做出了重要贡献。

武昌起义是孙中山和同盟会十次起义失败后的一次伟大的成功。武昌首义的胜利,证明了孙中山和同盟会三民主义纲领和武装反清的革命方针对中国革命的指导意义。孙中山创立同盟会的伟大功绩永远值得肯定,如果没有孙中山,没有同盟会,没有孙中山的革命思想,武昌起义也不可能一举推翻清王朝。所以孙中山到武汉访问的时候说:"民国成立,咸享幸福。推究端源,皆诸君子义同袍泽,首复武汉所致。鄙人躬逢斯盛,荣幸实多。"湖北军政府都督黎元洪也说,武昌首义的胜利皆由于各省响应之赐,"而尤非中山先生预为奔走呼号,预为秘密运动,其响应正不易也",这恐怕并非客套话。有一个采访孙中山访问武汉的记者曾说:"我飘泊零丁,将牺牲一身以救全族之中山先生,而不奔走呼号于二十年前,秘密运动于十八省中;我舍身就义诸同胞,而不先拚铁血与掷头颅于客岁九十月内,我武汉间尚有至今生存而享荣誉,蒙厚福者乎?"这个记者对孙中山、武昌起义的关系所做的评价是非常到位的。

孙中山在辛亥革命以后曾经到过武汉,也关心武汉首义之区的建设。孙中山两次来武汉,第二次是1912年的4月9号到12号应邀访问武汉。当时孙中山已经退位了,黎元洪作为临时副总统邀请孙中山访问武汉。孙中山在武汉视察一共四天,但那个记者写成五天,写了《中山先生五日驻鄂记》。为什么他会产生五天的感觉呢?因为孙中山在12号那天说,我明天就会离开武汉了,那天下午记者没有到场,13号也没有到场,他以为孙中山是13号走的,实际上孙中山12号下午就坐军舰离开了武汉,所以说孙中山只在武汉呆了四天。这四天里面他游览、参观了当时发动武昌起义的一些地方,会见了武汉革命党人的一些代表。当时,胡汉民和孙中山的两个女儿陪同着,胡汉民在一次会上介绍孙中山访问武汉的三大感情:"一则调查战迹,凭吊忠魂,即对于我武汉军人之感情。二则伤痛瓦砾,督促建筑,即对于我武汉商人之感情。三则哀念流离,抚恤疮痍,即对于我一般国民之感情。"

孙中山访问武汉的时候,武汉的儿童唱了一首儿歌:"孙先生,打满清,把黄兴,守南京。到湖北,是福星,他说话,我爱听。"这说明湖北的民众对孙中山的崇敬和拥护。孙中山后来在《实业计划》中对武汉的现代化设定了蓝图,怎么样建设大桥、建设隧道,把武汉的三镇变为一个整体,都做了很好的规划。他设计的蓝图已经变成现实了,现在武汉在长江上面有六、七座大桥,汉水上面也有几座大桥,把武汉三镇连为一体。现在隧道也挖通了一条,将来地铁也要通过隧道,所以说孙中山对武汉的规划现在变成了现实。

五、孙中山领导的辛亥革命、武昌起义具有什么样的伟大意义?

现在,人们常问辛亥革命的精神是什么?笔者认为,辛亥革命的精神可以从多角度去认识,例如当年武昌起义的革命党人的十八星旗帜,里面九个黄星,外面九个黄星,十八个黄星代表18个行省,中间用黑色的齿轮把十八颗星连接起来,整个旗帜的底色是红色的,叫十八行省联合起来实行铁血革命,就是"铁血精神"。还有的说辛亥革命是爱国主义精神,有的说是革命英雄主义精神,笔者觉得都可以说,但是最重要的一点就是孙中山自己说的"振兴中华"的精神。在中国近代史上,第一次提出振兴中华口号的就是孙中山先生,1894年他就在兴中会的章程里面提出了"振兴中华",就是民族要独立,国家要富强,使中国自立于世界民族之林的一种精神。为什么孙中山、各地的革命党人,包括湖北的革命党人都要搞革命?就是要改变中国的贫穷落后、受人欺辱的处境。为什么要搞革命、推翻清朝呢?他们把中国贫穷落后、受人欺辱的原因归结为清政府的统治太腐败,所以中国在国际上受人欺负。要改变中国落后的面貌就要推翻清政府,所以他们就革命,要实行三民主义,要建立一个独立、民主、富强的新中国。他们的目标由于种种原因没有实现,但是他们的精神给后人以启迪和鼓舞,至今仍有教育意义。今天纪念辛亥革命,就是要发扬孙中山和辛亥革命志士的振兴中华、富强祖国的民族自觉精神,努力为完成国家的现代化和祖国的统一大业贡献我们的一份力量。

# 第五讲　从历史与当下看韩国

张三夕

**主讲人简介：**

华中师范大学文学院教授、历史学博士、文学研究所所长，国学教育研究中心主任，武汉社会文化研究院副院长，长期在高校从事文史领域的教学与科研工作。著有《批判史学的批判》《死亡之思与死亡之诗》《通往历史的个人道路》等。

朝鲜半岛及韩国与中国有着复杂的地理、政治、经济与历史文化的关系，这样一种关系是需要我们相互了解的。在漫长的历史过程当中，由于地缘关系，朝鲜半岛以及朝鲜半岛上生活的朝鲜民族跟中国的关系是非常密切的，在某种程度上，观察今天中国的整个国际环境，也不能忽视朝鲜半岛的因素。

就 2010 年的韩国天安号军舰的事件，温总理第一次明确表态，对破坏朝鲜半岛稳定的行为表示谴责。这是温总理深思熟虑推敲过的。这个话的背后实际上还有深层意义，把它加以引申，就是中国跟韩国的历史文化渊源是非常长久的，我想讲两场战争，从这两场战争看我们中国的国际地位。因为，这两场战争和我们中国人的国际生存环境有着非常密切的关系。

第一场战争，我把它称为"抗日援朝"，从 1592 年到 1597 年一共是两次，历史上叫做"万历朝鲜战争"，就是明朝万历年间在朝鲜半岛上发生的一场战争。当时日本人发动了对朝鲜的侵略战争，朝鲜请求明王朝去支援，当时日本人已经把朝鲜半岛大部分地方都占了。明王朝经过反复的政策权衡，最后出兵帮助朝鲜人把日本人赶出了朝鲜半岛，最终使朝鲜赢得了一段时间，得以跟日本抗衡。一些学者和历史学家认为，万历朝鲜战争用韩国人的话叫做"壬辰倭乱"。但是对明王朝来说，代价很大。那一次战争，明王朝动用的军队是整个国家军队的 20%，耗费了大量的财力。有人认为，这场战争是导致明王朝加速灭亡的一个重要因素。因为明王朝要打仗，动员了大量的军队、人力、财力、物力，所以后来的李自成农民起义，明朝就没有多少力量去应付。美籍华裔学者黄仁宇写了一本书叫《万历十五年》。他通过一年的考察，认为明朝已经在万历年间埋下了灭亡的一些危机和根源，从这个意义上讲，抗日援朝战争对明王朝的灭亡是有影响的。当时东北女真族的首领努尔哈赤，在抗日援朝的战争中密切关注明朝军队的作战方式，并掌握了明朝军队的优势和弱点，这对他将来打败明朝的军队起到了至关重要的作用。不管怎么样，从客观上讲这场战争加速了明王朝灭亡。

第二场战争就是从 1950 年到 1953 年的"抗美援朝"。中国也是被动地卷入到这场战争的。当时金日成认为他的实力比较强大，率先发动统一战争，一直打到现在韩国的南方海边，占领了韩国大部分地方。而当时韩国的军队和美军只在釜山那样很小的一块顽抗。后来美国人在仁川登陆，把金日成军队全部赶到北朝鲜，一直打到鸭绿江。在金日成的请求之下，中国以"志愿军"的名义参加了抗美援朝战争。

这次战争的结果，导致了战后的一种格局。在韩战以前，美国跟新中国并没有对立冲突，美国人甚至准备放弃台湾。这次战争当然也有意识形态背景，有冷战，有对苏联的警惕。韩战以后形成了中美很长时间的对峙，美国对中国的战略包围就拓展到了台湾海峡。今天的台海局势在一定程度上，是抗美援朝战争所导致的结果之一。所以，我们也愿意朝鲜半岛和平，如果再爆发新的战争，中国又将被动地卷入到新的战争中去。朝鲜、韩国的情况，跟中国人的生存关系非常密切。我们对于韩国的了解，跟我们自己的生存状况是密切相关的。历史上韩国、朝鲜或李朝王朝跟中国的关系是很密切的。朝鲜半岛、韩国或李朝王朝，在明清两代一直是中国的附属国。它的官员都由中国任命，每年都要到京城来朝拜中国的皇帝。那么，这种紧密关系是什么时候、怎么样分开的呢？这里有一个关键十年，就是 1884 年到 1894 年。

1884 年中国的海军，即当时的北洋舰队，其实力超过了日本，但日本人用了十年的时间，上至天皇、下至百姓均筹集经费，针对中国军舰的吨位和性能打造军舰，结果他们的海军实力大大地超过了中国。而此时在中国，慈禧太后为了给自己祝寿，居然挪用了本来要建海军的钱去修颐和园。最终当甲午战争爆发之时，其胜败结局早已决定了。甲午战争之后，1895年清政府签订了《马关条约》，条约里有一个要求，就是日本人强迫朝鲜独立，也就是它不属于清王朝了，是一个独立的国家，这一条使朝鲜的命运发生了历史性的转折。1895年的《马关条约》以后，中国政府完全失去了朝鲜半岛，朝鲜从此不是中国的附属国了。1910年，日本人完全占领了朝鲜。1910年日本人的《日韩合并条约》，实际上是把韩国全都合并成日本的一部分。韩国人把1910年到1945年这一段历史叫做"日据时期"。在这三十五年中，韩国人沦为了日本人管辖下的二等、三等公民。而中国也由此丧失一个具有战略意义的地理屏障。其实，当时日本的野心并不仅仅停留在朝鲜半岛，占领朝鲜半岛只是一个跳板，根本目的是要占领、征服中国，于是发生了后来的侵华战争。《马关条约》不仅使中国失去了朝鲜，还使中国失去了台湾。之所以讲这些，是帮助我们意识到，朝鲜半岛跟我们有非常复杂的历史文化渊源关系。

我去韩国的身份是交换教授。我们华中师范大学跟韩国岭南大学是友好学校，根据协议互派教授进行讲学。这次待的时间比较长，所以对韩国社会有比较细致的观察。岭南大学位于韩国的第三大城市大邱。韩国第一大城市是首尔，过去叫汉城；第二就是釜山，第三就是大邱。岭南大学的创立者是前总统朴正熙，是继首尔大学之后的韩国大学校园中第二大校园。校园的自然环境有特色，给我印象深刻的就是樱花。去的时候正好是樱花盛开的时节，这让我想起武汉大学。武汉大学的樱花大道，最近几年成了一个旅游热点，但跟大邱岭南大学的樱花完全没法比，用我的话说是"小巫见大巫"。

武大的樱花和岭南大学的樱花都是日本人栽的，在武汉，如果碰到跟日本相关的事情人们就非常敏感。比如曾经的那对穿和服的母女在樱花树下照相的事情。但是在岭南大学，他们没有这方面的敏感，就算是日本人栽的，他们也没有太多的愤怒和谴责。岭南大学有一些特别的节日，比如4月4号、4月5号是他们校园的樱花节。在樱花节期间，校园就对全市市民开放，因为他们把大学校园看做市容市貌的一个方面。在樱花节里，许多市民全家都到这个学校里野餐、进行文艺演出，非常热闹。

我去工作的部门叫中国语言文化学部，一共有三个专业，一个是中国语言文学，一个是中国文化情报学系，还有一个是中韩翻译。这个学部有点类似文学院。中文学部很有意思，他们每个星期二中午有一个例餐会，就是韩国老师在一起吃饭。他们专门有一笔吃饭的经费，我们也被邀请参加，吃完饭，韩国人需要开会，每个星期二下午都要开会，我们就不必参加会议。我们就开玩笑说，天底下最愉快的事情就是只吃饭不开会。他们中文系的老师不多，韩国的老师只有六位，还有一位是华侨，生长在韩国。加上我们有五个中国老师，一共就十二位老师。韩国的大学，办学的师资成本在我看来是比较低的。他们的行政部门非常简单，只有一个行政室，相当于我们大学的学工部。这个行政室就处理学生的事务，学生有什么问题都到行政室。然后有一个助教室，老师有什么问题就由助教室处理。专职的行政人员只有一个，他们把他叫做行政室长，其他的行政工作全都由研究生助教担任。岭大整个中文学部此时共有535个本科学生。2009年招了130多人新生，还有硕士生20多人，博士生10多人。从这个比例也可以看出他们的办学成本是很低的，他们还聘请了一些兼职老师，这些老师上课就给发工资,上完课就得走人。这六个在职的人,用我们中国话说就是有编制的人,享受退休金、劳保福利等。我们中国老师实际上都是短期聘任,工作一年、半年,然后就走了,与我们国内现在的大学一比,就看出明显差异。我们的文学院,仅行政人员就有20多人,那边只有一个,所以韩国大学的师资是精兵简政,办学成本比我们低很多。

在韩国,大学招生凭三个方面的成绩录取:

一,只凭高中成绩。

二,高中成绩加大考成绩,大考就相当于我们中国的高考。

三,只凭大考成绩。

这三种成绩录取的学生各占三分之一,也就是说你在高中成绩很好,不参加高考也会录取;或者你高考成绩好,只有高考成绩也可以录取;还有的是把高中成绩跟高考成绩结合起来。他们的大学录取分数线是500分,就是五门课中每门课的分数是一百分,岭南大学负责招生工作的部门叫"入学处",我们叫"招生办"。考中文系的当然还要参加汉语水平考试(HSK),有的还要参加汉字能力考试。他们大学生录取工作一年分两次,第一次是九月,只凭高中成绩,如果高中毕业了成绩合适,有一部分人就直接录到大学去了。还有一次是十二月,就是高考以后,高中成绩加大考成绩,或者是单凭大考成绩录取。

岭南大学每一年招收的新生是5000人,新生当中三分之二是大邱人,或者家在大邱附近。他们的入学日期是春季3月1号,我们是秋季9月1号。现在,韩国大城市一些有影响的大学都有中文系,而且中文系发展非常快。韩国跟中国的经济联系越来越多,所以他们需要大量会说中文的人。在大邱有十几所大学,每一所大学都有中文系。韩国的高等教育应该是比较发达的,全国本科大学有250所左右,专科有200所左右。90%的高中生都可以上大学,最优秀的学生可以免学费,还提供三、四万元(人民币)的生活费。我所在的中文学部,每一个年级有30多个学生可以得到这个奖学金。

韩国大学有很多中国留学生,我们在岭南大学经常可以碰到中国留学生。因为国内的高考制度是一考定终身,如果考得不好,就不能上大学;如果成绩不理想,想上个好的大学非常困难。因此很多的中国家长就把孩子送到国外去留学,家庭经济条件比较好的就送到欧美、澳大利亚这些国家,但学费非常高,比如英国,一年学费和生活费相当于人民币25万~30万。但在韩国一学年的学费仅约合人民币3万元,加上3万元的生活费,一年6万就可以了,并且这里的大学教育质量也很好,拿的文凭也能够得到国际承认。对于一些工薪阶层、有一点积蓄的家庭来说,选择韩国的学校是比较理想的。韩国的政府也鼓励招收中国的留学生,来了也可以打工,比如岭南大学旁边有很多餐馆,跟中国大学周边环境一样。我们去一些餐馆,经常看到一些中国留学生在那里打工,因为有很多中国人用餐。

第二个大的方面就是韩国社会发展的文明程度。

韩国人口是4千万,比北朝鲜多,国民经济生产总值人均是1万多美元,而中国现在是3千多美元。据报道,韩国在2009年的人均GDP,比前一年降了一点,降到了1.5万美元。最近几年最高的年度是2007年,人均GDP超过了2万美元。虽然我们的经济总量很高,由于人口基数庞大,人均下来,我们只能排在后面,韩国的人均生产总值已经远远超过了我们。我们必须重视这个数据。

韩国有些经济领域非常发达。比如他们的造船业,主要建造大型的货轮,韩国是世界第一,已经超过了日本。现在韩国所拿到的全球造船的合同,占到全世界总额的45%。他们非常重视大型的造船业,而且我们看到,目前他们的造船业没有任何衰败的迹象。而我们中国的造船厂多半都是散装货船。所谓散装货船,指载运粉状、粒状、块状等散体货物的运输船舶,运货品种单一且批量大。散装货船一般用来运输国际大宗商品如水泥、矿砂等。韩国现在造的是非常复杂的船只,比如超级集装箱船、海上石油平台船、钻井船、液化天然气运输船等。造这些船不受一般的经济衰退的影响,能源总是要用的啊。而且韩国的三维造船结构效果图给客户的感觉非常的先进和直观,中国的造船业跟他们比是非常的落后,在造船技术上也落后,因此他们每年拿的订单很多。

韩国的一些财团和国际品牌,我们也需要注意,比如说韩国原来有五大财团,其中大宇集团在1997年破产了,剩下三星、现代、LG、SK。他们在全球已经形成了知名的国际品牌。而今天中国的这种国际品牌还没有达到这几个财团的程度,中国的国际财团还没有能够跟韩国这4家财团相提并论的。我们的家用电器最著名的品牌是青岛海尔,而青岛海尔的影响现在也没有超过LG;我们的一些国际品牌的汽车都是合资的,我们完全没有领先世界的属于自己知识产权的汽车技术,我们的国产汽车到现在也没有能够超过韩国的现代汽车。这种大的财团对韩国的经济社会影响非常大。

在这四大财团当中,比如三星集团的分公司三星电子就跟我所在的岭南大学合办大学,办本科4年制的中文专业。岭大中文学部的韩国老师、中国老师,每个星期要去他们那里上课。企业管理人员读4年,半工半读,在岭南大学拿中文专业的本科文凭。这说明韩国财团重视人才的培养。我们曾去参加过三星电子班的中文专业本科生的夏令营,都是公司职员,都是一些中层干部,公司出一部分钱,个人出一部分钱,读一个中文的本科专业,然后在中国开拓业务。三星财团的前身叫三星物产,该财团涉及能源、化工、机械、建筑、石油、天然气等众多经济领域。他们最近还拿到了一些国家核电站的订单,而我们中国的公司没有拿到,韩国是有能力在海外承建核电站的第六个国家。这样一种大的财团所形成的国际品牌,我们中国的企业集团还难以跟他们相比。

接着讲一下韩国民族主义情绪及其消费意识。在大邱,原来有法国的超市连锁店家乐福。但是开了没多久就办不下去了,因为韩国人不到那个超市去买东西,他们有一种民族主义的消费情绪。这是一个值得注意的现象。再看汽车消费。韩国汽车的普及程度很高,大学生当中也有些人开车上学。在岭南大学的学校里面,95%都是现代汽车,就是韩国人只开韩国生产的车。一般的韩国人都不买进口车,韩国的日本车、德国车、美国车都很少。而我们自己的学校,到处都是日系车、德系车和美系车。显然,中韩两个国家民族的消费意识是不一样的。

最能够集中体现韩国人的民族情绪的是韩语。朝鲜半岛的居民,在很长时间里说韩语,但是韩语没有文字,于是他们引进了汉字,用汉字作为朝鲜民族的文字长期使用。所以韩国和朝鲜很多的历史文献都是用汉字写的。但是这里面出现了一个现象,汉字作为一种文字符号,只是在韩国的上层人士中使用,比如受过教育的贵族、官僚、文人。韩国当官的也要参加中国的科举考试,考试时要写汉字,因此韩国官员的汉文表达很好。但是一般的老百姓,下层人民大都不大会认汉字。朝鲜语属于阿尔泰语系，语法结构跟汉语有很大区别。它有点像日语，谓语动词都放最后，比如说"我是大学教授"，他的语序是"我大学教授是"。后来，在公元15世纪的朝鲜王朝的世宗大王时期，世宗大王集中了一批优秀的学者，花了30年的时间，发明了一套韩文字母，当初创立时是28个字母，现在为24个字母。用这些字母给韩国的语言注音，标注汉字。老百姓读不懂怎么办？就用这些韩国的字母标在下面，他们把这个叫做"谚文"。实际上当初发明这套拼音字母，就是为了帮助下层的老百姓认读汉字。所以在很长时间里，韩国的拼音字母，没有成为书面语言的主体，直到20世纪情况才发生变化。

我在韩国参观他们的韩战纪念馆时看到一些报纸。我发现，在上个世纪50年代韩战期间，韩国的报纸70%都是汉字，30%是韩语字母。但是到了70年代，韩国经济腾飞，成为亚洲四小龙之一，民族主义情绪高涨，书面语的表达开始由汉字全面转向韩国拼音字母。现在到了韩国，所有的报纸，除了报纸标题还保留汉字如《大邱日报》，其他正文全部是韩文，街上路牌标语也全部是韩文。这个事实反映了朝鲜民族的一种自尊心，他们认为应该用自己的文字来记载历史，表达他们的思想、文化等。韩国教师认为，韩国的字母是最科学的语言，比西方的拼音字母还早，这当然是突出他们的民族文化的自尊心。由于今天的韩国人只读韩国的字母、不读汉字，就造成了他们阅读韩国的历史文献的困难，历史文献读不懂。韩国的古籍都是用文言文写的。所以在韩国的大学里面，它的中文专业有两个，一个叫中文，中国语言文化；还有一个叫汉文，汉文系，汉文系只有少数一些学校有。汉文系培养学生就是专门读文言文、读古汉语典籍。由此我们可以看到，在他们民族情绪高涨的情况下，也对他们历史文化的延续带来问题。韩国人现在也意识到了，完全废除汉字作为书面文字表达工具也给他们带来不利。所以他们又搞了一个最低汉字识读要求，凡是学中文的，或者是作为国民的文化教育，必须要认识一两千个汉字，就是要达到汉字识读标准，要参加韩国政府组织的考试，否则是不能毕业的。

韩国的整个社会文明程度，就我个人感觉而言，应该是比较高的。其中一个很突出的现象，就是我们在马路上、公路上看到车让人。比方说我们要经过一个路口，这个路口没有红绿灯，行人要经过，韩国的司机绝对是把车子停下，让行人过去以后，他们再开走。韩国人酒后是绝不开车的，这种文明习惯是靠什么培养呢？靠重罚。他们说如果酒后开车被交警抓住，罚款会很高，相当于一个月工资，比如你一个月工资300万韩元，那罚款就是300万。假如说我们在国内，也用这种重罚的方式，我想酒后驾车会大量减少。实际上现在我们经过醉驾治理，比过去要好一些。不过，这个好一些的代价也很惨重的。

韩国还有一个反映社会文明程度变化的"革命"叫化妆室革命。韩国人把厕所不叫厕所，叫"化妆室"。北京大学教授孔庆东，写了一本书《独立韩秋》，他嘲笑韩国人的化妆室革命，他说厕所的主要功能不是化妆，你怎么用化妆室指厕所呢？我不太同意他的观点。在韩国的所有公共场合，不管是超市还是餐馆，所有的公共场合的卫生间或厕所都非常的干净，里面都有卫生纸，都有拉手。朝鲜这个民族，在历史上就比较讲卫生，经过全民族提倡化妆室革命，厕所显得更干净。今天到韩国去，甚至到比较偏僻的地方去，他们的卫生间都很干净。我们中国餐馆非常多，烹调技术非常好，但是很多中国餐馆的厕所卫生都是很糟糕的。厕所是一个民族、一个国家文明习惯的标志，厕所的干净程度，成为社会文明程度的标准之一。这一点使我印象很深。还有一个有争议的问题,就是韩国的女性美容风气非常浓。我在韩国,看到报纸上讨论,韩国人自己认为,韩国现在变成一个美容至上主义的国家了。北大孔庆东教授就说是"刀下出美人",韩国的美容术非常发达。我们中国有一些旅行社,不是去旅游,而是到韩国去整容,旅游之中去整容。韩国的整容,达到什么程度呢?我亲口问过我教的学生,一个女生告诉我,在韩国的女大学生当中,有50%的人整过容。另外一个女学生告诉我,有70%,当然包括一些小手术,比如拉双眼皮、把鼻梁竖直等。韩国大学生就告诉我,如果你不美容,在社会上就没有发展前途,不管在哪个单位求职,如果你不漂亮就不行。

按照我的看法,如果一个民族的女性全部都把美容视为个人生活当中最重要的事情,这里面一定也有问题。除了容貌,女性还有其他的一些美好的潜质、美好的特征,应该尽可能把这些潜质发挥出来。如果完全只看外表,就缺乏个性。韩国人的形象,比如时装,虽然也非常时髦,但是实际上他们的穿着打扮非常雷同。社会出现一种时尚,其他人从众。

韩国还有一个文化现象特别引发我的思考,那就是他们的祭祀传统,家庭祭祀现在还保持得非常好。韩国人受中国儒家文化影响非常深,他们民间的祭祀传统仍然保留着。每一个家庭,一年至少有三次,全家人从全国各地都回来进行祭祀,哪三次呢?我有一个学生叫李弼圭,家住釜山,我到他家参加了一次他的家庭祭祀,他告诉我是这样三次。一次是爷爷奶奶这一辈子人的忌日,还有一次是父母亲这一辈人的忌日,再一个是春节的正月初一,这三个日子是一定要进行家庭祭祀的。有的家庭,还有其他的一些讲究,很多的家庭一年要有十几次祭祀。我把李弼圭的整个家庭祭祀用录像全部摄下来,时间长达半个多小时。祭祀活动之前,家庭的女性成员非常辛苦,要准备祭品,有一些卤菜,有一些成品,有一些熟食、水果等等,还要布置祭祀房屋。

家庭祭祀时间也有讲究,我的学生李弼圭家,他们祭祀时间要从半夜12点开始,一般到12点半左右结束,半个小时,包括上酒、扣饭、跪拜等一整套的仪式。有的家庭,因为年轻人工作都很忙,比如星期二、星期三祭祀,从首尔或从大邱赶回来,第二天还要上班,所以有的家庭就把祭祀的时间提前到晚上7点或8点开始。12点开始是老传统。祭祀结束以后,全部家族的人聚在一起,把一些供品拿出来吃掉,用中国的话说有一点像宵夜,家人席地而坐,一起喝酒、吃菜,一直要到半夜三、四点钟才结束。这种家庭祭祀活动,保持了韩国的家族文化,形成一种凝聚力。回过来看看我们的家庭祭祀活动,现在已经很少有了。

韩国人现在的思想教育方式,有一些也给我们构成了一个参照。我的韩国同事朴云锡教授在1989年曾经带学生到中国,这是他第一次到中国。当时岭南大学有一批大学生是左翼的,相信社会主义,认为中国很好。而岭南大学校方做思想工作很有意思,他们委派朴云锡教授带了三十几个左翼大学生到中国来,让学生自己判断。而他来的时候刚好是"六四"政治风波之后,到中国一看,到处是军警荷枪实弹、戒备森严。随后朴教授又把这帮学生带到日本。这三十几个左翼学生回来以后都不信社会主义了。这个事让我觉得非常吃惊。没有说教,只有直观的对比。韩国有一个佛教大学叫东国大学,它的本部在首尔。学校有一门课叫打坐课,不管理工科的,还是学外语的或是其他专业的都要修。每个学生都有两个学分去学打坐。学校里面有一个寺庙,有专业和尚带着学生打坐,一学期中每周两堂课盘腿打坐。当时我就想,我们大学的思想政治课,是不是可以改革,也可以用打坐的方式,领悟一下我们社会主义究竟好在哪里呀？不要老是讲书本上的条条框框。这些都是我印象非常深的一些地方。

韩国的饮食文化与我们有一些差异。按照中国人的观点，韩国的饮食非常糟糕，孔庆东教授有一句话，他说韩国人吃的饭是监狱饭，很难吃，也很单调。韩国人也认为中国的饭菜非常好吃，但是太油腻。我教过几个学生，尤其女生，她们第一次到中国来，头三天全部是拉肚子，就是油太多，因为韩国人都是吃生菜。韩国人开小餐馆很容易，不要厨师，有很多夫妻店。他们把一些半成品有的用火锅一烧，没有炒菜，饮食不油腻，所以韩国的肥胖人比较少。韩国一个教授认为，韩国的饮食比中国的饮食要健康。当然站在中国人的饮食文化角度来说，韩国的菜也确实难吃。

在韩国工作生活的这段时间，我觉得有一些细节使我感觉到非常温暖。大家知道管理学有一个观点，叫做细节决定成败。我把这话改一下：细节产生温暖。在人与人相处的过程当中，包括家庭关系、夫妻关系，真正能够使我们感到温暖的，是一些生活的细节。举一个例子，韩国的节能减排做得比较好。我工作所在的一个教学楼，我注意到，那个教学楼的门是电子门，比如到晚上11点钟他们就要关门了，外面的人进不去，但是门里面的人还可以出去，因为门框上有一个感应装置，出去后门自动关上，这是非常节能的。到了11点钟，如果有人还在办公室工作也不影响。

还有些公交车，车上有黄色的椅子和蓝色的椅子。黄色的椅子是专门给老弱病残孕坐的，在公共汽车的前面两排。韩国地铁车厢前面有一个空间，不管地铁多么挤，这里都是空的，是专门为老人留的，背着行李的人、残疾人也可以坐在那里。在韩国坐汽车，尤其坐火车和地铁，从来没人检票。在高铁车厢里，只有一个人拿着电动的装置走过去，那个电动装置上可以显示座位情况，如果没有卖票的地方有一个人坐着，列车员就会去检查，所以进火车站、上火车都很舒服。一回到中国，所有的火车站候车室都非常糟糕。我经常对照温总理的说法，要让我们的人民过有尊严的生活，可是一到火车站就觉得没有尊严了，一点尊严也没有。当然，韩国也有一些不如意的地方，韩国大学管理上也有一些问题。韩国社会也要讲关系，也是个关系社会、人情社会。

最后我想提一点，我去的时候正好碰到韩国的卢武铉事件。对这件事情国内外在当时有很多分析，北京大学国际关系学院的一个教授评价说，卢武铉的死对他个人是一个悲剧，但是对韩国的民主进程是一个里程碑。他为了这个国家的民主转型而付出了生命，对后面的总统有警示作用。他从这个意义上分析，我是同意这个看法的。还有人把卢武铉的自杀跟陈水扁的不自杀相提并论。我们看到这位台湾地区的领导人和卢武铉确实有一些相似的地方，但也有很多不可比。我个人认为，卢武铉的内心深处还保留了羞耻感，中国儒家文化叫"行己有耻"，他觉得很羞耻，就选择自杀。而陈水扁却是一个无耻之徒，直到今天他也没有任何忏悔意识，我们对这样的政治领导人嗤之以鼻，他没法跟卢武铉相比。

另外一个思考就是，东方社会在追查下台的总统和前任领导人在职期间的违法腐败行为时，有一种党争和暴力趋向，这种趋向其实是不利于民主政治的发展。实际上韩国的政治走到今天，有一个很奇怪的现象，就是后任总统一定要去追查前任总统，要把前任总统送到监牢去，已经连续几届都是这样，甚至于有的人要靠特赦才能放出来。这个事使我们看到，一个国家的前任领导人也不能逃脱法律的制裁。但是怎么样保证他有一个正常的生活，有作为一个公民应有的生存空间？不是把他们推到绝路,东方的民主社会还是需要反省一些问题。我想,卢武铉事件促使我们对东方民主社会做进一步的反思。

我由此想到,美国的民主政治对前任领导人的一些做法,有时美国人对他们总统的错误也会采取一些措施,比如克林顿总统绯闻案。他受到国会弹劾,如果参议院的多数议员通过这个弹劾,他就要下台。我觉得非常有意思的现象是,在这个关键时刻,美国的共和党精英出来说话,他说美国这个社会如果动不动就把一个总统送到监狱去,这肯定不是美国政治的一种理想的状态。有一些共和党的议员就没有投赞成票同意弹劾克林顿,让民主党的领袖克林顿逃脱了这一关。美国总统有因为丑闻而辞职的,如尼克松,但美国的政治家从来没有因为受到政治上的或司法上的调查而去自杀。再看看日本、韩国这样的东亚国家,政治家经常因为政治腐败和社会调查而被逼自杀,我们会看到东西方的民主政治的一些深层次的差异,这种差异对我们思考中国的未来也是有意义的。

另外一点我想也简单提一下,韩国前总统卢武铉自杀以后的损失。我就从我的专业,古典文献学这个角度思考,卢武铉的自杀给韩国人民带来的重大损失之一,就是韩国人民失去了一个国家的前元首,失去他五年任期的记忆,以及由这些记忆所形成的文献资料。如果卢武铉没有自杀,他可以用回忆录,或者接受访谈等方式来回忆他执政五年期间的一些经验教训、政治上的得失,给韩国人民留下宝贵的文献史料。

当然,人们研究卢武铉执政五年,可以通过官方文件,通过当时的一些政策讲话,但是有很多东西是政策讲话所不能代替的。比如总统的一些心理活动和生活细节等,这个对韩国的政治肯定是有好处的。但是,随着他的纵身一跳,韩国人对于卢武铉五年当中所涉及到的一些文献资料,没有公开的一些东西,就永远也搞不清楚了,因为当事人不在了。所以这种文献意义的损失是不可挽回的,我不得不为韩国人惋惜。

再来比较一下美国总统的做法。美国很注重延续他们的历史经验。比方美国总统卸任以后,不管是不是受到弹劾还是辞职的,如尼克松、克林顿、布什等,每一个总统一下来,政府就拨一笔钱,找一个地方修一个图书馆。比如说克林顿图书馆,就把他在任的八年期间所有的文献资料,不管是文字的、多媒体的、光盘影像的,还是别人研究的资料,还有别人送的一些没有上交国库的礼品,全部集中到这个图书馆里。将来如果研究某一个总统在其任期的政治、生活,就可以到他的图书馆去找资料,这样一种方法和传统是非常好的。

再看看我们的国家。我们国家领导人怎样在卸任以后撰写真实的回忆录？他们的文献档案怎样对一般的公民开放,怎样得到保存,这些问题都需要研究。怎么样保留我们民族的记忆,怎么样为民族的杰出人物、有贡献的人物,实事求是地以一种历史的眼光把有关的文献资料保存下来,我想这也是我们应该加以反省的。

# 第六讲 对日本忧患意识与情报工作的历史探究与思考

胡 平

**主讲人简介：**

学者，写作者。上世纪 90 年代后，将自己的生存方式与写作方式定位于一种"游走"状态——在中国近代以来的历史与时下鲜活的社会现实间游走；在人文学科诸多领域的前沿学理与本人的历史经验、现实感受间游走；在公共知识分子的先知先觉与芸芸众生的悲欢哀乐间游走。专注于现当代中国重大历史事件解构，及当今社会众相的文化批评。著有《世界大串联》《中国的眸子》《在人的另一片世界上》《子午线上的大鸟》等 30 馀种作品。

2007 年日本放了一部电影,叫《日本沉没》。剧情围绕日本列岛展开,在日本小笠原群岛北部一个 70 米高的小岛一夜之间沉入海底后,列岛各地火山频发、地震不断、新干线后续工程被迫停工、数座高速公路大桥坍塌。日本政府秘密召开专家听证会,各部门展开紧急调查。这个时候日本的沉没已经成为一个迫在眉睫的严酷现实,日本政府向全世界公布了拯救大和民族的计划。

这部片子在日本上映三天以后获得 90 亿日元票房收入,连续保持两个月全列岛票房第一。这样一段时间"沉没"成为日本社会使用最高,并最具心理冲击力的字眼。《日本沉没》这部片子在日本社会引起强烈反响,日本防务省要求各个部队、军政都要看这个片子。实际上,在无数次的地震、海啸和原子弹下,日本并没有沉没。所以"日本沉没"只是日本忧患的象征,是日本"若无近忧,必有远虑"的象征。

一、忧患民族

为什么这个民族有这种忧虑?从它的地理、资源各个方面都可以说明这一点。日本地表崎岖,山脉纵横,山地、丘陵占全国总面积的 75%,因为土地的珍贵,大阪、东京许多的机场、沿海的一些高速公路,著名的神户港和一些工业区都是从深海中造(填)出来的。日本地处西太平洋火山地带上,堪称全球著名的火山国家,全日本有 180 多座火山,其中 80% 是活火山。如果全球一年要发生 54000 多次大小不等的地震,日本占 1/10。也就是说日本每年有五千多次地震,几乎天天都有地震,不过是两级、三级、四级的问题而已。

近代史上的关中大地震,上个世纪初有十几万人丧生;1995 年著名的阪神(同时发生在大阪、神户)大地震死亡约五千多人。除此之外,日本还是太平洋沿岸最容易受到灾难性海啸袭击的国家。15 世纪以来,有史记载的海啸有 20 多次,1896 年就是明治二十九年有三次海啸,一次死亡 2.7 万人。在这个自然灾害非常频繁的国家,它不需要政府的渲染和媒体的灌输,"忧患"这个主题,几乎本能地融汇进了日本国民的文化血脉,也成为了世代日本人的一种思维方式。这种思维方式在面对前途、现实境遇的时候,整个民族仿佛给世界抛弃在海天一角的深深的孤独,总在这个民族的深层心理上布下了一道"岛国焦灼"。

日本人目前虽然是仅次于美国的世界第二大经济实体,但它是一个资源穷国,它虽然有丰富的森林、水利资源,但是矿产等工业必须的资源匮乏,煤炭总量只有 70 亿吨,而且主要只能供给动力和化工用,缺乏工业用焦煤,石油储量更少。工业用的主要能量原料绝大部分是进口。日本并不使用煤炭做主要能源,中国的煤炭到日本下船以后用水泥固定,沉入海底以备未来打仗或者全球发生能源危机时用。日本企业界经常说的话是,自己的国家除了海浪和空气什么都没有。在年人均 GDP 达 4 万美元的国度,很多的日本人在一滴水、一度电上精打细算,东京不少城市倡议空调不低于 28℃。这是它的国情、地理位置、国家资源等等引起的忧患。

另外一种最大的忧患来自于自身。虽然列岛已经是全球动漫产业和青春偶像输出最多的国家,但日本已经是一个银发飘飘的国度。人口报告显示,到 2055 年日本人口将减少到近九千万人,其中 40% 是老年人,这个数字是当前的两倍。

当日本的忧患意识被原始森林里面弱肉强食的生存原则所毒化,就成为日本屡屡走上战争道路的一种间接诱因。当日本在战后的焦土上迅速崛起的时候,日本岛上都是警告连连,不断敲打身经百战的日本经济。西方有些人恭维说,日本的丰田汽车可以是亚洲的霸主,而前任丰田董事长当场回答说,日本要当世界盟主是笑话,当亚洲盟主没有品格,也没有这样的力量。

日本人引进文明模仿学习至少从公元前300年的弥生时代开始,弥生时代以前是绳纹时代,绳纹时代岛上的人们是靠狩猎、捕捞、采集为生,分散且移动地居住在日本岛上,他们处于一种完全的原始状态。据说,绳纹时代的时候有一些成熟文明的大陆人(至今日本民族的来源还有争议),他们经过朝鲜,或从中国的南部经海路到达日本列岛,使日本人民开始穿着经过纺织的衣服,在有盖顶的屋子里面进行了农业文明的生活和生产。

日本很恭敬地对待我们中华民族,是在相当于中国唐朝的奈良时代和平安朝的前期。这个时候,唐朝典章制度和民间的习俗风气无不影响着日本。比如,唐玄宗把自己的生日定为国家庆祝的节日叫做"千秋节",后来日本也改为"天长节",作为庆祝天皇诞生的节日,这个节日现在还在。唐玄宗特别重视《孝经》,日本也下令每一户必藏《孝经》。日本努力吸收中华文化,朝野纷纷教授汉字发音和书法,音乐、绘画方面,日本也深受当时中国的濡染,那时叫日本的"唐风时代"。所以一千年以后,清末明初的辜鸿铭说:"应该说,日本人是唐代的中国人。"日本京都的很多小巷子里面都有唐代的建筑。他们从中国引进了稻谷,包括种植技术,但是并没有引进饲养食用家畜的习惯,特别是猪;在建设城市上,他们都是开放式的;日本也有天皇,但是不像我们一样频繁变革,两千多年以来一直延续着一个传统,到现在已经126代。虽然在明治维新后也承认天皇有世世代代的权力,但是议会也不是花瓶式的议会,君主立宪制的体制,除了昭和前期(上个世纪30、40年代)有一段刀光剑影和血腥,之后就全部保留下来了。日本没有哪一个起起武夫想要把天皇赶下去取而代之,虽然他们非常有权力,这是中日两国最大的历史、文化差异,所以日本的皇帝很安稳,坐了2000多年,或许这也解释了日后两国的政治制度会走向不同的方向,

让日本对中国的传统师生观彻底崩溃是在1842年,这一年清朝发生著名的鸦片战争。清朝惨败的消息传入日本,他们朝野上下讨论。日本人到上海亲眼目睹西方列强侵略者的横行霸道和急速扩张,深感日本近在一水之外,却不可能隔岸观火,忧心忡忡。

1851年有一艘中国商船进入长崎岛,日本人发现了三部《海国图志》,作者是魏源。魏源是林则徐的好友,应林则徐的邀请编了西方世界的发展情况,第一次介绍西方的经济、政治、历史、文化,是相当于一部百科全书的著作。日本人欣喜若狂,第一次通过这本书详尽地了解了西方各国,很短的时间印了很多次。60多年以后,一位美国的汉学家在谈到这本书的时候感到费解,他说《海国图志》无论如何都是中国人开眼看世界的一架优秀的望远镜,日本人如获至宝,中国人却视作洪水猛兽,当时很多中国的知识分子不愿意看这本书。因为里面有对西方蛮夷的溢美之词,很多人说要烧掉,但是日本人却奉之若宝。当时中国只有广州的十三行十几个人会说英文,但是日本列岛上有500多人能担任英文教师。

1868年日本开始明治维新。明治天皇宣布了这场变革的《五条御誓文》:

第一条:广开言论,是非要加以公论。

第二条:上下同心,奋起卫国。

第三条:所有文官、武士、平民均应抱此决心,矢志不渝。

第四条：革除所有陋习，随天地的公道。

第五条：建议吸收全世界的知识，振兴日本经济。

为了表示这种开放的决心，明治皇帝本人就剪掉了传统的发髻，穿着欧式的西装，拍了流传至今的照片。并派了 49 个明治高官去西方，人数接近明治统治集团的一半，随使团出发的有六名留学生。为了支持这次访问，成立刚刚三年的明治政府拿出当时财政收入的 2%，用一年零四个月的时间，考察了欧美 12 个国家，写下长达百卷的考察实录。政府投入之大、官员级别之高、出访时间之长，在日本乃至亚洲和西方世界交往的历史上是史无前例的。这个访问团的副使就是伊藤博文，能够说一口流利的英文，他在旧金山做演讲，对日本的国旗进行新的解读。他说本国的国旗中央有一个红球，过去有人认为它是一块封住了日本文明的蜡烛，但是将来必定会恢复它原来的意义，像一颗东升的太阳，与世界各文明国家为伍，不断向前、向前移动。

访问团回国以后，成员都担任了国家重要的职务，明治政府拿出财政收入的 1/5 兴办企业，政府直接搬来德国的矿山、冶炼厂、英国的军工厂等等，不仅有机械还聘请国外的技师，国外技师收入特别高，是日本明治政府高官的三倍多。一段时间里，岛内法律、军事、文教等许多的领域都行走着聘请的外国人。有一个美国人被聘请当医生，在日俄战争当中他很是活跃，罗斯福政府嘲笑他说，你到底是美国人还是日本人？

明治维新 5 年后，日本已经有了从新桥到横滨的第一条铁路，明治天皇亲自参加铁路开通典礼，国民纷纷以乘这条火车为第一快事。它的价格高出许多生活必需品，还创作了《铁道之歌》，岛上的孩子广为传诵。同一年有一个学者上列岛，他写了对日本的印象。完全像一个现代世界，周围的人们都在谈论火车、脚踏车、细菌、原子、势力范围等等现代事物和语汇，跟欧洲人不同的只是日本人游离不定的眼光和稀疏的胡子，日本人其他方面的特征都消失了。

20 世纪，日本已经是成功跨越工业革命的非欧美国家。日本明治维新有三大目标：他们当时是富国强兵、振产兴业、文明开化。其中最根本的是再教育，落实到人上，所以教育是明治维新时代最重要的政绩工程。当时明治政府有一个非常明确的口号：一国无不学之人。明治政府在财政困难的情况下，对教育的投入始终在三大改革之首（富国强兵、振产兴业、文明开化）。对教育不惜投入的传统一直在日本保留下来了。二战结束之初，经济非常困难，一般人基本上吃不到米饭、蔬菜和鱼片，但是政府给学生的免费午餐就包括了奶粉、鱼肉、白面包。现在的日本，无论是城市还是乡村，最好的建筑、最好的环境一定是中小学。全部五到十二岁的孩子都在学校吃午餐，这个是日本的营养专家定的，家长支付原料成本费，但是其他费用国家支付（像照明、取暖、劳务等）。

1911 年明治末期，日本全国的学龄儿童入学率超过 95%，扫盲率大见成效。一个俄国人后来写了一本书，他说当时日本的苦力、女佣、马夫等等社会底层百姓都会常常看书，虽然都是通俗小说，但是这样的识字率还是少见。这一年，日本政府正式颁布开办私立大学、高级中学。而在中国，到了 1936 年，中国只有广西省实行了强制性小学义务教育，此时中国只有 3% 的人口接受了义务教育，我们的教育比日本晚了至少一个世纪。

面对眼花缭乱的变化，用一位英国公爵的话说，日本在明治维新以来的四年发生的各种变化，等于英国在 800 年间、罗马在 600 年间所经历过的。对日本而言，几乎没有什么是不可能的。

　　国内一些作者和军事谈论家认为,两次中日战争中两国势力的差距,主要是经济发展、政治运作、武器装备。一般的理由是清朝非常保守、腐败,而国民党又消极抗战。但我想,如果通过对中国军人和日本军人文化素质的考量,也许可以引起我们更深的思索。

　　从文化程度来看,抗战前,中国大约只有5%的人可以认字,而日本98%以上的士兵小学毕业;中国只有不到10%的军士接受过小学教育,日本90%以上的军士接受过中学教育;中国只有约50%以上的一级军官接受过中学以上教育或军事科学教育,而日本有超过50%的军官接受过高等教育和从军事专科学校毕业。当时,中国只有不到2%的士兵会用钢笔(有钢笔),日本士兵基本上都会用钢笔;中国只有军官才有手表和闹钟,日本的少部分的上等兵都有手表;中国的中上级军官才会使用照相机,而日本许多中下级军官就会使用照相机,还有无线发报(我们中国只有高级指挥员才有无线发报)。

　　如果看看参加过二战的日本士兵写的回忆录,一个是《东史郎日记》,一个是《荻岛静夫日记》,会留下深刻的印象。前者在日记中细致描写了他在侵华战争中的所作所为和心理,他还写一手漂亮的钢笔字。而在《荻岛静夫日记》里我们可以了解到,他不但写了当时的心理,还能够熟练地使用照相机,而且还可以独立一个人暗房操作冲洗相片。像这样的士兵在侵华日军当中绝非少数,他们不但是当时绝大多数中国平民不具备的,也是当时绝大部分的中国军人所难以比拟的。

　　中国的一个老八路后代看了《荻岛静夫日记》后百感交集,他对父辈说,你们当时有文化的概念就是认字,可光有勇敢也不行,使用常规武器也要文化,通讯联络、后勤保障等都需要文化。文化使日本鬼子作战技术很完美。亲身经历过淞沪抗战、武汉战役的宋希濂将军,写了不少回忆录,其中说,一个日军的作战能力相当于七到八名国军士兵,很多时候,日本军队像一根难啃的硬骨头,一个很棘手的马蜂窝摆在中国人面前。

　　日本在1945年8月投降之后也不是一盘散沙。有当时经历的人回忆说,在日本占领沦陷区的时候,当时的民众走过日本兵旁都是畏畏缩缩。但日本投降以后,所有的俘虏要遣送回国,去看的群众对日本兵吐唾沫、扔泥巴,但是所有的日本兵尽管衣衫褴褛,却整齐行进,不卑不亢,井然有序。岁月已经证明,以日本社会整体素质水准和国民忍辱负重的精神,再加上建立在民族忧患上的情报饥饿症,这个总喊着"沉没"的岛国,想不在这个世界上崛起都难。

　　二、情报国家

　　如果说每一个毛孔里面都塞满了"索取欲"的日本近代史,就是一部小国侵略、挑战、甚至打败大国的历史。那么,每一双眼睛里都闪动着求知欲的日本人,组成了全世界独一无二的情报国家。中国一直是日本最熟悉的国家,不管是侵略、掠夺还是政治、经济、文化活动,西部大陆的风云变幻,一山一水,一草一木,都是日本人做的细致功课。

　　1899年5月,日本东亚同文会(日本民间的、有官方背景)设立南京同文书院,两年以后闹义和团,这个学院迁到了上海,开始20年只招收日本学生,每年少则50个,多到100多人。里面有大量关于中国的课程,如儒家伦理、汉语、中国制度律令、中国农工商史等,以商业经济为重点。从1920年9月开始,东亚同文书院设立中华学生部,专门招收中国学生,同时还在天津、汉口开办了"同文书院"。东亚同盟书院十分重视中国的实地采访、现场调查。每一届的学生都用三个月、大半年的时间,几人一组坐车或徒步,走遍除西藏以外中国所有的省区,甚至涉及到东南亚、俄国西伯利亚及远东地区。开始是各个组分班调查,之后越来越专业化。有的专门调查中国的油料产地、30 年代的大饥馑、中国的赈灾机制、中国的水运、金融等。

东亚同文书院的历届学院报告都装订成册,每年印五份抄本送回给日本各个部省,并出版《支那经济全书》《支那省编全书》。在中国,这些是无法看到的,但有一位学者在日本看到了,这个人是资中筠的资耀华。他生于 1900 年,由于全村姓资所以叫资家坳,小山村在湖南耒阳县深山老林的小山腰,交通困难,信息闭塞。但这个山坳里面有一个宝藏——优质的煤,它无烟无雾,村民可以卖点儿小钱,因为交通不便,只是小范围交易。当时中国没人知道这个地方,但是资老先生留学日本却看到这样的记载,日本的东亚同文书院记载了"湖南耒阳"的这一种煤炭资源,他感到又敬佩又敬畏。

日本还有一个重要的情报组织:满铁(南满洲铁道株式会社的简称)。日俄战争第二年夏,台湾总督府的民政长官后藤新平应邀来到中国东北,邀请他来的是台湾的总督儿玉源太郎,他还兼任日本驻满洲国的总参谋长。后藤新平建议,日本在满洲要重点经营铁路,先经营铁路,然后开发煤矿,这样才有势力与俄国交战,或者为全面占领中国做好准备。1901 年 10 月 1 日满铁正式营业。当时规定,每公里铁路线可以允许驻兵 15 名,所以关东军的前身就在这里,使得和平年代可以有日本军队驻在满洲国,这是渗入中国的先头部队。

对组建满铁和在其后的运营管理的问题,后藤新平提出一定要网罗当代的头等人才。当时有三个标准:第一条,好出名者不用;第二条,固执者不用;第三条,一定要用早晨八点钟的男子,就是朝气蓬勃、具有才情和实干精神的男人。满铁当时的招贴广告是"早晨八点钟的男人们快来吧!"。当时满铁的员工看不到一个脸色苍白的、有病态的知识分子的形象。满铁成立以后,下面有总务部、运输部、矿业部等,还有直属总裁的调查部。随着满铁业务不断扩张,调查业务迅速扩大。开始是所谓涉业调查,也就是说调查那些跟满铁相关的东西,比如铁路的预定线调查,还有寻找矿产资源的调查。当时鞍山、抚顺的煤矿调查都是满铁完成的,还有区域性的调查,远至对苏联远东地区的调查。所有这些调查都是为以后二战跟苏联之间作战准备的情报资源。

随着抗战的爆发,满铁工作转移为侵略战争中的"强烈要求的调查"。1938 年 5 月侵华时,大本营要求满铁对华北、华中地理、资源紧急调查,1939 年满铁上海事务所就长江沿岸政治、经济和军事地志进行调查。1941 年中日战争进入僵持阶段,此时满铁调查了中国的抗战力、通货膨胀、战事经济等十五项内容。所以满铁的活动范围从上个世纪初一直到抗战结束,其足迹遍布全中国,甚至包括远东、东南亚。

满铁在 40 年情报的工作中,一共有 6200 多份报告,平均两天半一份报告。满铁对日本本国的战略政策制定有非常重要作用,满铁对中国也影响深远。其调查积累下来的资料、书籍、杂志、报纸等一共 5 万多件,还有数千种图书资料杂志,规模庞大,卷帙浩繁,这些宝贵的资料日本人完全保存下来了,今天成为了中外学者回望清末与民国时期中国的最佳视角之一,使后人获得了从历史深处重新理解、把握中国社会的可能。其中,还有相当多的情报资料,至今有很高的适用性,据说,中国前几年到处搞改造,在城市拆迁、市政建设,诸如水、煤气、电气、道路工程改造时,其可行性报告还要到满铁资料中搜寻数据和根据。

民国初年,戴季陶到日本留学时感慨说,"中国"这个题目,日本人也不晓得放在解剖台上解剖了几千百次,装在试验管里化验了几千百次……。一个世纪后,一位旅日的中国学者说:"在日本面前,中国像裸体巨人。"

文革刚刚结束,很多日本学者到中国访问,但是我们对他们的专业领域懵然无知:他们是研究什么的?他们有什么样的成就?写了什么书?根本搞不清楚。所以接待单位常常把研究文学的介绍去宗教所,把研究政治学的介绍去了哲学所。中国社会科学院请了一个前两年去过日本访问的学者编制名单,到底有多少学者在研究中国?开始编了200人的名单,第二次是500人的名单,还是对付不了,最后他带着助手在北京大学图书馆、上海图书馆跑了八个月才编制出一个700人名单,而且这些人主要是研究中国文化的。有人做了一个统计,从1996年到2005年,日本学界共出版8758本中国方面的专著,相当于一天出两本书。当然这个书里面,因为毕竟是日本人,关于中国的研究还有很多偏见和谬误,但是也有很多后来被事实所证明的真知灼见。

日本的媒体,发行量排名世界前十名的报纸,日本有三家:《读卖新闻》《朝日新闻》《产经新闻》。其中《读卖新闻》发行量一千万份,等于日本人口的1/13,其他两家影响力也很大,都是几百万份。有人统计,日本的五份报纸每一天报道中国的消息有30条以上,每一份报纸差不多有6条以上。白岩松比较了一下,发现中国媒体对日本的报道量,远远少于日本对中国的报道。我们中国媒体对日本的报道更多关注他的历史问题,更多报道中日两国间的摩擦,比如"靖国神社""东海春晓油气田""钓鱼岛"问题等。而日本媒体格外关注中国当今现实,特别是经济发展。

相比较之下,我就有一个感叹,这一百年来我们中国人对于外部世界的了解认识,在硬件上有了很大提高,但是在心态、心智、眼光等软件方面,比起一个世纪前的中国人,当代中国人的变化到底有多大呢?以日本而言,长期以来我们对日本的误读有很多,谈三个方面。

三、对日本的误读

因为侵华战争时日军做了很多伤天害理、惨不忍睹的罪行,许多国人印象当中,认为日本人是非人化、残忍、猥琐、不可信。如果用影视作品表示,其外貌是唇额突出、三角眼、喜欢追花姑娘。如果中国人跟日本人之间在进化当中没有差异的话,至少认为中国人在道德上是君子,日本人是小人。这是我们普通老百姓的心理成见。

要说清楚这个问题,这里取两代人,一代人是现在五六十岁的人,这一代人常常被称作"老三届",在日本则被称为"68年世代"。60年代,全球许多地方二战以后成长的年轻人都在造反,都在尝试建立一个新世界。从华盛顿到伦敦到北京,年轻人都要求社会变革、个性自由。如果说1968年在世界上很多地方可以隐隐约约看到中国"红卫兵"运动的影子,日本更为西部大陆上那一场大革命所震撼。当时日本的电台、报纸经常有关于中国文革的报道,这些报道一再激起当年20岁年轻人满腔的激情。日本共产党大量印制毛主席语录和文革宣传册,在日本有几百万册,大家排队买,东京、大阪都抢购《毛选》。那一年《东方红》《抬头望见北斗星》等革命歌曲的唱片销量,比岛上的当红歌手销量都多。毛泽东像章更是珍贵,受红卫兵运动影响,日本的学校里面各种组织一时间如雨后春笋,很多都改名,有的干脆叫"红卫兵",他们认为美国是头号帝国主义,而中国象征理想、象征着革命,毛主席是全世界穷人和革命青年共同的导师。在游行示威的时候，他们常常将毛主席的画像高高举起，这样的画面不时地出现在当时的日本电视、报纸上，左翼学生成为当时日本左翼运动的先锋。

全世界三大著名恐怖组织，其中一个是日本赤军。日本的赤军在某种程度上就是那个年代左翼青年运动畸形的变种。赤军1969年到1971年成立，当时分为三派：赤军派、联合赤军、日本赤军。1970年3月份，赤军派为了向全世界昭示自己的诞生，劫持了一架日航飞机到朝鲜，震惊了全世界。劫机者有九个人，年纪最大的27岁，最小的16岁，还在上高一，平均年龄不到22岁，基本上是日本一流国立、私立大学的优秀学生。他们到朝鲜以后，在金正日领袖的关怀之下，在平壤附近开辟一个日本革命村，成立了一个党创建委员会。他们的组织有一个重要的行动计划，就是要绑架在欧洲的日本留学生到北朝鲜跟他们一起生活，培育革命的后代。赤军派从欧洲和日本本土诱骗胁迫到北朝鲜的日本人有11人，这个跨国事件长期成为日本和朝鲜之间的外交难题。

另一个是联合赤军，日本长野县有一个浅间山庄，原是日本王公贵族的避暑圣地，一度成为了革命青年的营地，在这里磨灭个性、增强革命性，从灵魂到肉体彻底地革命化。他们在军事训练之馀还用日语朗诵毛泽东的作品《长征》《井冈山》，讨论中国共产党的九次路线斗争，为中国军队应该是以南昌起义还是以秋收起义为转折的事情，彼此争得脸红脖子粗。

当然，他们内部也有残酷的路线斗争，他们承认这是内部的清洗，因为这些人信仰不坚定。1972年2月29号晚上，1200名警察包围了浅间山庄，里面只有五名青年。这一年尼克松访问中国。僵持了四天之后，听到这一消息的青年的信仰、信念在刹那间破灭。其中一个孩子拿起枪打死了到现场喊话的自己的母亲，其馀四人随即放弃抵抗。

这样一幕以及随后暴露的赤军内部的大清洗事件，让日本青年的心灵震撼。三大赤军在日本国内再也得不到理解支持，不得不把根据地转移到了阿拉伯世界，之后世界上很多的恐怖事件都跟这个赤军派有关。当年广大的激进青年经历了青春的反叛期、精神的喧哗期以后，知道了原来革命是走马灯一样的游戏，原视为精神父亲的毛泽东可以抛弃他们，再加上工作没有着落、社会的歧视，有些人像飞蛾扑火一样扑上了不归路。但也有不少青年至今还对中国怀有友好的感情。就像我们回忆自己的青春时代一样，虽然狼狈不堪，但是听听60年代的《抬头望见北斗星》一类老歌还是蛮有意思的，但这显然不是当年的情境了。

所以，今天列岛有很多日本人，为中国的慰安妇打官司、为中国的劳工争权益、为中国的留学生提供担保、致力于中国的环保运动，捐赠中国的希望工程，这些大都是68年世代的人。对此当今的中国人知道多少呢？中国的媒体关注和报道又有多少？

另外一代人，就是当下的年轻人。上个世纪六七十年代以后，日本经济高速增长，社会长期稳定，没有发生过大动荡。许多年轻人，从中学时候想的就是什么时候我有第一次性体验，上了大学就琢磨怎么样多打零工赚钱去海外旅游，毕业了想要进大公司，这个公司最好固若金汤，一生不愁。具有讽刺意味的是，当年劫持那一架飞机的人的后代（他们都是在北朝鲜长大的），对他们父辈的革命行动也不予认同。他们对日本的流行歌曲、发型、服装、吃喝玩乐并不陌生，对自己迅速融入日本社会充满信心，并希望他们的父母好好改造、早日做人、早日出狱，再重新踏上日本社会。

眼下大多数20多岁的日本青年是玩游戏软件、看着漫画长大的。他们认知里面有时尚、潮流、创意、有趣，显然没有"历史"这个词。他们去拜靖国神社不是祭拜，而仅仅只是春游、秋游，观赏美丽的樱花和红叶，看美景。他们来中国，也不是为了中日友好或表达歉疚，只是为了登上长城，吃北京烤鸭。因为他们对历史无知，或者认为历史是可有可无的东西。这一代日本青年不像中国的愤青，有这样强烈的爱国之情。

通过以上两代人大致描绘，我断定中国人和日本人之间，没有君子与小人的差距，更没有人与非人的差异。抽去各自的时代内容，两个民族在对外部世界的感知和对内心世界的体验上，其实有很大程度的相近。这样的相近，只要中国和日本，彼此不是有意无意的误读，互相理解，绝对不会比在东海油气田两国共同开发更难。

第二个误读：日本人不老实，日本人缺乏对过去历史的认罪。中国的文化里面有"成王败寇"的传统，历史是由胜利者书写的，失败者只能自称为罪臣。所以，按照这样的传统，中国人最想看到，有一天日本的某个首相，以现代的"负荆请罪"方式向中国人民请罪。

从1979年到2001年，小泉参观卢沟桥的时候，他只表达了一次谢罪，近几年麻生、菅直人各表达了一次谢罪。但中国人所希望的谢罪，在可以预见的将来是不可能的。尽管日本不像二战以后的德国民族那样对纳粹做彻底的反省，对德国人灵魂集体堕落做了深刻反省，但是在避免重新走历史道路、告别军国主义方面，日本人的认真和执着几乎发挥到了极致，日本人自己也为之自豪。

战后日本自卫队与国家政治之间构建了一道防火墙，军队不能参与政治。当时陆军是国家的国中之国，现在日本人把当兵只是当作一种收入不错的职业而已。战后的日本通过一整套权力制衡制度，削减集权体制，在没有中国式的政治动员的体制下，国民选举的投票率一般高达70%到80%。包括共产党在内的各个在野党有自己鲜明的政治纲领，在为获得自身地位而努力的博弈过程中，也对掌权者有着相当的制衡能力，政府和天皇不再具有可以剥夺人们一切权利的至高无上的地位。使用"爱国主义"这个词，在日本是犯忌的，因为容易让人联想起军国主义。

在2005年，有一项调查发现，只有30%的日本中学生看到国旗感到自豪，日本的中小学教师最大的工会组织是由日本共产党控制的，他们否认天皇、自卫队、太阳旗、日本国歌。有一年学生毕业时被要求唱国歌、升国旗，却遭到很多学校的抵制。日本经常有很多的民意测验，其中有一个问题：日本让你感到自豪的是什么？国民最多的回答是：悠久的历史传统、美丽的自然风光、灿烂的文化艺术。只有4%左右的人，表示我们为大和民族感到自豪，有近80%的人认为没有必要培育爱国心。在一个同样有着东方传统的国家里，日本的新闻自由、言论自由，不仅在亚洲，而且在世界都是走在前列的。日本的新闻中大量的辩论场面，不同观点的碰撞交锋，多是对政府的批评和对政治人物的监督。

在日本，一方面有大量的对军国主义反思的批判言论，因为很少翻译，所以中国老百姓很难看到。另一方面的确有极右翼的言说，但总是被我们中国媒体及时报道了。在靖国神社里面，有时也发生这样的情况，某个纪念性的日子里，老兵或是侵华部队的遗孤们，在靖国神社院子里全身披挂，吆五喝六。在中国人看来，这是光天化日之下为军国主义势力叫魂、喊冤。但在日本一些知识分子看来，这恰恰是日本对集权社会的反省比德国更加深刻的地方，德国纪念希特勒、歌颂纳粹是犯法的。但在日本可以，日本认为不应该干涉国民的信仰自由，人人都有表达自己信仰的权利,只要不妨碍公共安全,应该受到日本现有体制的保护。

日本的国民,在今天享有物质和精神的双重满足感。他们人均 GDP 4 万美金的收入。1950 到 1980 年,30 年时间,日本国民的工资收入赶上美国,增长速度比美国快 70%。因为精神和物质上的双重满足,整个国家非常安宁,像一个公园一样。不管是乡村还是都市,都非常整洁干净。所以,日本人成为当今世界拥有百岁老人最多的国家、寿命最长的国家。

它的国际形象也获得了极大的改善。在 2006 年,BBC 组织对全球 33 个国家近 4 万人全球性调查表明,虽然在中国和韩国受访者对日本好感的不多,但是其他国家都认为日本是最具信誉度的国家。2007 年美国《时代周刊》做一个调查,在 27 个国家三万读者中评估 12 个主要国家的形象,中国排名第五,日本排名第一,日本高出中国 12 个百分点。为什么日本给别的国家好感,除了精致的文化、秀美的山川、优异的产品以外,日本在国际大家庭里面,是向海外提供帮助最多的国家之一。不管是阿富汗还是伊拉克,乃至于柬埔寨的吴哥窟要修复一个建筑,日本也出钱最多。有一个中国游客问当地的出租车司机,你们为什么喜欢日本?这个司机说,除了经济援助以外,还有日本的女子不嫌我们穷,愿意嫁到我们国家。在日本,女人嫁到柬埔寨不是个例,很多受过高等教育的日本女子为了追求爱情,都愿意嫁到尼泊尔这样的国家。

无疑,在钓鱼岛、东海油气田上,作为海洋国家、能源紧缺国家——中日两国都有着自己的国家利益。但在如今的世界上,国家利益之争是否一定得靠战争手段解决?

战后,日本决心走和平主义的道路,在 1947 年的宪法里,告之以世界:一、不用军事行动和武力威胁解决国际争端;二、只拥有最基本的自卫力量。这部宪法因此被称为和平宪法。目前,日本的国防经费虽说已居世界第二,但自卫队的兵员只有 20 几万,保家卫国大抵还要靠美国人罩着。日本有"无核三原则",就是不制造、不拥有和不让核武器入境。到了今日,日本能够支持核武器发展和研究的科研部门所掌握的技术已十分先进,但这只老虎就是出不了笼子。

当今的日本,基本上是一个民主和法律健全的社会,任何政治主张,只有得到大多数议会议员支持后,才能上升成为国家意志,任何个人或团体企图玩火,都不可能成为国家意志,这和"二战"时代军国主义的日本已是泾渭之别。在日本,极端右翼势力,或者说极端仇视中国的日本人,远不占日本社会的主流;同样,真正对中国友好、热爱中华文化的日本人,也不是主流。大部分的日本人,对中国的了解,只限于活色生香的中国菜,中国经济的高速发展,中国人在日本逐年大幅度上升的犯罪率等。他们对美国的兴趣和崇拜,远远超过对中国的关注。出于自身独特的地理位置和精神文化传统,日本的主流意识认定,中国"崛起"必将改变东亚秩序,日本人当然不希望中国强大起来。

从日本的战略传统、民族性格及当今国际地缘政治来看,中日两国难以成为友好伙伴,但必须和平相处,两国各自都有许多缠头的难题需要解决。对日本来说,主要有:如何彻底摆脱经济萧条的阴影;如何处理与周边国家日愈激烈的摩擦、冲突,并消除亚洲国家对其普遍的不信任感;如何全面实现国家的现代化转型,不但在物质上强大,也在精神上强大,不但在制度上先进,也在文化上先进,而不像当今这样被许多外国人也被本国的有识之士视为一个跛脚的、孤独的二流大国。

对中国来说,除了面临着比世界大多数国家都要沉重、艰巨得多的经济改革、政治改革外,要真正崛起为一个全方位的世界性大国,还必须成为比日本更为强大的国家,至少在东亚地区能发挥更大的作用。而且,中国还须将与美国的或明或暗的对峙与碰撞,更多地转换为彼此的谅解与互信,这些都需要一个和平状态下较长时间的演变过程,决不可能一蹴而就。

面对海龟一样趴在太平洋风涛里、似乎总令人琢磨不定的日本,中国当然得有高度的警觉。但最现实、又有着最深用心的图谋,却可能来自岛内,也可能来自岛外——即促使两国民族主义过激反应,在一些问题上纠缠不清,从而转移中国国家注意力,加重中国现代化的成本,大大延缓中国和平崛起的进程。

中国能找到 100 个理由警惕日本,中国更能找到 100 个理由借鉴日本。

中国能找到 100 个理由谴责日本,中国更能找到 100 个理由与日本和平相处。

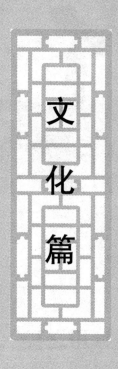

文化篇

# 第七讲 "百姓日用之经"《周易》的哲理解读

### 曹础基

**主讲人简介：**

  华南师范大学中文系教授,著名的《庄子》学家、《易经》学者,曾师从著名的易学家李镜池先生学习《周易》,从事高等师范教育 40 年。著有《庄子浅注》《庄子浅论》《国学新读本·庄子》等,主编《中国古代文学》《中国古代文学作品选》等教材,参与《中国大百科全书·中国文学卷》先秦分支的编写。

《周易》为"百姓日用之经典"。一般认为《周易》是周代的,"周"表示周代的意思,它讲的主要是变化的道理,万物都是变化的。这是普遍的一种看法。也有人认为"周"是普遍的意思,"易"是日月的意思,因为它是讲阴阳的。日就是阳,月亮是阴。

按照传统的说法,《周易》是"人更三圣,世历三古",就是说它不是一个人写的,是经历较长的历史时期而形成的。伏羲氏发明了八卦,这是写《易经》的第一个圣人。到了中古时候,周文王就把八卦演化为64卦,周初还编了卦辞,这是写《易经》的第二个圣人。第三个就是孔子,写了十篇,称"十翼",是解释周易古经的,又叫"易传"。"传"的意思是解说,"翼"就是翅膀,对主体来说是起辅助作用的,所以叫"十翼"。三个历史时期,以三个圣人为代表,创造了八卦,演变为64卦,64卦又增添了卦辞、爻辞,又有解析古经文的易传,就形成了《易经》,或者叫《周易》。这是传统的说法,现在人们的研究也有不同的看法,要证实这个问题,就要有个证据,考古的材料现在很少。《羊城晚报》在1986年的6月12号曾经登过一篇文章,叫做《七千年前的〈易经〉在美国出土》,美国《易经》考古学会在亚利桑那州出土的一个7000年前的彩钵上发现有一些符号,那是美洲本土的印第安人的文物,其中有一个符号和现在"复"这个卦是相符合的。假如这是真的,7000年前就有这个卦,可能就是伏羲时候了。

根据现在的一些出土文物来看,现在出现的卦都是数字卦,直接用数字来表达的。可能在远古时代,卦是用数字表示的,后来慢慢转为阴阳符号表示。一般认为是周文王把八个经卦演变为64个别卦。相传周文王曾是商纣王手下的一公。商纣王极端荒淫、残暴,他手下有三个大臣,即三公:九侯、鄂侯、西伯。九侯把女儿送给纣王,女儿不太喜欢淫乱的生活,商纣王就把九侯剁成肉酱。鄂侯就去提意见,结果又被做成肉干。西伯只是偷偷叹了一口气,就被关在羑里(今河南汤阴县),大概是最早的古代监狱。西伯坐牢的时候就研究八卦,把它重为64卦。周朝建立天下后,西伯称为周文王。传说《易经》里的经文也是周文王编写的,根据现有材料看,不是。因为《易经》里有写周康王时候的事情,就是说写到周文王以后的事了。起码证实不完全是周文王编写的,可能是周文王以后那些神职人员,把他们和人家占卦的事情记录下来,经过整理编起来作为日后占卦参考的。孔子是不是写《易传》? 可能跟孔子有点关系,但是很多东西可以证明大概是孔子之后,战国时期,乃至汉初时人写的。

关于《周易》是什么性质的书,有不同的看法。有人认为是哲学著作,有人认为是占卦的参考书。笔者认同后者的看法。《周易》的内容很特别,它的古经文是按照64卦编的,完全就是为了占卦而用的。每一卦里面包括卦画、卦名、卦辞、爻名、爻辞。譬如乾卦这一卦:

"☰"乾。元,亨,利,贞。

初九:潜龙勿用。

九二:见龙在田,利见大人。

九三:君之终日乾乾,夕惕若,厉无咎。

九四:或跃在渊,无咎。

九五:飞龙在天,利见大人

上九:亢龙有悔。

用九:见群龙无首,吉。

这一卦的卦画就是这六横,六横表示六个阳爻,组成乾卦。卦画的后面"乾"字就是卦名,就是乾卦。乾卦后面的"元，亨，利，贞"，就是卦辞，是说明整个卦的，元亨的意思是非常好，利贞就是吉利。"初九"是爻名，初表示第一爻，第一爻就是指卦画当中最下面的那一画。爻分两类：阴爻和阳爻。阳爻称九，阴爻称六。初九就表示第一爻阳性。九二，二就表示第二爻，九三、九四、九五都是如此。第六爻不叫九六，叫上九，那一爻是阳性的。每一爻的爻名后面的话就叫爻辞。"潜龙勿用"就是初九爻的爻辞。它告诉你，潜伏的龙不要动，不要发挥你的作用，这是在潜伏的时候。九二爻的爻辞，"见龙在田，利见大人。"有龙在田野出现，利于见到大人。但每个卦的爻是不一样的，如讼卦：

"䷅"讼。有孚窒惕，中吉终凶。利见大人，不利涉大川。

初六：不永所事，小有言，终吉。

九二：不克讼，归而逋，其邑人三百户，无眚。

六三：食旧德，贞厉，终吉，或从王事，无成。

九四：不克讼，复自命，渝，安贞吉。

九五：讼，元吉。

上九：或锡之鞶带，终朝三褫之。

其中初爻和第三爻是由两个短画组成，两个短画表示一个阴爻，讼的第一爻不叫初九叫初六，表示第一爻阴性，第三爻叫六三，阴性。占到某一卦，就用卦辞来占。占到某一爻，就用某一个爻进行判断。所以，64卦的编排是占卦用，作为占卦的参考。占到那个卦或那个爻就可以根据爻辞或卦辞来解释。但是有时候不一定很符合，就可以撇开卦、爻辞，根据卦爻的符号来解释。卦的符号非常复杂，例如第一爻、第二爻、第三爻，每一爻在卦中的位置非常有讲究。凡是第一、第三、第五爻的，一、三、五是单数，那是阳性的位置，要是阳性的爻在阳性的位置就得当；如果是阴性的爻在阳性的位置就不恰当，象征身份和位置不相称。二、四、六三个爻的位置是阴性，而爻属阳爻也不相配。别卦中分上下两卦，两卦的关系也很复杂，要清楚这些关系才可判断吉还是凶。

《周易》是中国经典中的第一本书，所以称之为"群经之首"。第一，不但是最早的意思，而且是中华经典当中最重要的一本。因为《周易》代表了中华民族传统的思想，是主流的思维方式，是指导思想，中国人想问题很多按照《易经》里面的道理，所以它也是百姓日用之经。《易传》说"一阴一阳之为道"，什么是"道"，就是一阴一阳，任何事物都有阴阳，阴是一面，阳是一面，有时阴中有阳，有时阳中有阴。任何事物都是在阴阳当中变化。所谓"一阴一阳之谓道，继之者善也，成之者性也。仁者见之谓之仁，知者见之谓之知，百姓日用不知，故君子之道鲜矣！"（《系辞上》）尽管没有读过《易经》，实际上用的就是《周易》里面的道理。又说"明於天之道，而察於民之故，是兴神物以前民用"（《系辞上》），显示自然的天地变化的道理，反映老百姓的事情，社会上的社情，利用带有神灵的东西，引导老百姓来运用它。前民用就是指导思想，指导老百姓怎么走怎么做，所以，它实际上是老百姓经常都会用到的东西。用今天的话说，叫"神道设教"，通过这样的形式教育老百姓。因为那个时代是一个神权时代，而这个神是可以通天人之志的。古时候专门有一种占卦的官，就是专门管这个事情的。

在这个世界上，天地万物现实当中的，有很多事情用科学是可以解释的，但也有很多事情科学是解释不了的，解释不了就要利用哲学分析。所谓哲学就是总结出来的一些规律，通过推理去说明问题。但是靠哲学规律进行类比，推理判断，很多也解释不了。所以，杨振宁有一次这样讲，物理学的终极就是哲学，哲学的终极就是神学，就是这个道理。因为对我们来讲，太多问题无法解释，无法预测，只有把它归结为神。问神怎么问呢？古时候在这种情况下，像屈原就写了一篇《天问》，那里面提了172个问题，涉及他的身世、自然界、社会界。所以屈原的《离骚》里面写到，当他推行改革，楚怀王不信任他的时候，他非常痛苦，于是他"索藑茅以筳篿兮，命灵氛为余占之"。藑茅就是草，灵氛就是负责占卦的人，请他为我占一占。结果他很矛盾，"欲从灵氛之吉占兮"，想听从灵氛的吉利的占卦，到楚国以外的地方去，但是自己很犹豫。"巫咸将夕降兮"，巫咸也是一个占卦的，傍晚的时候就降神了，屈原就带着精米去请他再占一下。屈原解决不了问题，就去找神职人员，这很正常。古时候的这些神职人员是高级知识分子，天文历法、医学占卦都懂，那些帝王们有些问题解决不了，就占卦。所以，古时候占卦是常见的事，是当时人普遍使用的。

占卦是不是科学的预测呢？占卦是怎么占的呢？古时候的占卦是非常复杂的，《易经·系辞》中就有讲到古时候占卦的方法，就是用50根蓍草摆弄、计算。这个是现在存下来最古的一种方法，已经没有多少人用了。现在占卦很简单，而且占卦的方法很多，比如2010年的足球世界杯是用"章鱼哥"，百发百中。

占卦为什么灵？从道理上怎么说？笔者经过查找资料研究，总结出以下几条，第一是共时性定律效应。共时性定律，是说在同一个时间里面，事物同时发生，它都有一些相联系的。所以占卦与个人的处境、心理会有联系、有反应，反映到卦上，就表现出吉凶，这就是共时性定律在起作用。第二是阴阳感应。阴阳会感应，物质世界和精神世界的阴阳也会感应。所以你现实中发生的事情，会感应到占卦人当时所想的事情上来，就会反映在这个卦上面。第三是太极场的效应。在一个太极场里面，问那个人的遭遇，和你占卦的人在同一个太极场，就会反映过去。第四是意念作用，就是你怎么想的时候，意念就会起作用，这个就相当于气功，发外功的时候，可以把东西移动。有这样的作用，就是意念，就反映在这个卦上。实际上这些到现在为止都不能够很好的解释。

宋代的朱熹在《易经本义·乾卦》中叹息："皆非人之所能为也。""一阴一阳，变化无穷，果孰使之然也？盖神之所为也。"他说，卦为什么会那么灵呢，皆非人之所能为，是神在起作用。所以，朱熹认为用人没有办法去解释，只能说是神。所以，占卦的方法是多种多样，实际上都是用很随意、很偶然的方法选择到一个卦或者一个爻，来判断事情是吉还是凶。偶然通过类比来预测事物的必然性，是不科学的。所以，占卦不是科学的预测。现在书店有很多书，说占卦是科学的预测，为什么那样就是科学，到现在为止没有哪一本书在这个问题上作出说明。历代的那些思想家也是这样看的。周武王讨伐商纣王的时候，占了一个卦，结果是不吉利。结果周武王的军师姜太公，"推蓍蹈龟"，说"枯骨死草，何知吉凶！"（见王充《论衡·蓍下》）龟是用来占卜的，蓍草是用来占卦的。占卜就是拿一个乌龟壳在上面钻一个洞，然后用火加热，在这个洞上就会有裂痕，根据这个裂痕来判断吉凶。占卦是用蓍草来占，这很复杂。最后周武王听姜太公的意见，继续进军，打败商纣王，平定天下。周武王、姜太公不相信，孔子则很重视《易经》的学习，他说："加我数年，五十以学易，可以无大过矣。"孔子也曾经利用《易经》来占卦。荀子也是一个儒学大家，他提出"善为易者不占"，就是说读懂《易经》、精心去研究《易经》的人，不需要占卦。法家韩非子在《亡征》这篇文章里面讲一个国家灭亡的征兆，他列了47种国家要灭亡的征兆，其中第5种是："用时日，事鬼神，信卜筮而好祭祀者，可亡也。"如果国家的人都相信时日，事鬼神，国家就要灭亡了。这就说明古来也有很多人不相信《易经》。

但是为什么从古到今不少人信占卦呢？为什么占卦有时候又好像很灵验呢？什么道理呢？笔者认为，它有时候很灵验，有几个原因。第一是占卦的灵验与否，不在于占卦的方法，更不在于神灵的启示，而在于易理的断卦。所以，灵不灵关键是占卦人的智慧。古时候占卦的多数都是老者，甚至是占卦的世家，他们积累了很多经验。《白虎通》说："龟千岁而灵，蓍百岁而神，以其长久，故能辨吉凶。"占卜用的是乌龟，乌龟是动物当中比较长命的，上千岁的乌龟特别灵；占卦用蓍草，蓍草也是长上百岁，所以用来占卦的这两样东西象征年老者。古时候科学并不很发达，要靠经验，而最有经验的就是老人，他凭一些经验分析问题，这是最重要的。《易传》里面讲到"苟非其人，道不虚行"（《系辞下》），不符合这个条件的人，道不会帮助你。第二个原因，《易经》的体系结构，呈现出一些关联树的形式，这种关联树的形式往往是让我们想问题的一种引导。《周易》里讲，"易有太极，是生两仪，两仪生四象，四象生八卦，八卦定吉凶，吉凶生大业。"（《系辞上》）

太极生出两仪，就是阴阳，阴阳是我们中国人独创的。阴阳以后又生出四象，从时间来讲，春夏秋冬；从方位来讲，就是东西南北，阴阳等于天地，阳为天，阴为地，有了天地又有了四象，然后就有万物。八卦也是从阴阳、从四象生出来的，四象生八卦，八卦发展成十六，十六再发展成三十二，三十二再发展就变成六十四卦。所以别卦一共是64卦，反映了万物的发展与结构，发展的模式跟生物细胞的分裂是一样的。用64卦来代表各种天地万物，每一卦里面又有6个爻，这6个爻就表示事物发展到某种阶段，一个爻是一个阶段，初、二、三、四、五、上代表各种不同的阶段。如果把这个图画成一棵树，太极就是这个树头上的主干，两仪是主干分出的两个分树干，分树干里再分出两个，然后再分出八卦，64卦等于一棵树，不断的分权，64个卦再长出三百多爻，就好象大树布满了树叶，所有事物的结构都是这样，人体也是一样。如果一个事物有毛病，例如人体有毛病，怎么治呢？中医就是用《易经》的方法，望、闻、问、切，然后判断身体总体是阴盛还是阳亢，是阴虚还是阳虚。医人的病是如此，医一个社会的病也是如此。我们看问题，分析一个问题，都应该用这样的思维方式，先从大的问题开始分析，是阴还是阳。比如买股票，买哪一个企业的股票，怎么去判断，就要看整个形势，现在经济形势是阴还是阳，是好转还是下跌，然后再分析那个企业所在的系统是怎么样，一步一步才到这个企业内部的经济状况，判断是该买还是该抛。这就是中国人传统的思维方式。所以，关联树能帮助那些占卦的人很好地想问题。所以，爱因斯坦称《易经》是宇宙的代数学。

灵不灵还体现在占卦的过程，赵汝楳说："夫儒者命占之要，本于圣人，其法有五：曰身，曰位，曰时，曰事，曰占。求占之谓身，所居之谓位，所遇之谓时，命筮之谓事，兆吉凶之谓占。故善占者，既得卦矣，必察其人之素履，与居位之当否，遭时之险夷，又考所筮词之邪正，以定占之吉凶。"在占卦的时候，他讲到儒者占卦的关键有五：身、位、时、事、占。所以古时候占卦，并不像现在，而是要问你的身世，你现在居什么位，你现在境况如何，你问的是什么问题，问清楚这些方面才给你占，这就等于中医的望闻问切。而且《易经》里面又说："将叛者其辞惭，中心疑者其辞枝，吉人之辞寡，躁人之辞多，诬善之人其辞游，失其守者其辞屈。"（《系辞下》）求占的人要能听懂他的话，不但要懂他的话，而且要懂得言外之音，要察言观色，将要叛变的人讲话的时候是心虚的，听得出底气不足。这个叛变不一定是当汉奸，也可以是背叛老婆或老公。中心有疑虑的，说话啰嗦，捉摸不定，心里有鬼。吉人是善人、好人，话会比较少，一句是一句。急躁、烦躁的人话多。诬蔑好人的人，说话飘浮不定。失守者，是指做人没有底线，没有原则的人。违背了做人的原则的人，说话就吞吞吐吐。总之，听来求占的人，要看表情，听说话，就可以判断。不要以为凡是占卦的人都好像街边骗子一样，古时候的人占卦是很认真的，也通过调查研究。所以占卦不是科学的预测，但通过一些分析，也算是一种模糊的预测。

还有一个灵验的原因，就是与占卦的仪式有关。占卦前创造一种良好的寻找答案的环境。古时候占卦要斋戒、沐浴、上香、静心等，就是要创造一种氛围，能够使求占的人、占卦的人处在一种良好的心态之中，善于聆听，善于分析问题。再就是求占者的信仰效应。所谓信则灵，不信则不灵。总之占卦是一种模糊的预测，它起到心理咨询的作用。

《易经》是经典中的经典、学问中的学问、哲学中的哲学。宋代易学家邵雍说："图虽无文，吾终日言，未尝离乎是，盖天地万物之理尽在其中矣。"《易经》中有一系列的图，这些图就很形象地把易理体现出来。

比如太极图，首先，是一个圆圈，这个圆圈是一个太极，表示一个整体，代表任何一个事物，比如它可以体现为宇宙、一个国家、一个集体、一个人。太极里面有两条鱼，叫做阴阳鱼，白的阳，黑的阴，意味着任何事物都有两面，一阴一阳，用哲学叫一分为二，但是倒过来也可以说合二为一。两个合起来就是一个整体，事物都分阴与阳，而阴中有阳，阳中有阴，老子有一句话，最能够表现这个关系，就是万物负阴而抱阳。阴与阳的关系是你背着我、我抱着你的关系。所以一个整体里边有两面，这两面是不可分的，两面之间是一种和谐的统一。这是传统的观念，强调一个事物有阴有阳的时候，它应该是很和谐的，抱着和背着的关系。传统的思想是"和而不同"，不是"同而不和"。"同而不和"就要你死我活，就要以我之是为是，以我之非为非。爸爸教儿子也是一样，一定按照自己的模式来要求儿子，他长大了跟你的矛盾越来越厉害，所以还是要阴阳调和，跟自己的另一半也要阴阳调和。太极图中阴阳之间的曲线，是一种变动的过程，互相宽容、互相调整才行。一个家庭如此，一个国家如此，一个集体也是如此。

第二，太极图有一个中心，没有中心不能成为圆，圆心就是中心，所以每一个卦也有中心。卦里面的第五爻，叫做九五之尊，代表天子，代表一个国家。一个国家没有中心就不能平衡，不能平衡就不安稳。《易传·系辞》讲"阳一君而二民，君子之道也；阴二君而一民，小人之道也"。什么叫阳卦呢，八个经卦中，乾卦是纯阳卦，坤卦是纯阴卦，其馀六卦也分阴卦、阳卦。阳爻是一长画，阴爻是两短画。如果卦中由一个阳爻和两个阴爻组成，就共有五画。五是奇数，属阳，所以为阳卦。如果卦中由两个阳爻和一个阴爻组成，共四画。四是偶数，属阴，所以为阴卦。阳爻代表君，阴爻代表民。五画的阳卦中一阳爻两阴爻，表示一君而二民，显示这是君子之道。四画的阴卦中两阳爻一阴爻，代表两个君一个民，这是小人之道。一个国家两个君，就政出多门，没有中心了，这是很危险的。

第三，易卦体现生生不息、消息往复的精神。易就是变易、不断变化，生而又生，不断地生生，这是《周易》的核心思想。天地之大德就叫做生，都强调要生。生除了物质上的生产以外，还包括人。所以中国传统的思想，所谓不孝有三，无后为大，把生小孩、传宗接代看得非常重要。这就有生生的观念在其中。中国的很多思想都和这个有关系，强调生生，强调自强不息。何谓"消息"？凡是阳在消退，阴在增长，就叫消；阳在生长，阴在下降，叫息。

古人把十二个卦作为一年12个月的消息卦，其中复卦上面五个是阴爻，下面是阳爻，就说明阳气刚刚开始，一般在旧历的11月。到12月是临卦，下面两横是阳爻，阳气增加了。泰卦的时候是三个阳爻三个阴爻，所以叫三阳开泰，就是刚刚正月了。然后大壮卦是四个阳爻，乾卦是六个阳爻。阳爻从11月开始，阳气不断升，升到乾卦的时候阳气最盛。然后一阴爻再增长，到坤卦六个都是阴爻，阴气不断的增长，天在变冷。这些都反映了一年四季周而复始的变化。古人根据观察得出，生物的生长和阴阳的变化是要相协调的。比如，什么时候植物长得最好，什么时候种什么东西才会结子，什么时候开始插秧。其他很多植物都要按这个规律。

人也是如此。如乾卦，初九的时候是潜龙，要埋伏起来不要动。九二就出来了，九三就要奋斗了，九四蠢蠢欲动，九五飞龙在天，表现一个人的事业最鼎盛的时候。但是上九是亢龙有悔，亢就是高的意思，飞的太高的龙不好，有悔，这就是物极必反。所以一个人做什么事情都要有一个度，包括我们的GDP，太高了就有副作用了。所以，发展也好，国家也好，要有度，懂得物极必反。

这些就是易理。《周易》里面还强调要中、要正，以中以正为好。凡是处在卦中的第二爻、第五爻的叫"中"，因为一个卦由上下两个经卦组成。下一个经卦的中间就是第二爻，上一经卦的中间是第五爻。第五爻是天子之位。第四爻，四是在五下面，是阴爻的位置，是一个阴性的爻。假如是阳性的爻，因为靠在九五的旁边，是在天子的旁边，太强了，对天子不一定有好处，很可能会功高盖主，乃至谋主。所以第四爻不能太强，是阴爻的话，着实顺从九五之尊。这些都是人际关系的一种反映，都是我们日常生活当中人际关系中的代数公式。

易理在现实生活中的体现到处都是，例如八卦、六十四卦方位图，如果按阴是0，阳是1转换排列起来，就变成现在电脑使用的二进制。所以发明二进制的科学家莱布尼兹后来看到八卦图，就说和他的二进制是一样道理。中医也是按照阴阳的道理来看病，是阴阳学说用得最成功的。

# 第八讲　中国历史和《道德经》等文学经典中的分形理论解读

张森文

**主讲人简介：**

　　暨南大学国际学院教授、博士生导师，现任暨南大学全英教学教师俱乐部理事长，享受国务院特殊津贴专家。《振动工程学报》和《冲击与振动》编委，曾担任中国振动工程学会理事和第五届随机振动专业委员会主任，海外农业生物食品工程师协会执委，美国机械工程学会石油分会结构动力学与振动执委会委员。长期从事计算力学方法、分形与混沌理论及其应用研究。

现在,不同学科的科学技术的相互综合渗透、交叉发展的特征,是深刻反映在非线性科学的发展上的。过去几百年间发展的科学技术,建立在线性或者线性化离散的分析基础上,也就是牛顿力学的基础上。从上个世纪70年代开始,系统科学和计算机信息处理技术飞速发展,提出了非线性系统科学,以混沌和分形理论为标志。这门学科提出以后,就迅速覆盖了所有我们可以提出来的自然科学、技术科学的各个方面以及社会人文科学的各个学科,充分体现了不同学科,特别是文理学科间的交流和综合。这种交流和综合是21世纪科学技术和人类文明发展的重要趋势,而文理交叉、文理知识结构的融合是对我们现代人才的一个重要的要求。混沌和分形理论的提出不仅体现在已有的自然科学的各个学科的应用当中,同时也与社会科学的各个领域交叉发生作用,呈现了巨大的生命力和思维的震撼力。

1985年美国总统科学奖授给了分形几何的奠基人曼德布罗特,文告中说20世纪为人类所记住的三大科学成就,一个是相对论,一个是量子力学,第三个就是分形和混沌理论。而美国著名的物理学家在谈到分形的时候,就说今天谁不知道分形,谁就不能被称之为科学上的文化人。所以现在不管你是搞理工科的,还是搞人文社会科学的都需要知道分形。分形几何,这个几何学是和欧几里得几何学完全不同的,我们一般在中学或者大学所学的数学,其最重要的基础就是欧几里得几何学,它也就是开创了工业化时代几百年的牛顿的数学分析即微积分的基础。这几百年的科学理论都是建立在线性分析的基础上。

而现在的科学技术所面对的非线性复杂系统的分析研究,必须有新的理论,这个理论在几何上就称之为分形几何的理论。今天要结合老子解释分形几何的一些普遍原理。老子是中国伟大的哲人、思想家,是东方古代哲学的代表人。老子的《道德经》是国外翻译中国著作中最多文本的文化经典。《老子》的精神在几千年中国文化的发展中发生并且继续发生着广泛和深刻的影响,而且对世界范围内的科学文化、文明的发展有过并将有更大的影响,为什么这么说呢?70年代美国的科学家卡普拉写过一本书《物理学之道》,这个"道"跟"武术"一样,没法用英文的准确的词去加以翻译,所以只能用音译,就是dao("道"),已经成为了一个正式的英文词汇。

笔者在美国留学研究期间,曾经看到过《道德经》的26种版本,他的第一句话"道可道,非常道,名可名,非常名"的翻译在这26种版本中都是不同的,而且从中国学者的角度看,没有一个版本翻译的是准确的,就是没有办法准确的翻译。今天我们要用新的现代科学的词汇阐述《老子》。而现代科学所带来的哲学上的困惑,也只有用老子的哲学才能加以解释。《老子》是关于宇宙本体和人生人世深刻的认识,是人类早期文明的最伟大成果。

老子的《道德经》和现代科学成就"混沌与分形理论"有着深刻的联系,他的第一句话已经成为西方哲学语义学中的重要命题,麻省理工学院的哲学家乔姆斯基就用这句话诠释语义学里面包含的深刻的哲学道理。

老子指出"有物混成,先天地生,寂兮寥兮,独立而不改,周行而不殆,可以为天地母",这已经深刻地指出了自然界宇宙演化,以及社会演化发展的一种周期性,具有一种周期性的规律。那么什么是分形几何呢?分形几何是大自然的几何学,可以描述海岸、山、河流、云彩、花草、树木等等万物的形态,它是区别于欧几里得几何的。因为欧几里得几何是用来描述人对空间图形的一次简化、一次抽象。严格来说,自然界中并没有真正严格的三角形、圆形、球形等，自然界也没有绝对的平面，而是人们把它抽象了，变成有这样的规则的图形，这样的一种数学简化是和大自然本身的几何有很大的距离。

比如小孩的肾脏的血管，这样复杂的几何图形，用欧几里得几何的办法，怎么描述都是无法加以精确描述的。但是，用分形几何就可以把它的特征主要表达为粗细血管之间的一种比例关系。欧氏几何是描述人类的创造的简单的标准物体，它是有特征长度的，比如正方形的边长、三角形的边长、圆的半径、球的半径等等。表达方式是用数学公式，像圆的面积是 $\pi r^2$，球的体积是 $\frac{4}{3}\pi r^3$。所有这个测度都是用线度的维数来表达，例如，点是没有大小也没有长度的，所以点是零维的。线用米的一次方来描述，面积用米的平方，体积用米的立方，用这样的测度来表达它的量度。你们大概也没有听说过，到底米的 1.5 次方、米的 0.5 次方、米的 2.5 次方是些什么东西。那样的东西就是分形几何所要描述的，对大自然创造复杂的真实物体，它的表达方式不再是求面积、求体积的公式表达，而是用计算机的迭代语言表达。这就是为什么分形几何一直到 70 年代才提出。

它的维数一般是非整维的，当然也有整维的。分形没有严格的定义。"道可道非常道，名可名非常名"，这是说一个名词、一个概念可以说出来，一个物可以定义它，给它一个名。但是所有已经被给出定义的这个概念，已经不是原来的物。定义的难度就在这。因为我们定义他是某某市人，某某是一个男人，实际上他的个性、个人的特征面貌已经被抽象掉了，只剩下人的一些基本特征。他已经不是真的某某，已经把他的很多东西都丢掉了，这是道德经里面的第一句话。分形几何也是这样，很难用一个精确的定义来表达，类似于"生命"，我们只能够给出分形几何学的一些特征：例如有精细的结构，在任意小的尺度下总有复杂的细节，分形是不规整的。整体和局部都不能用通常的几何语言来表达，通常只有自相似的形式。但这个自相似是近似的，或者统计意义下的，也就是说局部总是以某种方式和整体存在着一个相似，我们称之为自相似。再就是通常意义下，其实分形的表达很简单，用一个迭代过程的计算机语言就可以把它表达出来。分形的自相似就像椰菜花，每一个生长出来的新的部分都是和原来的整体相似的，每一个小的部分都重复了整个大的这样的一个块状。迭代实际上就是遗传复制、生长的过程，按一定的规律在那里生长，制造几个程序，一步一步地迭代下来。在生命领域，分形学最广泛，因为遗传复制就是某种迭代。

如果在高空看海岸线，是这样的情况。把当中的某一部分放大，或者把航测的飞机下降高度，尽管没有完全和原来的形状重复，但是在几何维数上、在结构上它是非常相似的。分形学的第一篇最有影响的论文就是曼德布罗特做出来的，就是"英国的海岸线有多长？"。中国的海岸线在地图上是 2 万多公里，或者一万多公里。那是从最南边的广西北海走到辽宁丹东，丈量师说有 2 万多公里长。如果一个蚂蚁，从最南端北海那个地方一直爬到丹东，每一个细节、每一个曲里拐弯都不能忽略，这个距离是无穷长的。所以测量跟人的观察是紧密相连的。那么数学上这就是计算机迭代语言的一个生长过程，例如我们讲的科克曲线，可以作为海岸线的近似，一会儿我还要讲它是怎样迭代得到的。

刚才提到的血管，粗的血管和细的血管之间的比例按幂函数分布，它的指数是非整数的。我的学生做了一个研究，珠三角的道路分布。发达地区的道路分布应该是类似于生物学的这种原理，才不会堵车。生物学里面，大小血管的比例关系，是严格按照分形几何的维数，而这个维数的指数是一个非整数。

笔者在美国的时候看到有博士生的论文专门研究咖啡的可溶性，在一定的放大镜下面，咖啡的形状在放大，它在几何上的相似性是非常明显的。原来的速溶咖啡，就是因为加工过程中，它的表面积可以非常大，但颗粒非常小。所以一倒上温水，甚至凉水它都能够泡开。其实，分形的最重要的特征，就是部分和整体的某种自相似。

中国人几千年来面貌变化是不大的。比如，唐三彩和香港明星"肥肥"长的多么的像，那时候女性是以肥胖作为美丽的标志。相声演员与汉代的杂技演员也长得很像。为什么中国姓氏是中国文明对世界的第七大非常重要的贡献？因为中国的姓氏是可以追溯的。为什么子女随父姓？因为生物学里面只有雄性 Y 染色体可以遗传，而雌性的 X 染色体是不能遗传的。所以你要真是孔子的 80 代孙的话，你 DNA 里面的 Y 染色体和孔子是一样的。所以，中国的姓氏是非常重要的。实际上中国人几千年不但面貌变化不大，国民性变化更加小。林语堂在 30 年代写了《吾国吾民》，他说，现在中国左右两派在激烈的争斗，也许共产党有朝一日会取得胜利，但是不管左派在中国怎么胜利，最后中国人的生活方式还要回到儒家所规定的轨道上去。国民性其实是有变化，但是从历史的大尺度来看变化是不大的，有很强的稳定性。孔孟之道是从我们的祖母、母亲血里面留下来的，不是搞几茬儿运动，"彻底革命"就能完全铲除的。这就是分形学的另外一个原理，叫做标度不变性，它在一定的范围内保持以分形几何的维数的稳定。比如，中国人相似度和欧洲人的不同，如果你不细致观察，可能不容易区分。如果仔细观察一下，法国人、德国人和英国人还是有相当大的差别。正像西方人区分我们不同地域的中国人有困难一样。

分形的自相似性也就意味着它的不确定性，科学研究的魅力是寻求事物的确定性，否则我们建不了桥梁、建不了牢固的房子。但是这种确定性必定有某种极限，这反映在知识上是不确定的，有的知识并不全面也不确定。

比如前面提到的科克曲线，它是怎么产生的呢？一条直线，中间三分之一的地方鼓了出来，变成了一个等边三角形的两边，这个长度就变成原来长度的三分之四倍。然后每一个部分运用同样的程序，同样的遗传基因把中间部分鼓起来，经过多次迭代，这个图形就变得非常的复杂，而且它的每一个细节放大以后都和整体是相似的。三分之四乘三分之四，乘三分之四，乘下去是一个无穷大的数字，这个无穷大的数字是在有限的在欧几里得几何长度中得到的，即两点的距离可以是十的负 10 次方厘米，甚至比它更小，但是按科克曲线的法则无穷迭代以后，最后得到无穷长的线段，这只有辩证法的思维才能理解，就是说无论多么小的两点距离，欧几里得几何的两点距离最短是直线。如果用一种几何迭代的，计算机迭代的办法得到的科克曲线，是永不自我相交的，但它是一个无穷的长度，这是分形的一个非常重要的例子。

再看看康托集合的例子，一根长为一米的线，把中间三分之一去掉，不断的按这种规律迭代下去，最后剩下的是无穷多个点，用简单的几何级数的方法算算去掉的部分的和，就是最后消除掉的，已经等于一米。也就是所有长度都应该去掉了，已经是没有了，是"无"，但实际上它留下了无穷多的点，所以无中生有，有也生无。因此分形最厉害的地方，就是表明老子《道德经》里面的"无"，是具有多么深刻的哲学意义和内涵。所以《道德经》在第 40 章里说"天下万物生於有，有生於无"，这里面是有非常深刻的内涵的。

混沌是非线性系统演化的动力过程，分形几何是混沌的数学基础。耗散结构和混沌之间有非常密切的联系，每一个健康的人体、每一个城市，都是一个耗散结构，存在着能量与信息的交换，维持一个动态的平衡，我们的生命之所以存在，因为它有能量的摄入、供给和信息的交换。

非线性系统的演化会有一个"混沌"，即宏观上非常混乱，但是微观上高度有序，破坏了所有的对称，这样的一个结构叫混沌结构，同时这个混沌结构在一定的情况下，经过自组织和突变，变成宏观上高度有序的耗散结构。这一点是非常重要的，叫做非线性动力学的演化过程。世界上混沌是很多的，如烟雾扩散，河的湍流，以及陀螺的失稳等很多自然现象。《道德经》里面有一句话，"道生一，一生二，二生三，三生万物"。三生万物，用比较通俗的话解释说，两口子生个孩子，家里面变得复杂的多了。混沌学里面有一篇非常著名的论文，是由台湾去美国的著名学者李天岩和他的导师约克提出来的"李约克定理"，论文名字为"周期3意味着混沌"。出现三个周期这个世界就混沌了，这是老子"三生万物"的深刻阐述。

混沌学里面有一个重要原理，叫输入的微小差别和最后产生的输出的巨大差别，或叫做"初值的敏感性"。这个可以做游戏：20个人传话。第一个人告诉第二个人，第二个人告诉第三个人，大概第五六个人开始就走了样了，到最后已经是南辕北辙了，所谓的"曾参杀人"，传言就那么可怕。这就是一种非线性系统的输入和输出之间，跟初始条件有非常大的关系，混沌系统对初值的敏感性，也就是经常在报纸上看到的所谓蝴蝶效应。我在前些年看到《南方周末》有一篇非常有趣的文章，说明这个记者先生是一点分形知识都没有的。他说一个蝴蝶的力量是很小的，那么千千万万个蝴蝶呢？我告诉他一个蝴蝶就够了，一个蝴蝶扇一扇翅膀，迭代过程的最后输出结果就有非常大的差别。

中国人对"三"情有独钟，恩格斯的《自然辩论法》谈到"一"和零的辩证法，没有能够谈到"二"的辩证法。后来的二进制是"二"的辩证法，零和一产生计算机的所有计算。"三"的辩证法就在混沌和分形阶段了，有了三周期就有混沌，就是三生万物。

它可以模拟很多东西，如城市的诞生。城市的诞生可能很偶然，人走多了成了路，只是在某一个点分叉为十字路口。有一个马车店钉马掌，有人在那休息，就在那开起了一个饭店；有人吃饭就慢慢有人过夜，就有了旅馆，人越聚越多最后就变成一个城市。这个城市是在什么地方，在哪个地方产生的呢？可能就具有无穷多的偶然性。上海也就是几百年左右的历史，深圳发展速度就快得多，但城市的拓展过程又很相似，所有城郊结合部都是一个"乱"字了得。城市发生的过程其实有很大的相似性，犹如细菌的聚集，都可以用混沌理论解释。

时间是分形的，农耕时代时间观念很缓慢，日出而作，日落而息。现在年轻一代看电视大概不到六秒钟就换频道了。所以为了吸引人们能看完十秒钟的广告，就必须要漂亮的女生、有名的人来做，让人多看两眼，广告就做下去了，因为广告是商品，注意力是商品。别以为每天在免费看电视，实际上电视台把你的时间、你的注意力买掉了，给了那个广告商。

所以实际上，工业化社会、工业化后社会、信息社会的时间观念完全不同，同时也会给我们的人生带来很多困惑。现在人的生命，变化更加快速，怎么样去求得人心的安宁？这就是为什么要回到老子、回到孔子那里，为什么要讲佛讲禅经的一些内在原因。

　　中国历史当中的分形，比如《分形和历史学》，我们以中国历史为例。因为分形混沌是研究社会自然的复杂非线性系统的工具，当然能够拿来研究我们的历史、历史演化的过程。人类社会发展历史已经成为我们人类本身的研究对象。但是一直到今天，虽然提出数量历史学，历史学从来没有成熟，理论和实际操作都是非常困难的。我所看到中国的第一篇数量历史学论文，是伟大的地质学家李四光做出的。李四光是中国当代的大科学家，大庆油田就是用他的理论发现的。很有意思的是，前几年上海图书馆发现一篇作曲曲谱佚稿，最后考证是李四光做的，是一首小提琴独奏曲，叫做"行路难"。他在 1935 年写了一篇历史性论文，就是根据中国的内战、战争的频次在时间系列上画了一个图，结果就把中国历史分成了三大帝国时代：秦汉、唐宋和明清，每一个帝国大概 800 年，这就和那些历史学家们研究考证提出的结论一样了。他这篇论文就被林语堂在上世纪 30 年代带到了美国，林语堂在写"吾国与吾民"（My Country and My People）中讲到中国历史的时候就引述了。

　　另一个历史学家黄仁宇，就提出一样的三大帝国时期。他有一个非常重要的观点，就是要把中国放到世界范围内去考查，看一看世界上发生某些事情的时候中国发生了什么。通过这个大历史的研究，他在著作《中国大历史》和《赫逊河畔谈中国历史》中提出，到了上世纪 80 年代，文化大革命的结束就标志着中国革命的成功，中华民族 350 年的鲜血没有白流，从此中华民族可以赶上数字化管理的时代，时间并没有浪费。

　　人类历史的演化有某种自相似，所以才有梁漱溟说的，中华文化是早熟的人类文化，早熟当然不意味着成熟，但是具有人类文化所有的雏形。而且他也指出，就中国的政治而言，中国文化的政治资源是无限的。为什么我们要站在中国的坐标看世界？同时也要以世界的眼光来看中国？就是不要妄自菲薄，要看到今天中华崛起的这样一个过程，所可能会碰到的问题和危机，所要面对的问题。

　　我们中国历史的发展当然有很多自相似。人类发展的历史，特别在中国这一片土地上，我们叫做"超稳定的循环结构"，就是因为中国的地方足够大、人口足够多，足以形成这样的结构。她有 300 毫米的降雨线，走向基本上和长城是一致的。300 毫米降雨是农业和牧业的分界，300 毫米降雨量以上的地区一般是农业区，少于 300 毫米的降雨只能够长草放牧，所以中国所有的各个朝代都要面对胡人、匈奴。东南这边是海，很难出得去，那边是喜马拉雅山和天山，在这样一个封闭的黄河、长江两河流域，一个足够大的空间里，它所演化的就是混沌和耗散结构不断的朝代更替的自相似过程。

　　在中国这块土地上怎么会形成这样超稳定的循环结构？谈到朝代更替的自相似，谈到知识分子命运的自相似，谈到中国农民起义的自相似，相信大家都有兴趣。中国共产党的农民革命，也跟历代的农民起义相似，都有各个山头之争，最后也要一个最大的领袖，才能够成立一个巩固的政权。我们可以从过去的历史看到中国今天处在什么样的阶段。我们所处的阶段还是非常幸福的，因为我们正处在中国社会的中兴发展阶段、小康到富裕的阶段。

　　就世界历史中的中国，或者中华文明在世界上的地位，在这里花几句话讲一讲。美国的亨廷顿 90 年代提出过"文明冲突"，书中有一句话大概是这样的意思，"如果伊斯兰宗教的狂热和儒教的奸滑结合在一起，基督文明就危险"。他说伊斯兰宗教很狂热，而儒教是非常聪明的，用他的话是非常奸滑、非常有计谋，他害怕这两种文明合在一起对付西方。现在看来不会,中华文化为什么要和伊斯兰文化合并呢?我们要吸收世界所有先进的文明成果,要吸收他们的先进性来达到中华文明新的阶段。但是他提出的"文明冲突"是和伊拉克战争、阿富汗战争有关的。现在我们似乎置之度外,但是我们也要有足够的思想准备,中华崛起并不是一帆风顺,不可能有没有实力的崛起,一定是建立在有实力的基础上,才能达成真正的崛起。这个不一定是战争,但我们需要很多硬实力和软实力的建设。

世界上这种文明的冲突,应该包含着融合的多元化的过程,中国的经济腾飞大大提高了我们融入世界的程度,但同时也潜藏着危机。20多年前美国和欧洲国家一起对日本施压达成"广场协议",逼日元升值,使得日本人20年来一蹶不振。那么通过对历史的研究,我们要吸取教训,要有所准备。总之我们要放宽历史的视野,要看到历史的纵深,知道今天所处的时代,知道中央领导为什么会提出战略机遇期和科学发展观。

关于中国文学中的分形还想引用林语堂,林语堂介绍中国的文化、中国人的性格,他把中国的国民性分成八个部分:和平主义、知足常乐、幽默滑稽、因循守旧等。同时他也介绍中国人的心灵生活包括妇女,他提到其实中国妇女的地位从来不是很低的,比如《红楼梦》的贾母。他说中国女性也很会用她的性的力量,实际上管着后院,历来如此。今天中国的社会家庭单位很小,几代同堂的家庭没有了,但是家里头仍然是受女的控制,因为有一句话是"老头子是越活越笨,老婆子是越活越精",男的到老的时候只有听命于夫人了。

中国社会主要可以分成下面几个层次,我们叫做分形结构,它是分层次的,而每一个层次都具有某种自相似的东西。一个是家庭,一个是庙堂,一个是江湖,所以中国社会,除了这三个以外,可能还有人所创造的虚拟空间或者虚拟的时间,宗教上的彼岸,武侠、怪力神话、小说等,现在进入信息时代,又多了网络和游戏,在网上过家庭生活,养宠物等,这都是虚拟世界。但是不管怎么演变,基本上是分了这几个部分。要了解中国社会,其实也不用所有的经典都要读,读六到八本就够了。第一本书《红楼梦》,是家庭的百科全书,描述了中国封建社会一个大家庭从盛到衰的一个过程,是一个悲剧、中国式的悲剧。但是《红楼梦》是充满自相似的,因为仁者见仁,智者见智,各有不同的解读。正是《红楼梦》的这种宏大的人生叙事,包含着无穷的不确定性,才养活着世世代代的红学家们。《红楼梦》写到男人都是肮脏的,女人都是水做的,是对男权世界的鞭挞。《红楼梦》充满对情的一种追求,充满着对人生生命的终极意义的拷问……

其实关于人生,有三个问题是我们永远不能解释,无论科学如何发展都没法驾驭的,笔者称之为你从哪儿来、你到哪儿去、你是谁、你怎么生下来的,没有记忆,人的大脑三岁以后就被格式化了。有人说他记得两岁时候的事情,千万别相信,没有这样的天才。三岁以前的事情是没有记忆的,因为在大脑的发展阶段,三岁时才发育出海马体,但是为什么0~3岁很重要,因为0~3岁是父母给孩子准备硬件,准备CPU的阶段,以便于格式化以后再装软件再进行一系列后面的演化。所以,人不能知道自己是怎么从妈妈肚子里出来的,我们用仪器、用B超监测,但你终究不能说出来怎么来到这个世界上的,为什么来到世界上第一声就要哭,你也不知道怎么走出这个世界、怎么离开这个世界、怎么死的。尽管做了很多濒死实验,但实验的结果都是那些最终还是没死掉的人告诉你的,真的死掉的人并不能告诉你他自己是怎么离开这个世界的。所以认识自己、认识人生很难,《红楼梦》的伟大在哪?就在于它给了我们对人生的种种记忆、种种思考。现在有的80后、90后可能看不下去《红楼梦》，他们对人生这种深刻的心理过程缺乏兴趣。但如果你是个中国的文化人，希望对中国人的人生有深入的了解，就请认真读一遍《红楼梦》。

关于江湖的大概就是《水浒传》，《水浒传》很有意思，能够叫得出来名字的女性很少，而且几乎女性都是坏的，从潘金莲一直到宋江的小婆媳，好一点的就孙二娘，但母夜叉也是吃人肉馒头、做人肉馒头的。《水浒传》是男人的世界，充满了血腥。《水浒传》是很多不太识字的武将的教科书。江湖虽然远离了庙堂，远离了家族，但是江湖就真正有公平正义和自由吗？江湖也不过是中国现实政治社会的另一个影像。再一个就是关于庙堂的《三国演义》，我们之所以倡导诸葛亮的光辉形象，是中国历代王朝正统的政治需要。读书人试图想充当帝王师的愿望，以及世俗民间对一个廉洁、公正官员的心理需求，共同塑造出了诸葛亮这一完美的形象。因为皇帝只有一个人当，所以要达到那样的层次就只能是又厚又黑了。曹操是够厚度还不够黑度，项羽是不够厚也不够黑，刘邦为什么能赢？刘邦是又厚又黑。

现在回到老子，庄子和老子应该一起列，庄子是老子的继承人。老子的智慧不但影响中国人，还将影响人类。庄子的浪漫情怀呢？则给了世世代代的中国人，特别是中国文人在苦难中生存下去的勇气。老子的《道德经》以最纯朴的语言表达了最深刻的哲学思考。哲学的根本问题是对宇宙和人生的认识，"道可道，非常道。名可名，非常名"包含着无比深厚的内容，已经成为混沌和分形最好的哲学阐释。

在《道德经》中有几个非常重要的思想是古代中国人的智慧结晶，其一是尚"无"。"无"是具有"有"所不具有的一种实际的存在。"无"不是消极的，它是具有实在的、多样性的、肯定的含义，有可以预测的后果，具有无穷的深刻性。再就是致"柔"，什么最弱？水。"上善若水"，水最接近于道，致柔而又致强，是有着深刻的辩证法的震撼力。

关于宇宙，老子告诉我们的至少有：宇宙不是充满物质，而是充满空洞，充满"无"。整个地球物质的原子核加在一起还没有一个足球场立方体那么大，剩下的世界上都是空间，都是空的、都是无。中微子就是宇宙中的高能粒子，它穿过地球就如同穿过无物，所以地球充满着空，地球的存在形式就是"无"。这个"无"恰恰是物质存在的一种形式。因为我们每一次观测，都只能看到现象的某一方面，都反映事物的某一局部，不是全部的信息，所以老子说"无名天地之始，有名万物之母。故常无欲以观其妙，常有欲以观其徼"。我们看到宇宙的"无"，就能感受到宇宙的奥妙，而看到宇宙物质的存在这个"有"，那么就会看到它的差别，体验到宇宙万物的差别。

我们知道宇宙爆炸学说，大概150亿年以前，黑洞突然爆炸，宇宙膨胀，因此产生了这么多的星球，恒星以及行星，最后在地球上产生了这样有智慧的生物：人类。宇宙的历史，当然是从宇宙爆炸的那一刻开始，到10的负44次方秒开始产生了太极，就是我们中国的太极。太极图大家都以为是画的，因为用一种计算机的迭代可以画出一个非常好的太极图。所以这个宇宙从此有了这样漫长的演化过程，这个演化是根据一定的"道"，才产生现在五彩缤纷的世界，以至于宇宙的最高花朵人类的生命和他们世世代代的生活。

正如分形学所揭示的许许多多的自相似和不确定之间的无限奥妙，老子说"有物混成，先天地生"。先于天地，是宇宙大爆炸以前的。"寂兮寥兮，独立而不改。周行而不殆。"等到天地生出以后它就"周行而不殆",有黑夜、白昼、四季之分,有时间的流逝带来的周期性。"无"就是天地产生的母亲,"无",从那一点开始,宇宙万物变化的时间和空间上都表现了某种"道"所规定的那种自相似。

与老子同时代的罗马皇帝奥勒留,写下了温总理非常推崇的那本书《沉思录》,它是从西班牙语言翻译过来的。他说,"所有来自永恒的事物犹如形式,是循环往复的,一个人是在一百年,还是在两千年,或无穷的时间里看到同样的东西。""唯一能从人那里夺走的就是现在。"我跟学生说要珍惜活着的每一天,要快乐地生活每一天,因为过去的已经过去了,已经不能再来、不再属于你。而未来还没到来,它还不属于你,"人们不能失去不属于你自己的东西",属于你的只是现在,所以要过好现在的每一天。

关于人类社会,老子说"失道而后德,失德而后仁,失仁而后义,失义而后礼。夫礼者忠信之薄而乱之首"。社会发展到最后不得不靠"礼"的时候已经是乱之首了,那当然是老子在他的时代对远古中国的那种社会、对人类自己童年时代的种种回忆和留恋。《道德经》应该是诞生在人类童年刚刚过去的时代,它真的有着对自己童年时代纯真、无尽的怀念。

我们常常会惊叹,老子为什么会在几千年前就能得到关于宇宙人间这样深刻的认识? 这正是分形学无限层次上自相似的表现。人们常说儿童提的问题是哲学问题,青年时提的问题是知识问题,而老年提的问题是技术问题。我们中华民族是不是有点老了? 人类是不是也有些老了? 如果我们要重新焕发青春,就回到老子的幼年时代吧。

# 第九讲　漫谈《红楼梦》等古典小说中的人物与爱情

陈文新

## 主讲人简介：

武汉大学中国传统文化研究中心副主任，武汉大学明清文学研究所所长。主要研究中国小说史和明清文学。主编了我国首部系统完整、涵盖古今的编年史《中国文学编年史》(18 卷本)，荣获首届中国出版政府奖和湖北省第六届人文社会科学优秀成果奖一等奖，入选教育部重点研究基地标志性成果和"新中国六十年高校哲学社会科学成就展"，被誉为"中国文学史界的长城"。著有《传统小说与小说传统》《文言小说审美发展史》《明代诗学的逻辑进程与主要理论问题》《中国文学流派意识的发生和发展》等。

无论是否读过《红楼梦》，一般都会知道《红楼梦》里边有一个大观园，而大观园是从古典小说戏曲当中的后花园发展而来的，所以首先要讲两个问题：

　　一、大观园和后花园的不同之处

　　说到大观园和后花园的不同，主要涉及这样一个问题，就是中国古代的作家们在写到恋爱的时候，会用什么样的方式来处理。恋爱对每个人来说，都是必然要经历的事情，古人也要经历这个事情。一般地说，古代人写到了这样几种恋爱的方式：第一，先结婚后恋爱，这也是最多的一种。为什么要先结婚后恋爱？因为结婚之前没有恋爱的条件，不像现在的年轻人有一个自由的社交空间，可以在这个空间里面了解、发展感情。古代人的这个空间比较小，所以一般人在结婚之前是没有恋爱的。因此，他们要先结婚后恋爱。这一种情况用我们现代人的看法，实际上是说他们没有谈过恋爱。

　　第二，男扮女装，或者女扮男装。例如梁山伯与祝英台，在没有结婚之前，曾经有过一段时间的交往，而之所以能够交往，就是因为祝英台化妆成了一个男孩子，而且居然瞒过很多的人，这样她才能够和梁山伯有一个了解的过程。但是这个跟我们现代所说的恋爱还不是一回事。现代所说的恋爱必须是双方都了解对方，不能够一头热。因为另外一方完全不知道你这方的情况，只有你才知道对方的情况。所以这还不能够算是真正意义上的恋爱。

　　第三，人跟仙女谈恋爱，这个是可以的。例如董永跟七仙女谈恋爱，仙女来到人间，跟一个人间的小伙子产生了一段感情，这个交往是可以发生的。但是仙女不会永远跟人间的小伙子生活在一起，最终小伙子还必须另外成家。正是因为人和仙女不能够永远生活在一起，所以古代的人和仙人谈恋爱，往往只有人间的小伙子和仙女谈恋爱，没有人间的女孩跟男神仙谈恋爱。所以像这样的一种恋爱也还是不正常的一种恋爱，因为这不是一种对等的人际之间的恋爱。

　　第四，跟青楼女子谈恋爱。虽然现代已经不能够接受，但在古代有时候会发生这样的情况。青楼女子如李香君、柳如是，当初的确有一些小伙子，而且是一些非常优秀的小伙子追过她们，喜欢过她们，爱过她们。但是这样的一种恋爱，和我们通常所说的恋爱也还不是一回事。我们通常所说的恋爱必须是对等的、最终能够结婚的，这才是正常的恋爱。但是在中国古代，一个人可以和一个青楼女子谈恋爱，但不能够娶她为妻。一个青楼女子再嫁人的时候，最多只能够做二房或三房之类，因为她的身份太卑贱。假如一个读书人，比如一个高校的大学毕业生或硕士娶了一个青楼女子做老婆，社会舆论会怎么看他？会说这个人太不自重，在古代也是这样的。所以古代没有人会一本正经地娶一个青楼女子来做自己的妻子，如果有的话，那是极端反常的情况。

　　第五，我们今天所说的真正意义上的恋爱，即一见钟情。那就是发生在后花园当中的恋爱，比较早的写到后花园当中的恋爱的作家是唐代的白居易。白居易的组诗《新乐府》里边有一首诗叫《井底引银瓶》，里面写到了这样一对谈恋爱的年轻人：有一天，一个十七八岁的女孩子去自家后花园玩。玩的高兴了就坐在自家花园的短墙上面，一边采摘花，一边观赏景色。正在她悠闲无事地玩赏着春天景色的时候，远方大路上一个年轻的小伙子骑了一匹白马过来了。这个时候骑在马背上的小伙子，看到了墙头上的女子，墙头上的女子也看到了马背上的小伙子。白居易当时是这样说的，"墙头马上遥相顾""一见知君即断肠"。这也就是我们所知道的中国古代很早的一见钟情的一个例子。从这以后,中国古代有很多写后花园里边年轻的男孩子和女孩子之间的恋爱的,几乎没有一个不是用一见钟情的办法来处理的。为什么他们都必须一见钟情?而且自从见了这一次之后,接下来的事情就是两个人住到一起,是不是古代人都特别喜欢闪婚?其实不是古代人喜欢闪婚,而是那些作家没有办法来让这两个互相爱着的年轻人继续待在一起。因为他们只有两个选择,一个是从此以后各奔东西,永远不会再见第二次。一个是结婚,住到一起,因为只有这个办法才能够保证这一段感情是有结果的。

由此就可以做这样一个归纳,在中国古代,在《红楼梦》之前,所有写恋爱的作品,只有一见钟情比较接近于真正的恋爱,而一见钟情这样一种方式,实际上又有一个很大的缺陷,就是他们都不像我们所理解的真正意义上的恋爱。因为真正意义上的恋爱必须是,双方有一个比较长的了解和强化感情的过程。是不是说双方不能够一见钟情呢?双方是应该一见钟情,因为我们常说两个人见面的第一印象怎么样?这个第一印象实际上也就是一见钟情,但是第一印象不能够代替所有的恋爱过程,恋爱的过程当中,更重要的是双方长期地了解、长期地沟通,在了解、沟通的过程当中,双方有了更深的认识,两个人的感情升华到了一个更高的境界,这才是我们所说的现代意义上的一种恋爱。

而这样一种恋爱在古代是由谁写出来了?在古代可以这样说,只有曹雪芹写出来了。曹雪芹设计了一个大观园,大观园设计出来的好处就是不仅让两个年轻人有可能一见钟情,而且让他们在一见钟情之后还能够继续深入发展他们的感情。黛玉和宝玉两个人第一次见面都有一个感觉:我以前好像见过他的,很熟很熟的样子。这实际上是说他们的第一印象都非常好,对对方有好感,这是能够发展感情的一个前提,但是在这个前提之下,他们的感情还应该继续升华。而曹雪芹就给了他们一个升华的基础,给他们安排了一个大观园,让他们在未来的几年当中,能够经常在一起,互相了解对方,有机会吵嘴,有机会在一起说笑话,有机会在一起读书,还有机会在一起评论生活当中的各种各样的事情。

正是在这样的吵嘴、沟通、说笑话的过程当中,他们才相互确认,在这个世界上最适合于我的就是这个人。所以他们之间的感情,很接近于现代意义上的恋爱。其实,大观园和后花园的不同就在于,后花园只能够让一对年轻人一见钟情,而大观园还能够让一对一见钟情的年轻人有一个继续深入了解、升华感情的过程。

二、大观园和后花园的相同之处

大观园和后花园这两个空间在本质上又有相同的地方。正是这个本质上相同的地方,使它们区别于很多别的生活空间:大观园是一个特殊形态的后花园,大观园和后花园都是一个谈恋爱的地方。说大观园和后花园是一个谈恋爱的地方,实际上主要包含了四个方面的意思:

一方面,大观园和后花园都不是建功立业的地方。用现在的话讲,就是大观园和后花园都不是我们上班的地方。对于人类来说,最重要的上班的地方一个是朝廷、一个就是边疆。因为所有的干事业的人想去的最高的位置就在这两个地方。中国古代有一个词叫“出将入相”,“出将”就是到边疆上去,成为边疆上的最重要的军事领导人将军。而如果在朝廷里边就做丞相,叫“入相”。

对于这些干事业的人来说,恋爱与他们的事业之间是一个什么样的关系?恋爱与事业的关系,可以拿《三国演义》作为例子谈一下。因为《三国演义》写的就是一群上班的人,他只写上班的人,只写八小时之内的事情。大体上可以这样说,恋爱与他们之间,主要是这样一个关系。第一,恋爱是八小时之外做的事情,因为是八小时之外做的事情,所以《三国演义》就不写。比如《三国演义》里边谈恋爱谈的很好的周瑜,他娶了小乔。很多人都非常羡慕,比如唐代的杜牧,他写过一首诗叫《赤壁》:"折戟沉沙铁未销,自将磨洗认前朝。东风不与周郎便,铜雀春深锁二乔。"杜牧在这里拿周瑜来开涮,实际上他自己对周瑜非常欣赏,不仅事业做的大,而且感情生活也丰富多彩,比他杜牧强多了。再比如苏轼,他有一首诗叫《念奴娇·赤壁怀古》,那里边写到周瑜的时候说"遥想公瑾当年,小乔初嫁了,雄姿英发",人家事业做那么大,形象又那么好,旁边还站着那么美丽动人的妻子,我们这些人真是自愧不如。

第二,如果有人八小时之内跑去谈恋爱呢?这种事情也不是没有。八小时之内谈恋爱不仅是时间不对,而且场所也不对。所以如果碰到有人八小时之内谈恋爱,《三国演义》偶然也写,但是它说这是一个错误。比如刘备,周瑜和孙权想把刘备拖下水,就把孙权的妹妹嫁给他,然后让刘备跑到东吴去结婚。刘备一到东吴去,那个粉红色的生活一下子就把他给吸引住了,他就不想回到荆州来了。所以,诸葛亮、关羽、张飞、赵云这些人就联合起来用计把他从东吴拉回来了。《三国演义》写这个事情,对刘备明显就是一个批评的态度。

第三,在八小时之内谈过恋爱,我们把它叫不太正经的恋爱,或好色,那就是曹操。曹操把张绣打败之后,把张绣的嫂子叫到自己的房里,陪他在八小时之外休息。但是这个动机和实施都是在八小时之内做的工作,所以他马上就吃了败仗。所有在八小时之内不用心工作而一门心思去谈恋爱的,都会没有好果子吃,这是《三国演义》在处理事业和恋爱之间的关系的时候的一个尺度。

说到这里之后就会涉及到《红楼梦》,《三国演义》是非分明、不写恋爱,而《红楼梦》一门心思写恋爱,是不是有问题?如果把它读成了恋爱教科书,那就真的有问题,《红楼梦》其实不是要教人谈恋爱,它甚至也没有鼓动人谈恋爱,为了表明这个态度,作者自己甚至在《红楼梦》里边有意识地设计了两个人物,一个是贾宝玉,还有一个是甄宝玉,贾宝玉就不是块真的宝玉,甄宝玉就真的是一块宝玉,那人才是真的宝玉。真的宝玉和假的宝玉的最大区别就是贾宝玉不喜欢读书,连功课都不好好做,而甄宝玉到了一定岁数的时候,就成了一个一心向上认真读书的人,就是为了以后能够到社会上去拼打一番,能够得到一个社会地位。

《红楼梦》不仅设计了甄宝玉和贾宝玉,还特别对贾宝玉这个人做了一个特殊的定位,就是我们不能够把他当做一个普通的男青年来看。为什么呢?《红楼梦》千方百计地设计了一个大观园,贾元春省亲时在这里住过以后,也不能让它浪费,那就让家里的女孩子们把它当作她们的一个活动空间,也就是说大观园本来是女孩子们的一个活动空间。贾宝玉为什么进去了?因为他太特殊,所以就破例让他进去了。由此就知道,为什么贾家的别的同样没有结婚的那些年轻男性都不能进去,因为那些都是可以当做普通的男青年来看的,唯有贾宝玉是可以不当做普通的男青年来看的。所以就可以知道,贾宝玉他几乎是可以不做任何事情的,《红楼梦》里边贾珍、贾琏经常要出差,但宝玉从来没有出过差。要说他年纪小,这也未必是一个充分的理由。《红楼梦》里边宝钗比宝玉要大一点,探春比宝玉还要小,连比宝玉小的探春都被动员起来理家,可是宝玉从来没有操过任何这一方面的心。为什么可以不让他做?作者是要把他从这些事情当中解脱出来，好写他八小时之外的生活。

所以《红楼梦》里边的大观园不是一个建功立业的地方，它就是一个谈恋爱的地方，这是第一个重要的问题。

第二个重要的问题，大观园也不是一个仗义行侠的地方。侠客们一般在江湖上活动，即"闯江湖"。一个人要做侠客，至少应该具备两个条件：一是不能够结婚。结了婚你怎么去做侠客呢？比如生了孩子，整天要考虑孩子的吃喝、上学、高考这些事情，父母完全被这些事情弄的心烦意乱，还能够像鲁智深那样今天去打镇关西、明天去仗义救林冲、后天再大闹五台山吗？所以做侠客第一不能结婚，中国古代的好多侠客都是不结婚的。二是侠客不能够有工作单位。有了工作单位，每天要上班，而且还要看领导的眼色行事，怎么能够做侠客呢？侠客是想做什么就做什么。有了工作单位，有了领导，你就没有条件去做侠客，所以《水浒传》里的侠客，基本上是不结婚的，鲁智深、石秀、杨志、李逵都不结婚；有的结了婚也要赶紧把这个家散掉，否则就没办法做侠客。所以像卢俊义、林冲最后都妻离子散。除此之外，《水浒传》里的侠客大部分是没有工作单位的，少部分曾经是有工作单位的，但是他们也把这个工作单位不当一回事。最让我们感到奇怪的就是鲁提辖拳打镇关西。鲁智深是一个国家的中级领导干部，一个人要混到国家的中级领导干部，是多么的不容易。而现在要打的那个人是谁？一个卖猪肉的。一个国家的中级领导干部要涮一个卖猪肉的，办法可以很多，可是鲁智深就觉得一定要去打才有味道。因为所有的豪侠，如果要伸张正义，一定要亲自打。对他们来说，伸张正义只是一个方面，亲自动手打才能找到感觉。

为了行侠什么都可以不顾。如果用侠客的标准来要求贾宝玉，我们会对贾宝玉有很多的不满意。有两个人是贾宝玉非常喜欢的，而且可以说是爱她们。一个是晴雯，可是晴雯后来被赶出去，他居然没有想办法去救晴雯，他不敢这样做，而且后来他虽然去看了晴雯，还是偷偷摸摸去的。另外一个就是林黛玉，林黛玉是他在这个世界上最重要的一个人，他和林黛玉在一起很自在，不像宝钗、湘云，总是教训他做点事业，黛玉从来就不说这样的话。黛玉和宝玉之所以情投意合，就是因为和黛玉在一起，宝玉感到很自在，对黛玉有特别的亲切感。但是黛玉在临死之前的若干天里面，孤零零的，宝玉也没有去看她。《红楼梦》是写宝玉在这一段时间精神状态有问题，不能够自主，实际上这是告诉我们，宝玉这个人是没有行动能力的一个人。他不是《水浒传》里面的那些侠客，宝玉可以想很多，但基本上是没有行动能力的人。他的活动空间就是大观园，而且在大观园里面的一举一动都有袭人管着，要出大观园的门都要早请示晚汇报。所以，从某种程度上来说，宝玉是一个被软禁在大观园里边的人。

第三个重要的问题，大观园不是一个卧室。为什么要这样说呢？从表面看，大观园就好像是安排了很多女孩子的单人宿舍。比如黛玉的潇湘馆，宝钗住的蘅芜苑，李纨住的稻香村，还有其他的地方。每一个小地方实际上都是一个人住，这很容易让我们想到，在大观园里边，大概对睡觉会比较看重。但是《红楼梦》用了一种特别的处理方式告诉读者，大观园更像是一个公园、一个后花园，在这里游玩是重要的，而睡觉是次要的。它主要的一个用意，就是要和《金瓶梅》区别开。

曾经有人评价《红楼梦》是一部倒过来的《金瓶梅》。就是说都是写一个男人和很多女人的事情。但是《金瓶梅》里的那个男人是一个没有文化的男人，《金瓶梅》里的女人也基本上是没有文化的女人。而《红楼梦》里的男人是很有文化的男人,《红楼梦》里的女孩子也是很有文化的女孩子。他们从这一个角度去比,觉得两者之间有很多相同的地方,但两者之间有一个很大的区别,这是特别值得注意的,那就是《金瓶梅》的作者,很像我们现在的网络写手,或者电视剧的编导,他们最感兴趣的就是人家卧室里的那张床。《金瓶梅》就是这样的一部小说。《红楼梦》告诉我们的是,大观园当中虽然也有床,但床不重要,大观园基本上是一个公园,是一个后花园,基本上就是一个谈恋爱的地方,是一个游玩的地方。

三、大观园中的那些少男少女们

因为谈恋爱总是离不开他们,所以我们在这里主要谈四个人物:贾宝玉、林黛玉、薛宝钗和史湘云。

谈到贾宝玉,《红楼梦》里边反复地写到两个字"意淫",强调他的这种"淫"和《金瓶梅》里边的西门庆的"淫"是完全不同的两种"淫"。贾宝玉的"淫"是与床基本上没有多少关系的一种感情和感受。要理解这两个字,首先看一看《红楼梦》里边的一个细节。有一次宝玉从他母亲那里回大观园,路过一个花架子,他看见有个女孩正蹲在地上,用簪子写什么东西,他开始觉得有点好奇,就站在那里看。眼睛就随着女孩子的簪子看她到底写的是什么字,看了一会之后,发现这个女孩子翻来覆去写的是同一个字,就是"贾蔷"的"蔷"。宝玉看这个女孩子翻来覆去地写同一个字,当时对这个女孩子就有点心疼,他说这个女孩子翻来覆去地写同一个字,一定是心里边有什么解不开的事情,所以她在那里翻来覆去地想。这个女孩子身子骨如此单薄,她怎么能够受得了很沉重的心事? 他这样一想,就更加心疼这个女孩子,心疼到什么样的程度呢? 小说没有写,只写这个时候天上忽然下了一阵雨。那一阵雨来的很快,时间很短。有趣的是,这个时候的宝玉没有感觉到自己的身上被雨淋了,倒是感觉到女孩的身上被雨淋了,所以他马上喊了一句说,你不要写了,天上在下雨,小心淋湿了得病。这个女孩子回头一看,正好隔着一个花架子,隔着几朵花,而宝玉这个人又长得秀气。所以女孩子就说了一句,姐姐你要我不淋雨,难道你是淋不湿的? 这个时候,宝玉才感觉到自己身上真得淋湿了,一溜烟就跑回怡红院去了。

他心疼这个女孩子,不是因为他和这个女孩子之间有恋爱关系。宝玉对于女孩子的这样一种心疼,完全是出于对这个世界上所有美好的东西、脆弱的东西的珍惜。这有点像所有的大人见到一个很讨人喜欢的小孩都容易产生的一种感情,但是又稍有不同,因为他的这种感情主要是针对女孩子。宝玉没有占有欲,他只是欣赏和同情。

再比如《红楼梦》的第四十四回写"凤姐过生日"。做生日的时候,大家都给她轮番敬酒,结果她一高兴喝多了,于是平儿就扶着她回房间去休息。贾琏以为凤姐会痛痛快快地在外面待很长时间,所以就叫来一个不三不四的女人在房子里,还骂凤姐,刚好也正提到平儿,结果让凤姐在门外听到,于是回过身来就打了平儿一巴掌。宝玉知道这件事情之后,马上要袭人把平儿请到怡红院里边来安慰她。请来之后,宝玉一面吩咐袭人给平儿打洗脸水,一面亲自给平儿挑选化妆品。最后平儿也在那里感叹说,都说宝玉在这方面很有水平,果然"话不虚传"。这个事情之后,宝玉当时就想:"宝玉因自来从不曾在平儿前尽过心,——且平儿又是个极聪明、极清俊的上等女孩儿,比不得那起俗拙蠢物,——深为恨怨。今日是金钏儿生日,故一日不乐。不想后来闹出这件事来,竟得在平儿前稍尽片心,也算今生意中不想之乐。因歪在床上,心内怡然自得。"他刚刚感到高兴,接下来马上又想:"平儿并无父母兄弟姊妹,独自一人,供应贾琏夫妇二人,贾琏之俗,凤姐之威,他竟能周全妥帖,今儿还遭荼毒,想来此人薄命,比黛玉尤甚。"这样想着的时候,便又伤感起来,不仅洒下泪来。这里就显出了宝玉的"意淫"的内涵,他的"意淫"有一个明确的指向:

一是,不一定是要跟别人去做不三不四的事情。二是,也不一定要跟别人谈恋爱。他只是觉得这个世界上那些很好的、很优秀的女孩子,应该有更好的命运。如果她们的命运不好,他内心就非常的痛苦。

再看林黛玉。林黛玉是按照中国古代的一种经典美人的范式塑造出来的,就如赵飞燕一般:一是,她的体重不重;二是,非常苗条。与她的长相相关的,就是《红楼梦》在设计林黛玉的性格的时候,是特别参照中国古代的诗里边写到过的一种感情写出来的,就是张若虚的《春江花月夜》,他在最后感慨说,"人生代代无穷已,江月年年只相似。不知江月待何人,但见长江送流水。"每个人作为一个个体,在这个世界上都是一个非常短暂的存在,都很脆弱。到了林黛玉这里,小说家就把这种感慨凝聚在她的身上。

十几岁的时候,林黛玉就写了《葬花词》,她在词中写道:"侬今葬花人笑痴,他年葬侬知是谁?"也就是说,她虽然年纪很轻,但是已经对于人生的短暂有了一个明确的感受。《红楼梦》为了强调这一点,所以把林黛玉的性格写成是非常忧郁的,因为忧郁又有些敏感。也因此有一些读者就不是太喜欢林黛玉。我们要理解了林黛玉,对她就会有比较多的同情。

再看薛宝钗。薛宝钗是仿造另一类经典的美人写出来的,唐代的杨贵妃。所以,宝钗就长的比较丰满,与林黛玉差别很大,因此宝钗的性格也与黛玉有很大的不同。宝钗的性格可以说是通情达理。而通情达理又与另外一点相联系,那就是想得开。对什么事情,比如生活当中的那些本来令人感到很不愉快的事情,她能够想得开。要具体比照起来,宝钗的人生处境绝不会比林黛玉好,想想看,宝钗的哥哥薛蟠薛大傻子,到处惹事。宝钗的嫂子夏金桂也到处惹事。以及后来宝钗嫁的丈夫宝玉,虽然他还是非常优秀的,作为夫妻,感情的确不太亲热,而且她的丈夫后来居然还离开她出了家。生活在这样的一个家庭里面,宝钗居然还受得住。因为她对人生中所有发生过的那些不好的事情,都退一步想,想得开,所以她依然能够这样正常地过下来。

再看第四个人物史湘云。史湘云,论身材,比不过林黛玉;论五官,比不过薛宝钗。也就是说,如果用某一种经典的标准来要求她,她可能不是一个标准的美人。但是史湘云有一种特殊的魅力,那就是她的气质与别的女孩子不一样。我们在说一个人长得好的时候,有几种不同的表述:五官长的好,我们会说这个人可以上画;身材和五官都不错,我们会说回头率比较高,就是说她有吸引力。还有一种表述,那是在魏晋时代,《世说新语》写到一个人风度特别好的时候说,当这个人走进一间房子的时候,整个房子都亮了。第一次读到这个记载的时候,我感到很奇怪,后来体会出来了。这个意思实际上是说,他一进来所有的人的眼睛都被这个人照亮了,被这个人照亮一定是因为他的风度和气质特别引人注目。而史湘云就是因为她的风度和气质特别的好,还有另外一点,就是她的性格也特别豁达。比如说,黛玉是人世间所有的痛苦都天天拿到嘴巴里面来嚼,以至嚼得舌头都成了苦的;宝钗是有苦的东西就把它吐出来不嚼了;而史湘云无论什么样的东西,一经过她的舌头的品味,就没有苦的东西,也没有甜的东西,好像所有的东西对她来说,都是好东西。

史湘云从小就没有父母,后来她跟着她的哥哥、嫂子一起过生活,针线活都要她亲手去做,每天做到三更半夜。长年累月操劳,对于她来说,快乐的日子就是到大观园里边来做几天客,而林黛玉是长年累月可以住在大观园里边,宝钗也是可以长年累月住在大观园里边,而史湘云每年只有很少的几天住到大观园里边来。但是,在这样的一个处境里面,我们看到的史湘云,脸上从来没有过多云,没有阴天,没有雨天,总是晴天,那就是因为她的确是像《红楼梦》说的那样"光风霁月",豁达大度。所以人世间所有的生活痛苦,在她那里都被化解掉了。

讲过了这三个女孩之后,现在归结到一点,《红楼梦》为什么要设计宝玉这样一个角色?其实就是要表达出《红楼梦》所写的"千红一窟,万艳同杯"。《红楼梦》中贾宝玉的一个基本的想法就是,每一个个体的人,实际上都摆脱不了生老病死,而生老病死必然伴随着痛苦。《红楼梦》要写的就是个体的人。所有的个体的人的悲剧,必须有一个人去观察、去体会出来,而这个观察和体会的人就是贾宝玉。所以可以这样说,贾宝玉是一个伟大的人。因为他能够体会到我们人类生活当中很多常人体会不到的东西,他有伟大的同情心。

# 第十讲 迁徙的经验与现代化的梦想
## ——从知青下乡到民工进城的文学叙事

### 陈国恩

**主讲人简介:**

　　武汉大学文学院教授、博士生导师,中国闻一多研究会常务副会长,海峡两岸梁实秋研究会副会长。主要从事中国现当代文学研究,在中国现当代文学思潮研究、中西文学关系及中国现代文学的传播与接受研究、中国新诗研究等方面成果颇丰。出版《浪漫主义与20世纪中国文学》《中国现代浪漫主义文学思潮》《论中国"自由"派文学》等7部专著,主编教材《中国现代话剧名作导读》。

作家是对生活十分敏感的一个特殊群体，他们的作品虽是虚构的，但他们以自己的经验为基础，反映了社会的真实，尤其是那些伟大的作品，所写的比实际生活更具有典型意义。因此，文学作品既能够供我们欣赏，也可以作为一种社会现象来研究，并通过它思考某些社会问题，包括我们精神世界的一些问题。

选择这个题目，主要是因为人类的发展追求一种现代化的梦想，现代化的过程由许多因素决定，其中就有人口迁徙的问题。从农业社会向工业社会发展，避免不了大量的农村人口往城市迁徙。今天在珠江三角洲地区，就有许多进城来打工的农民工。但是中国的人口迁徙有其特殊性，不仅仅从农村迁往城市，二十世纪的某些时期人口迁徙刚好是相反的，比如上个世纪 60 年代末，成百万知识青年上山下乡，从城市迁到乡村。这种逆向的人口迁徙，跟一般现代化过程中免不了的从农村到城市的人口迁徙不一样，构成了中国人口迁徙的独特景观。这两种人口迁徙的形式都在文学作品中有所反映，把它们放在一起研究，可以思考一些很有意思的问题。

一、"离家"的苦难

文学作品里知青下乡与农民进城的故事都采取了苦难的形式，它是由历史变动造成的。就其深层文化意义而言，这表达了人类的一种共同经验，即离家所遭遇的人与环境的矛盾冲突。上个世纪 80 年代初的知青小说集中反映了知青上山下乡，小说叙事包含了双重内容，一是讲述故事，写城里的青年离开家庭奔赴农村，二是反思性的，表达作家对这一历史事件的重新思考。在后一个视角中，大多数作品给人的印象是，当最初的政治狂热过去，日常生活的真实一面逐渐显露时，知青们发现他被抛出了生活常轨。他们与插队的地方有很大的文化差距，生活习惯和价值观念与村民都不同。他们在农村举目无亲，十几岁的孩子应付不了日常生活的困难，都要依靠在城里的家长给予援助。更要命的是，他们到农村才发现，由于土地资源有限，贫下中农其实并不欢迎他们去接受"再教育"，他们的理想也受到了嘲弄。十几岁的孩子用稚嫩的肩膀扛起了生活重担，时间一久就产生了叛逆心理。这类痛苦在许多作品中都有所表现。比如食指的诗《这是四点零八分的北京》：

> 一阵阵告别的声浪，就要卷走车站；北京在我的脚下，已经缓缓地移动。我再次向北京挥动手臂，想一把抓住他的衣领，然后对她大声地叫喊：永远记着我，妈妈啊，北京！

这是孩子与父母分手时的感受，在北京火车站撕心裂肺的那种非常痛苦的分别场面，很动人。

还有梁晓声的小说《这是一片神奇的土地》《今夜有暴风雪》等。《这是一片神奇的土地》写十几岁的孩子到北大荒，在极端恶劣的自然条件下，用青春甚至生命的代价开垦了一大片肥沃的土地。《今夜有暴风雪》，写成千上万的知青不顾任何政治阻力，不约而同地汇聚到车站，想返回城里。一面是群体的狂欢，一面是女孩裴晓云死去。裴晓云因出身不好受到歧视，可就在这一天晚上她被派去站岗。她不清楚同伴们都在想办法回城，还以为自己受到了重用，一个人站在冰天雪地里。由于没有人来接替，她又很重视今天的荣誉，不敢轻易下岗，最后冻死在冰天雪地里了。作品也写了一个政治上比较"成熟"的知青郑亚茹，她思想正统，说话打官腔，表示自己要一辈子扎根边疆，但其实她是想表现自己，等待更好的机会。不过，无论是天真还是所谓的成熟，知青到了农村，都遇到了常人难以想象的困难。裴晓云和郑亚茹的不同,仅仅是她们应对的方式不同,相同的是她们都会往城里走。因而一到有了回城的机会,就引发了胜利大逃亡。文学作品反映历史事件,并不是简单地描述一些历史细节,而是带有感情的。知青小说,无论是梁晓声的《这是一片神奇的土地》《今夜有暴风雪》,还是后面要提到的张承志的一些作品,反映回城的辛苦历程的时候,都会给我们一种很复杂的感受:人是充满矛盾的。十几岁的孩子来到荒凉的边地或者举目无亲的农村,在那里洒下了汗水,度过了他们最美好的青春。当他们可以回家的时候,不少人都流了眼泪,不是因为后悔,而是因为留恋,这是一种很矛盾的心态。如果进一步观察,还可以发现,当知青喜悦地回城后,他们才发现自己已经再也回不去了。

他们成了城里的外乡人,很难找到好的职业,甚至耽误了婚姻,很难融入到正常的城市生活中了。因此,有一些知青后来以不同的方式要重回他们插队的地方,去寻找他们的精神家园,就像孔捷生《本次列车的终点》所写的那样。上面讲的是知青从城里到乡村,这种迁徙是不正常的,造成了许多问题。

到 20 世纪末,人口迁徙变为从农村向城市,成百上千万的民工扛着小小的行李卷,来到了他们完全陌生的地方。从某种意义上讲,他们的离家与知青下乡有类似之处,但也有重要的区别。他们的特点是,大多没有受过良好的教育,文化不高,只有力气。他们想凭力气来分享现代化的成果,这谈何容易?这些人在农村可能并不缺少生存智慧,可是,当他们来到了完全陌生的城市的时候,由离家所带来的问题就显示出来了。如果说知青离家还可以得到城里家人的接济,他们的苦主要还是精神上的折磨,那么民工的离家所遭遇的问题却是更实在的,比如人格受辱,经济上的极端贫困等。上个世纪末开始,就有乡村叙事小说反映民工进城所遭遇的这类问题。作家李锐有一篇小说叫《扁担》。民工带着一根扁担到城里打工,但是车祸夺去了他的双腿,成了残疾,无法维持生计,最后只好用一个车轮和一条扁担做成个垫子承载着残疾的身子,用双手一步一步地爬回自己家里去。后来有人考证,这篇小说跟另一个作家的《回家》都是受到当时一条新闻的启示。这个新闻讲述了一个打工仔在城里被撞伤以后被包工头抛弃,用手爬着回家去的故事。李锐的《扁担》要比《回家》写得动人些,实际上也是这么一个故事。另外,东北作家迟子建有一篇小说叫《踏着月光的行板》,是写一对农民夫妇在相隔不远的两个城镇打工。她的丈夫由于接受了一次老板安排好的媒体采访,老板奖励了他一百元,而且在中秋节放他一天假。放假了,他的妻子也放假了,夫妻两个都坐火车往对方那里跑,结果丈夫跟妻子各自跑到对方所在地,妻子发现丈夫回家了,丈夫发现妻子到他打工的地方去了。他们两个人又不约而同地往回赶,想见一次面。可是当丈夫回到工地时,工友告诉他,你妻子又回去找你去了。而妻子得知丈夫已返回工地去见她时,她也再一次踏上了去看丈夫的旅途。结果可想而知,他们两个又失之交臂,只在对开的列车停靠同一个站点时,才彼此透过车窗看到了对方的身影,第二天他们就又要上班了。夫妻恩爱,生活窘迫,但窘迫中也有一种动人的情愫,让人感到温暖。

有些作品写得尖锐些,写民工在城里当清洁工、搬运工、建筑小工,甚至捡垃圾。而女孩子,有的当了性工作者,男同胞也好不到哪里去。尤凤伟写过一部长篇小说《泥鳅》,小说中的男主人公当了鸭子。因为人长得英俊,有点像周润发,人家叫他发仔。开始是帮人家搬家,后来同伴中有人受伤,跟老板打官司又打输了,大家散伙,各奔前程,他则被一个富婆看上。这个富婆的丈夫是一个省长的儿子,他在外面沾花惹草,当妻子的非常痛苦,要报复他,就找到这条泥鳅,把发仔养起来。她丈夫知道妻子包养小男人,但并不太介意,反而利用这层关系设了圈套——成立个空壳公司,让"泥鳅"当名义上的老总顶在明处,他暗地里则以公司的名义从银行贷款1500万元,然后转移资金。东窗事发,蒙在鼓里的"泥鳅"成了替罪羊被枪毙,包养他的富婆也没有伸出援手。发仔是非常惨的,被人害了都不知道是怎么死的。

可以想象,民工们如果不远离故土,肯定不会遭受进城的这些苦难。把这与知青下乡的经历联系起来,可以发现,它们背后其实都是在讲同一个故事,即离家的苦难。民工其实是知道城市原本不属于他们的,他们再怎么远走他乡,每逢团圆的节日,都会无一例外地扛着大包小包千里迢迢回到自己的故乡。知青们则更是渴望早日回家,所以,当机会来临时会不顾一切地蜂拥回城。撇开这些不幸故事背后的社会原因,仅就其文化心理而言,我认为,这些特定时期中国人的遭遇反映了人类心灵深处最深刻的一种心结:对故乡的依恋。

人对故乡的依恋有精神方面的原因,也有现实方面的根据。从精神方面讲,人生在世需要有一个精神家园,在那里整个身心可以放松,享受到家的温暖。这种安全感,在家时也许不会感到它的重要,一旦离家,其重要性就成倍地放大了。家里也许充满矛盾,但即使离开这样充满矛盾的家,我们也会感觉到这些矛盾比起在家里所得到的安全感微不足道。所以,家往往成了游子所向往的精神家园的象征。从现实方面讲,家也是人最重要的生活空间。从小到大我们都生活在这个熟悉的空间里面,家庭成员之间互相建立了一种难以拆解的关系,彼此有一种感情上的依靠。一旦离开家就可能遭遇无法预测的挑战,失去了最基本的生活保障。所以关于离家的叙事,离家所带来的种种苦难的后果,无论知青,还是后来的民工,对家的精神依恋不容忽视。正因为包含了这样的意义,这些作品才不是简单地记录某种社会事件的新闻,如知青下乡、农民工进城,而是包含了情感的艺术品,可以为人们提供长久的审美价值。

但是,既然离家会带来痛苦,这些人,包括知青和民工,又为什么非要踏上漂泊之路不可呢? 这就是要讲的第二个问题。

二、理想的追求与务实的选择

为什么要离家? 这触及了二十世纪中国一个重大的社会问题,如何追求现代化的目标,又如何探索现代化的道路。知青上山下乡的根源,可以作为一个专题来研究,但是有一点不容忽视,即它是革命现代性政治实践的一个结果。中国社会经历了长期的战乱,1949年以后人们希望在一个新的体制里实现现代化的梦想。由于当时的经济基础比较落后,国际国内的矛盾复杂,也由于当时从上到下都沉浸在英雄主义的激情中,对经济建设缺乏经验,中国民众很容易被引导到一种革命现代性的政治实践中去。

在这种革命现代性的政治实践中,优先的任务是通过革命的方式建立起一种新的生产关系,从而为经济的大跃进乃至社会的现代化开辟道路。因此,革命的理想主义成了这个时期的主流意识形态。革命理想主义的特点,是在向人们展现某种美好前景的同时要求人们克服个人的私心和欲望,为这个理想去奋斗。即先解决政治体制问题,然后动员民众为理想而奋斗。在这种条件下,个人被要求为了理想而放弃自己的一些利益,甚至可以献出个人的生命。很显然,这是一种革命理想主义的意识形态,它延续了战争年代的军事共产主义的原则。邓小平讲社会主义有一大优势,能够统一运筹、干大事,其优势就是能够最大限度地动员起拥护这种新体制的民众的力量,把他们配置到按计划设计好了的社会生活各个领域,以取得最快的建设速度和最好的经济效益。这种体制有没有发挥过好的作用?答案是肯定的。50年代前期,它在实践中取得了巨大成就。1949年以前遗留下来的许多问题,在共产党领导下很快都解决了。经济恢复的速度超出人们的预料,西方国家都感到非常惊讶。西方等待中国垮台,但是中国在飞速发展。正因为如此,共产党巩固了执政的道义基础。群众信任共产党,觉得它代表了绝大多数人的利益,做了许多好事。但问题也在这个时候暴露出来,因为军事共产主义的体制适合于人民战争,却难以长久地支持和平建设时期人们的精神。由于战争中人的注意力高度集中在战争的胜负上,物质的要求可以降到最低限度。在极端的情况下,人们甚至可以仅仅依靠精神力量来维持体能,即所谓"精神变物质"。红军两万五千里长征,在文学作品中经过了典型化处理,但它的基本事实是真的,那就是在极端艰难的情况下,一群人凭着自己的信念,一步一个脚印,用双腿丈量了地球,创造了震惊世界的神话。但是和平时期的经济建设,要遵守经济规律,不能像打仗那样,通过几个战役来解决经济建设的问题。最关键的是不能以革命的名义剥夺个人的利益,而要尊重个人的正当权利,保护个人的合法财产。

1949年以后,由于没有抓住适当的时机调整建设方针,不仅沿用了军事共产主义的组织原则,而且连人们的日常生活也被纳入到了人民公社的体制中,从而使经济建设遭到了严重的挫折,造成了与现代化目标背道而驰的后果。我认为,知青运动就是在革命现代性的政治实践遭到严重挫折的时候,为了转移由这一挫折所造成的就业压力和社会问题而发动的,办法就是让他们到农村去。可见这场运动的指导原则仍然是革命现代性的东西,即为了所谓的革命利益,个人必须做出牺牲!成千上万的知青听从领袖的号召,怀着革命的豪情上山下乡了。即使知青运动已经过去,革命理想主义的精神仍然在一个时期里存在。知青的文学叙事在开始时,大多数就包含了英雄主义的主题和浪漫主义的激情。最为典型的是张承志、梁晓声。张承志的《北方的河》《黑骏马》得过奖。《北方的河》写的是准备报考科学院地理学研究生的一个青年,为了备考,到北方考察六条大河,把考察的过程当作考研的准备过程。他考察了北京附近的永定河,考察了黄河,考察了新疆的湟水。最后他想去黑龙江,可是来不及,但在梦中他见到了黑龙江的解冻。那是春天来临的时候,黑龙江发出了惊心动魄的声响,他的灵魂被解冻后的江水托举着飘向了无边无际的太平洋。小说的故事性不强,主要是写人跟自然的对话,写人的精神追求,充满了理想主义的激情。《黑骏马》写的是一个充满温情然而又伴有巨大痛苦的故事。一对蒙古族的孩子长大后相爱了,可是由于文化观念上的差异,当女孩子被一个流氓强奸后怀了孕,男的就无法接受,要去复仇。但养他们长大的白发老奶奶说出了一句让人非常震撼的话:孩子,知道索米娅能生养,也是一件好事啊,你何苦去拼命呢?

白发老奶奶的话,反映了过去蒙古族人民由于自然环境严酷,对生命所持的一种极端崇敬的观念,女人能生养就好。但白音宝力格无法接受索米娅受辱这一事实,说明他受到了汉族文化中贞操观念的影响。由于这种文化的隔阂,他选择了离开,去上大学。可是他又忘不了养大他的老奶奶,忘不了从童年开始就生活在一起索米娅,十几年后他又回来了。但是正像蒙古族的一首古歌唱的那样,过去了的事情已无法追回。他骑着黑骏马寻找,每到一个地方,他被告知索米娅已经去了另外的地方。他不断地寻找,最后找到了索米娅,可是索米娅已经不是他梦中的那个少女了。蒙古族的那首古歌是这样唱的:黑骏马跑上山梁哟,那熟悉的身影哟却不是她。是索米娅，可是又不是索米娅——这是个残酷的现实。一个人不可能两次踏进同一条河流，虽然找到了索米娅，但索米娅已经嫁了人，他们的爱情无法挽回了。见面后两人都不提伤心的往事，硬撑到第二天分手时，索米娅忍不住了，她令人震撼地喊了一声"巴帕"，那是白音宝力格少年时代的昵称。她说，你以后结婚了，有了孩子，抱来让我养，养大了我再还你。铭心刻骨的爱情已经永远成为过去，她只能用这个方式，期望与白音宝力格保持一种精神的联系。白音宝力格当然也十分激动，他猛地放马飞驰，后又从马鞍上滚下来亲吻草地。这片草原有他跟索米娅在劳动中建立起来的友谊，洒满了他们青春的汗水。这样的动作，带有某种宗教的意味，白音宝力格把草地当成了自己的精神家园了。他亲吻这片草地既是怀念青春的岁月，又通过这个仪式告别过去，走向未来。从这里不难发现，张承志的作品是充满崇高感和悲剧感的。他写知青岁月，延续的还是理想主义时代的那种精神。梁晓声同样是如此，但比较而言，张承志更注重精神上的完美。张承志另有一篇小说《老桥》，写几个知青返城时，相约十年后回来，到一个因为与乡下姑娘结婚所以走不了的同伴家里聚会。十年后的那一天，留在农村的那个知青烧了一大桌菜等着，可是等到灯火阑珊也不见一个人影。就在已经失望的时候，作品的主人公千里辗转来到了这个非常穷困的乡村。

张承志的这个作品表现了一种精神倾向，他想通过"老桥"回到过去。过去虽然贫困，但有青春和梦想。过去已经过去了，他唯一能做的，就是以某种仪式跟过去建立起一种联系。这样的精神生活方式，带有一种悲剧的意味，但在悲剧里面有崇高的精神在燃烧。他不是一味地抱怨，而是想在回味过去中找到一种支撑自己面向未来的精神力量。这是一种英雄主义的精神品质，这种品质，是与革命现代性的政治实践中所进行的理想主义教育密切相关的，它同样是革命现代性政治实践的一个成果。总而言之，在知青叙事中，知青下乡是革命现代性政治实践的一个产物；知青回来后反思这一段苦难的生活，仍带有理想主义的特点。青春的理想在燃烧，浪漫的激情依然洋溢着。

与此形成鲜明对比的，是后来乡下人进城的文学叙事。在乡下人进城的文学叙事中，再也见不到英雄主义的精神了，看到的只是普通人的故事。民工从经济文化落后的乡村向正在进行大规模经济建设、社会发展水平大大高过乡村的城市迁徙。在完全陌生的城市一角或者城乡结合部，他们找到一份城里人不愿意干的活计，艰难地生存下来。一部分人，甚至放下自己的尊严，像尤凤伟《泥鳅》的主人公那样去从事最低贱的职业。支撑这些人精神的不是知青文学叙事中的那种精神信仰，而是金钱。换言之，推动这一拨人口迁徙的力量不是政治因素，而是经济因素。进城的民工执着于一个最朴素的道理：城里比乡下好，没有了关于革命的浪漫信仰。这一拨人口迁徙是自发的，没有从上到下的动员，一切都是在人们不经意时突然出现的一个社会奇观。正因为是人的生存本能在推动着，所以这拨人口迁徙大潮又是持续不断的。生命经受苦难，虽然没有崇高的理想和远大的抱负，但为了平凡的愿望而挣扎，同样具有悲壮的意味。当民工们前赴后继进城时，当他们经历了常人难以想象的苦难，仍不改初衷、无怨无悔时，就呈现出另类的悲壮了，这种悲壮主要是因为生命的顽强和由于对象的无辜引起我们的同情而产生的。城乡之间存在经济文化上的差距，这不是民工造成的，现在却要他们来承担后果，付出常人难以想象的代价，所以他们是值得同情的。

从知青下乡到民工进城，人口迁徙的方向180度逆转，人口迁徙的动力从政治向经济倾斜,说明中国的社会现代化已经从一种革命的行为转变成一种经济的行为。它的方法不再是通过革命的手段强行改造生产关系来实现经济的大跃进,而是按照经济的规律建立市场,通过市场的力量来推动经济的发展。在市场经济的模式中,革命的理想主义让位给了务实的经济效益的原则。没有效益、不利于经济发展的各种制度被废除或者改造,个人的积极性被充分调动起来,社会趋向多元化,个人选择的自由度提高了。这一种变化为民工的进城创造了条件,也使关于民工的文学叙事没有了理想主义和英雄主义的色彩,归回到了平凡,显示出了低层民众生活的本来的样子。比如《扁担》中描述的在北京的金山上捡垃圾以维持生计,写的就是处于社会低层的乡下人进城的故事。他们义无反顾地进城,是在个人的自由度提高以后所做的一种务实选择,体现的是民工朴素的人生智慧。这反映了中国民众逐渐地变得成熟,象征了人们经历了青春期的浪漫已进入一个追求实效、从实际出发考虑问题的成熟与理性的年代。我们为此付出的代价是高昂的。由于城乡发展水平有巨大落差,进城的民工处境艰难;也由于历史的原因民工不仅经济贫穷,而且文化素质普遍不高,身上有这样那样的问题。但这毕竟是前进中的问题,是中国农民在改造乡村和改造自我的道路上出现的问题。落后的乡村要付出这样的代价来完成原始积累,为经济发展创造条件;在进入城市生活的过程中经受了种种磨难的民工也要通过这种方式得到锻炼,改造自己,提高综合素质,从而最终能分享现代化的成果。这是现代化过程中的题中应有之义。

三、价值差异与道德重建

上面讲的,实际上可以进一步追溯到价值与道德的问题。但由于讲述的对象不同,讲述的人所处的年代不同,上面两种文学叙事中的人口迁徙问题所折射出来的观念是有差异的。知青文学的一个重要内容与核心问题是精神的拯救。当上山下乡的最初激情平息以后,当生活逐渐显露出它平淡的本相以后,成千上万的知青必须寻找新的精神寄托,才能够给人生一个新的支撑点。农村让他们失望,回到城市后,他们又成了事实上的流浪者,无法完全跟城市合拍了。但人总要找到一个精神支撑才能活下去。有的人开始从理想主义转向虚无主义,抱怨这个抱怨那个;也有一部分人坚守着信仰,如张承志、史铁生以及他们笔下的知青。张承志所描写的知青在面对人生的巨大挑战的时候,大多会采取一种方式,即扩大自我,拓展胸怀,在心中建构起一个精神救助的偶像。这个偶像在他的作品中一般是一个母亲。母亲的形象在张承志早期的作品中是可以等同于人民的。比如他第一篇有影响的小说叫《骑手为什么歌颂母亲?》,讲述一个知青在草原上遭遇了暴风雪,在命悬一线时他看到一团雪雾滚到了他前面,是他的白发额吉,蒙古族的一个老妈妈,冒着生命危险把他救了出来。老奶奶严重冻伤,瘫痪了,主人公的生命得到了拯救。张承志曾在一部小说集的后记中说,有人经历了插队支边的苦难哭哭啼啼,好像是下了油锅似的。但是他却认为,他在这一经历中得到了两样无价之宝——人民的养育之恩和人应该怎样生活的宝贵启发。他说,我因此一点也不后悔,半点也不遗憾。他用这个方式,找到了一个精神偶像,把自己的胸怀拓展到一个非常开阔的境界中去,在这种境界中,个人的青春时代所经受的痛苦或者伤害,就显得微不足道了。通过这种精神升华的方式,把自己从苦难的精神泥潭中拯救出来,获得了精神升华。张承志正是顺着这样一种感恩和忏悔的心路,找到了他的信仰。其实,他早期的知青题材小说,已经表现出一种精神信仰者的心理特点,其中最重要一点是,他需要一个远高于自我的强大偶像,在他遇到困境时给他精神指点，使他得到一种精神的力量。额吉或母亲的形象，显然就是这么一个偶像的角色。

但是由一个世俗母亲的形象来扮演精神救助者的角色，力量毕竟是有限的。真正的信仰者需要一种更为无边的精神存在方式。所以张承志后来不再满足于蒙古族母亲的关照，他找到了伊斯兰教，找到了真主。他后来的长篇小说《心灵史》，写的就是伊斯兰教的一个教派哲合忍耶，其教徒为了信仰而前赴后继地反抗的故事，充满了激情和崇高的理想。故事的背景可能会引起一点争议，因为是回民与清王朝的对抗，一方面要自由，一方面要镇压。在冲突和对抗中，张承志从信仰者的身上体验到了强大的精神力量，他的思想、他的情感，在哲合忍耶教徒的悲壮声中找到了归属。他在写完《心灵史》后说，我以前的作品不值一提，都只是为《心灵史》所做的准备，可见这部小说的重要。但从另一种意义上说，由于过分地强调宗教的标准，张承志后来的作品，尤其是《心灵史》，固然写得激动人心，但是跟世俗的民众拉大了距离。我在一篇文章中说过，《心灵史》的成功是宗教界的盛事，却是文学界的悲哀。文学需要一种精神的东西在里面燃烧，但是它又必须是跟世俗的民众生活联系在一起的，而张承志后来皈依到宗教，他所写的那些细节，假如没有宗教信仰的人去看，会觉得很艰涩，很难理会，所以也就难以引起张承志所期望的那么一种广泛的精神共鸣了。

另一位著名的知青作家史铁生，跟张承志在追求崇高美这一点上有惊人的一致，但是又存在重大的差别。张承志是要从宗教里面找到一种力量，史铁生也试图求助于宗教，但是他转向宗教的原因却与张承志不同。史铁生下肢瘫痪，成了残疾，面对这样一个无法改变的宿命，总得找到一个活下去的理由。《命若琴弦》等作品，都是为了解决残疾后，人怎样活下去、活得有意义的人生哲学的问题。他的答案很简单：活在过程而不求结果。如果强调结果，史铁生永远比不过别人，他的残疾是无法改变的，他甚至不能结婚。所以，他强调生命的意义在过程，哪怕这过程充满苦难。他非常欣赏古希腊的一个神话：西绪弗斯由于犯错被宙斯罚到一个山谷里去推石头。他拼命往山坡上推，但是每一次都在快要到山顶的时候，石头就滚下来了。滚下来了他再继续推；推，滚下来，滚下来再推。假如说追求的是结果，非要把石头推上山顶不可，那他是要绝望的，甚至会自杀。

但是换一个角度，既然不可能把石头推上山顶，不断地推也不失为人生的一种姿态，有其本身的意义。这么一想就有活下去的理由了。史铁生非常欣赏这个神话，他的《命若琴弦》，讲的是两代瞎子弹琴卖唱的故事。师傅这个老瞎子带着一个盲人孩子，给了孩子一个希望，说若弹琴弹断了一千根琴弦，眼睛就会恢复光明。孩子记住了师傅的话，拼命地弹，弹断了一千根的时候，本以为可以重见光明，可是光明没有到来。孩子就问师傅，你不是说弹断了一千根就可以看到光明了吗？师傅说，哦，我记错了，你还得继续弹，你要弹断两千根才能见到光明。孩子又弹下去。这个故事跟上面那个神话的精神是相通的。人在困境中，在无法改变的残酷现实面前怎么办？改变不了世界，改变不了对象，就改变自己，改变自己的观念。换一种角度、换一种姿态，同样可以活得很精彩。当然，这样的态度里包含着很令人辛酸的无奈。史铁生残疾了，这个事实无法改变，他就试图调整自己的人生姿态来找到活下去的理由，找到活得有意义的依据。找到了理由和依据，活着才会感觉到有价值。他就解决了这个问题。

知青小说的一个重要内容,就是解决精神拯救的问题。无论是张承志还是史铁生,他们的精神追求代表的是过渡时期的一种观念。过渡性的特点就体现在这些人已经摒弃了教条主义的政治信仰,强调个人主体的自由,但是却延续了在教条主义政治信仰中培养起来的英雄主义精神。从个人崇拜的狂热中解放出来,争取到了独立思考的权利以后,又让这个掌握了自己命运的人自觉地承担起关怀他人的使命。盲目的自我牺牲已经离他们远去了,但他们觉醒后又自觉地承担起了这一崇高的使命,这是早期知青文学中相当普遍的精神现象。北岛有一首非常著名的诗《回答》,也是这样的。在经历文革的荒唐后,北岛宣称他不相信天是蓝的,不相信雷的回声,不相信梦是假的,不相信死无报应。他不相信所有一切,但是他又怀着一种承担人类苦难的豪情。这些人从文革过来,已经觉醒了,但是他们又都在那个传统中继承了理想主义的精神,表现出来的是精神上非常了不起的一种品质。

与此形成鲜明对照的是世纪末民工进城的文学叙事。由于受到历史条件和现实处境的制约,从小在农村长大的进城民工一般没有下乡知青那样的文化素质,所以在文学叙事中民工也就不具有知青那样的自我反思的能力,或者浪漫的激情。写这些故事的作家,大多都是在人道主义的立场上怀着同情心讲述那些不甘于乡村贫困的农民。民工的遭遇大都是悲惨的,然而令人惊疑并且值得深思的是,进城的民工通常是以平常的心态来面对自己所遭遇的不公。这说明,中国当下处在社会低层的农民采取了十分务实的生活态度。在这些民工看起来,既然城乡之间的差别已经形成,一时又难以改变,与其在清贫中固守乡下人的所谓尊严,还不如到现代城市去寻找机会,即使因此要吃城里人的亏也罢。这种态度包含对城市现代化的认同,对竞争精神的肯定,同时也是对乡村文明的怀疑和扬弃。这是一个进步,意义是不容小看的。中国古代的一些文学作品,甚至现代文学的许多小说,都喜欢把小农经济条件下的乡村生活理想化,像陶渊明的《桃花源记》、沈从文的湘西,写得多美呀。一旦在城里受到挫折,就想到乡村宁静的诗意环境中去寻找一种精神寄托。但是在二十世纪末,民工叙事的作品就有所不同,反映出了农民工即使遭到城里人的欺侮,吃了大亏,他仍然觉得在城里生活好。不言而喻,在传统的农业社会中,个体的生存依附于种族和群体,这是与农村社会的生产力水平相协调的。可是城市有城市的规则,城市的生活更能体现人的价值,尤其是现代城市,个体的自主权充分伸张,生存的空间扩大了。一个城里人要在经济关系中依附于老板,但他不太需要在日常生活中求助于邻里。于是,在农业社会的人际关系中建立起来的求安稳的价值观在城市里受到了挑战。关于民工的叙事,作家虽然抱着同情的态度,但是通过那些悲惨的故事,实际告诉我们,看似缺乏温情的城市生活方式,如今已在人们心目中慢慢占据了道德上风。

当然,这有一个过程。由于中国城市在相当长的一个时期仍然与乡村保持着密切联系,所以在不少时候,作家讲述到城乡之间关系的时候往往表现出价值取舍上的游移和矛盾。在承认现代化逻辑的时候,在承认城市文明高于乡村文明的同时,也会呼唤传统道德的回归,尤其是上世纪80年代前期这种现象尤其明显。举个例子,比如路遥,他早期写过一篇非常著名的小说《人生》,讲的是一个叫高加林的青年,进城当了记者,混得相当不错,后来,一个很有背景的干部家庭的女孩黄亚萍爱上了他。高加林为了前途,选择了黄亚萍,决然地割断了跟乡下的恋人巧珍的爱情。但是作家安排高加林彻底失败,因为高加林的行为违背了传统的道德。作为现代版的陈世美他必须受到惩罚，他被单位除名，回到了乡村，城里的黄亚萍也不可能再爱他了。这时候德林爷爷告诉他，做人必须脚踏实地，实际上是批评他忘了本。可以看出，作者当时所持的价值观是矛盾的。他肯定了城里比乡下好，所以高加林要到城里去。同时，他又坚持一个人不能为了城里的好而忘恩负义，抛弃乡下的恋人。如果不固守传统的德性，即使上去了，也要摔跤，爬得高可能还摔得重。所以《人生》这个作品，价值观是矛盾的。到底城市文明好，还是乡村文明优秀，作家没有给我们一个明确的答复。

再一个就是郑义的《老井》。故事表面看起来与《人生》有点不同，但基本的价值观念却是一致的。主人公孙旺泉不像高加林那样一门心思要进城；相反，他放弃了进城的机会，要为乡亲们找到水源，打一口井。那个地方干旱，饮水问题非常严重。最后井打成了，老百姓受益，但是旺泉自己好像成了井圈里的一块石头，进不了城。作家对此显然是持肯定态度的。这实际上告诉我们，人必须脚踏实地，不能违背传统道德。

不过与《人生》有所不同，郑义对此不那么肯定。他在作品里设计了另外一个人物，旺泉的恋人巧英，一个高考落第回乡务农的很聪明的姑娘。巧英希望旺泉跟她到城里打拼，但旺泉拒绝了。他是为了理想甚至准备放弃爱情。但是巧英不同意，她认为打井跟进城不矛盾。最后发现劝不了旺泉的时候，她就一个人走了，到井打成她回来时，已经在城里有了自己的事业。安排这么一条线索，就是留下另外一种人生选择。像巧英这样也是一种选择，何苦为了实现理想，为了乡亲们的生计问题，要完全彻底地牺牲自己呢？进城以后同样可以回来出资帮乡亲们打井嘛！但是旺泉没有想到这一点，而巧英代表了这么一种新的选择。两条线索、两种观念同时存在于作品中，反映出 80 年代前期在社会变化中，人们的价值选择的一种彼此打架的状态：一方面是已经开始突破传统的无条件自我牺牲的精神，另一方面又来不及在完全自主基础上建构起一种新的价值体系。两种不同的价值观并存于作品中，反映了这一过渡时期观念上不明晰的特点。

但是，世纪之交关于民工的文学叙事就不再有这种价值观上的徘徊和矛盾了。民工进城成了不可阻挡的潮流，人们追求物质富裕已被社会广泛认可。这时就不再会出现旺泉式的两难选择了。这事实上是把原先的道德标准调整到符合基本人性的要求，从而使人的平凡性得以显现。人就是人，我们不必强人所难，要求他去做可能要牺牲他一切的那种事情。把道德的标准降低到符合基本人性的高度，使人成为一个平凡的人。这样的人追求物质的改善，向日常生活的逻辑顺从，不再有浪漫的幻想了。作者可能并不满意于这样的状况，但对此也是无能为力，他们已经承认这才是生活的本来面目。因此关于民工的叙事，风格归于平实，不再有知青文学的浪漫激情和英雄主义情怀。这构成了世纪末世俗化浪潮的一部分，反过来又推动这一世俗化浪潮汹涌向前发展。

于是人们感受到了一种两难的价值选择。建立在农业文明基础上的传统道德难以适应现代社会生活。所以从发展的眼光看，乡村道德逐步退出历史舞台是一个不可逆转的趋势，但问题是，城市生活的无情竞争难道就是最为合理的吗？邻里之间互不认识，相互之间缺乏温情，这难道就是我们所追求的一种生活吗？问题的答案正可以从知青文学叙事和民工文学叙事之间的对照中找到，就是要建构一种新的道德原则。它不应该是知青文学叙事中所表现的那样强调人在无助中片面地坚守纯粹的信仰,也不应该像是民工的文学叙事中那样,在世俗生活当中完全放逐理想和激情,只是为了活着。人应该有更有意义的生活方式,获得与这种生活方式相协调的新的道德原则,应该吸收乡村道德的合理内容,而又能体现现代生活的要求。不是完全放逐理想主义,更不是彻底回归物质主义,而是在肯定追求物质利益正当的同时,重视精神生活的价值,重视道德的自我提升,建立起物质生活与精神生活相协调的新的道德标准。这就要求作家以心灵美的现代标准来批判现实生活中的道德的滑坡,批判人性的堕落,呼唤健康的民族德性的重铸。也就是,作家既要正视民工进城所遭遇的不幸和苦难,认识到这是他们"被现代化"过程中难以跳过去的阶段,是他们通向现代的路上不得不付出的代价,也要意识到社会应该尽最大的努力来改善民工的待遇,使文学叙事承担起用现代性的标准来对社会进行批判的使命,唤起人们对社会良知和正义的响应,把现代化进程中的负面影响减少到最低程度。但同时这一种批判又应该是向前看的、是建设性的,不能走回头保守的路,奢望通过回归农业文明的道德来解决前进中产生的社会问题。作家有责任代表社会的正义与良知,来批判社会的不公,对农民工这些弱势群体伸出援助之手。但同时,这种批判又不应该成为讴歌乡村文明如何美丽的理由,不应该指望人们回到桃花源式的生活方式中去。它应该是向前看的,朝着现代化的方向。

　　人口迁徙,从乡村到城市,既是一种空间的推移,也是一种时间的发展,是从农业文明的时代前进到工业文明的时代。透过这种时空的转换,可以发现当前中国社会发展的关键词已经发生了根本性变化,从"革命"变为"经济"了。革命所生成的价值体系已经逐渐被经济指导下确立的价值体系所超越,而不是取代。因为革命现代性实践其实还有值得继承的精神遗产,但它已不能解决当下经济发展成为社会重心的时代所产生的问题,所以必然要被经济主导下生成的价值体系逐步地超越。现代化建设本来就是一项务实的事业,仅仅因为中国历史的特殊性造成了中国人民追求现代化的道路经历了一个曲折的过程,即由革命现代性的阶段向经济现代性的阶段转移。革命现代性的目标是建立一种新的社会制度,而当新的社会制度建立以后经济建设最终要回到循序渐进的方式。从革命现代性到经济现代性所经历的矛盾错位和反复,从一个侧面反映了二十世纪中国历史处在一个探索过程中,而探索的成果是人们获得了合乎理性的认识。人生是复杂的、社会是复杂的,不仅它的本质构成复杂,而且评价它们也不是一件容易的事情。知识青年上山下乡付出了青春的代价,却有人从中收获了信仰,并且因为有了信仰而变得成熟。民工进城的文学叙事暴露出了不少社会问题和思想问题,呼唤着社会的良知和正义。但这些问题的被关注又说明社会的良知和正义并没有消失,问题提了出来,表明离比较妥善地解决它们的时候已经不远了。民工们也正是在这些成堆的问题中经受了洗礼,使人们有理由相信,他们在不久的将来能成为真正的新人,不断地参与到城市建设中去,而且平等分享城市现代化建设的成果。

# 第十一讲　春节的习俗与礼仪

李荣建

**主讲人简介：**

　　我国著名礼仪学专家，湖北省礼仪学会会长，武汉大学历史学院教授，我国知名阿拉伯问题专家，武汉大学阿拉伯研究中心主任。具有广博的礼仪理论知识和丰富的礼仪实践。相继编撰、出版了《外国习俗与礼仪》《谈判艺术品评》《礼仪训练》和《社交礼仪》等大学礼仪学教材及教学参考书，主编了《华夏文化与文明礼仪》《现代礼仪丛书》。出版了《阿拉伯文化与西欧文艺复兴》《阿拉伯的中国形象》等著作。

春节有很多习俗,但是随着时代的发展,很多习俗发生了变化。

中国传统的礼俗有哪些? 有一首《春节习俗》的歌谣:二十三、祭灶官,二十四、扫尘日,二十五、磨豆腐,二十六、去割肉,二十七、剃精细,二十八、贴年画,二十九、去买酒,年三十、吃饺子。吃饺子是北方习俗,在南方,过年不一定吃饺子。按照我们中国人的习惯和习俗,农历十二月为腊月,整个腊月开始进入过年准备时期。我们中国人过年有两个时段,一个时段从腊月一日开始,一直到正月十五过完,这四十五天称之为过年;另一个时段是从腊月二十三开始过年。个人比较倾向于后者。因为腊月二十三是我们中国人过小年的日子,也就是说,从腊月二十三开始正式进入过年时期,或者说进入过年的准备时期。

小年,是我们国家民间的传统节日,也称为祭灶。但是不同地方,时间不同,比如中国北方认为腊月二十三过小年,但在中国南方地区,通常腊月二十四过小年。也就是说,北方和南方习俗稍微有点差别。在北方,把腊月八日喝腊八粥作为过年的开端,但我认为,把腊月二十三作为过年开始更准确。

我们说腊月二十三过小年,因为腊月二十三送灶官。灶王爷很严肃,但还是挺善良的。二十三这天要清洁灶台,还要做好吃的,然后我们送灶王爷上天去赴命。我国民间有这样一个传说,或者叫神话故事,中国的玉皇大帝在我们每一家都派了一位监督员,灶神,我们称之为灶王爷,监督每一家的所作所为。所以,到了每年腊月二十三这一天,灶王上天向玉皇大帝汇报情况,玉皇大帝根据各家的表现对他们表示奖励和惩罚。其实我们中国人到这一天就开始做过年准备,把炉灶清理得干干净净,然后做好吃的。一般,家家户户在这一天会烙很多饼,让灶王吃好吃的,把他的嘴巴粘住,以使他上天后不要说坏话,这是我们的传说。实际上,从这天开始起,中国人开始准备过年了,要贴窗花,办年货,过年的气氛逐渐浓厚起来。

二十四扫尘日,用通俗的话讲,腊月二十四扫房子,打扫我们的房子。扫尘就是年终大扫除,北方称之为扫房子,南方叫弹扬尘。扫尘是我们国家民间的传统习俗。扫尘之日全家老少齐动手,打扫房屋庭院,擦锅洗碗,拆洗被褥,干干净净过一个新年。其实,"尘"跟"陈旧"的"陈"是谐音,通过扫尘日,表达一种除旧的意愿。

二十五磨豆腐。在北方,到了二十五,家里的大人就开始忙碌起来,如蒸馒头、蒸包子、蒸枣馍。在南方,不少人家会磨豆腐。现在由于物质供应很丰富,用不着家家户户磨豆腐,可以到商店买豆腐,置办各种年货。在这天,家家户户就准备办年货了。

二十六去割肉。过去由于生活条件差,平时很少吃肉,只有逢年过节吃肉比较多,所以过去的习俗是到了二十六,家家户户去割肉。现在不同了,中国发展了,我们的社会进步了,家家户户每个星期都要割肉。所以说,二十六这一天,家家户户去割肉,老百姓的脸上洋溢着欢乐气氛。

二十七剃精细,这是干什么呢? 剃头。剃精细在北方就是剃头,也就是理发。还有一个说法,二十七量新衣。要过大年了,大人们开始忙着给孩子们做新衣服、买新鞋,即使早已经买好或做好了新衣,这一天也要试穿一下,叫量新衣。我出生于50年代,60年代我在读小学,那时候的中国还很穷,人民生活也比较艰苦,小孩子最盼望过年,期待父母能给自己买新衣服,可以吃到一些好吃的食物。

二十八贴年画。比如传统的门画,上面如果有门神,将门画贴到门上,犹如护门神保佑我们的安全;如果是招财进宝,就会有两个寓意,一个是守护安全,另一个是招财进宝。"福"是幸福美满,所以年画往往离不开"福"字。剪纸是民间艺术,剪纸艺术增添了过年的气氛。此外,一般来说,到了二十八,家家户户还要挂对联。

二十九去买酒。过年一般要喝点酒,喝酒也是营造一种过年的气氛,按照传统的习俗,到二十九这一天,就要买酒。

年三十吃饺子,在北方,年三十吃饺子,表示团团圆圆。尊老爱幼是我们中华民族的传统美德,所以,当热气腾腾的饺子出锅端上来后,晚辈会非常有礼貌地先请长辈享用。年三十吃年饭,在南方不一定吃饺子,吃年夜饭。大年夜合家团聚,一块吃团圆饭,丰盛的年菜摆上一桌,一般少不了两样东西。一个是热气腾腾的火锅,一个是鱼。火锅煮沸后,热气腾腾,说明在新的一年里要红红火火。鱼和"馀"谐音,象征喜庆有馀,比喻年年有馀,这是我国非常有特色的习俗。吃年夜饭的时候一定要有鱼,可以吃几块,也可以不动它,表示年年有馀,这是中国老百姓的一种期待和愿望。

除夕夜大团圆,吃年夜饭。在北方吃饺子,在南方吃鱼丸,吃肉圆子,意味着团圆、吉祥。现在,随着社会的进步,人民生活水平的提高,许多人家在饭店、酒店吃团圆饭。谈到年三十,中国近二十年来,又增加了一个新的习俗,看央视春节文艺晚会。从二十多年前开始办春节晚会,慢慢地,春节晚会成了中国人过年的一个新习俗。每年大年三十晚上,许多家庭一家人围坐在一起,一边吃年饭,一边看春节晚会,其乐融融。可以说这是过年习俗的一个新发展。

过大年三十守岁,这一天,很多老人彻夜不眠,就坐在那里,希望这一年平平安安的,把自己变得更加精神,在新的一年里保持好的精神状态。当时间过了十二点,便进入新的一年,这个时候就开始放鞭炮。一方面,燃放鞭炮是我们中国人过年的传统习俗,为了安全,在我国很多地方都限制放鞭炮了。但是在有些城市,考虑到老百姓的需求,部分地开放了,人们可以在固定时间、固定地点放鞭炮。

大年初一是恭贺新禧,在中国习俗里面,大年三十晚上最热闹,大年初一大家最兴奋。因为大年初一这天,家家户户的男女老少几乎都穿戴一新,晚辈首先向长辈拜年,祝福爷爷奶奶新年好,祝福爸爸妈妈新年好,长辈要给晚辈压岁钱。压岁钱在古代有压恶去邪之意,现在长辈给晚辈压岁钱,主要是希望晚辈平平安安。晚辈接过压岁钱红包以后,要谢谢长辈,并祝爷爷奶奶健康长寿,祝爸爸妈妈身体健康。

大年初二干什么呢? 按照中国习俗,大年初二是女儿回娘家的日子,出嫁的女儿带着丈夫和儿女回娘家拜年。女儿回娘家需备一些饼干、糖果和年货,然后母亲把这些年货、饼干、糖果分给邻居乡亲,表示女儿虽然嫁出去了,但是没有忘记家,没有忘记父母,没有忘记乡亲邻里。这是中国非常优秀的一种习俗。

大年初三干什么? 按照中国的习俗,大年初三要去见姥姥,拜访大舅、小舅。大年初三也可以拜见公婆。如今,很多年轻人成家后搬出去单独住,不跟父母住在一起。所以,当儿女的到了初二初三,也可以一起或者分别回娘家、回婆家看一看,给父母拜年,给岳父岳母拜年。初四也可以走亲戚,给亲朋好友拜年。初五,按照我国的习俗,就是好好休息一下,调整一下准备上班了。

中国人过年过得非常有意义,不仅过得非常热闹,而且也安排得井井有条。从腊月二十三开始过小年、备年货，一直到正月十五都是在过年。如果大致分一下，从腊月二十三到大年三十，我们是备年，准备过年。从大年三十到大年初四，我们称之为过年，这是最热闹的日子。然后从大年初五到正月十五，我们称为贺年，祝贺新年。正月十五我们称之为元宵节。因为这一天要吃元宵，要挂花灯，在中山要舞狮子，在北方的一些地方不仅要舞狮子还要舞龙，这是我们中国过元宵节的一些习俗。

按照我们中国人的习惯，在春节期间，包括元宵节，还要举行各种娱乐活动，如扭秧歌、挂花灯、踩高跷。中国人民积极向上的精神状态、欢快的心情通过踩高跷表达出来。划旱船也是我们中国传统的活动，还有舞龙舞狮。

那么我们在过年的时候要讲究哪些礼节呢？大年初一走亲访友的时候要注意讲究拜访礼仪，去别人家拜年的话最好提前预约一下，不要突然登门拜访，以免打扰对方休息，或者吃闭门羹。具体可以有下面几种方式，可以口头约定，比如说昨天晚上在一块喝酒、吃饭，说好明天早晨十点到你家里拜年，这是口头约定；可以当面约定，大家商量好，明天早晨九点几个人一块到你家拜年；也可以打电话，老王明天上午方便吗？几个朋友到你们家里坐一坐；另外也可以书面约定，我们都有手机，发个短信，十点到你们家拜年方便吗？还可以通过网络，发一封电子邮件，老王，今天上午或者明天上午十点到你们家坐一坐。

拜年的时候要注意选择合适的时间。一般大年初一拜年，上午十点左右比较合适。因为大年三十大家熬夜守岁，睡得比较晚，大年初一多睡一会儿。所以，建议上午十点左右，或者下午四点左右拜年比较合适。另外，可以根据对方的时间安排，比如说老王明天上午给你拜年，你看什么时间比较合适，然后根据对方的时间作出约定，这是为对方着想。礼仪有什么特点？礼仪的核心就是尊重，就是要尊重他人和自尊。所以我们去拜年，要想这个时间对方方便不方便，合适不合适，这是我们讲礼仪的表现。

拜年，可以准备点小礼品。中国有一句俗话"千里送鹅毛，礼轻情义重"。送礼要讲究针对性，投其所好，比如朋友是位烟民，不妨送条烟或送个精美的打火机。如果朋友不抽烟，逢年过节喜欢喝两口，可以送两瓶好酒。送礼还要讲究实用性，比如朋友喜欢喝茶，拜年时不妨带盒好茶；给女同志拜年，也可以送束鲜花或时令水果。但给经济条件不太好的朋友送礼，最好送比较实惠的礼物。

外出拜年时要注意形象，衣着要整洁。拜年的时候一定要穿得干干净净，不要穿得破破烂烂，否则不合适。根据自身的经济条件决定穿戴，重要的是穿戴整齐。另外，精神状态要好，中国人拜年讲究喜气，把欢乐、快乐带给对方。拜年时不要愁眉苦脸，更不可以哭，不要把忧愁、悲伤带给对方，这是过年要注意的。在形象、表情和服饰上一定要注意。过年，每个细节我们都要注意好，这样显示出我们的修养、我们的教养。

随着时代的发展、社会的进步，拜年也在不断地发展。过去拜年都是走门串户，登门拜年；现在拜年有很多种，可以电话拜年，可以发送短信拜年，可以通过网络发电子邮件拜年，通过视频拜年，可以寄贺卡拜年。我们中国社会进步了，人民生活水平提高了，科技发展了，拜年的方式也多了。可以根据各自的情况，采取不同的方式拜年。

拜年要讲究做客礼仪。登门拜年，作为客人应该注意以下几点：

第一要遵时。要按照约定的时间准时到，或者晚两分钟也可以，不要提前到。如果跟对方约好十点钟到，就不要提前到九点半钟就跑去了。也不要太晚，约好十点钟到，不要拖到十一点钟才到，让对方等一个小时。第二到达后先敲门或按门铃。需要注意的是，敲门的声音要适中，不要用力拍门，按门铃时要避免使劲按着门铃不放。见到对方后，先祝贺新年快乐，然后把礼品交给对方。第三做客时要讲礼貌。进去后不要东张西望、到处打量，没有得到主人的邀请，不要随便进入主人的卧室参观。一般来说，到别人家中做客，如果主人没有邀请，第一不要进主人家的卧室，第二不要进主人家的厨房。此外，不少家庭非常讨厌烟味，烟民尽可能控制自己，尊重他人。也可以采取两个办法，一是说：对不起，我可以抽支烟吗？对方讲没有关系，抽吧。还有一个办法是忍住，实在不行，可以说我出去一下，抽一支烟，不要把主人家里弄得乌烟瘴气。

到亲朋好友家拜年，有时候好客的主人会留客人吃饭，客人可以根据情况客随主便。过年都会喝点酒，喝酒碰杯有讲究。菜上来了，客人不要抢先举杯，应该礼貌地等主人先举杯欢迎各位，并祝贺大家新年快乐。主人还没有发话，客人不要嚷嚷说喝或干起杯来，这是不礼貌，也是不合适的。另外碰杯也有讲究，举一个例子，晚辈到长辈家里拜年，长辈请晚辈吃饭，当长辈把杯子举起来以后，晚辈的杯子要举得比长辈的杯子低。

喝酒有很多讲究，例如，一般说喝酒干杯。中国人喜欢讲干杯，没有碰杯的时候不要一口喝完，如果碰杯就把酒喝完。喝酒要诚实，但不可多喝，否则伤身，对待热情的劝酒者可以采取变通的方法。第一个办法，可以诚实地告诉对方，由于身体和工作原因不可沾酒，可以茶代酒。第二个办法，过年一般要喝点酒，恭敬不如从命，酒量有限，这时候可以把酒倒一点意思一下。第三个办法，如果对方讲那不行，今天一定要喝个尽兴。可以说，我喝但不喝醉。我有一个观点供大家参考，那就是无论酒量多大的男子汉，最多不要超过酒量的四分之三，比如可以喝四两酒，建议最多只喝三两酒，女士不要超过自己酒量的一半，如果是二两酒量，只喝一两酒。

另外，吃饭的时候要文雅，要细嚼慢咽，不要狼吞虎咽。一桌子的菜，建议每个菜都尝一尝，显得非常尊重主人，又有教养。用餐后，如果需要剔牙，注意用手或者餐巾纸遮挡拿牙签剔牙，不要拿筷子剔牙，不雅观。到别人家做客，不要饭一吃完，嘴一擦走人，最好交谈几分钟，感谢男主人和女主人的盛情款待，表达自己的快乐心情，然后再告辞。吃完饭后，喝点茶，吃点水果，但不要停留太久。在西方，人们饭后喝一点饭后酒，在中国不讲究这个。

无论平时或春节带小孩外出做客，有一些细节需要注意。日常生活中要教育孩子懂礼貌，教孩子一些基本的礼仪、礼貌用语、节日问候语。见到爷爷奶奶要问候爷爷奶奶好，见到叔叔阿姨要礼貌地问好。在日常生活中，也可以教孩子一点基本的生活礼仪。如到别人家做客不要大吵大闹，不要随便乱翻东西或站到沙发上乱蹦乱跳等，告诉孩子这些都是不礼貌的行为。外出做客，要尊重主人的安排。比如，热情的主人安排你这边坐，你不要坐那边，搞得主人挺尴尬。

另外，做客时要讲究交谈礼仪与技巧。外出拜年，见到人以后要说吉利的话、开心的话，千万不要讲困难、死亡、疾病或他们听起来不好听的话。礼仪是人类文明的结晶，是人际交往的行为规范准则。礼仪的目的就是和谐，说话让别人听起来舒服，打扮让别人看起来舒适得体。到别人家拜年，讲话要注意。首先，交谈的时候，注意交谈的距离。和熟人交谈，相距一米左右，不要站的太近；和亲朋好友交谈相距0.5米，就是把胳膊伸出来这么远。如果双方关系非常好，还可以交头接耳甚至亲密无间。总之，拜年要选谈合适的话题，尽量讲一些高兴、快乐的事，不要讲难过的事,不要讲一些让人愁眉苦脸的事。与人交谈时,要保持好的气氛,不要一个人唱独角戏,要给对方表达的机会,要多听对方讲,这样才能达到交流和沟通的目的。

与人交谈时,不要张牙舞爪的,吓得对方往后退。也不要抱胸,因为这会给对方教训人的感觉。也不要把手插在口袋里面,手可以放在前面,可以背在后面,也可以放在两边。与人交谈时候还要注意动作,一定要规范。另外,与人交谈时要讲究交谈的技巧,第一多讲褒义词。比如,你们家很漂亮,你们家收拾很整齐,你们家布置得真好,多讲一些褒义的词。第二要用婉转的说法。比如,这个家的小男孩胖胖嘟嘟的挺可爱,可以说孩子长得好壮实、好结实。如果小女孩长得偏瘦,不应说瘦的一把骨头,风一吹跑了,而要说苗条的女孩子。不得体的一句话,可能让孩子和家长添一份忧伤。

讲究交谈技巧,需要记住以下几点:

第一点,见什么人说什么话,根据生活中的需要调整问候语。

不同的人讲话不一样,见到老人说健康长寿;见到中年人祝他们身体健康,身体保养得更好;见到工作人员,祝他们工作顺利,新的一年事业更加发达。面对不同的人,使用不同的语言,不同的祝福,这就是见什么人说什么话。

第二点,在什么山上唱什么歌。春节,有人选择在家过年,有人选择在外地过年。四面八方返家的人、外出的人,根据自己的需要选择不同的交通工具:乘火车、乘飞机、坐轮船、乘长途汽车等等。有一年寒假,我乘火车到外地过年,上了火车后不一会儿,一位萍水相逢、素不相识的男士查户口式地问我:先生,你是老师还是干部? 我说:我是一个教书匠。他又问:你成家了吗? 我说:结婚了。你有孩子了吗? 我说:有个女儿。你每个月工资多少啊? ……在公共场所,或与不相识的人交谈时,不要谈一些私人的话题,尽可能地聊一些公共话题,如谈体育、教育、卫生,不要询问对方一些很具体的问题。

改革开放后,来了很多外国人,见到女士不要问多大岁数,也不要问对方是否成家,外国人非常忌讳别人问他的政治倾向。比如碰到美国人,不要问你是支持共和党,还是支持民主党? 也不要问你是一个基督教徒还是一个穆斯林? 外国人非常忌讳打听别人的私事。美国有一句话:放你自己的风筝去,意思就是不要管别人的私事。

第三点,到别人家做客,要学会察言观色,随机应变。有一年,我到一个作家家里做客,由于有共同的爱好,双方谈得非常好。但我问他:你的孩子爱好文学吗? 中国俗话说,近朱者赤,近墨者黑,他是一个大作家,我问他孩子爱好文学吗? 本来没有错,但没有想到,他听了我的问话后,目光突然黯淡下来,脸色也变得很难看,好半天他说了一句话:对不起,我没有孩子。这时候我意识到自己犯了一个多么令对方伤心的错误! 我急中生智,赶紧采取补救措施说:你的小说就是你的孩子,你的诗歌就是你的孩子,你的喜剧就是你的孩子,他才转悲为喜。生活中,自己失言造成了错误,就要马上采取补救措施,这就是察言观色,随机应变。

到亲朋好友、同事家拜访或做客,要适时告辞。吃完饭嘴巴一擦就走人不合适,吃完饭在人家家里坐着不走也不合适。到别人家里做客,一般说来,一刻钟到二十分钟就够了。如果在人家家里吃饭,时间也不要超过一个小时。在别人家里要注意察言观色,适可而止。吃完饭后,客人感觉到主人没有什么话讲了,就要站起来告辞。交谈完毕和茶余饭后,客人要主动说感谢你的款待,吃得很开心,时间不早了,我们该回去了,感谢你们。主人送客时,客人要为主人着想。主人把客人送到门口的时候,客人可以说:请回,请留步。客人回到住所后,应打一个电话,告知对方自己已经到家了,感谢对方的款待。

过年了,如何待客呢? 第一提前备好年货,注意清洁。二十三过小年,二十四扫房子,到二十四,就要把房子扫得干干净净。朋友来拜年,要准备水果、点心、茶水等,做好准备工作。如果朋友留下来吃饭,要准备饭菜款待朋友。

第二要讲究待客礼仪。中国有句俗话,"出门看天色",出门之后看天空有没有乌云;"进门看脸色",进门要看主人的脸色,看他高兴还是不高兴。他高兴表示他欢迎你来他家里玩,不高兴就表示不欢迎你。有朋自远方来,不亦乐乎? 作为主人,对来访的客人要热情欢迎,要让座,来了长辈请他们坐上座。

第三要上茶。如果我们是晚辈,一定要双手送茶给长辈。倒茶时候,不要倒太满了。

第四要友好交谈。客人来拜年,要感谢客人的光临,感谢客人的祝福,要和客人友好地交谈,不要给他一杯茶自己干别的事情去了,冷落了对方。如果天气比较冷,不妨打开空调或取暖器。客人进门后不要扫地,你一扫地,对方以为你是把他们扫地出门。不要频繁地看钟表,一会看看表,一会看看墙上挂的钟,对方会以为你还有什么事要办,客人就坐不住了。

作为主人,根据需要,到了吃饭的时间留客人吃饭,到中午十二点把客人赶走就不合适。一般到了吃饭的时候,主人要说,在我们这里吃个便饭。这是我们中国人的待客之道,热情、友好。作为主人,还要讲究送行的礼仪。当客人告辞时,不要马上站起来,应该说再坐一会,再喝点水,对方说时间不早了,还要干别的事,这个时候你站起来送客。送客人,至少把客人送出大门。如果对方是长辈或者上级,还要把客人送下楼梯;如果住在高层楼房,还要把客人送到电梯。

一般说来,把客人送到电梯口,可以有两个做法,一按住电梯按钮开关,请客人先进,主人后进;到了出去的时候,按电梯按纽,请客人先出,主人后出,这是乘坐电梯的礼仪。上下楼梯也要讲礼仪,上去的时候请客人在前面,请女士在前面,请领导在前面,表示对他们的尊重;下去的时候,作为主人要在前面,在下面可以保护客人,这是上下楼梯的礼仪。

快过年了,过年是一个什么意思? 年是果实丰收的意思,过年就是庆贺丰收。年在中国还有讲究,根据传说,年是一个怪兽。古代流传这样一个故事,每到快过年的时候,有一个怪兽专门欺负人。它长着一个大嘴,到各家求吃的、求喝的,甚至还祸害老百姓。这个时候,我们用各种方法把怪兽打跑,这是过年。另一个传说,年是一个小孩子,并且是一个勇敢的小孩子。过去有一个怪兽叫"夕",有一个小孩叫年,非常的机智,快过年的时候,夕就来搞破坏,年机智勇敢,打败了怪兽。所以,过年也是为了纪念这个小孩。这是我们中国关于年的两个传说。

春节这个习俗有两千多年了,在古代我们不叫春节,在古代称之为年代。什么时候开始过春节? 民国期间,辛亥革命之后人们开始使用公历。袁世凯当皇帝的时候,把公历一月一号称之为元旦。古代的春节是元旦,这个时候把公历变成元旦,农历的正月初一改成了春节,就几十年的光景,还不到一百年。过年都要贴春联。其实,春联是古代的桃符翻译过来的。桃符就是桃树的木头上面写上字,明代改成春联,后来一直叫春联,逢年过节就要贴春联。此外,元宵节是一个灯节,起源于汉代。汉代开始,我们中国人就有过元宵节的习俗,可以说是历史悠久,内容也丰富多彩。

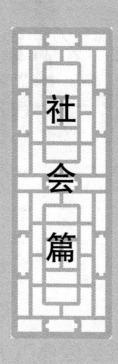

社会篇

# 第十二讲　从后现代哲学透视当下中国社会的大众文化

邱紫华

**主讲人简介：**

　　华中师范大学东方美学与文化研究所所长、文学院教授，主要从事中西方美学史及美学理论研究。著有《悲剧精神与民族意识》《思辨的美学与自由的艺术——黑格尔美学引论》《东方美学史》《印度古典美》等。

后现代大众文化是全球化背景下，中国社会在现代化转型中必然出现的现象。90年代以来，改革开放的中国社会显现了后现代社会的特征。"后现代"（postmodern）主要指"高度现代化"（hyper-modern）。"后"（post）可以理解为积极主动地与先前的东西决裂，从陈旧的状态中解放出来，进入一个新的领域。这其中有创新、革新、变革的含义。

后现代社会和文化主要有以下几个基本特征：

第一，人为的、人工制造的文化因素越来越压倒自然的因素；人造性、人工性超越了自然生成性。

从后现代的社会特征来看，它是指后工业化社会，就是以信息和科学技术为主导的社会。科学技术有着越来越重要的地位。一切东西都通过高科技的力量被符号化、信息化、复制化。这表现为书籍可以以假乱真地被复制；声音、电影可以被符号化为各种U盘；可以通过科技手段再造逼真的生活场景，而这些再造的虚似的生活场景已广泛运用于电影、电视和摄影。美国电影大片中所表现出来的、各种生活中几乎不可能存在的场景，都被高科技手段加以创新和复制。人为创造的虚似的生活空间正在部分地取代真实的生活空间。

所谓的人造性、人工性就是打造和包装成了推新和创新的重要手段，成为一个人成功的重要手段。而自然生成性，就是成长、成才的自然历程。循序渐进的学习，多年的知识积累最终成功。

这样，人们就有了两种成才的方式：一种是自然的缓慢的历程——这种成才具有必然性。比如，朗朗每天练琴达十多个小时，长达二十年，才得以成功。舞蹈演员每天必须把杆练习形体和基本动作，歌唱演员每天必须坚持练声，戏剧演员每天必须训练形体、朗诵、表情，3600万学习钢琴的孩子天天苦练十来个小时。这些人十年如一日，只很少的人能成为明星。

另外一种是获得包装的机遇而成名——这种成才具有偶然性。例如，某些著名电影演员的知名度与王宝强的知名度就模糊化了，著名歌唱家们与小沈阳的串红也就模糊化了，钱钟书与于丹的成功界线就模糊化了。"李宇春们"、"王宝强们"和"小沈阳们"现象就充分说明，一个人的成功，并非仅仅依靠天资、才能和长期的刻苦。

因此，成功人士之间的"各种事物之间的差异的界线模糊化，因果性和规律性被偶然性和机遇所取代"。相比较王宝强和小沈阳来说，机遇和包装等偶然性的因素成为他们成功的最重要因素。当下，甚至通过现代传媒和包装，就可以打造一个并没有什么学术功底的"学术明星"。这是当前中国高校一个非常普遍的现象。

在后现代时代，由于人工性、人造性越过了自然性，机遇和偶然从而成为一个人成功的重要因素。

第二，后现代社会，一切知识被数字化、商品化。

在后现代时代，知识的特征有两点：一方面，后现代时代，一切知识都被数字化、符号化。不能数字化、计算机化的知识，几乎不被看作知识。人文科学由于是诗性的、多义的、多解的，意义往往不确定，因此难以被数字化、符号化，也就很难被程序化，所以人文科学现在就处于被冷落的地位。中国的人文学者在国外很难混饭吃；理工科的学者就业就相对容易得多。

从另一方面看，后现代社会中，一切知识全部被商品化。知识的拥有和传授衍变成了知识的生产和销售。文化知识就可以卖钱。例如，各种各样的"培优班""健身班""培训班"都涌现出来，只要花钱，就可以学到你想学的东西。总之，学习、掌握知识已经成为一种知识的消费过程，有钱就可以获得各种知识。从出卖文化知识到获得文化知识，完全是一种商品交换关系。这正是当前大学中"制假"泛滥的原因。有钱可以发表论文，有钱可以请枪手代笔、代考。

过去只有物质的东西才能成为商品，现在精神性的东西、思维的知识，已经成为了商品。由此而来，谁掌握了信息、谁有知识，就成为了权力和财富的象征。过去争夺的是物质和金钱；现在争夺的是人才和信息。知识不仅是力量，而且是权力，是财富。这是社会上各种公司之间人才和知识争夺战越来越激烈的原因。

第三，后现代大众文化是消费性文化。

消费的大众化就是产品的大众化，就是产品的生存之道。文化产品消费的大众化决定了文化产品的大众化特点，大众性的文化必然成为社会的主流文化。大众文化正从数量上取代过去的"政治主流文化"和"精英文化"。

为什么这样讲呢？人们掏钱进行文化消费，总是选取自己爱好的、有兴趣的东西。过去，曾经有这种消费模式，就是由单位组织人们观看某些文艺节目，即单位组织，自己掏钱。现在，这种消费形式几乎不存在。现在人们的文化消费是自由的、个性化的、更多的是为了休闲。每个人有每个人的消费兴趣，"休闲和消费决定了文化生产；娱乐和游戏取代了规则化和组织化的活动，生活形式日渐多元化"。

消费就是为商品买单。消费就要有商品，商品要由工厂制造，文化产品就要由文化产品生产商来生产。生产了以后就要消费，通过消费，一切精神的、物质的文化产品都变为了金钱。人们的思想逻辑是：看什么、选择什么，在于我们自己。我要看我自个的。这样消费者有了自主权。消费者一旦有了自主权，就要问自己：我为什么要去消费？我的消费满足我什么样的需求？在高度紧张、高度繁忙的生活当中，我要求宣泄情感、要求休闲娱乐、要求调剂精神。我再也不会在休闲状态中，去接受文学的认识、教育作用的信条了，我拒绝这个观点，就是为了审美，就是为了开心，为了找乐！只要能开心、能逗乐，我就买单，我的消费就满足了我逗乐的要求。所以，在这种情况下，消费者成为文化商品的主体。在这一点上，就把传统的美学理论、文学理论所强调的"文艺的教育作用""文艺的认识作用""文艺的审美作用"都撂在一边。这样，人们的思想观念和美学理论，乃至我们生活的、日常审美的习惯都发生了变化。开心、逗乐、娱乐性和狂欢化成为大众文化的重要内容和基本特色。由此，铺天盖地的大众化娱乐节目成为迅猛的文化潮流，对传统的文化和精英文化造成了巨大的冲击。

文化艺术作为商品，它们的教育作用、认识作用降到了最低点。艺术再也不是教育人民的重要工具和手段，其中的道德和政治含量非常低，而娱乐、开心、狂欢化则成为主要成分。这就从根本上消解了传统的关于文学艺术的本质的学说。这是后现代大众文化的革新性的表现。

第四，从后现代文化的特征看，它使传统文化走向零散化、边缘化、平面化。

后现代文化的特征是，故意颠覆文化原有的定义，反对传统的文化价值标准（如文学中曾流行一时的"身体写作""性意识流"等），反对原有的各种文化的创作原则，抛弃传统的语言结构（如网络语言中生造的字与词——"囧"），改变语言的传统意义（如"粉丝""酷""秀""晕"

等),颠覆传统的艺术形式(如"女子十二乐坊"的站立式歌舞式演奏),颠覆传统的道德原则(如接吻比赛)。这些文化行为使传统文化走向零散化、边缘化、平面化——无思想深度。大众文化更是追求用各种手段和眩目的符号去逗乐、去满足感官的刺激。后现代电影以绚丽的色彩、简单而离奇的情节、逼真的有刺激性的音响效果、华丽的场面、最走红的明星来表演等,一切都以最吸引人眼球的方式达到最优化的视觉效果,例如电影《满城尽带黄金甲》。所以,有的人指责当下的大众文化低俗、庸俗、浅薄不是没有道理的。

第五,后现代社会以审丑替代审美,扩大了传统美学的范围。

传统的审美观念受到了挑战,传统的习惯带来了严重的"审美的疲劳"。从对"芙蓉姐姐"到对"犀利哥"的欣赏都说明了这一点。以性感文字出名的"木子美",一脱成名的"流氓燕"到极度自恋的"芙蓉姐姐"都表现出对传统伦理道德观念的对抗和反叛。以个性化特征为美、以丑为美成为一种审美时尚。国际名模吕燕的大红大紫,正说明了审美趋向的改变,从而带来了对传统审美趣味、审美观念的反叛和偏离。

后现代社会和后现代文化的这五个主要特征,是全世界范围内大众文化的普遍性的特征。后现代社会是多元化并存和互相渗透、互相影响的社会。只有看到这一点,才能够正确理解和处理多元文化之间的关系,才能够恰当地使政治文化起规范和主导作用;精英文化起着引领作用,大众文化起到活跃生活、创造新的生活方式的创新作用。

当下的大众文化是有着广泛影响的文化现象,从数量上、受众面上、电视节目的收视率几方面看,大众文化正在取代政治主流文化和精英——高雅文化而成为主流文化,它最大程度地影响着当前社会的方方面面。

1.电视节目的大众化:超级女声、模仿秀、相亲节目;

2.山寨文化现象;

3.广场文化:群众性的舞蹈、健身、歌咏活动(中央电视台刘璐的"群众歌曲大家唱"、江西电视台的"唱红歌"、重庆电视台的"唱红歌");

4.大众性的旅游文化;

5.群众性的体育("勇敢向前冲"及各电视台的"体育闯关"节目);

这里将重点分析超级女声、模仿秀和相亲类的电视节目"非诚勿扰"现象。

(一)超级女声

2005年、2006年湖南电视台举办的"超级女声"竞赛活动影响很大,它在全国范围内受到的关注和影响力都不容忽视,甚至它的收视率直抵中央电视台的"春节联欢晚会"的收视率。一时间,"超女""粉丝""玉米""笔迷""凉粉"等等成为具有创新性的流行语,可以说,"超级女声"从一个超大型的、类似于卡拉OK的电视竞赛活动衍生为一种刺目的文化现象。现在,几乎全国每个电视台都有栏目在搞类似的"个人才艺展示"或"才艺大比拼",例如,中央电视台搞的"星光大道"和"非常六加一",其实就是"超级女声"活动的延伸。

当然,在延伸中又有所变异,其中,"模仿秀"成为近年来最突出的文化现象。面对"超级女声""山寨""模仿秀"这三种文化现象,有的人给予了冷嘲热讽、指责谩骂,有的人则热烈吹捧、盲目赞扬,有些人则认为这是一种文化发展中的新的现象和契机。一种新的文化现象出现,总是会有各种各样的意见和不同的评价是完全正常的。

关于"超级女声"有这样两种截然不同的评价：

指责方认为，"超级女声"有四大罪状：玷污艺术，毒害青年，破坏教育，违规操作。有的人认为"这是一个时代的悲哀"。肯定方则认为，"超级女声"的竞选活动具有公众性、形象性和开放性，它是符合法律原则、比赛规则的，符合公民道德准则的。整个过程受到了司法部门的公证，就说明了这一点。

笔者查阅了不少关于"超级女声"的评论。持否定意见的，没有对超级女声现象给予深刻的令人信服的批评，更多地是简单化的冷嘲热讽或谩骂指责。持肯定意见的，同样是盲目地吹捧和廉价的赞扬。超级女声活动结束了，这种简单化的批评和争论也就结束了。谁也没有去认真思考"超级女声"作为一种文化现象，它里面蕴藏着什么样的精神观念？它表达了人们什么样的诉求？这种文化现象是一种偶然，还是一种必然？"超级女声"为什么会引起全国性的关注？如何看待"超级女声"的竞选呢？面对"超级女声"的竞选，大多数人是站在传统的、保守的、正统的立场来加以指责和反对，没有注意到"超级女声"竞选中的那些非常值得肯定的、新的趋向。

其实，"超级女声"主要有以下几个优点：

第一，自由参与性，没有设定参与者的门槛和条件，报名参选就行。这是一种自由的、开放的文化活动，充分显现了我国公民所能享有的自由。

第二，竞选具有公众性、公开性、开放性。"超级女声"的竞选方式是全国海选，是大海捞针，并且整个的竞选过程都在大量观众的视野中进行，普通群众的评价起到了重要的参与和监督作用。可以说，它非常公开透明，民主的意识非常浓厚。体现了群众所享有的充分民主权利。

第三，参与竞选的"超女们"本身都具备着很高的文化和艺术素质，加之她们的勤奋和胆识，才能够脱颖而出，这不仅为人才的脱颖而出开辟出了一条新的道路，而且证明了对于有才能的青年而言，"条条道路通罗马"，社会可以是"不拘一格降人才"。此后的杨光、王宝强、小沈阳现象都具有这个特点。只有上艺术学院才能够成为艺术人才的旧模式被打破。

第四，竞选过程中，大量的选手在公平竞争中被淘汰，使她们较早地经历失败和挫折，充分体会到成功的艰辛，也体会到了学习的重要性。这种经历，对于她们自己的心理和意志，都是一次难得的、重要的考验。

第五，"超级女声"与模仿秀一样，是一种全民参与的大型卡拉 OK 比赛的文化现象，是一次全民狂欢化的活动，它们不是道德现象。这些活动合法、合情、合理，没有违犯中国人的基本道德原则。有的人认为"超级女声"和模仿秀助长了青年的浮躁心理，以为什么事都可以一蹴而就、一举成名，这对于青年是有害的。我认为，这种指责是不公平的，这种担心是多余的。一个人能在茫茫人海中冲杀出来，站在领奖台上，恐怕不是仅凭运气和长相就能够一蹴而就的。只要认真了解她们在成长过程中的努力和艰辛，就会相信她们的成功是偶然中的必然。偶然是电视台提供了机会，必然是成长中太多的付出。这同全国电视歌唱大奖赛的成功者是完全一样的。这些都是值得充分肯定的。我认为，"超级女声"唯一值得指出的不足是，在大众的评价标准还处于较低的文化层次上的评价结果，并不应该把这些获奖者看作是完美的典范。

（二）"山寨"文化现象

自 2008 年起，一个非常引人注目的流行语——"山寨"又出现了。"山寨"背后又隐藏着一个重要的文化现象——"山寨文化"现象。"山寨"一词是新创的网络词汇。对于"山寨"现象也是众说纷纭。"山寨"一词源于广东白话，它是指一种由民间力量引发的产业现象。"山寨"的原意是指这些民间产品的"快速仿造"特点以及它"面向平民"的"销售策略"。

这种产品在小作坊中起步，快速模仿著名品牌。模仿的产品涉及手机、数码产品、游戏机、日常生活用品等。例如，山寨手机、山寨笔记本电脑、山寨 MP3 等。最近，南京和成都出现了"山寨一条街"。从商店的招牌和广告就可以看出它的"山寨"特点。例如：模仿"NO-KIA"的"NCKIA"，模仿"adidas"的"odidos"，模仿"WOWO"方便店的"MOMO"店，模仿麦当劳"M"的"MA"卤肉锅盔店，模仿日本著名的生活瓷器"TOTO"的"TQTQ"瓷器店等。这种模仿、仿制，比起那种明目张胆违反国家法律的走私产品、以次充好的翻新手机、盗版书和光碟似乎多了一点点自主、自立的骨气。

可以说，"山寨"产品行走在行业和政策的边缘，钻的是国家政策的空子，打的是法律的擦边球，从而不断地引发争议。山寨产品不用缴纳 17% 的增值税，不交销售税，不花产品开发费，不用广告费，不用缴纳促销费，不用注册登记，不用办理入网许可证，价格比品牌产品低得多，只有品牌产品的 1/4 左右。由于"山寨"产品的趋时尚性和低廉的价格，对于讲求实效的中国平民来说，这是最受欢迎的东西，因此山寨产品风行大江南北。后来，"山寨"产品的行业特征被网友们挖掘出来，借用来指称和评价当下生活中的类似的文化现象。因此就有了所谓的"山寨新闻""山寨文化""山寨春晚""山寨版百家讲坛"等等。现在真可以说是"山寨"横行的年代！

目前，对于山寨文化现象的争论，只局限在山寨产品侵权的问题上，还没有人从更深的层面揭示山寨文化现象背后隐藏着的思想和观念。"山寨"的本质就是模仿、仿造。山寨产品是通过拼贴、改装、组装而形成新的东西。在古代，那些占山为王的人，以山寨模仿朝廷，具有反正统王权的权威性质。今天，山寨产品模仿那些最有影响力的权威产品。这无疑是对权威的一种挑战、一种竞争。现在，无论精神产品或物质产品都被模仿。这种山寨式的模仿背后，实质是为了在权威的大蛋糕上，分得自己的一块蛋糕。这就是一种平等意识和民主意识。

其实山寨现象早已存在。上世纪 60 年代，日本的佳能、尼康公司，就细心解剖德国的蔡司、莱卡相机，先是仿造，后来在仿造中再改进，到 70 年代日本就推出了著名的"佳能"和"尼康"相机，并且，以后打垮了德国著名的"蔡司""莱卡"和美国的"柯达"相机，成为世界主流的品牌。同样，80 年代后期，中国有一个新出道的女歌手的盒带卖不出去，这怎么办呢？制片人就出了个主意：借用别人的品牌促销。当时人们最喜欢听的红歌手是台湾的苏芮。因此，出版社就在她唱的盒带封面，印上了这个新歌手的名字，叫苏丙。现在看来，这个仿造的名字，就是苏芮的山寨版。当年这个苏丙是谁呢？就是今天著名的歌手那英。她靠苏芮的"山寨"招牌，销售量陡增。大家买了苏丙的盒带，觉得这个歌手唱得很好、很厉害，但怎么听起来不像苏芮呢？后来大家通过媒体的报道、介绍，才知道歌手的真名叫那英。这么一下，那英就出名了。严格地说，那英成名其实也是走山寨道路。这是那英本人讲的，不是我编造的。所以山寨文化的创新不要轻易的否定。山寨文化的背后，就是模仿秀，大家都参加模仿，正是这种文化背景,阿宝、杨光、小沈阳就一举成名了!

(三)模仿秀

模仿秀是近年来大家都喜欢的文艺节目。以当下正大红大紫的小沈阳、残疾青年杨光为代表。严格地说,全国如火如荼进行着的各种"模仿秀"活动,也是一种山寨文化现象。各类模仿秀的节目遍布于全国各地的电视台的娱乐节目中。对于模仿秀,绝大多数人是喜爱的,批评的声音不多。如何看待模仿秀现象呢?

第一,模仿是人学习的方法和手段。德谟克利特的话:子女都是模仿父母、长辈而成长的,善于模仿的人就是善于学习的人。善于模仿是成才的关键。

第二,模仿中暗含有追求"平等""民主"和"自我实现"的意识。你能达到的水平我也能达到,你能做到的我也能做到。这就是人格的"自我实现"心理。模仿活动,可以改变人们摆脱一元化、追求多元化的心理。

第三,模仿活动能给大众带来欢乐,丰富生活的情趣。

通过模仿秀和山寨的成才形式可以知道,当前的后现代大众文化时代,一个人成才的路有多种,但就如前面所提到的,大致可以分为自然生成型和人造型两种。

(四)相亲节目:"非诚勿扰"现象

近年来,我国电视荧屏上最热闹的节目是相亲节目。江苏卫视的《非诚勿扰》连续几周高居全国收视率之冠,湖南卫视的《我们约会吧》和浙江卫视的《为爱向前冲》等紧跟其后。这几家电视台的节目播出后,不仅其中的"名句"震惊大家,而且这些嘉宾的爱情观念引来了激烈的争论;不仅引发了参与者造假的传闻,还引起了几家电视台之间互相的争吵掐架!十多年前就开始兴起的相亲节目,现在突然变得十分火爆,并引起了激烈的争论和深度的思考。一台大众性的相亲节目所引起的爆炸似的新闻效应,它背后到底隐藏着什么值得大家关注的东西呢?

十多年前,上海东方电视台的相亲节目《相约星期六》和湖南电视台的《玫瑰之约》,是为了给每天匆匆忙忙的上班一族提供一个相遇的平台,一个彼此相识的机会。这一活动,的确使不少"有情人终成眷属",成就了不少夫妻。每年都要有一堆相亲的宝宝生出来,这些夫妻抱着孩子来到电视台,感谢电视台成就了美好的爱情和幸福的家庭!这种老派的相亲节目的特点是:为社会上的青年提供相遇相识的爱情的平台;重视节目最后的成功率,配对成功与否是节目关注的焦点;对参与节目的嘉宾有严格的条件和要求,事前要进行调查和筛选。以保证参选者的人品(包括品行、长相)和经济条件的真实可靠性,尽可能排除条件的虚假性和情感的虚伪性。

可以看出,传统的相亲节目是以服务社会为目的、目标,是以追求真实、真情为条件,是追求实在,各方面越实在越好,反对虚假和矫饰。然而,新派的《非诚勿扰》相亲节目的特点在于:

第一,参与者没有什么门槛:女嘉宾中,美若天仙也可,长相平平的也可;男嘉宾中什么人都有:有住地下室的穷困者,有游手好闲的"富二代";有未婚的单身汉,也有上有老下有小的单亲爸爸。所以,这档节目又引出一些新的网络词汇:"拜金女""圣母""才女"等等。

第二,整个"相亲"节目不像是相亲,而像是选秀。因为选到最后,不是因为你美丽而受到青睐,也不是你有钱就能获得胜利。这整个过程中,男女双方都赤裸裸地表达自己心中的各种欲望,并把这些欲望放大、抬高。

第三,《非诚勿扰》故意安排不相称的相亲比例:一个男士必须面对二十四个各种各样的女性。这种安排看起来似乎很有一些男权主义的意味:一个男人可以在二十四个女性中随意挑选一个当自己的女朋友;而每一个女生却只有二十四分之一的机会和成功率!"非诚勿扰"的节目规定:只要女生没有被男士带走,你就得继续不断地同新来的男士周旋! 为什么要这样安排呢? 其目的是让女性尽量展示自己迷人的特点。狼多肉少,你不尽力炫耀和展示,你可能什么也捞不到! 你在摄像机中什么影像都留不下来! 所以,炫耀就成为这个节目的目的。

第四,为了有充分的机会炫耀自己,让自己成为现场和电视机前观众的注目对象,就必须想法引人注目,尽可能在摄像机中占据更多的画面。因此,最聪明的办法就是不要被别人选走,而留下来不断地巡视一个一个上台来的男士。巡视多了,不仅更加引人注意,而且还能选上最满意的情郎。同样,男士也尽量用最华丽的展示炫富、炫穷,以博得别人的羡慕或同情。

第五,怎样才能够不被人爱上并带走呢? 你就得让眼前的男士不敢要你,不敢高攀你。因此,就得在炫耀中,故意把眼光放在离谱的高度,让男士望而生畏,不敢摘下你这朵带刺的玫瑰。所以,你就得用最挑剔的态度、最刻薄的话语、最雷人的词汇来达到语不惊人死不休的效果。

第六,在一系列夸张的、不靠谱的、刻薄的问答中,最充分地表达了自己的贪欲和人生的全部观念。炫富和贪财成为相亲的主要内容,金钱也就被看做是人生的最高的价值。例如,被网友称之为"史上最刻薄的拜金女"——年仅20岁的马诺就说:"听你说话,我就觉得你欠抽!""我就是喜欢奔驰和宝马!""我宁可坐在宝马车里哭泣,也不坐你的自行车!""我交过的七八个男友仅仅是零头!"有的嘉宾以婚恋的名义对其他参与者进行恶毒的羞辱或人身攻击,例如,有的理直气壮地质问参与者:"我家有两台法拉利车,我可以找到有两辆兰博基尼的人,那么你有什么?"有的甚至大谈低俗的涉及"性"的话语:例如湖南卫视台"我们约会吧"中,有一位女嘉宾表示:"想找床上经验丰富一点的!"同样这台节目中,还有一位女嘉宾说:她想追求的婚姻生活是"饭在锅里,我在床上!"被网友称之为"拜金女""毒舌"的马诺后来面对记者,直言不讳地说:她上这台节目的目的"不是为了'找对象',而是为了找机会进入娱乐圈。"她说这些惊人之语,这些"过火"的言论是为了彰显自己的个性,希望从众多的嘉宾中脱颖而出!一时间,马诺的赤裸裸表达个人欲望的这些"名言",使她成为万众震撼的、被人热议的电视"红人"! 她同小沈阳一样,一夜走红,万众注目! 这充分地说明了这档电视节目不是为了服务社会,目的是为了走秀,为了提高所谓的"收视率"!

但是,其中所显示出来的80后的青年人中,有一些人存在着严重的享乐主义和拜金主义的思想。享乐主义和拜金主义直接导致了"不择手段、坐享其成"的走捷径的思想,把自己的青春、美丽和才华当做商品来交换或出售。这种人生观在任何社会中都是不能得到赞同的。即便是资本主义社会,也非常强调个人奋斗,赞美通过努力和艰辛来实现人生的超越与梦想。例如,美国著名作家杰克·伦敦就是如此。

三、如何看待当下的中国大众文化现象?

从学术研究的角度应当怎么看待这些现象？这种新兴的大众文化现象背后蕴藏着哪些思想观念？代表着民众什么样的诉求？这些都引发了我们的思考。

对于当下大众文化，总体上讲有以下几种不同的态度：有的嗤之以鼻，不屑一顾；有的十分反感，认为应当取缔和禁止；有的认为大众文化低俗、庸俗、无聊，是对文化的亵渎；有的认为大众文化一味投合民众的喜好，大众文化的主要特点是"媚俗"。而有的人则认为，大众文化具有喜闻乐见的亲民特点；有的人就是热衷于各种大众文化的形式，成为大众文化的粉丝、钢丝。面对如火如荼的、呈泛滥之势的大众文化和人们的众说纷纭，我们怎样对大众文化进行深层的解读呢？

当下中国大众文化有四个值得充分肯定的特点：

首先，当下的大众文化内含有反对一元化中心、主张多元共存，主张多种形式、多种风格并存的民主与平等意识，而民主和平等意识是创建和谐社会的重要的文化基因。

模仿现在已经风行全国。其实每个人在卡拉OK里边唱的，某种程度上讲都是模仿。现在的"星光大道""非常6＋1"等，就是公开地鼓励模仿。模仿秀里边出了那么多人才，的确也是群众化的一种出明星的一条道路。

为什么上述几种现象在近几年一下子走上整个电视屏幕？为什么原生态唱法一登上电视舞台，就那么受欢迎？得到那么高的评价？为什么对原生态唱法的评价远远超出了对"学院派"民族唱法的评价？怎么看待这种看似奇怪的文化现象？其实，这种文化现象背后有一种反叛意识和挑战意识。这种反叛意识的积极意义在于挑战传统的一元文化中心，挑战当下的霸权话语、挑战某些权威，你能唱我也能唱，这就是后现代文化的一个重要特点。群众中蕴藏着人才，的确通过这条道路也出现了很多人才。

其次，后现代大众文化具有反叛性，追求民主性。它反对霸权话语，反对垄断。现在社会是多元化的世界。社会形态的多元化、思想观念的多元化必然要体现为文化上的多元文化。多元文化就是要通过形态样式和思想观念的丰富性来体现。就好像一道大餐总应当让某些调味的小吃和糕点上桌吧！

比如"山寨春晚"这种民间的文化现象，它们的影响力，不在于量，而在于内在的反叛性、挑战性以及平等意识。据互联网上报道的北京"山寨春晚"的组织者施孟奇说："央视是阳春白雪，我们就做一点下里巴人的东西。""穷人有穷人的乐子！"我们追求"自己动手，自娱自乐"。草根群众自己搞的"山寨春晚"已成为无数社会底层的人物寄托梦想的舞台。河北的农民工马长江自己创作了一首歌曲《同样是一年》，自创自唱。在演唱前，他的脱口秀说："央视春晚一是门槛太高，二是都是艺术。春晚不应该全是艺术，也应该有点让老百姓提神的兴奋剂……不要像春晚那样定在12点欢呼，一秒不差，真是精致了！'山寨春晚'不需要那么精致，要粗一点、野一点的东西。"他们的态度，正说明了"山寨"现象是一种文化象征。山寨文化是草根文化的延伸，它契合了当下大众文化的勃兴。具有反权威、反垄断、反精英文化的平民化特征。

如何看待"山寨春晚"呢？对于这个问题，就要有一种创新的，甚至说多元化的意识。面对人们的这种追求，不要简单否定他。这种现象的背后蕴藏着一种民主意识、平等意识。你可以唱我也可以唱，你唱得好成名了，我也可以通过模仿秀之路成名，这就走出了一条普泛化的大众文化之路。此外,面对"超级女声""山寨文化"和"模仿秀"只有拙劣的模仿,而毫无创新的指责,我们应当怎么看?

当前的大众文化具有自由性(模仿的自由和创造的自由)和创造性。

其实,模仿与拼贴本身就是高科技时代条件下必然出现的现象。现代科技的发展,都是依赖跨学科研究的成果。只有通过跨学科的研究,才能够创新。跨学科就是学科知识上的拼贴和重新组装。任何成功的现代科技产品,都是多种技术和多种智慧的重构与重组。同样,在大众文化中的模仿与拼贴中,就存在着创新性,它激活了大众的创新力。仅就小沈阳的模仿秀而言,他就重新组装了单口相声、舞蹈、歌唱等文艺形式,把多种艺术形式加以巧妙地拼贴,这同单纯的鹦鹉学舌或形体模仿有很大的差别。再如,山寨手机,更是把品牌手机的若干功能加以重组,例如最先采用双卡形式的,就是山寨手机。有的山寨手机在外型上大胆创新,有的把外形设计为红色的"中华牌香烟"盒,有的采用了"青花瓷"的艺术造型等,在模仿中创新,历来就是人类创新的一种方式。不能一味地指责。

总之,当下的大众文化的特点可以归纳为:平等、民主、自由、创新这四点,正是现代中国社会进步的表现,正是我国民主化进程中必然出现的现象,这是一种可喜的现象。当下的大众文化有什么明显的弊病呢? 其主要弊病就是肤浅(平面化)、逗乐、低俗和极端的个人主义。

第一,平面化。即肤浅化、简单化。后现代时代人们的社会心态发生了很大的变化:面对的世界越简单越好。那些简单的、浅白的东西才能流行,才能生存。

在高节奏的生活中,在紧张激烈的生存竞争中,在千变万化的新潮面前,人们的心态发生了巨变。后现代时代的文化商品为了满足人们趋时骛新、追赶流行时尚的心理,为了大量促销,这种商品就具有"一看就懂""一看就会""照着做就行"的特征,这就是文化商品导致的"平面化""无深度"的倾向。它促成了人们享受的快餐文化的心理,促进了"光看不想"的倾向。这就是人们所说的"读图时代",只有一目了然的东西才流行,那些需要"深刻思索"和"不断理解"才能掌握的东西(如康德、黑格尔哲学),则被边缘化。现代社会提供人们大量的、各式的文化快餐,例如,漫画、卡拉 OK、网络游戏、流行歌曲、数码摄影等等。人们享受这些文化快餐,无需思索,无需钻研,一切随兴所欲,兴尽而止。可以说,后现代的生活方式就是以休闲、娱乐、游戏为主要内容的生活方式。全国电视,开心逗乐的占很大的比例,原因就在这里。

可以说,中国社会的现代化转型,决定了文化的商品性质。文化产品、精神产品成为商品,是市场经济发展中必然出现的趋势。因为,商品生产的风向标是消费,商品就是为了满足消费;消费的需求就是市场的需求;消费的趋向决定商品生产的趋向。培养人才的大学就被迫为了适应社会和市场的需要而改变知识的专业结构。传统的学科就处于被打压和萎缩的地位。然而,商品从来就追求利益的最大化,商品必须面对最大多数的消费人群。这最大多数的人群,就是社会上的大众。文化知识必须要大众来"埋单",高雅的文化被迫顺从、屈从大众的需要。歌剧演员不得不唱通俗歌曲,教授不得不写通俗学术著作,张艺谋、陈凯歌等人不得不拍"三枪拍案惊奇"和"夜宴"等市场片。

第二,狂欢化。就是单纯追求娱乐、逗乐、好玩、开心。"狂欢"活动源于中世纪欧洲的狂欢节。就是在特定的节日期间的全民的自由放任的活动。这种活动中人物的身份、地位都可以被消解、被颠倒;人们之间可以肆无忌惮地开玩笑、说荤话,只要高兴开心就行。狂欢化活动中，人们的行为话语往往从平日高雅的、精神的层面下降到低俗的、肉体的层面。所以狂欢化是同"性"的玩笑联系在一起的。可以说，一切民族的民间节目中都有明显的狂欢化因素。

当下的中国大众文化中由于文化的商品性质和消费性质，过去所强调的政治教育和道德教育的主导作用和种种限制，就降低到最低点。大众文化的正常形态被社会普遍忽视，高雅的、精英文化的引导作用尚不突出。这就形成了大众文化的"失范"现象。

大众文化如果要健康发展应当在政治文化和精英文化的引导下，不断地提升精神思想的高度，绝不能停留在仅仅只追求娱乐性、逗乐性的低级层面，它应当成为全民族精神思想的标杆，来显示民族精神的风范。

# 第十三讲　重构中国生死观教育的核心价值
## ——以四川汶川特大地震为背景

### 郑晓江

**主讲人简介：**

江西师范大学道德与人生研究所所长、哲学系教授，中国哲学史学会理事，中华炎黄文化研究会理事，中国实学研究会理事，武汉大学传统文化研究中心兼职研究员。主要研究中国哲学与中国文化，尤擅生死哲学与生命教育的研究。

在天地之间,无数的生命体竞相创生、成长、发育,但同时也在衰老、枯萎、死亡。每个有正常寿命者,除必须面对自我之死外,还必然要承受亲友过世的深重痛苦,这可以说是人生最大的不和谐。长期以来,中国的教育系统提供给广大公众的生死观教育,基本上还停留在战争年代中以"不怕死"为核心价值的内容与体系上,这已大大滞后于社会及文化的发展,给现代中国人带来许多生死困顿、甚至生死问题,这在四川汶川特大地震中表现得尤为突出。所以,有必要重构中国以"死是生活的中止,生命可以永存"及"由死观生"为核心价值的生死观教育。

一、生死问题的类型与特质

据有关资料显示,2007年,中国去世人口达到913万,以逝者一人有直属亲友六人计,则有5478万人面对生死哀伤问题;若以每一逝者约有10个的次亲朋友来计,则每年又有9130万人有生死之痛的问题。三项相加,中国一年约有1亿5521万人有生死问题。也就是说,中国每年有十分之一以上的人口面临生死问题的困扰。这是一个何等巨大并需要临终关怀和生死智慧辅导的人群啊!但是,由于一方面受中国传统文化喜言生、避谈死之观念的制约,另一方面受现代生活节奏快,人们多埋首于日常生活而少思生死问题的习性影响,大多数人对死及死后的问题几乎没有多少认识,一旦自己和亲人面临生死问题时更缺乏思想及精神的准备。因此,无数的临终者、逝者的亲属、朋友、同事常会陷入深重的痛苦和哀伤之中。

以2008年5月12日震惊全球的汶川特大地震为例。仅仅四十秒的时间,路断了,家没了,亲人也消失了……这次地震,给全中国乃至全世界人民造成了巨大的冲击、创伤和痛苦。按前面的模式来计算,至少引发120馀万人产生"丧亲丧友之痛"。很多无辜的生命在这次灾难中逝去,让人无限叹息。突如其来的灾难,伤害的不仅是人的生命和家园,还击破了幸存者的心灵空间。灾难中的幸存者,除了需要及时的生活物品的帮助,还面临着因重大灾难的创伤而产生的心理障碍。他们需要得到心灵的抚慰,如果不及时治疗和舒解,将长期影响他们的身心健康,甚至导致自杀和暴力等极端行为。

一般而言,人之死亡至少有三种类型:自然而死、突然亡故和预期而逝。人生中的问题是因人而异的,不同的人将面临不同性质的问题,唯有死亡问题是每个人都必然会遇上的,但每个人遭遇死亡时痛苦的性质是不同的。一些人身体好,生活平静,寿尽而终,这叫自然而死;另一些人可能因为体质不行或突遇水火刀兵、地震等而死亡,这叫夭折或突然死亡。在科学昌明之后,人类之死又有了另一种形式——预期死亡,即:由于医学的发展,可以运用技术手段预测绝症患者的生命期限,这称作预期死亡。

自然而死、突然亡故和预期而逝引发的逝者的死亡恐惧与亲属的悲伤程度是不一样的。自然死亡程度较轻,因为这样的人活足了该活的年限,且有了相应的心理准备;对亲属而言,悲伤程度也较轻,因为自然而亡者有一个渐进的过程,亲人们有了足够的思想、精神与心理的准备。而夭折和突然死亡者本人几乎没有死亡的恐惧与痛苦,因为他们是在不知不觉中死去,没有任何感觉;但亲属们的死亡哀伤则特别强烈与持久,因为他们完全没有心理及精神上的准备。而预期死亡者则不同于突然死亡,因为这些人已确定了死期,每天都在死神阴影下生活,在意识特别清晰的状态下,他们对死亡怎不万分恐惧和痛苦?而亲属们的死亡哀伤相应地也很强烈,持续的时间也较长。

2008年9月2日，温家宝总理在四川省汶川县映秀镇表示，汶川地震遇难者人数已超过8万人，即死亡69,000多人，失踪18,000多人，二者相加一共是87,000多人。四川汶川大地震中造成大量丧亲的死亡，就属于"夭折和突然死亡"的类型，但又有自身特点。其一、此次地震中死亡人数较多的是中小学生，有报道称约有万馀名师生在这次地震中死亡。亲人遽然离去，妻离子散，家破人亡，人间惨剧以此为甚——八万多逝者的背后，将有多少痛苦哀伤的心灵，如何接纳猝临的灾难，顽强地活下去？他们将如何应对被改变的未来，如何应对毫无准备的明天？尤其是那些未成年的孩子、从废墟里爬出来的孩子，空洞的眼神，残留着害怕与恐惧。他们遭受了巨大的心理压力和痛苦，怎样让他们摆脱黑暗的阴影，走出心理的重大危机和心灵困境？在某种意义上，人们对自我之死还能面对，因为它毕竟是人生中不可避免的结局；而突遇至亲的非正常去世，则令人无法接受，在心理及生理上也会留下严重的创伤，如哀伤、痛苦、不舍、焦虑、失落等负面情绪，这样的遭遇甚至会使一部分人丧失继续生活的意愿，由此便可能造成新的人生悲剧。其二、大地震中的死难者，不少都是尸无完尸、甚至"死不见尸"，其状惨不忍睹。并且，大多数的亲人都没有时间和条件让逝者获得一个正常、体面的葬礼。这一切都加重了丧亲者的死亡哀伤和痛苦。所以，胡锦涛总书记在2008年5月22日的中共中央政治局常委专题会议上提出要做好灾民的"心理安慰和思想疏导"，也就是说要从心理上引导受灾者走出困境，开始新的生活。由此，中国展开了有史以来最大规模的心理救助行动，数千名心理医生与学者在灾区展开了各种心理咨询与辅导的工作。但实际效果差强人意。据报道，北川大地震亲历者、幸存者，原禹里乡党委书记、县农业局局长、北川县委农办主任董玉飞于2008年10月3日自杀身亡。他在遗书中表达说："从抗震救灾到安置重建，我每天都感到工作、生活压力实在太大……我的确支撑不下去了。我想好好休息一下……。"从遗书中可以看出，工作压力是其走上自绝之路的主要原因……但为什么又说生活中的压力也"太大"了呢？可见，他选择自杀，还有一个难言之隐——他可能无法再生育了。地震中，董玉飞失去了唯一的儿子，他痛不欲生，但最终还是挺住了，并坚持戒酒准备优生，可是他却患了前列腺炎，这对生育有重大的影响，使董玉飞产生了严重的又难以为外人道的极度焦虑，其深层原因是中国百姓常有的"传宗接代""香火延续"的生死观在起作用。各种原因的综合最终导致这个精壮的羌族汉子走上了绝路。四川汶川地震灾民中，已经发生和将会发生的许许多多生死的问题，产生的原因当然非常多，但与中国大众长期没有受到健康与合理的生死观教育应该说是有关系的。

一个人回避死亡问题，并不等于可以逸出死亡之圈。人生中有许多事情可以回避，唯有死亡是逃脱不了的。其次，生前享尽荣华富贵，临终时却痛苦万分，这种痛苦会将他一生的幸福一笔勾销。还不止于此，许多人，因为至亲好友逝去，不能从死亡哀伤中超拔出来，从此郁郁寡欢，沉浸在无穷的哀思之中，不仅毁了自己的生活，且过早地迈向了死途。诸如此类的问题都说明，在中国开展死亡的教育，在民众中普及生死的智慧是何等的必要和迫切。

人类社会发展至今，已创设出相当完备的学习系统，相比于对"生"的研究，对"死"的教导则甚少，这不能不说是现代社会教育系统的重大缺陷。因为每个人都必然要面对生死问题，所以，我们必须从"学习生死"到"学会生死"。"学习生死"，即是对人之生与死各方面的问题进行研究、分析、探讨；而"学会生死"，则是在前者的基础上构建人生智慧与死亡智慧，来应对这些复杂的生死问题,并进而去解决人生问题,超越死亡问题。

二、对中国长期以来的生死观教育的反思

赵倩在《大学生的生命观问题的研究》一文中发现:"在是否问过父母或家人有关死亡的问题上,我们可以看到,选择'从来没有'以及'偶尔'的比例高达97.5%。这说明在这些家庭中,父母与孩子之间是极少谈到死亡的。"可见青少年在家庭中基本上没有关于死亡的教育,只能在社会及学校中获得关于死亡的知识。另据《当代大学生生命意识状况调查报告》,在对上海10所高校1008名大学生进行的问卷调查中,69.3%的大学生认为"人死了,生命就结束了,不会再活过来",25.1%的大学生认为死亡是"在这个世界消失,去了另一个世界",5.6%的大学生认为"人能死而复生"。而作者认为:"大学生由于阅历的增加、各种宗教的影响,对此问题的思索更为复杂,更易产生困惑。大学生不再像中小学生那样,对死亡这一抽象概念的认识仅仅停留于机械认识的水平。而这从另一个方面也反映我们对大学的马克思主义价值观、人生观教育的薄弱与缺失。"据笔者的调查,在谈到革命英雄人物的文章里,小学语文有一些关于生死选择的教育,而在中学、大学,生死观的教育基本没有,或甚少。于是,就出现了这一篇文章中提到的大学生关于死亡问题的回答。这篇文章的作者实际上是认为:大学生们对死亡的第一种看法是对的,而第二、第三种看法则是错误的,是受到宗教迷信或唯心主义的影响。在我看来,这三种对生死的看法都错了。人死决非"生命就结束了",只不过是"生活结束了";而人的生命可以在死后存在,并非"去了另一个世界",也不是"人能死而复生"。之所以有人这样认识死亡,我认为关键是我们原有的生死观教育无法提供给普通人看待死亡、对付死亡,并获得由死观生的精神性资源。绝大多数青少年都是普通人,由此产生了一系列严重的生死观问题,并形成生死实践中的一些恶果:逝者临终前极度恐惧与不安、亲人哀伤过度及青少年自杀、凶杀,甚至弑亲等问题,还有近年来逐渐增多的恐怖袭击、滥杀无辜等问题。这次四川汶川特大地震幸存者中也出现了严重的心理问题,心如死灰甚至自杀的人大量出现(丧亲者及自愿者都已出现),这些都暴露出我们中国人以往对生死问题认识的偏颇与贫瘠。

我们以往接受的生死观教育主要可以归结为三点:一是"人固有一死,或重如泰山,或轻如鸿毛"。这是毛主席在1944年9月8日张思德同志的追悼会上作题为《为人民服务》一文中的话。二是"生得伟大,死得光荣"。这是毛泽东为刘胡兰烈士题的词。三是"一不怕苦,二不怕死",这是1962年10月,印中边境自卫反击战中部队指战员们喊出的口号。这三种生死观的核心是提倡"不怕死",要求人们在"生""死"的面前,要勇于赴死。这集中体现在著名长篇小说《红岩》中成岗烈士所撰写的《我的自白书》中:

> 人,不能低下高贵的头,只有怕死鬼才乞求"自由";

> 毒刑拷打算得了什么?死亡也无法叫我开口!

> 对着死亡我放声大笑……

诗中表达的生死精神成为建国以后影响数代人最大的生死观,可以说就是我国当代最主要的死亡教育之内容。那种面对死亡还能笑得出来的精神,的确让无数青少年震撼和受用;在自觉与不自觉地影响和浸染下,许多中国人都逐渐地孕育出了"不怕死"的追求与行为。

当然,这些观念都非常正确、非常崇高,但从生死哲学上看都属于"生死抉择观",是回答人们在什么样的情况下,死亡是可以接受的,也是应该勇于投入其中的。此次四川汶川特大地震中,广大官兵显现出的大无畏救死扶伤精神与这种生死观的教育应该是有关系的。军人、党员在战争时期和特殊的救灾过程中,要争取胜利,必须既不怕苦也不怕死,为了胜利、为了事业,要勇于献出宝贵的生命。但在和平时期却要具体问题具体分析,不能笼统地要求每一个人在每一种状态下都不怕死,那就成问题了,也做不到。这三种生死观是在特定时期(战争年代)、针对特定人物(军人)、在特定场景下(为事业牺牲)而谈的,必须置于特殊的背景下来理解。著名作家毕淑敏女士在《预约死亡》一书中说:"我们这个民族不喜欢议论普通人的死亡。我们崇尚的是壮烈的死、惨烈的死、贞节的死、苦难的死,我们蔑视平平常常的死。一个伟人说,人固有一死,或重如泰山,或轻如鸿毛。我们就不由自主地以为世上只有这两死法。其实大多数人的死象一块鹅卵石,说不上太重,但也不至于飘起来。"

我们普通人在和平时期,特别是面对一般的人生状态,这种"不怕死"的生死观也许并不是一个好的生死观。正如"趋利避害"是人之本性一样,"求生惧死"也是我们的人性本然。孔子说:"暴虎冯河,死而无悔者,吾不与也。必也临事而惧,好谋而成者也。"那些徒手斗猛虎、赤脚过深河、至死不悔的人只是一些不爱惜生命者,对这些鲁莽行事的人,孔夫子既不赞成这样的行为,亦不愿与之交往;他只愿意和遇事谨慎,善于谋划而又能办成事的人在一起。道家始祖老子也明确反对"轻死",认为只有把生命看得重如天下者,方可托付天下与他。所以,我们每一个活在和平时期的平凡的人,一般而言不可能"不怕死",也不应该"不怕死",只是被那些适用于战争年代或特殊情况下的生死观教育抑制了人性的真实表达。尤其严重的是,这不仅是"怕不怕死"的观念问题,在相当程度上,它遮蔽了人们对生死问题的关注和思考,造成的负面影响是极其深远的。其一、阻碍了我们去接受和深思有关死亡的问题。因为在"不怕死"观念的主导下,有关死亡的问题被人为地推移到了遥远的未来,被搁置到我们不愿接触的意识深处。其二、让我们不能更加珍惜生命的时光,特别是不能为死亡预先做好各种精神心理的与物质方面的准备,以让自己走得更加放心和安详。因为死亡问题被遗忘了,生命时光的珍贵性便无法突显出来,我们还可能抓不住人生最后的时间做一些必要的事情,安排好应该安排的事务,享受自己特别想过的日子,而在死亡真正降临时,一定会陷入"好不甘心"的状态,这是一种生死品质低下的结局。其三、一些思想意识有问题、脾气又特别孤僻、行为比较怪异者,不怕死的观念就可能导致其不顾一切,做出反社会反人类的事情来,比如在泄私愤或恐怖袭击中残忍地杀害无辜的人,无理智地、盲目地破坏社会公共秩序等。

既然这种"不怕死"的生死观不适合于和平时期的普通人,那么,和平时期的普通人应该建构什么样的生死观呢?要解决这个问题,首先要认清我们面对的真实的生死问题是什么?一般而言,在普通大众那里,除了少数人可能遭遇生死抉择的问题之外,更易碰上以下五类生死问题:

其一、不相识者的死亡。生活中遇上的各种丧事,往往提醒我们死亡的存在,并在我们的心灵留下或淡或深的惆怅。这实际上是提示我们在面对人类必死的整体命运和每时每刻都在发生着的陌生人之死,应该抱一种什么样的态度问题。在生死观教育中必须讲清死亡的生理过程,传授动植物及人类生与死的物质基础,以及关于人类之死的特殊性的相关知识。

其二、亲人之死。亲人之死会给人们造成极强烈的心理震撼,并在脑海中嵌上深深的死亡恐惧,甚至演变为一种心理病态。生死观教育必须解决当人们面对亲属之死的时候,如何把悲伤情感控制在不伤身害体的范围之内,并尽快地从心灵痛苦中超拔出来,步入人生正常轨道的问题,这叫"悲伤抚慰"。

其三、自我之死。人有生便有死,无论是自觉还是不自觉,害怕还是不害怕,终有一天人将走到生命的结束。生死观教育应该预先提供给大众有关死亡的合理观念,培育人们在生死问题上的心理素养,使人们比较早地建构起面对自我之死的健康心态,这叫"临终关怀"。

其四、"死后世界"与"死后生命"的问题。一般而言,面对死者的死亡恐惧、亲属们的生死哀伤等构成了所谓"灵性的困扰",此中出现的种种疑问可以统称为"灵性之问"。当人们还没有面对死亡将临之际时,一般很难抽象地去设想自己将如何面对死。也有许多人说:我不怕死,我坦然得很;还有些人则说:我怕死,我怕得要命。这都是一些没有体验生死之际状态时超前的话,真正面对生离死别,人们可能会有完全不同的表现。曾建国《上海城市老年人生死观》一文中表明:对自然死亡的态度,非常害怕的有 6.3%,有点害怕的有 18.3%,并不害怕的有 74.9%。2007 年 10 月,陈金香先生对江西省老年大学 96 份有效问卷的调查发现:对死亡不害怕者占到总调查人数的 76.8%,有点害怕的仅有 18.3%。两次生死问题的调查时间间隔了 16 年,结果却惊人的相似:绝大多数老年人"都不怕死"。实际情况真的是这样吗?根据我长期对死亡问题的研究,一个人的生死观与其面对死亡将至时的生死态度是不相等的,有时甚至完全相反。"死"是人生的中断,引发的失落、孤独、痛苦、恐惧、绝望等精神状态是难以为我们这些活得很好的人所能体会的。台湾专门从事临终关怀事业的赵可式博士说,有一些很坚强的人,有一些甚至是很虔诚的基督徒,平时对生死看得很开,但一旦真正面对死亡,他们却惊慌失措、痛苦万分、无法接受。可见,一个人在生前或许有很健康的生死观,而真正面对死亡时的生死态度却可能表现为"不认",至死也无法接受这个人生的结局,以至"好不甘心""死不瞑目",恐惧与痛苦不堪。所以,谈生死观,人们尽可以崇高伟大、潇潇洒洒;但却可能在将死之际的生死态度上痛苦万分、无法自持。因为,理论是灰色的,生活之树则是长青的。那么,一个死亡将临者,最揪心的灵性问题是什么?一般而言,此时的人,一切世俗视为最大价值的财富、权力、美色等等皆无足轻重了。赵可式博士说,大多数绝症患者都想知道:死是什么?死后我到哪里去了?我会遭遇到一些什么?我是不是白活了?我这一生的意义和价值何在?这即是我们人"生从何来,死到何去"的千古一问!其实,无论是佛教、道教,还是基督教从根本上都是回答人们"灵性之问"之学。现代的生死观教育也必须回答人们"死后世界"的问题,为普通大众提供"死后生命"存不存在、怎样存在,为人们现世的生活提供方向与准则。

其五、人们还可能会遇上有关安乐死、死刑、堕胎、器官移植、"克隆"、自然灾难、核战争等关系到人类整体之生死的一系列问题。对这样一些主要是生命伦理学的问题,生死观教育中也应该为大众提供相应的知识,并培养大众正确地对待这些问题的方法。

总起来看,对上述一些普通人所遭遇到的生死问题,我们的教育是苍白的,缺乏内容的,基本上没有树立起生死问题上的正确导向。那么,现代中国人能否求之于传统的生死智慧来解决问题呢?其实,在中国五千年文明发展史上,中国的先贤先哲创造了非常丰富的生死智慧,曾经给了无数的中国人应付生死问题的观念与操作。比如,传统中国社会中的人,往往视生命与生活是非个我的,是家庭与家族大生命中的一个环节,所以其生存活动不仅是,甚至主要的不是为了自我个人的生活享乐，而是增加家庭、家族的财富，"为祖宗增光"。所以，死不过就是从"阳间"进入"阴间"，成为祠堂内的"牌位"，自我仍然是家庭、家族血脉中的一环，还可以为家庭和家族的延续做贡献；这样，他们在面对死亡时，就可因为子女儿孙生命的延续和家族的兴旺产生一种欣慰感，对死也就不那么恐惧了，此之谓"阴间与阳间"的生死智慧。而那些有着远大人生理想者，则更把个我生命与民族、国家的大生命相沟通，树立起"修身齐家治国平天下"的理念，这样就由民族与国家的强盛发达而获得安慰，乃至勇于赴死，获得对死亡的蔑视和超越，如此又何有死亡之恐惧？此之谓"立德立功立言"之"三不朽"的生死智慧。当然，那些有极高的精神修为者，则可以按中国道家的观念去做，视人之生与死如气之聚和散，亦如昼夜轮替，"方生方死，方死方生"；这样，人们就可以做到"死生无变乎己"，让精神"游乎尘垢之外，逍遥乎无为之业"，终则"入于不死不生"之超然之境，获得绝对的生死自由。此之谓"生死齐一"的生死智慧，真正拥有这样的生死观，又何会不甘心于"死"？如果人们信仰佛教，视现实的人生为"苦海"，而"死"则不过是轮回"六道"（地狱、鬼、畜众、阿修罗、人、天）之中介；人只要坚持修行积善，青灯黄卷一生，终则"悟空断苦，涅槃清静"，超脱轮回，入不生不死之"西方极乐世界"。此之谓"往生"的生死智慧，拥有这样的生死观念，并持守一生，亦可以从根本上解决人们的生死问题。如果人们信仰道教，则中国古代的道教发展出了完整的不死之理论和具体的操作，肉身不朽及生命不死是道教的核心问题。道教的思想家们指出，因为道、精气是天地之精华，万物之本质，是一种永恒不朽之物，所以，人们若想求长生不死，不过就是将自我得自天地之"道"、之"精气"保之存之养之而已。所以，道教千馀年发展出来的诸如导引行气、禁咒符箓、火候养丹、房中合气、还精补脑、守一思神、服食药物等等一系列的操作，无论其多么的复杂，也无论其多么的奇特，目的都是为了保持或激发人之体内的"道"和"精气"。传说中的"仙人"最重要的性质是"旧身不改"，也就是说他的肉身并非死亡之后的重新复活，而是其肉体本来就不朽、永恒、长久。道教追求"生道合一"即为"身道合一"，也就是说，人之生命及生命的承载物身体皆与道合为一体，那么就能够长生不死了。此之谓"生道合一"的生死智慧，人由与道合一之途径而成不死之人，这就是道教提供给人们达到永生的途径。人们若虔诚地信仰之，按之去行，也相当程度地解决了自我的生死问题。

上述这些传统的生死智慧，千百年来给亿万中国人以对付生死问题的观念性的资源，也相当程度地解决了人们的生死问题。从根本上说，传统的生死智慧的核心是"生死互渗"观。从表面上看，人之"生"与"死"的确完全不同，判然两别；但深入一步去思索，则会发现，"死"并非出现于人生命的终点，处于人生过程的最末尾，而是渗透于人生的整个过程之中的。也就是说，"生"包蕴着"死"，"死"则意味着"新生"，所以，"死"也可说蕴藉着"生"，这即所谓的"生死互渗"。一个文化素养不高者，通常可以从民间的"阴间"与"阳间"的死亡观念中去汲取智慧，从而达到"生死互渗"的体认；一个有极高道德境界者，可以从儒家"立德、立功、立言"的"三不朽"中获得"生死互渗"的智慧；一个有高超人生艺术者可以从中国古代道家"生死一体"的智慧走到"生死互渗"观；一个有宗教情操者可以从佛家"了生死"、道教之"生道合一"的智慧中获得"生死互渗"的观念，等等，他们因此而不同程度地透悟到生死的本质，获得了生死的大智慧，可以坦然而平静地走向死亡。

但是，近代以来，这些传统的生死智慧，一在1840年的"鸦片战争"中受到了"武器的批判"；二在1919年"五四运动"中受到了"思想文化的批判"；三在1949年之后受到"破四旧""破封建迷信"的"实务操作层面的批判"；当然更有1968～1978年长达十年之久的"文化大革命"，从文化观念到实际操作层的"全面抛弃"。于是，中国传统的生死智慧在现代中国不能说完全绝迹，也基本上已"奄奄一息"了。于是，现代中国人必然因为无法沟通生与死而更恐惧死、更害怕死，从而使人生的品质难以提高。为什么现代人比之古代人反而更难以沟通"生"与"死"呢？关键在于现代人更加"个我"化了。所谓个我化，即人们缩入个体之我的坚壳，认为生命是个我的，生活是个我的，人生亦是个我的。所以，唯个人之利是求，唯个人之欲是求，这种完全突显"个我"的人生观，固然能使人关注自己当下此在的生存、生活与人生，固然能抓住当下此在的物资获取及生活的享受；但在面对死亡时则必会感到一无依傍，人之死成了无可挽回的死，个体生命的丧失无法成为人类生命延续中的死，最个我化的生活与最个我化的人生也就导致了最个我化的死亡，而引发的死亡恐惧必然是相当强烈的。社会固然可以让我们嵌入生死抉择方面的"不怕死"；但真正面对死亡降临，我们哪一个人不是害怕万分呢？可是，我们又没有一种精神的文化的资源来对付死亡，于是只好硬扛着，许多人是在对死亡极度的恐惧中走向人生终点站的，这就导致了生死品质极低。更糟糕的是，在社会普遍性的宣扬"不怕死"的氛围下，绝大多数面对死亡者都不好意思对他人诉说死亡之痛，无法表达对死亡的恐惧与担忧，还得不到社会及专业人士的帮助及抚慰。他们也许深夜辗转反侧于睡榻，常常在内心自问：死是什么？死之后我到哪儿去了？现代工业化、技术化的对遗体的处置方式更加深了无数中国人的透心之凉式的悲哀。

所以，现代中国民众在生死问题上处于尴尬的境地：一方面，传统的生死智慧已然击碎，那些千百年来给民众对付生死问题的思想观念的资源已被遗弃。另一方面，现代生死教育的内容与体系又无法让人们应对复杂严重的生死问题，于是，社会大众在生死观上就出现了一些负面的认识，具体分析有两种影响甚大的生死观。一为"人死如灯灭"的观念。这种生死观告诉人们："死有什么呢？人一死了百了，什么都没有了，什么都不知道了；有什么可怕？一死烧之，一烧洒之，如此而已。"这是很危险的观念，人之肉身永存的观念是错误的，"人死如灯灭"的观念则更有问题，这会导致两种灾难性的后果：让人生前沉溺于肉欲，甚至无恶不作。或者心如死灰，寻觅不到任何人生的价值，丧失了生存与发展的人生动力，这是一种危险的人生观与人生实践方式。当今中国社会为何道德总体水平长期不如人意、为何社会上总有不少年纪轻轻的亡命之徒横行不法？甚至做下弑亲或恐怖袭击的滔天罪孽，除社会、家庭、教育等诸多方面的原因外，"人死如灯灭"的观念也是重要的原因，这是不可否认、也无法否认的事实。另一种错误的生死观是"二十年后又是一条好汉"，盲目地以为人的肉体生命必然可以轮回再生或者永恒存在，所以，死亡根本不可怕，产生一种毫无根据的"视死如归"的生死态度，并反过来导致了其在人生过程中怎样做都行，即便犯下重大罪行绑赴刑场时也可以毫不在乎。从本质上而言，持"二十年后又是一条好汉"的生死观的人坚信人无论做什么、怎么做，都必然轮回"人道"，是一种被肢解的佛教观与民间迷信的合和体，是非常错误的。这种生死观导致人们在现世生活中流于任意而不负责任。

上述种种情况表明，现代中国的教育系统必须立即重新构建中国生死教育的核心价值。

三、建构健康合理的生死观

四川汶川特大地震,由于信息的公开,亿万民众在第一时间面对逼真的图像,看到了无数生死大搏斗的场景,人们热泪盈眶,哽咽无声,感同身受。跳出具体的地震本身来看这个事件,这可能是中华人民共和国建国以来,中国民众受到的最广泛、最深刻的生死教育。于是,现在有了千载难逢的契机,来重构并大力推行全新的生死观。

由此可知,在我国现行的教育系统中生死观教育不是没有,也不是内容不丰富,而是教育的内容有偏差,不是"缺位"而是"错位";此"错"不是"错误"的"错",而是"错位"的"错"。也就是说,是以"生死抉择观"替代"生命价值论",这已经抑制了中国人生死品质的提升。从某种意义上说,也是导致现代中国人严重生死问题的深层原因之一。我们必须汲取传统生死智慧之精华,来重构我国当代生死观教育的核心价值,让人们懂得生命的神圣性和最为宝贵性,培养其高尚的人文精神和道德人格,去珍爱自己的生命,也尊重别人的生命,承担自我的公民、家庭及社会责任。所以,在四川汶川特大地震的背景之下,我们必须要为现代中国人建构健康合理的生死观,尤其是死后生命观。其核心价值,我认为至少包括以下三个要点:

第一,要尽快让全体民众摒弃"人死如灯灭"和"过了二十年又是一条好汉"的生死观。"过了二十年又是一条好汉"的生死观盲目地以为人之肉体生命通过"轮回"可以重生人间,从而消解了遵循社会规范的必要性和自觉性,终至滑向无恶不作的任意性。"人死如灯灭"观念仅仅看到人之生理生命,其"死"自然是"如灯灭",但这无疑是把人的生死等同于动物的生死,人的生命等同于一般动物的生命。就人的生命而言,"人死"绝不会"如灯灭",因为人之生命有三重性:一是"生理性亲缘生命"。人之生理性生命决非一般的生理性生命,而显现为生理性亲缘生命,其在生理层面传承的父母的血脉都非完全自然生理的,而是千百年人类生命、文化与文明凝聚而成的血脉,其禀赋的是社会性的亲缘关系。二是"人际性社会生命"。人之生命之所以称为人的生命,其关键就在人生活于社会之中,与社会其他人和组织结成复杂的关系。三是超越性精神生命。人类的超越性精神生命的内核是精神、意识、思维,能对客观事物进行价值判断,是一种研究、分析、反省、思考对象的智慧,是一种情感、心理的综合体,也是人类文化与文明的承载体。这些人文性生命的生死与人之生理性生命的死亡并非同步,有可能在人之生理性肉体生命亡故之后存续下来,以至永恒不朽。

第二,树立合理的生死观:死是人之"生活的中止,但生命可以永存"。人之肉体生命一定会死亡,不可能有什么"再生",所以,不要试图去追求所谓"二十年后又是一个"式的"肉体生命"的永久存在,关键在求得自我之人文生命的永恒。

首先,人之血缘、人际的社会生命的生死与生理性生命的死亡并非同步。一方面,在人们生理性生命终止之前,人们的血缘、人际性生命可能提前死亡。这意味着这个人没有后代,所以,没有血缘生命的延续;亦意味着他或她因为衰老或疾病等而与社会隔绝,人际关系的生命也停止了。另一方面,我们必须意识到,从大多数人生存的实况来看,人们一般都会有后代,所以,逝者已矣,但却因其有绵绵不绝的后代,而使其血缘生命在生理性生命终止之后仍然存在。而且,人们在社会中生活数十年,人际关系的建构非常复杂、非常丰富,即便其死后,仍可能有众多的人记得他或她,这样,其生理性生命虽然终止了,可其人际的社会生命应该还在延续。这就是中国古代贤哲常常念叨的"天地有好生之德"的本意,主宰宇宙万物的"生生之德"

使万事万物永不止息地创生与成长。为配此"天德"，中国古人特别重视血脉的繁延、对逝者的丧葬和祭祀，这都是为了让逝去者的血缘生命与人际社会的生命能够永存。

其次，人之精神生命的死亡与生理性生命的死亡亦非同步。当然，也许一个患了严重疾病者，在生理生命终止之前，如果其已无任何的精神活动和意识的反映（即所谓"植物人"），且他也没有在生前创造出一些永恒性的精神产品，那么，可以说其精神生命早于生理生命而终止了。还有一些人，他们的生理生命正常，但却因为人生重大的失落与挫折——比如遭遇"白发人送黑发人"的惨况——而心如死灰，对周遭喧嚣的花花世界一点都没有兴趣，心灵完全闭锁，形如"活死人"，此人的精神生命也可以视为已终止了。不过，这样一种状况是可以改变的，通过悲伤抚慰的工作，人们可能会逐渐地治愈人生之痛，恢复意识与精神的活动，这时其精神生命就复活了。也有许多人，生前创造了一些永恒性的精神产品，如自然科学、社会科学和人文科学等的发明创造等，那么，在生理生命终止之后，因其"立德、立功、立言"了，则其精神生命永存于世。这也即是对死亡的一种超越。比如，在抚慰汶川大地震中失去孩子的父母的心灵时，应该求助于人类精神之超越性，由逝者生命的永存来安慰丧亲者。我们一定要破除"人死如灯灭"的观念，告诉他们，死是人生活的"中止"，不是生命的"终结"；逝者虽然已亡，但他们的生命还在；死亡并没有毁灭一切，亲人的生命是可以永存的。逝者以其消失了的生命拯救了生者鲜活的生命，让无数生者的生命得到了成长。所以，我们必须坚信：逝者还活着，他们以另一种形式活着；死亡并没有截断一切，只要我们永远记住他们。

从以上两点来看，人们都要坚信：从人文生命的角度而言，死亡是人生活的结束，而非生命的终结。意识到这些道理非常重要，可以让人们在由死观生中明白自我的人生责任：一是将个我之生命与亲人之生命相沟通，将自我与家庭家族融会贯通而为一，这样，个人生命虽然必在某时某地归于结束，但血脉却在家庭家族中绵延不绝，此为"虽死犹生"。做到这一点的关键，正在践履"孝"道。二是将个我之生命融入社会国家之大生命中，治国平天下，从而载之史册，传之久远，是为不朽，此为"虽死犹荣"。做到这一点的关键，正在尽其"忠"。"忠"于"君主"、忠于某个人固然不对，但忠于国家、忠于人民、忠于职守还是要大力提倡的。三则是沟通天人，将"小我"之生命汇入自然宇宙之"大生命"中，即道家的"自然无为之道"与儒家的"生生之德"，借助于后者之无穷无限性，获得自我生命的永恒，此为"虽死而永存"。做到这一点的关键，在发显"无为之道"与"仁"德。达到了这种境界，我们才能说实现了中国人"生"与"死"的和谐，也就实现了人生最高的和谐。

第三，我们必须区分生死抉择观与生命价值论。生死抉择观是说人们面对是生还是死的境况时，应该按什么样的价值准则来做生死的选择。一般而言，任何一个社会及意识形态，都会倡导一种价值的选择标准，让社会成员在特定的情况下，为了某种社会国家、民族及政治的目标而放弃生命，勇于赴死。而生命价值论讲的则是，人的生命为"本"、为"体"，其馀一切都是"末"、是"用"。因为，一者人的生命是不可重复的、不可让渡的、是会死的，所以，人生命的存活是唯一的；其次，人的生命是万物之"灵"，是天地之"心"，还是宇宙之"精华"，所以，生命又是神圣的。二者都揭示出一个真理：人的生命弥足珍贵，在任何外物面前，生命的价值最高最大；在任何情况下，保护人的生命都是第一位的。作为普通大众，尤其是处于和平时期的青少年而言，更需要的是生命价值论的教育。

以往我们的社会对人生命的关注还很不够,一个重要原因是观念有很大问题。过去我们往往过分强调社会集体本位主义,甚至于以牺牲个人的生命为代价;并过分强调人的社会属性,常常为了社会的某种目的而牺牲个人的自然生命。在我们的社会中,常常把伟大的英雄人物与牺牲等同,好像如果一个人没有牺牲生命,就构不成一个高尚的人,就算不上英雄。如今,在大力提倡科学发展观、和谐社会理念的今天,应该回归到提倡以人为本,关注人的生命,不要轻视、漠视生命。我们应该关注人的生命的完整性,不能以人的社会性来压制、牺牲人的自然属性。人需要活着,要有意义有尊严地活着来实现生命的价值。我们再也不能打着集体的旗号去牺牲个人了,比如以前提倡青少年学习"救火英雄赖宁",盲目地以保护国家财产为号召,却忽视了青少年生命的保护。在美国,处理的方式就不一样,有一个经常被引用的例子,讲述的是美国某小学发生火灾,许多学生从火海中逃离出来,老师发现少了两个学生,于是命令所有的学生到火场外去寻找他们。原来一位来自中国的同学没有向老师报告,就奋不顾身地冲进火海而不幸遇难,而他要救的那两个美国小朋友早就顺利地逃生了。美国的学校并没有表扬这位"小英雄",校方反而因为没有教好中国学生如何逃生而受到地方当局的处罚。美国人的这一做法,值得我们的教育工作者学习。

　　所以,虽然现代社会仍然要提倡当一个公民面对歹徒行凶、遭遇到陷入危险境况中的他人时,我们每一个人都应该挺身而出、援之以手,要有不怕牺牲的勇气和行为。在四川汶川大地震中,十万大军与无数的志愿者们全力以赴,也表现出了不畏艰险、不怕牺牲的崇高精神。在这种特别的情境下,"生死抉择论"的观念与行为还是需要的。但另一方面,我们必须意识到生活在和平时期可能不是人人且时时都会遭遇到献出宝贵生命的紧急状态的;还要有评估可行性的意识在内,避免不必要的生命损失,这与战争时期鼓励人们无条件地献出生命不同,和平时期每一个人的生命都是同等宝贵的。所以,一方面,如果现在我们不加区分地在生死教育中鼓励并要求所有的人都要不怕死,要死得伟大、光荣、死得"重于泰山",结果就出现了小孩子在没有基本的救难知识与设备的前提下,不知躲避危险,盲目地冲进火海救人、跳进水中救生,人没有救着,自己却牺牲了。另一方面,作为普通的大众来说,除了"生死抉择观"的教育外,还有着同等重要的其他的生死观教育,那就是生命价值论的教育。关键在于,我们不能用生死抉择观替代生命价值论。生死抉择观应该包括在生命价值论这个更大的范畴之内,是生命价值观在特定状态下的一种表现,亦即为了某场正义的战争胜利,或某个崇高的事业,我们要勇于献出宝贵的生命。而生命价值论所要确立的标准是:无论在任何情况下,面对任何事件,人的生命都是最宝贵的。因此,保护人民生命的安全是社会及政府的第一要务;而呵护自我生命的健康成长应该置于所有人最优先考虑的事情。这样,在大力提倡和谐社会、科学发展观、以人为本的今天,在很少遭遇战争年代那么严重的生死抉择的年代,我们应该建构合理的生死价值观,在任何情况下都不应该走放弃生命的自绝之路;而在灾难降临时,要尽可能地保全自己宝贵的生命。特别是我们必须意识到自我生命的宝贵,也要推而知之他人的生命亦弥足珍贵,对任何他人的生命的残杀都是不能允许的,这样才能大大减少反社会和恐怖主义的行为,使社会与人生更加和谐。

# 第十四讲　风水的科学理念与创意

叶春生

**主讲人简介:**

中山大学中文系教授、博士生导师,中国民俗学会副理事长,广东省民间文化遗产抢救工程专家委员会主任。主要致力于民间文学、俗文学、民俗学、岭南民俗文化及神秘文化的研究。以其为代表的民间文学、民俗学以及民俗文化的学术研究——岭南学派备受国内外学者和专家关注。著有《简明民间文艺学》《岭南俗文学简史》《岭南民间文化》《广府民俗》《广东民俗大典》《俗眼向洋》等。

风水实际上是人对生态环境的一种理念，当今社会科学发达，但还是有很多不能解决的问题。整个宇宙都充满了一些不可理解的现象。著名的科学家牛顿发现了万有引力，人家问他地球为什么自转又公转，他解释不出来，就说是上帝踢了它一脚，所以它就自转又公转，因此，后来他转向学神学宗教。实际上，上帝也好、神也好，只是人类文化研究史上的一个符号、一个因子，这些引起古怪的神秘现象，天生就跟我们结了缘。所以，一定要以我们的天目去看，才能看得到。看世界，除了要打开天目之外，要换一种思维方式，就是灵感思维。著名科学家钱学森同志曾经讲过，人类想问题有两种思维，一种是形象思维，一种是抽象思维，另外还有一种是灵感思维。很多大科学家的发明都是在灵感思维中创造出来的。

　　钱学森同志还讲了一个例子：一个小孩如果生下来就全盲或者全聋，等到他长大以后，不会认为太阳是方的，他知道太阳是圆的，就是靠他的第六感官来感悟。风水学讲的就是这些东西。一般人看不到，但是另一个人可以看到。现在区分科学与不科学的概念，是不科学的，这句话是一位得过诺贝尔奖的科学家说的。现在科学解决不了的就不科学，这是不对的。科学发展是无止境的，现在科学解决不了的问题，也许将来就能解决了。我们老百姓经常问，到底是先有鸡还是先有蛋？这个问题一直到现在没有解决。最近有人证明，是先有蛋，才有鸡。可是，蛋是从哪来的呢？没有鸡，谁下的蛋呢？我们今天研究这些问题就是想把这个玄学显示出来。

　　一、《易经》与《葬经》的风水意蕴

　　《易经》这本书单是"易"字就有很多学问。"易"字，上面是个日，象征阳；下面是个月亮，象征阴，阴阳结合，合起来就是易字了，即阴阳交变的意思。说到房地产，《易经》里的风水，主要有两个，即"风"和"水"，风水是《易经》的后天八卦中的两卦，也就是巽卦和坎卦，风是巽卦、水是坎卦，这里边的风水跟我们一般讲的风和水是不一样的。这里所指的"风"不仅是指流动的空气，也指一定范围内宇宙物质能量所形成的"气场"。这里所指的"水"也不单是指自然界灌溉或饮用的水，更指地球磁场能量所形成的"地脉""地气"。这些东西靠我们的内气来发现。

　　先天八卦跟后天八卦的问题是风水的主要问题。这两个的区别主要是，先天八卦北面在上，南面在下，我们一般看的地图就是这个；后天八卦正好倒过来，北面在下，南面在上，这两个八卦的作用是不一样的。先天八卦是定乾坤，后天八卦用来分阴阳、相五行，多用于堪舆，就是风水学，"堪"指天，"舆"就是地。

　　现在一般讲风水都是以《葬经》为基准的。《葬经》相传为晋代郭璞所作，其实是唐宋时期的作品，全书不足两千字。"风水"这个名词最早就来自《葬经》。书中最关键的就是这段话："风水之法，得水为上，藏风次之。气乘风则散，界水则散，界水则止。"什么叫做"生气"呢？这个"生气"跟我们一般理解的"生气"又不一样，凡宇宙间新兴而生苗之气，与"萧杀"相对的，叫做"生气"。这种生气，"在天则周流六虚，在地则生化万物。天以生气为资，地以生气为载，生气聚于地中，五气行乎地中，发而生乎万物，水为气之母，脉气靠水运送，故寻龙点穴，依水流而引证"。这就是《葬经》的基本观点。

　　所以，到一个地方去看风水，就是看风水四科。这四科包括"龙""穴""砂""水"。"龙"是指山势，山势起伏蜿蜒如龙，以雀跃翔舞为佳。城市里边没有山怎么办？那就以屋脊为龙，以街道为水。"穴"指土中气脉结聚处,山水相交、阴阳融凝的地方,就叫做龙穴。"砂"指穴前山案,乃气脉之卫士。所谓"后有靠,前有照,左右有抱,水中有泡",就是指"砂"。"水"指自然界的水,更指地脉地气。城市以街巷为水。

比较理想的风水,应该是北边有山,东边有水,南边有路,西边有树。但是这么理想的地方很难找,买到房子以后,我们可以再根据自己的命格和爱好加以改造。

二、城邑的选址

建筑风水的核心是研究择地、方位、布局与天道自然,人类生活的协调关系,重点在指导我们如何顺应环境来解决建筑的选址和布局等问题。关于城市城镇的选择,我们主张先考大舆之脉络,要求两山之中必有一水,两水之中必有一山,水分左右,脉由中行。这样的地方,一般就可以建城市或者村镇。但一般人只看到水,以为有水就有财,要看到水是怎么来的,是弯弯曲曲的? 选址在弯内还是在弯外?

下面举一个具体例子:韶关有两条水,城市正好在两条水的中间,但是韶关为什么发展不起来呢? 他们说要打开山门,我说不对,主要的问题是韶关在两条水的弯背。城市要选在水的弯内,不要选择弯外,而韶关正是在两条水的弯背,这是它的主要缺点。

水再到山,所以选的时候,"气"要大,"龙"要旺,"脉"要远,"穴"要深。"气"是指"环境容量","龙"指山川走势,龙气大则建都会省郡,气小则建县邑市村。有一句话,"京都府县,其基阔大,其基既阔,宜以河水辨之,河水之弯曲乃龙气之聚会也,若隐隐与河水之明堂朝水秀峰相对者,大吉之宅也",意思就是指房子最好是面迎秀峰,选择在河水的弯内,前面明堂要开阔,这样的地方就可以建大城市。从此可见,选址的时候,水比山更重要。世界各大都会,都在沿江或者近海的地方。在现实生活中,水在工农业生产、交通运输、能源、环境保护中都发挥了重要的作用。我们更把水看成财源的象征,俗语说"有水就有财",很多城市都选址在大河旁边,没有河的也要挖一条护城河,在客家围龙屋前必有一口池塘,便是这理论的实践。

所以理想的环境是"前有照,后有靠,左右有抱,照中有泡"。意思就是前面要有屏障,屏障中要有水泽,两边有环抱遮挡之势,后面要有依靠之势。例如香港西贡的豪宅地地形,它后边是有靠的,两边有山水,但左边太低,它有"青龙挥手",但是"虎强龙弱"。如果我在那建房,就要把这片山铲掉,变成"龙强虎弱"。

地理环境的选择还有一个佐证。浙江温州古城是东晋的风水祖师爷郭璞亲自选定的,城市建成像一个斗,是按照北斗星的图像来设计的,在封建社会,可以说是比较稳固的,易守难攻。但是它也很难发展,温州在改革开放以前城市发展很慢。近十几年它打破了这个格局,向外拓展,所以变化很大。这里要注意的就是,现实环境是复杂的,不一定按照我们的想象来安排,地球的气层也是在不断变化的,因此风水中说的地利可以通过人类本身加以改造。

复杂多变的自然环境,并不是一切都适从人愿。地球气场不断变化作用于人类生活所造成的好坏吉凶,即风水中所谓的"地利"与"凶煞",亦是可以通过人类自身的努力加以改变的。研究风水,就是要探究天道自然对人类的影响,发扬有利的一面,改造不利的因素,或设法避之,即"化煞"。

我们平常讲的风水其实有大中小三个层面,"大"的是国运,整个国家国运不昌,你的"风水"无从谈起。"中"是区域、城市,比如岭南、广东。"小"是指一个家庭、一个人的命运。这实际上就是所谓的"天时、地利、人和",这三者是天、地、人的统一。

中国的风水学基本上分为两个派别,一派叫"形势派",又叫峦头派;一派叫做"理气派",比如广东人买楼有句口头禅,"有钱难买东南楼",就是理气派的说法。在广东地区买楼,建议买坐西北、向东南的。因为南方日照时间长,高温多雨,空气潮湿,夏天可避免西斜烈日暴晒,迎取凉爽的东南风,冬天可以得阳光充分照射,又可避凛冽的西北风。这样的房子冬暖夏凉,最有"生气"。

但是命格不同的人,包括选楼(阴宅、阳宅)都是一样的,某人住很好,但你住不一定合适,这个问题也是要注意的。东南楼还有一个说法就是,东南方是正位,一般来说正南正北的房子是皇帝或者高官才能住的。现在的房地产商,都不敢做正南正北的,一定要歪一点点,皇帝宫殿可以这样做,或者起码省政府可以这样做,一般人不要这样做。

老百姓在长期的生活实践中,总结出一套健全的分水理论,就是刚才说的"龙、穴、砂、水","龙"指山势,宜逶迤起伏,方有气势,避免僵直尖屑,气脉槁枯。"穴"指土中气脉结聚处,山水相交,情之所钟。"砂"指穴前山案,乃气脉之卫士。所谓鲤鱼守水口,狮子把门楼为之吉地。"水"为气之母,有山无水休寻地。俗语说,有水即有财,这和我们今天说的路通财通是一个意思。风水学早把水和路视为一体。

建筑风水还与人的信仰息息相关,百越先民迷信巫术,多崇鬼神,从选址到乔迁均按"风水术"判断"吉""凶"。所谓"山环水抱必有气,有气事事方顺意",来龙要蜿蜒起伏,不要僵直尖屑。前出探头,家出贼寇;后出探头,家出王侯。在这山水之间,水显得特别重要,谓看山先看水,"有山无水休寻地"。看水亦须讲究,要择水之湾内,不要选湾背;要河之右岸,别居左岸。水要弯曲:"水见三弯,福寿安间;屈曲来潮,荣丰富饶。"地势要前高后低,不要后高前低;还要南北长、东西窄,千万不要东西宽南北窄,避免子午不足。动土、乔迁之日都要"拜四角",请太岁神保佑,兼避煞辟邪等。

过去建房,动土必择黄道吉日,上梁还要择吉时,放炮、挂红、书写"上梁大吉、姜公在此"的符镇。现代把"动土"称为"奠基",请位头面人物来参加奠基典礼,拉上有关单位献个花篮祝贺,雇个军乐队吹打造势,报上一登,社会便知道某家或某地盘的来头,同样起到"辟邪挡灾"的作用。

所以不管信不信都要做。现在一般的政府部门不做了,但是老百姓还做,特别是搬家的时候,搬家公司给你搬进一个新家之前,要拜世家的。文明一点的,在房子四个角烧点纸;不太文明的,在房子四个角撒一泡尿。这个就是民间的所谓拜世家的一种方法。

从空间布局来看,传统建筑民俗最讲究的是"水口"。"水口"一定要有关拦,财气才能守住,过去多建塔以"镇琐"。珠江口有三个塔,即赤岗塔、琶洲塔、莲花塔,雄踞珠江各支流入海口,成为省会的华表。引纳中原之灵气,填补广州东南水口之空虚,在风水、景观方面都有一定作用。

空间的布局第二个重点是门口,包括过去的城门、建筑的楼门以及住房的大门。门口是一个家的守护神,北门是引气的,是生气位,所以北门要高大,东门次之,南门再次,西门要特别谨慎。有好多地方是不开西门的,延安城就没有西门。西门是鬼门,最好不要开西门。即使开,也尽量开的小一点。从地形方面来说,大门尽量不要对着庙宇、神坛、陵园、烧腊店和尖锐的建筑物，以免造成心理障碍，或者不明原因的气场、磁场、电波的干扰。东南面也不宜种植枝叶繁茂的大树，这完全是从通风采光方面考虑的。因为不通风，阴气重，就会引来疾病，所以一般在庭院的中央避免种大树。门口正对着一棵大树也不好，大树当门也遭天瘟。

另外花草树木的习性不同，作用也不一样。李树爱阳光所以种背面，杏树怕涝不能种在东面和南面，榆树生长迅速，又有强大的吸毒功能，种于房后可防风，还可以净化空气。宅旁最忌树枯，若宅东种杏，水分过多，必然烂根而枯死，民间视为凶兆，故云："宅东有杏凶。"所以人们多在住宅周围种些生命力强，又有观赏价值的松、柏、槐、榆、紫荆、杜鹃、山茶等，既可挡风纳凉，又可赏心悦目，有益身心健康，可谓一举多得。

这些风俗的产生和延续，都有一定的文化背景，包含着古人对天道、地舆、人文这一宇宙统一体的认识。所以中国人素以儒家思想为正宗，佛、道、儒三教合一，阴阳五行观念和术数的糅合，便是这些民俗心理的基石。因此人们都认为，人以天地相看，以日月相映，《道德经》曰："人法地，地法天，天法道，道法自然。"也就是"天人相类""万物归一"。《黄帝宅经》开篇就讲："夫宅者，乃是阴阳之枢纽、人伦之轨模……凡人所居，无不在宅，虽只大小不等，阴阳有殊，纵然客居一室之中，亦有善恶。"术士们依据这些理论，自造众说，民众参和变异，真真假假，形成了一套程式，习以成俗。"民俗"这种东西，有一定的惰性，它是一种集体无意识的行为，一经形成便不易改变，不管相信与否，人们都不由自主地以此作为评判的价值标准。他们把生态建筑的实用性潜藏于"凶""吉"观念之中，倡导人们适应自然，与之和谐相处的人文理念。所以，我们不要随便把一些现在科学不能证明的现象说成封建迷信。这些科学的理念教我们亲近自然、了解自然，利用自然的规律看透其中的奥秘，走出迷信的怪圈，建设更加宜人的环境，这方面，就连中国科技史的研究权威英国学者李约瑟也承认："在许多方面，风水对中国人民是恩物，如劝种树和竹以作防风物，强调流水靠近屋址之价值。"又说："我初从中国回到欧洲，最强烈的印象之一是与天气失去了密切接触的感觉。木格子窗户的纸张，单薄的抹灰墙壁，每一房间外的空阔走廊，雨水落在庭院和小天井的淅沥之声，使人温暖的皮袍和炭火一再令人觉得自然的心境，雨呀、雪呀、风呀、日光呀等等。在欧洲的房屋中，人完全孤立在这种环境之外。"在《中国科学与文明》这本书里，"而被置于石柱森林般的楼宇之中"——这是李约瑟没有说完的一句话，李约瑟所描绘的理想居住环境虽是中国北方农村的，但他所肯定的建筑民俗心理，如种树种竹、靠近流水等，南方更为讲究；他所厌恶的与自然隔绝的欧洲式的住房，现在又被许多发展商用作卖点，推出什么"欧陆式的小区"如"加州花园""罗马家园"等等。如果这样下去，三五十年以后，我们到哪里去找自己的家园呢？

三、室内摆设与和谐人居的创意

现在的商品房，不管是小区花园，还是别墅，都是开发商设计好的，但他们也请风水先生看，也有不尽如人意的地方。现在我们可以从室内装饰摆设来加以调整。看家居风水一看大门朝向，二看厅堂设置，三看炉灶方位。以"迎山接水佳""家门迎秀峰，运气必亨通"，门前忌有大山，也忌与马路直冲，可做玄关抵挡。

厅是家庭的主场，一家兴衰愉悦尽显其中，所以广州人特别注意厅堂的装饰与摆设，其中有风水的意义，也有科学的道理，两者都不可忽视。一般来说客厅应该在主卧室的前边，一进门先到客厅，后到卧室。现在有些开发商建的房子，先从厨房那里进来，然后到卧室，进卧室才到客厅,这是不科学的。在建筑结构上,通常不以大门压顶,若受原来构件限制,可以吊顶天花掩饰。

客厅的装饰以高雅为胜,陈设不宜太过杂乱,色调要和谐统一,可以根据居室的座向加以选择:朝北的客厅可以淡绿色或水蓝色为基调,窗帘亦以淡雅为宜;向南的客厅可以浅绿色为基调,配以色彩浓烈的百寿图或百福图。装饰既要照顾到传统文化习惯,又要能意喻主人的气质与情操。厅堂的字画挂件,根据自己的五行,缺什么补什么,例如缺山补山,缺水补水。但需谨记,"水不上堂",除直接注入金鱼缸之活水外,切勿在客厅里设置洗手盆或抽水流泉之类的假山。最好金鱼缸也不要放在大厅里,要放在大厅外或者入户花园。厅内设计的花卉盆景、金鱼缸之类要充满生气,象征富贵荣华之意。大厅不要摆假花,特别是"财位",可摆些叶子宽大肥厚的花木,以青绿为好,一般不插针叶状的。也有些艺术家把斗笠、渔网挂到厅内,以示回归大自然,洒脱清新。但从风水的角度来说,特别要注意厅的财位,这关系着一家的财运,不可乱动。财位的决定要根据风水流年和主人的命卦来推算,比较复杂。过去最简便的办法是以大门的东对角线为财位。现在客厅有彩电、录像机、音响、电视等现代信息污染,这些电器都会放出一些电波。封闭式的空调客厅要注意通风,这样利于室内辐射的离子蠕动。音响音量不要太大,音响最好不要放到客厅里面。改革开放刚开始的时候,很多人都把音响放在客厅里,以显示自己的富有,现在好一些,大部分移到书房。鸟笼更不要挂在客厅中,厅内禁烟,以保证客厅的舒适雅洁,保证身心健康。

有些职场要员想急于升迁,在办公桌上费了不少心机,有摆只貔貅来辟邪的,有放个水晶球图灵气的,有置个风车求转运的,还有买尊"马上封侯"的塑像,想坐升官"直通车",其实并无多大作用。马和猴在生肖里并非最佳拍档,属马的适宜与虎、羊、狗相配,而属猴的人则应与鼠、龙为友,千万不要与老虎打交道,老虎跟猴子是死对头。马猴配,并无特殊意义,不过是取个谐音的彩头罢了。与其想那么多花样,不如认真把我们的书桌摆正。办公桌以高68厘米左右为宜,立坐时眼睛离桌面30至40厘米为适度。摆位十分重要,传统上多从本人八字喜用的方向考虑,喜用为木的摆在东方,喜用为火的在南方,喜用为水的在北方,喜用为金的在西面,再加上本名东西四宅之吉向和文昌方位,特别是读书人,要把书桌摆在文昌方位上。这不过是一种民俗心理,取其独占鳌头、高中荣升之意。因为传说中的文曲星便是这种意象的化身。向北的房子文昌位在南方,向南的房子在东北方,向东的房子在西南方,向西的房子在西北方。不管什么坐向,背靠要坚实,眼前要开拓,要以不冲门不背门为原则,桌子的摆位不可正对着门,也不可背向门。一可以防邪气的侵扰,也可以防小人的范科。所谓"邪气",可视为未经回流的自然风,如寒流、热风等直接侵扰人体,于健康不利。同时冲门而坐,视线易受外界干扰,精神不集中,自己的一举一动都暴露无遗,也不利于工作与学习。背门而坐,邪气直冲脊背,既不利于健康,也不利于监视犯科的小人。靠背坚实是指座椅背面不可靠空,不宜有门、窗等空缺,这样会使地灵之气漏掉,无助于智力、学业和事业的发展。坐椅离墙最好要近些,不可把办公桌和书桌摆在厅房的中间,四周空缺,也无地灵之助。实际上,靠"实"除避免邪气侵扰外,心理上还有种安全感,觉得有个坚实的靠山,可增添勇气和力量,使事业一往无前。桌子的光线,避免闲光直射,最好是从左边来,符合书写的习惯。桌面垫一块玻璃板,为了避免反光,下边最好垫一块力学的,可以吸收强光对眼睛的侵害。看书、看图表,累的时候可以看一看苍翠的绿色,心旷神怡。办公室桌面要经常整理好,分清理出一个头绪,由此做几个深呼吸,吐纳一番,心旷神怡。

家具摆设,特别是空调、镜子不要正对着床,光线不要太强,也不可太弱。床最理想的是头朝东,但有些房子不是这样的设计,就按照办公桌一样,摆在右门斜对角,躺下来的时候可以看到门背。古代春夏养阳,秋冬养阴,所以,建议床的位置春夏向东,秋冬向西。床位不要正对房门,也不要放在死角、不通风的地方,四周不要悬空,床头一定靠实墙。床形以普通的长方形为好,不要奇形怪状的。床的高度以45厘米为准,床底下要通风,不宜在床底下设抽屉,堆放杂物。炉灶应设在厨房的东边,东边属木,有木薪火才旺。但现在都是煤气炉了,把它摆在东边就行了。在过去,如果不这样摆,一烧起来一屋子都是烟,那就不行了。

四、环境科学的现代审美

现代国外信风水的人也越来越多了。美国有一本专门讲风水的《风水月刊》,在德州的休斯敦还有个地产商开了一家"风水顾问公司"。再比如美籍华裔设计师贝聿铭在设计香港中银大厦时所遇到的"风水风波"。在大厦原来的设计方案里,其立面展现了众多加了框的巨型"X"形钢架,大厦的整体像一把寒光四射的尖刀,使人感到不安。后来贝聿铭十分精明地把"X"形横向钢架隐藏起来,并把暴露在外的部分改变成类似佛教中的吉祥符号——万字符的形象,还充满诗意地将中银大厦形容为雨后春笋,中国最终也接受了。这也反映了东西方人观念的差别。从这些观念看,东方人讲究合二为一,西方人讲究一分为二。在建筑艺术中,中国重视实用、大方,西方喜欢美观、新奇。这在实际生活中的每一个小节都可以看出来,比如佛教徒都是两个手合起来,合二为一。西方人叫礼拜,上帝保佑,先点个礼,然后一分为二。

西方人亦有建筑民俗的"凶""吉"观念,但与我国的观念不同,他们多从现代科学上寻求解释,而我们多用道德化的标准加以衡量。西方科学家曾对在社会上影响极大的"十大凶宅"作过勘察,认为这些凶宅与地质、建筑材料及周边环境有关。

比如,比利时布鲁塞尔郊外有一幢别墅,建在三面石壁环绕的死角里,只有一条蜿蜒的小道可达。住进去的人大都在半年后患上了不同程度的精神病,专家考察发现罗盘指针不停晃动,显然是电磁波在作怪。原来"二战"时那里是个雷达站,发射的电磁波被石壁挡住,反射到室内,作用于住客所致。有些宅基下有重金属,渗入地下水中,饮用后亦会造成精神损害;还有装修材料中如果富含矽尘,极易导致肺病。美国迈阿密州有一所凶宅,住进去的人多发肺病,就是这个缘故。印度还有一座凶宅,住进去的人,开始是胡言乱语,后发展成双目失明,最后在嚎啕大哭中死去。原来是水银渗入了地下水,饮用后汞中毒所致。他们是从现代科学的角度来解释这些问题,其实有好多东西还是可以研究得出来的。

一般,外国人喜欢有创意的房子,国内外主要城市的地标建筑,如北京的鸟巢、悉尼的歌剧院、迪拜的帆船酒店、加拿大的梦露大厦等。有人认为鸟巢非常符合风水的要求,因为气场的运动在圆形的建筑里不会受阻。但也有人认为,鸟巢的设计破坏了古都北京王城建筑的整体风格。北大经管景观规划设计中心的主任易可锌教授认为,近年城市设计只重视现代化地标或者是历史悠久的古迹,却对脚下与生活息息相关的景物忽视了。在这多年的格局中,经典被误导了,想象超越了传统,世界的时空也缩小了,建筑性质和民主出现了五中并分的局面,特别是当代的中国。有人说它成了外国设计师的实验厂,有些国外的三流建筑师也到中国大行其道,设计一些奇形怪状的建筑,如鸟巢、鸟蛋等,吸引关注。

当今世界,科学昌明,传统的建筑民俗也在裂变中演绎,不少人在研究用现代科学去破译和改造古老的"风水术",使之融文化性(风水意象)、科学性(生态学方法)和实用性(节能、避风沙等)于一体。美国著名学者林奇早在20世纪60年代就肯定,中国风水是一门"前途无量的学问"(《都市意象》,台湾太隆书店1982年版)。传统与现代的融合,中西理念的协调,阴阳平衡与建筑环境的和谐,已引起了人们的关注,如何用科学的观点去剥开建筑民俗中迷信的包装,使其为人类的居住环境建设提供科学的服务,也是民俗研究的一个很实际的课题。

# 第十五讲 "乐居"：城市环境建设的最高追求

## 陈望衡

> **主讲人简介：**
>
> 武汉大学哲学系教授、博士生导师，日本大阪大学文学博士、中华美学学会常务理事。著有《中国古典美学史》《20 世纪中国美学本体论问题》《当代美学原理》《环境美学》等。在海外出版的主要有《Chinese Bronzes：Ferocious Beauty》《The Tao Inspiration Essence of Lao zi's Wisdom》。其中，《环境美学》获中国高等学校人文社会科学优秀成果二等奖。

环境问题是一个大问题,它涉及到诸多方面。环境是人居住的场所,离开人没有环境,离开环境也没有人,人与环境是一体的。环境,从静态来看是场所,从动态来看是生活。本文谈的环境,不取静态的意义,而取动态的意义,将环境与人的生活联系起来。人的生活,从环境的维度来看,可以概括为"居"。"居",不是静态的居住,而是动态的生活。

人活着,有一个价值问题,这是一个深刻的哲学问题。人生的意义或者人生的价值主要有三种。

第一种,谋生,就是活着。就这一点来讲,人跟动物是没有任何区别的,这样一种人生,可以说是自然人生。

第二种,笔者称之为"荣生"。就是你为他人、为社会做出了贡献,社会给予你荣誉。这个荣誉不一定要颁发证书,它可以是一种声誉,有些人就为这个活着。这种人生的最高档次,古代叫做圣贤,现代叫做模范、先进分子。

第三种,笔者称之为"乐生"。"乐生"关键是因何而乐。每一个人的快乐不一样,快乐的原因也不同。当然,谋生也有快乐的,今天打工赚100元,一个星期的饭钱有了!做了好事,别人表扬你,说不定还要见报呢!这两种当然是快乐,但不是"乐生"的快乐。乐生的快乐与功利无关,重在自我价值的实现。快乐是因为自己的愿望、才能、价值得到了实现,用哲学的话来讲,叫自我实现。

自我实现的快乐不需要别人来肯定,笔者称之为"自得之乐"。子曰:"学而时习之,不亦悦乎?有朋自远方来,不亦乐乎?人不知而不愠,不亦君子乎?"孔老夫子讲了三种乐。首先是学习乐。通过学习,知识多了,眼界开阔了,当然快乐!第二种为交友乐。不是所有人都能成为朋友,相投的人才能成为朋友。在某种意义上,朋友就是另外一个自己。把一个自己化成若干个自己,不快乐吗?这两种快乐是快乐,但不是最高的快乐,因为还是有目的的。学习的目的是能知天下事,交朋友的目的是为了以后出门办事方便。"人不知而不愠",这种人才是君子啊!许多人做了好事生怕别人不知道,有一点本事也生怕别人不赏识。孔子认为,人的价值主要靠自己来评论。自己肯定自己,而且有信心肯定自己,这才是真正的快乐。孔老夫子在这里没有用一个"乐"字,这种快乐实际上超越了一般的快乐,无所谓乐与不乐。无所谓乐不乐,才是大乐,大乐无乐!人生的最高境界就是这种大乐的生命境界。

梁启超是笔者崇敬的一位知识分子。众所周知,他在政治上、学术上、教育上做出了许多重要贡献,自然也得到了许多头衔、荣誉,他的人生就可以称之为"荣生"。但梁启超似乎并不看重这一点,他有这样一段话:

> 假如有人问我,"你信仰的甚么主义?"我便答道:"我信仰的是趣味主义。"有人问我:"你的人生观拿什么做根柢?"我便答道:"拿趣味做根柢。"我生平对于自己所做的事,总是做得津津有味,而且兴会淋漓。……我不但在成功里头感觉趣味,就在失败里头也感觉趣味。

这里,他根本没有提到为社会、为民族、为祖国、为人类贡献。这并不是说,他做的事不为社会、不为民族、不为祖国、不为人类,实际上他对中华民族是有着巨大贡献的。问题不在做了什么,而在为什么而做。人做事,就原因来说,均可分为"为他"与"为我"两种,两种可能统一,也可能不统一。为民族、祖国做贡献,这属于"为他",梁启超虽然没有明确地这样说,但不等于他不这样想。应该肯定的是,梁启超的人生观中有为民族、为祖国做贡献的思想。

不过,在上引的文字中,梁启超要强调的是人行事的"为我"一面。人均有自我意识,均有自己的生存愿望发展理想。问题是这个"我",是极端的自私以至于不惜毁损他人、毁损社会的"我"?还是充分肯定他人正当权益和社会公众利益且具自己个性的"我"?梁启超当然是后一种。

"我",又是可以细分的,就人生观来说,每个人均有自己的人生观,这属于"我"的精神方面。人生观中又有许多方面,在诸多的方面中,梁启超拎出"趣味",将它作为人生观的根柢,作为做事的根本动力。梁启超试图将他行事的"为他"方面,归结到"为我"的"趣味"上。也就是说,他为民族、为祖国做贡献,不只是出自作为华夏子孙对自己民族、祖国的深厚责任感,还出自于他的个人"趣味"。他将这"趣味"看作是"人生观的根柢"。从这样的人生哲学出发,梁启超主张做事不仅要敬业,而且要乐业。

敬业和乐业的区别是什么呢?敬业立足于等价交换意识。老板一天给一百元,就给老板做好值一百元的活。敬业的动力在报酬,说到底还是为他的。乐业是为快乐而工作。为快乐而工作,不是说不要报酬、不计较报酬,而是说工作动力的"根柢"在"趣味"。认真努力地工作,不只是为了报酬,而因为真心喜欢这个工作,从工作中得到的乐趣远远超过了报酬。

两种工作态度效果不同:为报酬而工作,只需按规定完成应做的事就行了,不可能有创造性;为乐趣而工作,就一定会有创造性,因为创造性才是乐趣的真正之源。敬业说到底是为了"谋生"或者"荣生",只有乐业才是为了"乐生",才能做出创造性的事业、第一流的事业。

"乐生"非常重要,但它有一个前提,不能伤害别人,这就是善。虽然看重个人的自得之乐,但是必须尊重社会规范,必须尊重他人的权利。中国传统文化强调美以善为前提,伤害善,无美可言。"乐生",就其本质来说就是审美。"乐生"的人生就是审美的人生。从根本上来看,人来到世上是为了快乐。人的快乐是多种多样的,最重要的有四种:一是"为活而乐",即谋生之乐;二是"为善之乐",即荣生之乐;三是"自得之乐",就是肯定自身价值之乐,它具有对功利的超越性;四是"合天之乐",与大自然共享生命的快乐,中华民族最为看重,《乐记》云:"与天和者,谓之天乐。"第四种快乐是第三种快乐的升华。《周易·系辞上》讲"乐天知命",知命可以说是自得之乐,它是建立在"知天"的基础之上。

苏东坡在《前赤壁赋》里面就讲了一个故事,他跟朋友在一个有月亮的晚上游长江。长江的月景非常壮丽,朋友看着看着就悲伤起来了,"羡天地之无穷,哀人生之须臾"。苏东坡于是说了这样一段话:

> 客亦知夫水与月乎?逝者如斯,而未尝往也;盈虚者如彼,而卒莫消长也。盖将自其变者而观之,则天地曾不能以一瞬;自其不变者而观之,则物与我皆无尽也。而又何羡乎?且夫天地之间,物各有主。苟非吾之所有,虽一毫而莫取。惟江上之清风,与山间之明月,耳得之而为声,目遇之而成色,取之无禁,用之不竭。是造物者之无尽藏也,而吾与子之所共适。

苏轼说,要说变,人在变,天地也在变,哪有永恒不变的?要说不变,天地尽,人的生命也无尽。人与天地既然都一样,有什么"羡"不羡的?天地万物各有所主,我们不要轻易地去损害它们,而要与万物友好相处,共同享受着自然给予我们的生命。我们欣赏江上清风、山间明月,同时它们也在欣赏我们！我们因此而感到生命充满乐趣,而天地因为有了我们才充满了活力。如果取这种天人合一的人生哲学,还会有"羡天地之无穷,哀人生之须臾"的嗟叹吗? 自得之乐与得天之乐,在此实现了统一。

庄子讲音乐有三种,一为人籁,指人吹笛子发出来的声音;二为地籁,是风吹地窍发出来的声音;三为天籁,指气在天上自由地流动,没有遇到什么障碍,因而也就没有声音。三种声音,庄子说天籁最高。与之相类,那种没有波澜的平淡的快乐,也许是最高的快乐。

人活着,从动态来讲是生活,静态讲是居住。我们讲"安居乐业","居"是静态的,"业"是动态的,当然这都是相对而言。人总是居住在一定的环境之中,而环境总是体现为人在居。从环境与人的居住关系来说,有三种居:宜居、利居和乐居。

"宜居"是我们对居住要求的最低层次,它关系着人的生存,主要是指生存的可能性。能不能生存,首要的就是生态质量。如果这个地方的生态质量能让人活下来,应该说是宜居的。除了生态环境,还有社会环境。社会环境首要的是安全。宜居,重在宜。

人要活着,活着就是生存,生存还不够,还要发展。鲁迅说,我们一要生存、二要发展,"利居"就是讲发展,发展就要创业。各色人等有不同的创业要求,因而利居不利居须根据不同的要求定,很难说有一个于大家都利居的城市。利居重在利,因而严格说来,没有全民共同认定的利居场所。不过,在经济热的背景下,通常讲的利居主要是指赚钱。很多人奔广州、上海,不是在这里找一个"宜居"或者"乐居"之地,是赚钱的。

逐利是人的本性之一,因此,城市有没有让人得利的优势是很重要的。经济是基础,如今几乎所有的城市都朝着建设工商业都会的目标前进,这是好事,问题是可不可能。如果不可能,是不是可以发展别的优势呢？像丽江,主要搞旅游。欧洲、美国许多城市是名牌大学所在地,他们突出教育,一切为教育服务,将之建设成名副其实的大学城。建设利居城市,只要打开视野,几乎每座城市都是大有可为的！

而"乐居"主要指生活的质量、生活的品位。"乐"首先是人性的概念。人性通常分为自然性与社会性两个方面。社会性实质是讲文明性,因此,笔者用文明性来代替社会性。从居住的维度来讲,人性的这两个方面均有所体现。人的本性里面最基本的是自然本性。比如要吃、要喝、要生儿育女,在这方面,人跟动物没什么区别。动物生活在大自然里面。我们原本也生活在大自然里面,后来走出密林,走出山洞——走出自然。但实际上我们是离不开大自然的,离开自然母亲我们无法生存,所以,热爱自然、热爱风景是人的本性。我们现在主要生活在城市里,与纯粹的自然隔开了。看到的只是钢筋水泥的森林。人们就感到心慌。所以,一旦有机会,就走出城市,走向自然。因为人类恋自然母亲的这种本性得到满足了。

"乐居"的城市,条件很多,但首要一点就是需要较多的自然。城市中山多、水多、树多、动物多,自然风景就会好。对于自然风景而言,第一,最可贵的风景是野性的风景,即原生态的自然。在城市中,现在看到的基本上是人造的自然风景、艺术化的风景。尽管艺术化的程度很高,但并不美或不很美。因为天地间有不同的物,不同的物各有不同的性,不同的性有不同的美。自然与艺术是两种不同的物,它们有不同的性质、不同的美。不是说不能为自然加工,问题是不能伤性。伤性,自然物反倒不美了。龚自珍当年就批评过"病梅"。所以,最好不要将自然艺术化,如果要做,也要适度。自然美还是以原始野性为最可贵。

日本京都是一座历史文化名城,就自然风景来说,有两处对笔者触动特别大。一处是城中的一条河,名鸭川。我去的时候,河水并不多,河的两岸是土堤。河中有一大片芦苇,河床高低不平。河上有由若干石头断续构成的桥。人从石头上一块一块地跳过去,就这样过江。第二处是郊区的岚山,周恩来、郭沫若都去过。岚山是非常美的地方,美在哪里?美在野性,没有做任何加工。看到那蓝得发黑的青山、清幽幽的河水,还有一大片闪着亮光的池沼、茂密的芦苇,真让人心醉!这就叫文化。因为没有经过人工。能够认识到原生态的可贵,将它精心保护下来,这就是文化,而且是最高的文化!

乐居的第二要求,是文化底蕴深厚。文化是一个城市的灵魂,没有文化就没有灵魂,文化有两种:一种是现代文化,一种是历史文化。现代文化主要指高科技文化,历史文化就是老祖宗留下来的文化。两种文化都重要,不存在高低问题。问题出在哪里呢?主要是历史文化遭到严重破坏。有些人喜欢高楼大厦,为了追求高科技的现代文化,不惜破坏古代文化。这里有一个价值选择的问题。价值选择,不是比价值高低,而是价值稀缺,谁不可重建。现代的东西可以重建。历史遗存破坏了,就不能复原了;即使按原样复原,也是新的,它承载的历史信息没了。这方面做得最好的是意大利的罗马。相比高科技建筑,罗马更具吸引力的是它的古建筑,其中最有名的就是角斗场,又叫斗兽场。角斗场现在不很完整,但基本轮廓还在。罗马人非常看重角斗场,罗马人说只要角斗场还在,罗马精神就在。这种情况有点像中国的长城,只要长城在,我们中华民族就在,长城就是中华民族精神的象征。到罗马可看的不只是古建筑,还有废墟——罗马时代留下的废墟。一大片一大片的瓦砾摊在地上,残破的雕塑在瓦砾中倔强地挺立着,半截凯旋门孤峭地耸向天空。黄昏,晚霞将血红的光辉洒在它们的身上,十分悲壮。

中华民族有五千年的历史,但留下来的历史遗址少之又少!地面上的古建筑,唐代的非常少,宋代的也不多,明代保留下来的也不是很多。但是,日本就保留了不少相当于唐宋时代的建筑。奈良有一座东大寺,相当于北宋年间建的,金碧辉煌,十分雄伟。日本人对此十分骄傲。其实,这座建筑的技术与风格均是向我们学的。应该说,那个时代,中国比它雄伟、壮丽的建筑多的是,但我们没有保留下来。德国特里尔是一座很小的城市,是马克思的故乡。这个城市虽小,却很有魅力,历史遗存很丰富,有八处世界历史文化遗产。

乐居城市的第三个要求就是个性鲜明。个性非常重要,没有个性或者个性不鲜明的城市也只能是平庸的城市,不可能有魅力。个性是由诸多因素构成的,有内在的,也有外在的。个性需要彰显,不彰显,个性就不鲜明。前面说过,"乐"首先是人性概念。人性有自然本性,也有文明本性,具体到一个人身上,还要有个性。"乐"还是一个情感的概念。情感,在人的心理占有很重要的地位。人之所以是人,根本的,还是因为有情感。有人说,人之本不应是情感,应是理性。这也有道理。但理性是可以复制的,情感是不能复制的。我们可以运用高科技复制出人的理性,即人工智能,但至少现在我们还不能复制人的情感。理性与情感均是我们行为的动力,也就是说,我们斟酌事情的时候,往往有两种考虑,一种是理性的,一种情感的。二者有时是统一的,有时却不统一。在二者相冲突的时候,未必都是理性战胜情感,对于某些人来说,往往是情感战胜理性。

由这,我们来谈城市。此座城市如果真是"乐居"之处,那么,你对它一定会有很深的情感。情感不是抽象的，它一定表现为许多的生活细节、许多的故事。每个人有每个人的情感，每个人有每个人的故事。一个故事就是一段情，故事多了，情缘多了，这座城市也就有魅力了。缘是因，不同的因造就不同的缘，有事缘，有情缘。来到这个城市居住一定是有原因的，如谋生、升学、升官、发财等，这些都属于事缘。这些当然足以让一个人在这座城市住下来，但是不一定让他爱上这座城市，只有将这些功利性内容化成情感，将"事缘"化为"情缘"，才能让一个人真正爱上这座城市。虽然情缘具有个人性、偶然性，城市管理者是没有办法为每个人造情缘的。但是，城市管理者需要尽力为城市营造一个温馨可人的氛围，一个亲和的、潇洒的空间，让更多的人在这里与这个城市结上情缘，从而让更多的人爱上这个城市。城市的可爱，不在高楼大厦、车水马龙，而在一种氛围——家庭的氛围，一种格调——春天的格调。这就是幸福。因此，乐居的"乐"，从本质上讲就是一种幸福感。乐居建立在人类创造的全部文明的基础上，浓缩提炼了人类文明的精华。在某种意义上，它是人类文明建设的基本目标。乐居与乐生有着内在的关系，乐居是乐生的具体体现。正如乐生建立在谋生、荣生的基础之上，且将谋生、荣生涵盖在内一样，乐居也建立在宜居、利居的基础上，也将宜居与利居涵盖在内。一座城市，生态质量差，社会治安不好，谈不上宜居，当然与乐居无缘；同样，一座城市，经济不发达，没有优势、没有活力，吸引不了人，不能让人利居，也与乐居无缘。

人总是居住在一定的环境之中，环境是人的家，作为家的环境，是需要建设、保护的。而不少人将环境与资源相混淆。环境与资源可以是一个东西，如城市中的土地，既是环境，又是资源。这两者不能对立起来，而应统一起来，统一的主导方面应是环境。再就是生产与生活，与前一个问题相关，但角度不一样。生产主要是创造价值，生活主要是消费价值。生产重要还是生活重要？不同的人可能有不同的回答。一个不争的事实：现在不少城市领导者往往把生产摆在第一，生活摆在第二。最突出的表现是：片面追求GDP。许多城市GDP近年来增长很快，但城市的基础设施、生活设施很差。民生问题当然也表现为政绩，但比之GDP就弱多了，所以有的官员不把它放在第一位。中国的城市，一般经济活力都还可以，但因为生活设施不到位，一般都不适合于生活。人们普遍认为，城市是创业的好地方，但不是生活的好地方。

很多城市都大搞市政工程建设，这是好事，但市政工程怎么做还有个理念问题。任何市政工程都有具体、明确的功能。问题是，在充分保证工程功能的前提下，也需要讲究美观效果。但是，在实际上是不是做得很好，就牵涉到观念了。有城市提出市政工程功能第一，审美第二。这个说法表面上看也没有问题，但是，实际效果往往是第一变成唯一。许多市政设施建成后，虽说解决了一些实际问题，但是对于城市形象、市民心理均有损害。问题出在观念。笔者这里试着提出一个理念：功能即审美，即所有的工程不仅具有良好的实用功能，同时也兼有良好的审美功能。这两个方面，如能统一就更好，统一就是化工程为景观。

就中国城市化的出路，笔者试着提出一个理论：城市乡镇化，乡镇文明化。首先，城市要瘦身，化整为散。城市不一定要联成一片，小镇与小镇之间，用自然森林隔开，可以由若干个小镇组成一个群落。第二，要给自然更多的优待，自然地形要得到充分尊重，森林面积要有一定的保证。城市建筑不一定要由街道来组织，可以像乡镇一样，由地形来组织，或依山，或傍水。美国的芝加哥是大城市，其实，真正的芝加哥并不大，但它周围有许多卫星镇，一个个相对独立,交通非常方便,每一个小镇都有情调。如果城市成为由小镇组成的群落,这样的城市不就有点像乡镇了? 什么叫乡镇文明化呢? 就是要提高乡镇的生活质量。其生活设施、卫生条件与城市没有任何区别。反思一下我们中国的城市化,城市是越来越多,也越来越大了,但是不是越来越适合人居住了呢?

改革开放这些年,经济得到了巨大的发展,人民的生活也得到了很大的改善,但无可否认我们也付出了巨大的代价,代价之一就是环境遭到了一定的破坏。现在,我们必须将环境问题提到突出地位上来。一方面,让污染得到根本的控制,让生态质量有根本的改善;另一方面,则需要加强环境的建设,环境建设要重视美学的主导作用。让我们的城市更趋向人性化、生活化、美学化,只有这样,生活才会更美好。

# 第十六讲　解读创新思维

易　江

**主讲人简介：**

广东南华工商学院院长、教授，我国第一位"行动理论"研究者，从事于职工非稳定性意向研究、第一线职工劳动状况研究，并对职工稳定与经济发展的关系有独到的研究。著有《一得之见》《人的行动之谜》《行动与行动说明》《博雅人生》《在生命的斜坡上》等。

"人是会思维的芦苇",但人实际上非常脆弱,那为什么又会成为万物之灵?人之所以能对地球进行改造,对文明发展有独到的贡献,靠的就是思维的导引。动物也有思维,但人的思维与动物的思维的差别是,人具有创新意识。创新意识从何而来?创新意识来自四个方面的思考:

一、追问精神

一是对理所当然的结论进行分析。有些结论好像是理所当然的,但仔细分析一下,并不是这么回事。如"嫦娥号"的直径是 3.3 米。为什么只有 3.3 米呢?原来"嫦娥号"设备是从沈阳、天津用火车运过来的,而用火车运只能过 3.5 米宽的东西。为什么呢?因为我国铁轨是 1.425 米宽,铁轨为什么是 1.425 米宽呢?因为我国第一条铁路的设计者是从美国学习设计的,而美国的铁路就是 1.425 米。美国铁路为什么是 1.425 米?因为美国铁路是英国过来的工程师设计的,英国的铁路就 1.425 米。那么英国的铁路为什么 1.425 米宽呢?因为英国第一个铁路工程师是电车工程师转行的,电车就是 1.425 米。那么电车为什么 1.425 米宽呢?因为电车是按照马车的轨道来设计的,马车就是 1.425 米宽。那么马车为什么是 1.425 米宽?因为条条道路通罗马,罗马的马车就是 1.425 米宽。而罗马是两匹马拉车,两匹马的屁股相距正好是 1.425 米。由此可知,中国的"嫦娥号"飞行器的直径是受到 2000 年前罗马马屁股的制约。1.425 米不是理所当然的。

二是对耳熟能详的话语进行质疑。如李白的"床前明月光"的床,小孩会问那是睡觉的床吗?如果是睡觉的床,为什么明月当空?李白不到外面去,而坐在家里的床上欣赏月亮,是不是有点问题?实际上,李白讲的床,并不是我们现在睡觉的床,井沿的栏杆当时也叫做床。人类的文明是从流域文明走向井沿文明,离开河流到一个台地上打井。一般讲背井离乡,而不是背河离乡,家园的稳定需要把井保护好,用栏杆把井围住,围住井的栏杆就叫井床。现在发展到叫车床,车床是工作的保护台。当年,李白扶着井边的栏杆,抬头看天上的月亮,再看地上的月光,背井离乡,因而联想到故乡。我们对耳熟能详的话语进行质疑,才有创新。

三是对司空见惯的现象进行源根。如对尊老爱幼的行为来源的追问。尊老爱幼的根是什么?是人类的早产儿现象。哺乳动物是四肢走的,人是站起来走的,一站着走骨盆就变小,人生下来的胎儿是早产儿。父母亲要对小孩抚育两到三年,孩子才能够独立生长,而不像牛羊一样,一生下来就能站起来,就能够自动去找奶吃。小时候,孩子受到父母的关爱;父母老了成了弱者,儿女有关爱父母的责任。找到根以后,才知道为什么会这样,为什么会那样。又如,"富不过三代"这一司空见惯的现象。在中国,富贵的孩子为什么到不了三代?而在欧洲、日本却有不少富过三代、四代的人。这就要追问一个词:家庭。西方国家的家庭有三个意思,一是 family,血缘关系;二是 home,情感关系;三是 house,经济关系。出租房屋,是出租house,回家是 go home,回家看看是 go family。中国家庭也应该分,起码要分成两个方面,"家"是血缘关系,"庭"是经济关系。但是长时间以来,我们只理解血缘关系,忽略经济关系。比如,遗产就是经济问题,我们却按血缘关系来分配,且男性均分。有三个儿子的话就要平均分,符合"家"这样一个血缘关系,但违背"庭"的经济关系。庭院,可以种树;再大的庭,是庄园,是农庄,是经济关系。第一,经济讲究规模。三个孩子一分,就把规模缩小了,在市场竞争和社会竞争中就相形见绌了。第二,经济讲究功能。父亲有十亩地,一头牛、一套篱笆、一套干谷的设备，十亩地正好齐配。如果要分配，一头牛分给三个儿子，那怎么分？每一次遗产分配都是对生产力、生产关系的一次经济上的分割，是违反经济规律的。

中国是一个有创新意识历史的民族，如我们的四大发明。但近700年来，在获诺贝尔奖金和自然科学方面我们就有欠缺，高科技自主产权不多。这就要追问，并且这对我们以后树立中华民族创新意识是有帮助的。我们要追问到2000年前。那时，中西方有一个很重要的哲学上的差别。西方一个著名的哲学家巴门尼德说，是就是是，不是就不是。实事求是，评价标准是客观标准，追求真实。西方国家那时追求的是真实，这是一个很重要的哲学的源根。中国也讲真，但更多的是指人与人的关系，真诚。中西方都追求真，但西方追求的真侧重点是真实，而我们的真是真诚。这里有两个典型的案例，案例中的人物都被烧死。一是教会杀死了布鲁诺。因为，布鲁诺说地球围着太阳转，教会却认为地球是中心，太阳围着地球转。因此，最后布鲁诺被烧死了。但他坚信地球是围着太阳转的，因为他相信巴门尼德的那句话，是就是是，不是就不是。另一个是中国的例子。方孝孺是朱元璋的孙子建文帝的老师，非常有学问。后来，朱棣推翻建文帝掌握大权，他对方孝孺说，你写一篇文章，说我推翻建文皇帝是正当的，是符合民意的。但是，方孝孺却说朱棣是篡权，是谋贼。朱棣威胁他说，如果不写，就灭九族。但方孝孺十分坚定，明确表示，即使灭十族都说朱棣是谋反的。朱棣果然灭了他九族。方孝孺坚守的是什么，我们歌颂他什么，是真诚。而布鲁诺歌颂的却是真实。最终，这两个不同的价值取向传下来。其实，我们在追求真的时候，更多的是在真诚方面下工夫；而西方国家，特别是以欧洲为代表的一些国家，在文艺复兴以后，以真实为基础。我们在真诚方面比较关注人与人之间的交道，而对外部世界则不感兴趣。比如"胡说八道"，为什么叫胡说八道？因为我们把外国人叫胡人，所谓胡说，就是外国人说。什么叫八道呢？中国的宇宙观是九重天，中国在中间一重，一外面有八重天，所以叫八道，中国以外就是八道。所以，以自我为中心，自己对，胡说八道就是不对。西方国家比较讲究逼真性，我们讲究等级性。有这样一个例子，小孩从学校回来对爸爸说，自己在学校获奖了。爸爸问："为什么获奖？"小孩说："老师问企鹅有几条腿？我说三条。"爸爸听了很不高兴："企鹅明明是两条腿，怎么成了三条腿？你们老师还表扬你。"小孩又说："老师问，企鹅几条腿啊？有人说六条腿，有人说五条腿，还有人说七条腿、四条腿，但我想企鹅没这么多腿，就说三条腿。老师表扬我最接近真理。"这就是逼真性思想。不怕你做错，只要错得不离谱，逼近真理，就值得肯定，这就是创新的一个重要理念。在创新方面，我们的道路可能更加漫长。

二、思考的思考

一是能够吸取经验和教训，谓之聪明。有三种行为：自己摔过一跤，再摔跤，那是愚蠢的人；摔过一跤不再摔跤了，是聪明人；别人摔过一跤，自己知道了、研究了，避免摔跤，更是聪明。又如生产线能提高生产率，但后来发现，生产线也会把人变为工具，人不是人，而是变成了一个工具。西方国家已注意到，所以改生产线为生产岛。生产岛呈U字型，十几个人不在一条线上而像在一个岛上，可以交流，岗位之间还可以进行交换。生产岛的设备不是灰色，而是红红绿绿的。零件传递没过来，就传递一个牌子，"你辛苦了，请休息一下。"为什么会这样？因为有教训，人成为工具容易跳楼自杀。中国的经济发展比西方晚了很多年，他们摔过的跤，我们就不要摔跤。

二是总结成功与失败的原因，谓之聪慧。聪明、聪慧、智慧，是创新的三个台阶，总结成功与失败的原因就是找到来龙去脉。现在讲地球是圆的，而世界是平的，需要我们走出隧道思维。隧道里面只看到一个方向，只看到隧道里面的内容，不知道外面怎么样，所以我们要更多地开放交流。人的视界一定要打开，你的视界就是你的世界。这也是我们能够聪慧的原因。

三是把握富强与持久的机制，谓之智慧。国家要富强，但更要持久。建立机制才能持久。自然界给我们的启发，如黄金分割0.618。如果一个人的脚底板到腰的比例是0.618，这个人就显得非常匀称。中国经济结构的实体经济、符号经济、信仰经济的划分就如同黄金分割。一是建立一个人与自然关系的世界，叫实体经济。实体经济按照黄金分割要保证60%左右。我们的投资、人力、物力60%要放在实体上，绝对不能放弃我们的制造业。

国家要保证实体经济的人才去解决人与自然的关系，实体需要创新发展。一为地表资源的创新。以前我们是人定胜天的思维。其实这句话来自印度，完整的一句话是：人定胜天，天定胜人。胜不是战胜的意思，还有胜任、匹配的意思。所以这句话完整的理解是人定下来和天匹配，天定下来，没有海啸和地震，适合人居住。我们对地表资源一定要按照匹配性的观念来做，现在提出了适合人居住的观点，而不是战天斗地的观点。这就是我们对实体世界全新的认识。

二为地层资源的创新。交通以前是地表上走，现在要把地表留下来，完成我们的衣食住的功能。我们把更多的地表留下来，交通尽可能在地底下走，同样污水排泄系统也往地底下走，要有城市的立体概念。国外的电影中会出现在地底下追逐的镜头，地下可以开汽车，两百年前就这样了。我们现在还在地表上折腾，今天挖沟，明天埋电缆，后天埋水管。有这样一幅漫画，一个人正在挖沟，旁边人拿着工具，边等边说：怎么样？挖好没有？挖好了我来挖了。地下还有矿产资源，如稀土，一定要科学开采。

三为海洋资源的创新。如海上通道、海底矿产、可燃冰、锰结核、朝夕发电等。

四为天空资源的创新。天空有四层资源，第一层是航空，不用修路达到修路的交通效果。第二层是通讯，我们的手机发展和世界同步。美国座机1.9亿部，花了50年，为什么要花50年？因为成本太高。座机需要地表资源，要木材、铜线、铝线、电线杆，还要用地层资源。而手机是利用天空资源，同步卫星接转站，达到座机的效果，而且还有移动性。第三层是月球。月球上有氦三，能用来发电，比原子能安全。目前探明月球的氦三是几百万吨，地球的氦三只有几万吨，而且很难开采。初步的统计，如果用氦三来发电，按现在的用电量来计算，可供人类使用7000年。最后一个是太阳能，用太阳能来满足我们对能源的要求。我们为什么大力发展高铁、轻轨，就是因为能源压力太大，高铁和轻轨减少能源的消耗，降低成本。

按照黄金分割的话，应该有60%力量投入到实体经济。还有40%，把它分割为两大块，一块是人与人的关系，我们称之为符号经济。

符号经济有五点值得关注，第一是契约符号的制高点意识。我们要培养一批人研究契约。美国能够成为世界最强的国家，关键是占领了符号经济的制高点。国际货币基金组织的契约是出多少钱有多少投票权，但规则是85%的票才能够通过一个决议，而美国占了17%。美国只要不同意，货币基金组织就动不了。美国在制高点上控制了国际货币基金，中国现在已经增加了国际货币组织的股份，我们现在是4%。为此，要认识到发展的五个阶段：第一个阶段是经营自己,经营自己的一技之长。然后走向第二阶段,经营资源,经营人力资源,管一点事,管一点财,管一点资源。第三个阶段是经营品牌,成为排头兵,形成一个模式。之后是第四个阶段,经营资本,要学会用钱赚钱。最后是第五个阶段经营规则。有这么几句话:谁控制了住房谁就控制了家庭,谁控制了粮食谁就控制了所有人,谁控制了石油谁就控制了这个地区,谁控制了货币谁就控制了这个国家。这是其一。其二规则的片意识,契约中的规则制定如切香肠,是一段切,还是一片片切。一片片切,就是深入细致地寻到规则的奥秘,怎么制约,怎么退出,不能被别人套住,又能够在社会中发挥作用。它不仅仅是 X 投射,而且是 CT 扫描,一片片横切、竖切,才能把事情做到更合实际。

符号经济的第二个符号是股票。股票起到风险分担的作用。中国的股票实际上和买彩票一样,碰运气。西方国家的私人企业面对社会风险,把自己现有的资金和与自己密切相关的一些组织挂钩,建立一个风险分担的机制。中国的股票没有风险分担的职责,所以这么乱。

第三个符号是网络。网络符号表现为经济发展的第三个阶段,经济发展的第一阶段是肌肉加资源。通过我们身上的肌肉来获得资源,占领土地。通过战争占领土地,或者用肌肉挖山、劈山、挖矿石。第二个阶段公司加市场。公司就把人的肌肉力量结合起来创造技术、机械设备来获得市场、拓展市场。我们现在也还在第二个阶段。第三个阶段已经出现,就是核心技术加分包,核心技术自己掌握,分包给全世界去做。这是一个全新的符号世界,绝对不要掉以轻心。

第四个符号是品牌,酒好不怕巷子深这句话过时了,现在一定要亮出旗帜,亮出闪光点。别人都注意你,首先是注意,然后联想,联想产生行动。世界上靠品牌赚钱的是法国。而法国 LV 包,从钥匙扣到皮箱,整个系列的成本平均是 350 元人民币,卖的价格平均 6000 元人民币,利润达 4000~5000 元人民币。

40% 的另外一块是人与未来关系的信仰经济,包括社会保险、养老保险。如果我们收入是 100 元,60% 我们投入到实体经济,25% 投入到符号经济,就要拿出 15% 投到信仰经济。信仰经济做不好,必然会破坏实体和符号经济。信仰经济的特点是刚性倾斜原则,是往上走的。所以,我国现在是慢慢走、逐步走,要考虑承受力。此外,信仰经济还包括宗教信仰。如"梵蒂冈现象",梵蒂冈每年的进帐纯收入达 14 亿欧元。因为七亿的天主教徒,每个天主教徒每年交两元,每年就 14 亿,这么小的地方这么大的效益,就是发挥了信仰经济的作用。在实体经济里,如早上去买菜,一分钱、两分钱争来吵去,讨价还价。但到山上去烧香,一柱香大概就是一毛钱的成本,但你花 10 元买下也不讨价还价,就是因为你进入了信仰经济。信仰经济还与人的平地心理相关。什么是平地心理? 如我们骑单车,大概 0.6 米宽就够了,但把这 0.6 米宽做成独木桥,放在悬崖峭壁上,放在波涛翻滚的河面上,就不敢骑。因为 0.6 米是平地上骑的,就是摔跤有平地在撑着。社会保障就是构建这个平地,社会保障体系越大,全国统筹基数越大,越对未来有信心。构建要有智慧,绝对不是想当然,原则是:先把事做好,再做好事。

三、分析能力

分析能力首先是分开。如管理,说到底是理管,先理清楚再管。西方的管理经验来自自然神论分析:西方国家信上帝,因为上帝创造世界且全能全善。但是发现这个世界有凶杀、战争,上帝又不放心,于是派了神父、教会来监督,就构成了上帝具有创造世界的所有权,而人有管理权，神父有监督权的管理体系。分析能力其次是分清。中国有句古话，"亲兄弟，明算账"。西方国家也有种说法：好邻居不如好篱笆，再好的邻居也要有个篱笆把它隔开。有个很典型的"雅典娜案例"，情、理、法三者，哪个重？哪个轻？雅典娜认为法最重要。儿子杀了母亲，妻子杀了丈夫，这两人都有罪，但哪个罪重？雅典娜分析，儿子杀了母亲有罪，他破坏的是血缘关系；而妻子杀丈夫，她破坏的是社会关系。相对血缘关系，社会关系后果更严重，所以妻子罪更重。西方国家把法放在前面，理排在法后面。分析能力的第三个表现是程序意识。人类社会没有程序就很难创新。程序意识一是要求平等协商。平等协商是大家心平气和地讨论一个问题，每个人都可以发表自己的意见，提出自己的设想。二是文字明确，把平等协商的结果写清楚。三是验证。任何设想都要可以验证。验证与设想吻合就可以确证，如果不吻合就被证伪，然后再设想。

四、创新需要四个"走出"

第一，走出先入为主的观念。人的判断分为事实判断与价值判断。假定有半杯液体，这半杯液体是水、酒精还是可乐？首先我们要事实判断，亲口尝一尝。但人还有第二个判断，价值判断，有人看这半杯水，说还有半杯水；有人说，咳，只有半杯水了。同样是半杯水，但价值判断不同；同样的事实也会有不同的价值判断。我们需要研究，不能人云亦云。

第二，走出内心情感的束缚。比如对公平的认识，情感上我们把公平等同于平等。但公平不是平等，公平是得到应该得到的，一样多就是平等。但我们讲这个事情不公平，内心的情感是平等。如张三和李四加工零件，张三加工 40 个是 100 元，李四 20 个也是 100 元，这个分配叫做平等但不公平。如果给张三 200 元，给李四 100 元，不平等但公平。李四肯定有意见，怎么给他 200 元？我们都是人。但意见是情感，是平等，而不是公平分配。真正有促动力的、能够调动积极性的还是公平的分配。创新者才能够有鼓励，否则达不到激励作用。

第三，走出区位习惯的局限。上海浦东的发展定位就是走出了区域局限。浦东 500 平方公里怎么发展？确定为沿太平洋西岸的经济线上的浦东，沿太平洋西岸的定位就走出了边缘思维。沿太平洋西岸的经济发展需要有金融，金融中心就像路灯一样，隔远了就有一块黑照不到，隔近了就浪费。环太平洋西岸现有的金融中心有东京、香港、新加坡，新加坡、香港相隔不远，香港和东京隔得很远，缺少一个金融中心，这个中心放在深圳和香港重叠，放在厦门也不那么恰当，浦东是东京和香港之间最佳的位置，把浦东定为环太平洋金融中心之一是较准确的定位。

第四，走出传统的评价。人类文明的发展是挑战、应战的结果。我们面对挑战，就要应战。非常好的环境，挑战小，应战能力也小，人类的发展就慢。太困难的环境也不行。如北极、南极、西伯利亚那些地方，社会环境太恶劣也不行。恰当的环境、恰当的挑战为好。有恰当的挑战能激活人应战、创新发展，这是一种人类文明的发展观。但长期以来，黑格尔的台阶文明发展观念一直影响我们对人类文明发展的认识。黑格尔认为，人类的文明发展像台阶一样，中国文明是初级阶段，印度文明是中级阶段，西方基督教文明是高级阶段。但雅思贝尔斯认为，人类的文明是轴心的发展，世界文明如同树一样。2500 年前左右，北纬 35°正好有四棵树，像轴心一样长起来，互不干扰。古希腊、古波斯、古印度、古代中国，这四种文明在 2500 年前同时出现。古希腊是中断又复兴了；古波斯消失了，留下了遗迹；古印度是转移了，往东北走到了中国、日本,往东走到了泰国,往东南走到印度尼西亚去了。中国延续下来,按照强、大、久的文明发展优劣的评价,中国文明肯定有它独特的优点。中国在文明发展、在应战方面、在创新意识上,有独到的地方,我们应该有自信。

现在我们面临着新的挑战:第一是精细化挑战,我们现在的粗放型的经济面临精细化的挑战。广种薄收、刀耕火种叫粗放型,资源浪费。现在资源紧缺,特别需要精细化。举个例子,上海地铁,一号线是德国人设计的,二号线是上海自己设计的。德国设计的一号线使用的电远低于二号线。原来德国人根据上海的气候,设计出口转两个弯,使地铁冷空气不那么快散发出去。二号线没有这样考虑,直直的。转弯的设计就是精细化的考虑,节省资源。这就是创新思维。

第二是多元化的挑战。如打火机在欧洲的设计,要求五岁以下的孩子不能点燃以免受伤,于是要求设计保护装置。但一个小小的打火机,如何安装保护装置。后来发现有一种药品罐也是按照五岁的孩子不能打开设计的,它不是安装保护装置,而是设计一个程序,要往下按一下再扭。五岁的小孩不知道按,只知道扭就打不开。打火机也改成了拨之前推一下的程序,五岁的孩子不会推,起到保护装置的作用。

第三是方法的挑战。开会的时候每个人都把自己的想法穷尽,大胆假设。假设完以后要提出论证的方案。对的就坚持,错的再来假设,追求逼真性,不断地接近真理。如宏观世界是有序的,而微观世界是无序的。霍金假设一个黑洞理论,把这有序和无序结合起来,尽管他的理论没有完全论证,但我们发现有些星球远离我们而去,霍金的理论可以说明。再一个例子,动物园的狮子、老虎越来越没有野性,怎么解决这个问题?很多人来开会,有个数学家说,把老虎关到笼子的目的是什么,是为了安全。既然是为了安全,把人关在笼子里面,把老虎放出来行不行?这好像是奇谈怪论,但现在的野生动物园,就是把人关在一个活动的笼子里,动物在外面。

第四是范式的挑战。范式是一个共同体。我们看同样的杂志、同样的电影,就会有同样的思维方式,这些方式深深影响我们的评价标准,价值判断。一列火车高速行驶,发现有 5 个人在前面,紧急刹车来不及了,肯定会把这 5 个人压死。但正好有一个扳道员,他可以扳道叉,使火车开到一个废铁道上去,就可以避免压死这 5 个人。但废铁道上有一个人在休息,如果不扳,这 5 个人就会被压死。按照功利主义的范式理论,牺牲少数人利益保护大多数,那就扳。但是制度的范式理论认为不准扳,因为这 5 个人明明知道铁路是走车的,还在铁路上玩,是在破坏制度。另一个人在废铁道上,他知道这个铁道上不能过车,是废铁道,突然被无辜压死,带来的结果是对制度的不相信,对文明的不相信。无规矩就不成方圆,社会没有规则,就会更乱。又如阿基米德的几何和黎曼的几何,是完全不同的范式。阿基米德的三角和是 180 度,黎曼的空间是凹凸形的,三角和肯定大于或小于 180 度,是两种不同的空间。我们不能用阿基米德反对黎曼,或者用黎曼反对阿基米德。

最后一个挑战,是数据的挑战。通过一些统计数据,激活我们的挑战能力。国际化劳动回报率可以分成五种,比如鼠标,是五种劳动构成的,去掉电子元件配件 30 多元,还有 60 多元给五种劳动了。第一个是设计鼠标的,第二个是投资建设鼠标厂的,第三个是管理鼠标生产的过程的,第四个是组装这个鼠标的,第五个就是把它卖掉的。这五种劳动分别是多少。

组装这个鼠标的人回报率最低,60 元给他 2 元。第二个给管理者 8 元。第三种人就是把它卖掉的人,特别是国际推销商,占 16 元。然后是设计这个鼠标的人,拿 20 元。最后是投资这个鼠标厂的,拿 21 元。加工工人只能拿到 100 元的 2 元。只要是这个分工,再提高也提高不了多少。要争取工资提高,就要创新,提高工人的工作档次,自己设计。数据给我们挑战,值得我们从创新的角度、资本投资的角度以及管理的角度、销售的角度来提高我们的回报率。我们思考这个问题就是实实在在的创新。

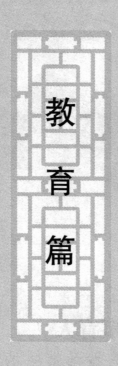

教育篇

# 第十七讲　叙事育人

## ——拨动情弦的教育艺术

李　季

**主讲人简介：**

广东第二师范学院德育研究中心主任、心理学教授，广东省中小学研究与指导中心首席专家、广东省教育厅中小学德育专家委员会成员。主要研究方向为：学校德育与班主任工作研究、儿童心理发展与教育研究、学校特色品牌发展研究。发表学术论文、研究报告 180 多篇，出版专著 20 多部，获得全国及省市教育科研奖十多项。

一、什么是叙事育人，它有什么价值和意义

拨动情弦的实质是走进心灵，通过叙事的方式让教育有效地走进心灵是一种教育智慧和艺术。这是依据提高德育实效以加强未成年人思想道德建设，遵循儿童青少年品德形成的特点以促进其思想道德的健康发展，以及针对第二媒介时代的特点通过增强德育的主体参与性和情感体验性以提高德育的有效性而确定的。

首先，德育低效是未成年人思想道德教育的老大难问题，知行脱节的德育通病是突出的表现，破解德育低效难题是需要教育者探讨的话题。其次，儿童青少年品德形成是一个"内生外化"的过程，通过叙事可以有效促进儿童青少年品德的内在生成和表里如一的外化。再次，第二媒介时代除了具有读图时代和快餐文化的特点外，还有广泛的参与性、互动性、体验性等特点，教育要走进心灵，必须寻找最受欢迎的、最有效的方式和途径。

针对上述特点，加强未成年人思想道德建设，光靠单一的说理灌输和简单的行为养成教育，很难收到真实的效果。德育低效，无论是从学校教育，还是家庭教育来看，都不同程度存在着教育效果不理想的问题。因此，在第二媒体时代背景下，有必要探讨未成年人喜闻乐见、生动有趣、符合品德形成规律，让德育有效走进儿童青少年心灵的方式和途径。这不仅是有效加强未成年人思想道德建设的需要，也是第二媒介时代儿童青少年成长对教育和教育者提出的新的要求。

未成年人是网络时代的学习者，他们的成长不仅需要成年人要求规范和提供条件，更需要教育者教会他们用思考的方式来面对现实、面对人生、面对未来和面对自己。思考是一种认知方式、感悟方式，但认知的启动动力来自问题，感悟的源泉源自情感感动和感悟，而认知和感悟的主体是儿童青少年自己，然而他们的思考往往还缺乏自己去引领自己成长的自觉能力。所以，需要教育者通过启发、启迪、激发、引导他们的思考，尤其是启发引导他们通过情景感触－感情感动－认知感悟的品德形成心路历程规律来有效形成他们的品德。叙事德育——拨动情弦的教育艺术正是出于这样的思考和意图。

教师是学生成长的指导者和引路人。美国一个著名的心理教育学家说过一段关于教师工作价值的话，能给我们带来启示。他说，经历若干年老师的工作之后，得到一个令人惶恐的结论——教学之成败，"我"是决定因素，"我"每天采取的方法和"我"的情绪是造成学习氛围和情绪的主要原因。作为老师，"我"有极大的力量能够让学生获得愉快或悲惨，"我"可以是制造痛苦的工具，也可以是启发灵感的媒介，"我"能让人流泪，也能让人开心，"我"能伤人也能救人。作为教师，笔者担任过从幼稚园到大学教师的角色，教育教学生涯给我的体会是，老师是学生成长的"重要他人"，老师每天面对学生时的情绪态度、方式方法、言语行为，乃至一种语气或者眼神，对于学生都有着重要的影响作用。教师教育教学态度及其行为既可以成为激励学生成长的动力，也可以是妨碍他们进步的阻力。老师对某个学生说的一句激励、批评、评价的话，或者是作业本、作文本上的一句肯定或否定的评语，甚至会成为这个学生人生的一个转折点，其影响作用之大可想而知。我的一位大学的老师告诉我，他上初中时最喜欢诗歌，立志当诗人，没有想到第一次用诗歌形式写作文交给老师，老师在作文簿上的"不像诗！"三个字的评语，给了他当头一盆冷水。他回到家，把自己写在一本精美笔记本上的所有诗歌和精心积累的诗歌材料一把火烧掉，发誓从此往后不看诗、不写诗，志向转向了历史和哲学，成了著名教授。其实，以他的才情和志向，他最可能成为诗人。当然，现在我们很难判断一位诗人和一位名教授谁对社会的贡献大。但是，初中老师的三个字的评语扼杀了他对诗歌的兴趣，改变了他的命运。这却是一个令人深思的故事。

作为一个教育者，无论是老师还是家长，我们要经常作这样的思考，教育者具有很大的权力，我们的这种权力不仅影响孩子的现在，还可能影响到他们的未来，甚至一辈子。如果说教师这个职业跟其他职业有什么不同的话，最大的不同是教师影响人生。所以我们要支持、配合老师，尤其是班主任，以便形成合力更好地引领孩子健康成长。

我们发现，学生喜欢一个老师就会喜欢他（她）上的课。喜欢这个老师而喜欢他（她）上的课的比例是93%，而不喜欢这个老师但喜欢他（她）上的课的比例只有23%。可见，老师受不受学生的喜欢直接影响到学生的学习。同时我们也发现，一个上课受到学生欢迎的老师，更容易得到学生情感上的尊敬和喜爱。因此，作为教育者，我们要自觉成为儿童青少年成长的重要他人。一方面要让你的亲和力成为最有力的教育资源和教育力，另一方面要用你的教育智慧使你的教育方式成为走进孩子心灵的艺术。什么样的教育态度和教育方式效果更好？什么样的教育行为能有效走进心灵？我们发现，叙事是一种行之有效的教育方式。把这种方式用在未成年人思想道德教育上，就称之为叙事德育，或者叙事育人。

叙事为什么能育人？叙事如何育人？对于中小学来说，一个不会讲故事的老师是一个不合格老师，因为他的课单调沉闷、让人昏昏欲睡。但一个只会讲故事的老师是一个很幼稚的老师，因为只能像幼儿园的老师那样通过不停地讲故事吸引学生的注意力。然而，一个善于用故事走进学生心灵、感动学生心灵和引导学生心灵的老师，一定是一个具有教育智慧和艺术的老师。给全班同学讲一个道理，他们只明白和记住一个道理，给他们叙述一个故事，全班同学会因为感动而生成数十个道理。这是叙事特有的教育魅力。因此，叙事就是让每一个教育者，包括每一个老师和每一个家长，都拥有用故事来走进孩子心灵、引导心灵的智慧和艺术。叙事育人，就是拨动"情弦"的教育艺术。

二、为什么说叙事育人是拨动情弦的教育艺术

实践证明，叙事育人是一种实践性、操作性、实效性都很强的德育方式，也是一种行之有效和广受欢迎的德育模式。

首先，什么样的教育途径，或者说什么样的教育方式才能有效地走进孩子的心灵？

晓之以理——说理、灌输？动之以情——体验共情？启之以思——启发感悟？导之以行——习惯养成？毋庸置疑，任何一种德育方式都有育人的作用与效果。任何一种德育方式都会因人、因地、因时、因情的不同其育人的作用与效果而不同。

儿童青少年品德的形成是一个"外塑－内化－内生－外化"的过程，这是品德形成的心路历程，也是品德形成过程的规律。外塑是外在要求、规范、指导，外化是行为体现，而内化－内生是品德形成的关键，其核心在于品德的自我建构。换言之，内生才能外化，但内化、内生离不开教育者的有效指导和外部环境影响。也就是说，德育的实质是教育者指导、启发、引导、促进学习者品德的自我建构和自我生成。情感感动和认知感悟是品德生成的最直接的途径，是德育走进心灵的最有效的方式。因此，德育过程如何引发、促使学习者产生情感感动和认知感悟是德育能否走进学习者心灵的关键。我们发现，叙事是一种最容易动之以情的教育方

式。我们把这种育人方式称之为叙事德育,它的心路历程是"感触-感动-感悟",完全吻合品德形成的"外塑—内化—内生—外化"规律。通过下面两个感恩主题的教育故事,可以看到叙事德育的心路历程和它的魅力,看叙事是怎样让人感触、感动和感悟的。

第一个:《藏羚羊的故事》

这是一个发生在西藏的年代久远的故事。那时候乱抓甚至枪杀野生动物是不受法律制裁的,当时经常有人看见一个肩披长发、留着浓密的大胡子、脚蹬长筒藏靴的老猎人在青藏公路附近活动。这位老猎人无名无姓,云游四方。他放下手里的卡子枪,却是因为发生了这样一件事:一天清早,老猎人从帐篷里出来,看见对面两步之遥的草坡上站立着一只又肥又壮的藏羚羊,睡足了一夜的他浑身立即涌上了一股劲头,转身回到帐篷拿来卡子枪,他举起枪瞄了起来。奇怪的是,那只肥壮的藏羚羊并没有逃走,只是用乞求的眼神望着他,然后冲着他前行两步,两条前腿跪了下来。与此同时,两行长泪从藏羚羊眼里流了出来。老猎人的心头一软,扣扳机的手不由得松了一下,藏区流行着一句老幼皆知的俗语,"天上飞的鸟,地上跑的兽都是通人性的"。这个时候藏羚羊给他下跪,自然是求他不要开枪。但是,他是个猎手,不被藏羚羊的可怜打动是情理之中的事。老猎人双眼一闭,扳机在他的手指下一动,枪声响起来,那只藏羚羊便栽倒在地。藏羚羊倒地之后还是那姿势,一直跪卧着。藏羚羊眼里的两行泪迹清晰可见。那天老猎人没有像往日一样,马上将猎获的藏羚羊开宰扒皮,他的眼前老是浮现给他跪拜的那只藏羚羊的模样。老猎人有些纳闷,藏羚羊为什么要下跪?那是他几十年狩猎生涯中唯一见到的一次情景。夜里他久久难以入眠,双手一直在颤抖着。

第二天,老猎人怀着忐忑不安的心情对那只藏羚羊开膛扒皮。腹腔被刀刃打开了,老猎人吃惊地叫了起来,手中屠刀咣当一声掉在地上。原来在藏羚羊的子宫里头静静地躺着一只小藏羚羊,它已经成型,自然是死了。原来藏羚羊是乞求老猎人留下自己孩子的一条命啊!天下所有母亲的跪拜,包括动物在内都是那么的神圣。从此之后,这个老猎人在藏北的草原上消失了。没有人知道他的下落。

这是一个母爱的感人故事。藏羚羊为了肚子里面的生命向猎人下跪,这样伟大的母爱谁不为之感动?母爱如溪,父爱如山。但对于孩子来说,由于父母之爱司空见惯,习以为常,渐渐觉得父母爱自己是理所当然的事情,慢慢地也就失去了感恩之心。有时候,一个简单的故事,可能会唤醒孩子那颗沉睡的孝心。

第二个:《苹果树》

从前有一棵苹果树,一个小男孩常常跑来树下玩。他把叶子编成皇冠,扮起森林里的国王。他爬上树干,抓着树枝荡秋千,吃苹果。他跟苹果树一起玩儿捉迷藏。玩累了,男孩就在树荫下睡觉。男孩好爱这棵树,树也很快乐。日子一天天过去,小男孩一天天长大。

一天,小男孩来到树下。树说:"来呀,孩子,还上我的树干,抓住我的树枝荡秋千、吃苹果,我们一起玩吧。"小男孩说:"我上学了,不是小孩子了,我不要爬树和玩耍。"男孩说:"我要买东西来玩儿,我要钱,你可以给我一些钱吗?""真抱歉,孩子。"树说:"我没有钱,我只有树叶和苹果。孩子,拿我的苹果到城里去卖吧,这样你就会有钱。"于是,男孩爬到树上摘下苹果统统带走了。树很快乐，因为它满足了孩子的愿望。

一年夏天，中青年的男孩回来了。苹果树高兴地发抖了。它说："来呀，孩子，爬上我的树干，抓住我的树枝荡秋千，快快乐乐地玩耍。""我工作了，很忙很忙，没时间爬树玩耍。"男孩说，"我现在最需要的是一间房子。有了房子，我可以娶妻生子，你可以给我房子吗?""孩子，森林是我的房子，我没有房子给你。"树说，"森林这么大，你可以选一个地方，砍下我的树枝去盖房子。"于是，男孩砍下了它的树枝，把树枝带走盖房子了。树很快乐，因为它满足了孩子的需要。

一年秋天，中老年的男孩回到树的旁边。树太高兴了，高兴得几乎说不出话来。"来呀，孩子，快来陪我玩吧。""我又老又伤心，玩不动了。"男孩说，"但是，年青时代的梦想一直没有实现。我多么希望有一条船带我到远方寻梦。你可以给我一条船吗?""孩子，你砍下我的树干去做船吧，这样你就可以到他乡寻梦了。"于是，男孩砍下了树干做了条船，坐船寻找梦想去了。树很快乐，但不是真的。

一年冬天，年纪已经很老的老男孩又回到树的旁边。没有树了，只剩下一个老树根。老树根见到老男孩喜出望外。老树根说，"真抱歉，孩子，我已经没有东西可以给你了，我的苹果没了。""我的牙齿也咬不动苹果了。""我的树枝没了，也不能荡秋千了。""我太老了，也不能荡秋千了。""我的树干也没了，也不能再爬上来了。""我太老了，也爬不动了。""我真希望能给你点什么，可是我什么也没有了，就剩下一块老树根。很抱歉。""我现在需要的并不多，我只需要一个安静地方，可以坐着休息的地方。这么多年的奔波，我好累呀!""孩子，看来我这副老树根还有点用。孩子，你坐下来休息吧。"老男孩坐在老树根上。他们都很快乐。

有这么一棵大树，春夏秋冬、长年累月陪伴着孩子成长，付出了所有一切，而不求任何回报。这棵树，就是我们的父母!

这是一个很简单的故事。在这个故事里，没有任何一句话说孩子应该感恩父母。只是最后一句话告诉我们，无论怎么忙，都要花一点时间来陪陪你的父母。父母就像这棵苹果树，为孩子付出了所有的一切，不求回报。这就是父母对孩子博大无私的爱。

现在不少孩子缺乏感恩之心。因此，常常听到一些父母这么说：孩子，你知道孝字怎样写吗? 老在上，子在下。孩子服从父母、听父母的话，父母老了，子女要背负着他。这就是孝。孩子，你知道妈妈 10 个月怀着你在肚子里有多么辛苦吗? 有的父母为了要孩子去体会母亲的辛苦，在孩子肚皮上绑一个近 10 斤重的沙包让他感受。这样是不是孩子就懂得感恩了呢? 不一定的。因为儿童青少年因年龄所限，他们没有成人的经历和体验，对生活缺少感性的认识和经验，不能像我们成年人那样去理解和看待事物。但是，我们可以提供一些感人的故事或者案例、事件，让他们从感受、感触到感动，进而感悟出一些道理来。

每次，当我跟大学生讲完了《苹果树》的故事之后，会再给他们读作家毕淑敏的那篇《孝心无价》：有些事情，年轻的时候无法懂得。懂得的时候，已经不再年轻。世界上有些事情可以弥补，有些事情永远没办法弥补，像亲情、孝心。稍纵即逝，一旦过去了就会成为千古往事，就像生命与生命交接的链条，一旦断了，永远没有办法接回来。父母健在的时候，我们赶紧尽一点孝心，如果他们不在了，再有孝心也是无济于事了。那些大学生听完了，当天晚上至少有一半会给家里打电话或者写信。因为他们知道,父母在家守候着一份孤独。一声问候、一封信可能比最贵重的礼物还要珍贵。

故事能启迪心灵,触动情感。常用故事与儿童对话,就能起到润物无声的作用。所以说,叙事是一种教育艺术。叙事能从激发情感感悟的角度去走进心灵。它的最大特点就是以事动人,以情感人。叙事有故事、有情节,生动,每个人心中都有故事情节,都喜欢听故事,所以叙事是最有效的情感交流方式。

从古至今,甚至在没有文字之前,叙事一直是人们传递文化,进行心灵对话和情感交流的重要方式。叙事这种方式在文化、艺术、生活、教育——包括家庭教育、学校教育中被广泛应用。叙事之所以感人,主要源于故事的内容和情节。就像那篇《一碗牛肉面的故事》一样,那浓浓的亲情和孝顺懂事的男孩让人感动!

叙事是一种润物细无声,育人于无痕的教育,是一种以情感表达、情感体验和情感教育为动力而促使学生自我感悟、自我教育的有效的教育方式。它通过引发情感共鸣而启迪人的智慧,让人明白道理,引导人的行为,起到启智导行的育人作用。我们习惯于理性的说教,但对于读图时代、第二媒介时代的青少年来说,感性的、共情的、体验的方式,更容易起到动人心灵、走进心灵和引导心灵的作用。因为儿童青少年的成长,尤其是品德的形成发展,本质上是认知主体的自我构建的过程,而不是单向灌输说理和简单行为养成的结果。道理重复一百遍并没有成为真理。学生观看革命样板戏《白毛女》后,写观后感。一个学生说:"喜儿太傻,人家黄世仁这么有钱有势,还不赶紧嫁给他?"一个学生说,"这个大春哥真不识趣,没钱还想娶美女为妻?"可知,学生的思想观念与我们整天苦口婆心讲的主流价值观和不遗余力倡导的道德要求竟然有这么大的距离。今天的青少年学生除了受家庭、学校教育的影响之外,还受社会、同伴、网络的影响。特别是身处第二媒介时代的青少年一代,网络文化的影响力已经成为他们成长的第一影响源。所以,在这样的背景下,光靠说道理效果并不明显。

有人说,教育就是行为养成。在幼稚园和小学,我们试图用行为养成的方法来从小培养幼稚园小朋友和小学生遵守马路上的红绿灯交通规则。然而,我们发现,对"红灯停、绿灯行"的交通规则,遵守得最好的是幼儿园小朋友、是小学低年级学生,到了初中生、高中生、大学生,自觉遵守红绿灯交通规则的比例,随着年龄的增长却逐步下降。为什么从小形成的遵守行为,并没有像我们所期待的那样,播种行为收获习惯?原因其实很简单,因为儿童从小养成的遵守行为只是一种简单的模仿行为或遵从行为,并没有真正形成遵守的习惯,更没有形成遵守的需要和观念、信念。真正支配人的行为并使之成为习惯的是人的价值需要、情感态度、意识观念和理想信念。模仿性的行为养成与简单的说教式一样,充其量只能产生或形成知行脱节、表里不一的假性品德。人的许多行为不是简单的习惯就可支配一生和成为品格的,必须有认知主体的情感体验和意识观念来支撑与维持。我们把认知主体从情感体验到感悟及意识观念形成过程称之为道德"内生","内生"才能"外化"为行为习惯。由此可见,无论是单纯的说教还是简单的行为养成的要求,都无法真正让人产生"内生外化"的结果。而品德形成的本质规律就是"内生外化",核心是自我建构。以情感体验为核心的叙事德育,强化感触—感动—感悟的心路历程,符合品德形成的"内生外化"和自我建构本质规律,因而具有走进心灵、引导心灵的作用。叙事通过情感体验促进自我建构,达到"内生外化"效果,这是叙事育人的第一原理。

叙事育人的第二原理是,情感体验会产生情感共鸣和感动,但情感体验必须转化为认知感悟才能形成明理导行。我们把这一环节称之为感化心灵。换言之,走进心灵、感动心灵的目的是感化心灵,把故事、案例、情景的道理,转化为学习者自己的观念和行为。感触、感动和感悟、感化是认知主体自我建构过程,但从感触、感动到感悟、感化,要达到教育者叙事育人的意图,一方面教育者要精选具有哲理和能启人心智的故事、案例来促使学生悟理;另一方面,教育者在叙述故事过程中要善用启迪、引导的语言来引发学生悟理。

叙事育人的第三原理是,叙述者要有权威性和亲和力以及叙事的风格和魅力,才能让叙事产生育人的效果。叙事是一种司空见惯的文化传递方式和教育方式,怎样才能让叙事育人产生不同凡响的效果呢?影响儿童青少年成长的因素很多,我们把其中最重要的因素称为"第一影响源"。就影响的时间性、情感性、密切性、深刻性等因素来说,第一影响源的重要性排位素来第一位是家庭,其次是学校,第三是同伴,第四是社会。家庭是孩子成长的摇篮,父母是第一任老师,血缘关系、亲缘关系、早期性、终身性、随时随地及随机性,家庭和家庭教育影响的作用和功能是无法取代的。学校教育是有目的、有计划、有组织的影响过程,有专业老师和专门的课程加以实施。它具有科学性、全面性的特点,有利于促进未成年人素质的全面协调发展。在青少年成长历程中有一个很重要的影响因素是同伴,指的是同龄人包括兄弟姐妹之间的相互影响。而在影响因素里面还有一个因素:同伴影响。同伴影响作用很大程度上来源于青少年时期的同伴压力,即被同伴认同接纳而不被排斥、孤立的心理需要。因为独生子女政策的缘故,很多家庭的孩子没有兄弟姐妹。兄弟姐妹之间的相互影响有利于弟弟妹妹的社会性成长。而独生子女时代,同伴资源中缺少了兄弟姊妹的相互影响,未成年人的社会性成熟必然推迟和缓慢,心理成熟落后于生理发展。影响青少年成长的第四个因素是社会影响,包括社会环境、社会风俗、传统习惯,尤其是社会文化,特别是媒体文化的影响等。现时代,媒体文化尤其是第二网络时代的互动性使网络文化对青少年的影响力成为成长的第一影响源。青少年平常喜欢的、感兴趣的,参与程度最大、受影响最深刻都是网络文化。网络文化成为第一影响源,意味着学校和家庭的影响功能在萎缩,影响作用在下降。

家庭和学校影响作用的主要特点是其榜样性与权威性。也就是说,在第二媒介时代,父母和老师的权威作用和示范作用受到前所未有的挑战。第二媒介时代的普及性、时尚性、参与性、互动性,成就了青少年成为网络文化的主流。成人世界权威、示范作用的减弱,意味着青少年作为时尚文化主体的增强。家庭学校作为青少年成长第一影响源时代,主要是一种"前喻文化";青少年同伴之间的相互影响,主要是一种"并喻文化";而未成年人对成年人的影响,则是一种"后喻文化",它标志着有时候成年人要向未成年人学习。从未成年人成长影响因素的分析,我们得出以下认识:第一,第一影响源的"倒序"性变化,即代表积极、正向的家庭和学校教育影响功能的萎缩,而反映积极与消极因素鱼龙混杂的网络文化影响功能的上升,以及同伴影响兄弟姐妹资源的缺少。因此,未成年人健康成长的风险性、教育的复杂性和难度必然增大;第二,如何有效地强化家庭和学校教育的功能,保持家庭和学校作为儿童青少年成长第一影响源的地位和作用,如何拓展同伴影响资源的功能,促进青少年互动成长,如何整合和发挥网络文化的积极正向功能,并有效监控网络文化的影响,为未成年人健康成长提供生态环境氛围;第三,教育者如何成为积极影响不同年龄的未成年人健康成长永远的"重要的人"。对于儿童青少年来说,重要他人叙述的教育故事具有更强的教育性、影响力和感染力。

在未成年人成长历程中,不同的年龄阶段,影响他们的人的重要作用往往是不一样的。婴幼儿阶段最重要的是父母,小学阶段是老师。在小学阶段,老师是学生成长的重要他人。在小学生心目中,老师是最完美、最权威、最正确、最值得信赖的人。也正是因为这样,老师带有肯定、否定、赞扬、批评意义的一句话、一个评语,甚至一个眼神往往就会在学生内心掀起强烈的波澜,产生巨大的影响,甚至影响学生的一生。所以,作为父母,我们要尽量维护老师的重要他人形象,不要随意在孩子面前说老师的不是,要主动跟老师特别是班主任沟通,主动了解班级和学校对孩子的要求,尽可能支持和配合学校、班主任老师的工作。家校、亲师有效合作,才有利于促进孩子健康成长。

到了青少年期,中学生成长的重要他人,由老师让位给朋友、同伴、同龄人。为什么中学生崇拜偶像、喜欢名牌运动鞋、传唱同一首歌、风靡同一个游戏?表面上这是一种"从众行为",实际上这是一种"同伴压力"。因为正处于寻找"自我同一性"阶段的青少年很在乎同伴、朋友对自己的看法、态度、议论和评价,希望得到同龄人的认同,担心被同伴、朋友尤其是"小圈子"里的朋友孤立,不能跟他们"同声同气"。因此,对于中学生来说,成长的最大的压力来自同伴和朋友,最敏感的关系是同伴关系。因为自尊心要求他们要在同龄人特别是同龄异性面前保持形象。如果同龄人同伴、朋友,特别是异性不接纳他,心理压力很大,会有被隔离、被排挤感。这样会让他们接受不了。因此,我们就明白了,为什么中学生看到别人有男朋友女朋友,他(她)也要有,别人拥有的名牌、别人知道的明星逸事,他(她)也要有。他们不希望同伴在议论什么事情时,他(她)一无所知,无法介入。如果是这样的话,他(她)感到自尊心受到伤害。对中学生来说,这是关系到"头面工程"的事,就像他们担心青春痘一样。

青春期的少男少女特别关注自己在别人面前的形象。作为青少年期孩子的父母,你可能会留意到,孩子小学的时候不太注意自己的形象,但到了初中以后开始关注自己的形象。在同伴和异性面前保持自尊和形象是少男少女成长的一种内在需求。这也是一种同伴压力。父母和老师都应该清醒和淡然接受这样的事实,青少年时期孩子成长的重要他人是朋友、同伴、同龄人,我们不必有失落感或抱怨孩子不听话。一方面,我们要学会尊重孩子成长的规律、尊重孩子的自尊心、尊重孩子的朋友和对朋友的选择,顾及他们的感受和情感需要;另一方面,我们要学会角色转移,学会以朋友的身份和"同龄人"的心态来与他们沟通,争取成为他们永远的重要他人。

作为教育者我们经常用权威的、要求的、命令的方式来教育他们,因为我们认为我们是教育者,他们是受教育者,我们永远是正确的,我们的责任是转变他们的思想。我们很少想到要改变自己来与他们保持一种朋友、同伴、"同龄人"的关系。当然,在年龄上我们不可能是他们的同龄人,但在心态、观念和对他们关心和热衷的话题上,我们的观点和看法,是否可以在理解、认同的基础上来加以引导;我们的行为是否可以增加更多的朋友、"同龄人"的色彩,主动参与他们的活动。这样会更容易找到共同点话题,更容易走进他们的心灵。理解、认同不等于迁就,而在于找到沟通的话题和对话的共同点。不要小看这个问题。它往往是师生有效沟通、亲子和谐沟通的关键所在。作为一个教育者,我们要努力成为青少年学生的朋友、同伴和

"同龄人",至少是心灵上的朋友、同伴和"同龄人"。比如,态度上得到他们的喜欢和认同,情感上与他们志趣相投,行为上主动参与他们的各种活动;学习上成为他们的良师,生活上成为他们的益友,班级是健康成长的共同体,家庭是快乐成长的温馨家园。作为教育者,是否具有亲和力、是否得到学习者的认同,是能否成为学习者成长重要他人的核心要素。到了大学阶段,青年成长的重要他人是恋人和导师。儿童青少年成长过程的不同阶段有不同的重要他人。但家庭教育和学校教育对于未成年人健康成长来说,应该承担"第一影响源"的功能,父母和教师更应该肩负起青少年成长重要他人的作用。

三、教育者如何用叙事育人的教育智慧来引领生命成长

第一,发挥叙事育人独特功能,善用故事资源促进儿童青少年品德心智发展。

从故事的特征看,故事素材包括情节性事件和情景性案例等,具有哲理－启智性、情感－感染性、行为－激励性。叙事对儿童青少年有燃点兴趣(引趣)、启迪心智(益智)、启发认知(明理)、激发情感(体验)、引发志向(励志)、激励行为(导行)等六大功能。教育者要善用故事资源,如道德故事、哲理故事、情感故事等,通过"引导—悟理"的形式来启迪和改善中小学生的心智与品性。以指导低年级儿童写作文为例。这个阶段儿童画画比写作容易,说话比作文能力强。写作文需要知道为什么写、写什么和怎样写,写作文还需要生活体验、情感感受、兴趣动力和丰富词汇支持等等。而这些都是这个阶段的儿童所缺少的。因此,要求他们写作文就有较大的难度。例如,老师要求二年级的同学写 600 字的周记。学生无东西可写,于是按要求进行这样的"创作":"一个星期天,爸爸带我到植物园,沿途知了一直不停'吱'……地唱(他将"吱"字重复又重复),叫个不停,感觉舒服极了。"算一算,正好 600 字。说实在的,你不能不佩服这个小孩的机灵和智慧,但是你又不能不很遗憾,因为没话可写,他只是用他的小聪明来应付老师的要求。韩寒说,"人的说谎是从写作文开始",不无道理。没有东西可写,只好胡编乱作。儿童写作文的能力,并非天生的。有效的指导是必要的,听其自然、放任自流也可以写,但若能加以指导,他(她)进步会更大。其中最为关键的是,要指导儿童学会观察、去参与其中获得体验、感悟,有感而发、有话可说,就会写得真实可感,鲜活生动,有思想,有感情,有生命,像一篇文章。

第二,把握叙事育人心路历程,以引发感悟为核心促进儿童青少年品德内在生成。

指导儿童学习写作文过程,其实与叙事育人的心路历程有异曲同工之妙,"观察－体验－表述",对应的是"感受－感动－感悟",其本质都是一种"内生外化"的过程。"内生"是在教育有效指导和影响下的认知主体的自我建构过程,而"外化"则是人的语言和行为的表现。"自我建构"这个词可能有点抽象,但实际上,写作、学习、品德形成都是一种自我建构。例如,在一个池塘里,有一对好朋友:鱼和青蛙。鱼很客气地对青蛙说,青蛙大哥,现在是终身学习的时代,您到了陆地去考察考察后,把所见所闻回来告诉我,也让我增长增长见识吧。青蛙到了陆地,看到小鸟在天空中自由地飞翔,看到奶牛悠闲地吃着草,看到狮子为了生存拼命追赶小动物。后来,当青蛙回来告诉鱼什么是小鸟、奶牛和狮子的时候,鱼的头脑中马上形成了三个概念——小鸟是长着翅膀的鱼,奶牛是长着四条腿的鱼,而狮子则是张着血盆大口的鱼。对鱼来说,这一点也不奇怪,因为它生活在水里,它没有办法想象天空中自由翔翔的小鸟,也无法想象四条腿的奶牛,更不可能凭空想象出张着血盆大口的狮子,唯一可以想象的是它的同

类的形态,它只能用鱼为原型来理解和形成新的概念。这就是一种自我建构的过程。

其实我们就是"青蛙",我们的孩子、我们的学生就是"鱼"。当我们把社会的规范、书本的知识和我们头脑中的观念传授给他们的时候,并不能像复制和粘贴那样简单地转移到他们的头脑中。知识的学习、技能的掌握、品德的形成,就像生命个体的生理生长过程一样,我们不可能代替他们吃饭、喝水和发育,同样也不可能代替他们的精神和心理世界的成长。唯一可以做的就是提供和创设各种有利的条件、资源、途径,更有效指导、引导、促进他们的健康成长。知识和经验,需要认知主体用自己的已有知识经验和独特的方式来加以理解、认同、接纳,进而内化、内生,从而融入他(她)原有的知识体系和价值体系之中。这样,才能变成新的知识和价值体系。在这一过程中,教育者的责任和作用是引领学习者进行自我建构,而不是简单的灌输和说教,不是让学习者死记硬背知识。死记硬背虽然可以记住知识,但并没有形成从知识到观念的认知构建。因而,并非真正意义的自我建构。我认为,学习是认知主体在教育者有效指导下的知识与价值的自我建构过程。教育者的有效指导,认知主体的活动,自我建构过程,它们互为条件,相辅相成,不可或缺。那么,品德形成是不是自我建构过程? 我用叙事的方式来说明这个问题。一位男士开着跑车往城里赶,途中路过一个车站。车站上有三个人在候车。这时已是半夜,公交车早已经停开了,进城唯一的办法就是坐顺风车。这三个人中,一个是曾经救过他的命的医生,一个是有疾病需要送到医院急诊的老太太,一个是年轻美貌且他爱慕多年的女子。他的汽车只有一个座位,开车的男士应该带上谁? 其实最好的答案是,把车钥匙交给医生,让医生带老太太进城治病,而男士则留下来陪伴心仪已久的女子。据说,这是英国皇家海军陆战队对来自全英各部队的三百名集训的精英队员的考试题目。答案正确者留下来,不正确者被淘汰。最终只有一个队员得出了上面这个答案,被留下来了,而其馀299个队员全部被淘汰归队。这个故事说明,每个人都用自己心目中的道德标准作判断来进行道德选择。德育不是给人强加某种道理,而是启发引导人用正确的观念和方式去作判断和选择。为了了解小学生的品德是如何形成的,我把这个故事讲给二年级的同学听。结果男女同学异口同声回答带老太太。在学校,老师教育小学生说,尊老爱幼是小学生最基本的道德。这已经成为他们内心的价值判断。他们按照自己心目中的价值判断作道德选择,不像成人,多了许多权衡利弊。

这个故事让我们明白:第一,德育要有效地走进儿童青少年的心灵世界,必须基于他们原有的观念和认识水平,在此基础上加以引导;第二,德育的要义是引发道德认知主体的自我建构,促进品德的内在生成;第三,促进品德自我建构的最直接的和最有效的方式是激发他们的道德体验和感悟。感动产生体验,感悟方能明理。故事、案例有让人感触、回忆、联想、感动、共鸣,进而感悟的作用。

第三,遵循"内生外化"规律,以励志故事激发儿童青少年品德自我建构。

走进心灵—感动心灵—感化心灵—引导心灵,是一个完整叙事育人的心路历程和品德内生的教育促进机制。叙事育人这一内生机制的方向是正确的道德观念的引领,动力主要来源于认知主体积极向上的心态。但是,儿童青少年的自觉性和意志力需要不断的激励和鼓舞,才能形成积极的人格和"逆境智商"。励志故事在这一过程中的作用有如"心灵鸡汤"作用巨大。励志故事是人生的加油站,是阳光天使在心灵之间的对话。富于理想追求精神的青少年需要励志来"给力",才能有孜孜不倦的求索精神和不断进取的勇气与动力。励志故事能让儿童青少年明确人生目标。唐僧的白龙马去看望童年的好朋友——在磨坊拉磨的小驴。小驴见了马大哥喜出望外:"马大哥,你走了这么远的路,取得这么大的成就,我可是连想都不敢去想。"马大哥很平静地告诉驴小弟:"其实我们俩走的路是一样的。你每天起早贪黑,从来都没有偷懒,只是主人用一块布蒙住了你的眼睛,你就围着磨盘打转,但如果算起步伐来,你可能走得路比我走得还要长。我之所以有成就,是因为我心中有一个明确的目标,协助师傅到西天取得真经,我还有师傅在旁指引从不犯错。这才是我们之间的不同。"心中有目标追求,才有实现理想的不懈动力。

理想的教育者是学习者理想的成就者。励志故事的主要意义,在于帮助学习者在心中树立理想的风帆,使他(她)的人生乘风破浪、勇往直前。典范人物、著名人物、历史人物的榜样作用、励志作用是无穷的。同样,普通人物的生活故事及其成长经历,也是很有用的励志教育资源。励志故事可以改变普通人的自我价值观,激励积极的心态。

我经常讲"月亮妈妈"的故事。故事的主人公是一位70多岁的老太太。这位老太太卖水果为生计,很辛苦。因此,她决定改行做导游。她觉得高中毕业的儿媳妇当导游收入很不错,生活又时尚。老太太不甘后人,于是跟儿媳妇学英语。老太太目不识丁,讲的又是方言,学英语困难很大。开始,这个目不识丁、满口乡音的老太太讲的英语没有一个人听得懂。但是,老太太虚心好学、好问精神让人感动,热情的外国朋友手把手、一句一句地教她。几年之后,她居然精通了五国口语。不少来桂林阳朔月亮山旅游的外国朋友被她的故事和真诚所感动,他们在互联网上介绍了月亮山月亮妈妈的故事。从此,月亮妈妈的故事在互联网上广泛流传开来。不少游客慕名而来,甚至不少外国朋友到桂林阳朔月亮山来旅游时指名道姓要月亮妈妈做导游。后来,她开了个旅游公司,旅游、住宿、美食、导游一条龙服务。由于服务态度好、质量优,每年她带的游客和为国家创造的利税是整个桂林市最高的。桂林市把一块"金牌终身导游"的牌匾授予她。这在桂林市只唯一的一个。一个老太太,70多岁才开始改变自己,同样能如愿以偿。因为有了人生的目标追求、有了积极向上的心态、有了改变命运的志向。

感人故事、亲情故事、哲理故事、励志故事,只要有效叙述,可以感化我们,也同样可以感化未成年人。感人故事可以感动感化心灵,亲情故事唤醒珍贵的情感,哲理故事让人感悟明理,励志故事激励引领成长。故事从何而来?一个好的主题,一个好的故事,一次生动的叙述,一个感人的情节,一句鼓励的语言,一张内涵丰富的图片,一段意味深长的对话……生活中,随时随地都有这样的资源。生活就是故事,成长就是故事,教育就是故事。把育人的要求隐藏在生动的故事之中,春风化雨,育人无痕,这就是叙事育人的智慧、拨动情弦的艺术。教育是一个走进故事、创编故事、完美故事的过程。用故事走进心灵,以智慧引领成长。

# 第十八讲 "儿童阅读"的界定及其黄金定律

王泉根

**主讲人简介:**

北京师范大学文学院教授,我国著名儿童文学理论家,中国儿童文学研究中心主任。兼任中国作家协会儿童文学委员会副主任,亚洲儿童文学学会副会长,中国儿童文学研究会副会长,中国当代语文教学专业委员会学术委员会副主任,终身享受政府特殊津贴专家。著有《王泉根论儿童文学》《现代中国儿童文学主潮》《中国姓氏的文化解析》等十馀种著作。

当今社会三大民生问题,第一是住房难,第二是看病难,第三就是教育难。教育难难在何处? 难在三个方面。第一是择校难,第二是升学难,第三是读书难。这里的读书不是指课堂教学,而是指课外阅读。现在不少老师、家长都很迷茫,不知道孩子们课外应读什么,如何指导孩子阅读,更不知道如何向孩子推荐中外优秀儿童文学作品。这里既有教育体制的问题,又有学校的办学理念与教师的素质问题,同时也有家长对孩子阅读的认识问题。可以说,这是一个全社会的"系统工程"。

一、儿童阅读的关键词

(一)什么是"儿童阅读"

在解析"儿童阅读"之前,首先应界定什么是儿童?

说起儿童,人们的第一反映就是小朋友、小学生、小孩子。这当然没有错,但不全面。科学的具有世界性意义的"儿童",出自 1989 年 11 月 20 日第 44 届联合国大会通过的《联合国儿童权利公约》,该公约明确规定:"儿童系指 18 岁以下的任何人。""18 岁"是关键词,18 岁是区分儿童与成人的唯一尺度;"任何人"是对象,不论性别、不论贫富、不论健康还是残障,只要是 18 岁以下,均属于儿童,均是《联合国儿童权利公约》的保护对象。1990 年 8 月 29 日,我国政府签署了该公约。1991 年 9 月 4 日第七届全国人大常委会第 21 次会议通过的《中华人民共和国未成年人保护法》规定:"未成年人是指未满 18 周岁的公民。"由此可见,儿童即是指现代社会中 18 岁以下的未成年人。现代社会的绝大多数儿童(未成年人)都在学校接受教育,因而 18 岁以下的儿童也就是广大中小学生。

明确了"儿童"的概念,儿童阅读就有了一个阅读年龄段的界定:儿童阅读是指 18 岁以下的未成年人的阅读活动,主要是指在校中小学生的阅读。具体地说,儿童阅读是指从少年儿童的年龄特征、思维特征、社会化特征出发,选择、供应适合于不同年龄阶段少年儿童阅读需要的读物并指导他们如何阅读的一种读书方法与策略。

儿童阅读有广义、狭义之分。广义的儿童阅读包括学校内外、课堂内外的一切阅读活动,因而中小学生的课堂教学、教科书学习,都属于儿童阅读。狭义的儿童阅读则专指课外阅读,即不包括课堂教学,事实上我们现在开展的儿童阅读推广活动所指的正是课外阅读。当然,课堂教学与课外阅读两者之间有着密切关联,相辅相成,课外阅读往往成为课堂教学的有机延伸与重要补充。但是,课堂教学与课外阅读毕竟不是一回事,其重要区别在于:课堂教学有强制性,有教学大纲的规定,有时间的保证,有专门的阅读对象(教科书)与考核办法(考试);而课外阅读虽有要求但不强制,虽有各种愿景但无大纲规定,虽有弹性的课外时间但不一定有保证,虽有阅读对象(课外读物)与要求但与考试无关。因而课外阅读从整体上说是一种自由的、开放的、形式各异、方法多样的阅读活动。由于受应试教学和高考指挥棒的影响,实际上进入初中特别是高中阶段的中学生,课外阅读的内容主要是围绕着课堂教学与升学考试进行的。因而纵观当今儿童阅读活动的现状,儿童阅读实际是指以在校小学生课外阅读为主体的活动,各地开展的书香校园、书香童年、作家进校园、阅读节等活动,也主要集中在小学。因而新世纪以来的儿童阅读运动,主要是指在校小学生的课外阅读活动。

(二)儿童阅读的核心与难点

儿童阅读的核心与难点是"选书目",即开列推荐阅读书目。自古以来,选书目(含篇目)

一直是读书人最重要也最困难的事，自然也是读书人关切的焦点。书目选好了、选准了，可以事半功倍，在有限的时间获取读书的最大值，其根子盖因人生有涯而书海无涯。中国古代读书人选书目最成功者首推孔子。据《史记》等书记载，孔子选编删订了我国最早的诗歌总集《诗经》，并整理删订包括《诗经》在内的"六经"，成为中国文化经典，惠泽数千年的读书人。孔子之后选书目获得极大成功者有三：一是南朝梁代昭明太子萧统选择编定的《昭明文选》，二是清代蘅塘退士孙洙编选的《唐诗三百首》，三是清代吴楚材、吴调侯编选的《古文观止》。晚清张之洞的《书目答问》开列的书目曾产生很大影响，民国初期章太炎、胡适等，也曾为当时的读书人选择开列过书目，成为一时之选。

新世纪以来的全民阅读包括儿童阅读，为世人关切的核心与难点，依然还是选书目。从一定意义上说，国家新闻出版总署等评选的国家级"图书三大奖"（中国出版政府奖、中华优秀出版物奖、"五个一工程"奖）以及"向青少年推荐百种优秀图书""三个一百'原创出版工程"等产生的书目，均可视为"选书目"的国家行为。新世纪儿童阅读运动中，大家讨论最多、期待最大、争议最烈的问题之一也是"选书目"。或有人力推外国童书尤其是图画书，或有人倡导亲近母语、阅读本国精品童书，或有人自编教本，其背后纠结的正是一个"选书目"问题。具体涉及到三个方面：一是选什么？二是怎么选？三是由谁来选？

"选什么？"是儿童阅读的理念，与阅读组织者、推广人、教师等儿童阅读工作者的儿童观、儿童文学观、儿童教育观紧密相关。现代社会要求儿童阅读工作者应当站在尊重、保护儿童应有的生存、发展的权利的立场，站在儿童本位的立场，从儿童精神生命健康成长出发，真心实意地为儿童服务，为人类下一代效力。

"怎么选？"是儿童阅读的方法。要求儿童阅读工作者必须具备儿童心理、儿童教育、儿童文学、儿童出版以至儿童文化的相关知识结构，必须熟悉和了解当前中外儿童文学、儿童读物的出版现状与基本书目，必须懂得如何按照不同年龄阶段少年儿童的阅读心理、接受能力，为他们选择、配置相应的书目。

"由谁来选？"实际上涉及到儿童阅读的公信力、权威性与专业性。儿童阅读是一项服务全社会的公益文化事业，不是谁想选就可以选的。儿童阅读工作者必须具有相应的资质，除了具有有关儿童心理、儿童教育、儿童文学、儿童出版等的专业知识外，还必须具有社会责任心与文化担当意识，具有高雅的文学修养与尽可能多的知识储备，具有公正心与服务精神。他们是儿童阅读的点灯人而不是点钱人，是儿童"精神成人"的引领者与志愿者。

（三）儿童阅读的黄金定律

儿童阅读有一条黄金定律，即"什么年龄段的孩子看什么书"。

如上所说，儿童系指18岁以下的任何人。儿童读物（童书）的接受对象是包括了从学龄前的3～6岁幼儿到13～16岁的少年乃至17～18岁的"准青年"。由于各个年龄阶段的孩子的身心特征、思维特征、社会化特征的不同，因而对各自所需的读物在题材内容、艺术形式、表现手法等方面有着明显的差异，因而儿童读物（童书）必须适应各个年龄阶段的少年儿童主体结构的同化机能，必须在各个方面契合"阶段性"读者对象的接受心理与领悟力。据此，儿童读物（童书）从少年儿童年龄特征的差异性出发，将其区分为：为幼儿园小朋友服务的幼年读物、为小学生年龄段服务的童年读物、为中学生年龄段服务的少年读物三个层次，这三类读物各自具有鲜明的文本个性与独特的价值期待。

现在社会上对儿童阅读存在两个误区:一是生怕自己的孩子长不大、吃亏,人家做什么、上什么补习班,也一味跟进;二是只准孩子在课外看教辅书,与提高考试、作文成绩有关的书,而把孩子们最喜欢阅读的儿童文学图书视为闲书、无用书。这实在是极大的误解。儿童阅读推广一定要遵循"什么年龄段的孩子看什么书"这一循序渐进的基本原则。孩子的阅读不能急于求成,拔苗助长。儿童阅读的第一要义是要让他们喜欢,喜欢了以后,才能养成阅读的习惯,养成了喜欢阅读的好习惯就什么都好办了。所谓教育,实际上就是养成好习惯的"养成教育"。养成好习惯,受益一辈子。儿童的阅读一定要实事求是、科学办事,一定要从孩子的实际与特征出发,应当对那种功利主义、拔苗助长的现象加以警惕。

二、儿童阅读读什么?

阅读是一种精神活动,广义的阅读泛指一切接受外部事物刺激并同化于自身心智的精神活动过程,包括读书、读图、读视频、读影视、读信息。我们现在进行的全民阅读包括儿童阅读,实际上是指狭义的阅读,即传统意义上的平面纸媒阅读——读书。因之儿童阅读是指儿童的图书阅读活动。

从阅读实际与出版品种考察,我们可以将儿童阅读的图书分为以下八类:

第一类是思想品德教育与励志类读物。这是帮助少年儿童实现社会化过程,建立正确的价值观、人生观、道德观、审美观的图书,包括爱国主义、精神文明、素质教育等读物。有关激励青少年儿童励志成长、发愤成才的读物,如名人传记、英模故事、心理修养、人生历练等也属于这一范畴。如张海迪的《我的祖国》、李长之的《孔子的故事》、引进版美国的《假如给我三天光明》等。

第二类是传播人文历史知识与艺术修养的读物。这类读物重在少年儿童人文精神与高雅素养的养成,开阔视野,陶冶情操,包括人与社会、人与自然、人与世界、人与自我的关系,有关人文、历史、艺术、审美,以及生态文明等方面的读物。如苏叔阳的《我们的母亲叫中国》、林汉达的《上下五千年》、丰子恺的《少年音乐和美术故事》、肖复兴的《音乐漂流瓶》、引进版英国的《我的野生动物朋友》等。

第三类是科普、科学、科技知识读物。这类读物着眼在少年儿童的科学文明与科学思维,养成他们热爱科学、崇尚知识、追求真理、面向未来的精神。除了传授、普及科学知识的读物以外,其他如军事知识、地理旅行、探险寻秘等读物,以及偏重自然科学知识的"百科全书"也属于这一范畴。如《叶永烈讲述科学家的故事》、刘兴诗的《讲给孩子的中国地理》、位梦华的《独闯北极》、引进版美国的《万物简史》等。

第四类是中学生文学读物,即以中学生年龄段为对象的少年文学读物。中学生正处于青春激情岁月,处于从幼稚向成熟转型的过渡时期,因而中学生文学读物总是特别关注少男少女的校园现实生活与内心情感世界,有关青春、校园、成长、时尚是这类文学锁定的目标,主要文体有少年小说、青春文学、成长小说等。如曹文轩的《草房子》、秦文君的《男生贾里全传》、张之路的《非法智慧》、郁秀的《花季·雨季》、引进版美国的《麦田里的守望者》等。

第五类是小学生文学读物,即以小学生年龄段为对象的童年文学读物。一方面小学生还没应试教学的压力,因而是儿童文学的核心读者群体;但另一方面,小学生的自主阅读与中学生相比，还没有进入自主反思与评判的层次，因而小学文学既是儿童文学的核心出版物，但其"度"也最难把握，最难写。小学生文学读物的创作基调应阳光、健康、向上，特别强调故事性、可读性，注重快乐、幽默、幻想、探险、寻秘、游戏等艺术元素，在引人入胜的故事情节中机智地融入易于为小学生理解接受的立人、做事、为学的人生道理。主要文体有童话、儿童小说、动物小说、幻想文学等。如张天翼的《宝葫芦的秘密》、杨红樱的《淘气包马小跳》《笑猫日记》、黄蓓佳的《我要做好孩子》、沈石溪的《狼王梦》、引进版英国的《哈利·波特》等。

第六类是传统经典名著少儿版读物。一般而言，传统经典名著属于成人读物，无论是作品的题材内容、人物形象、审美取向与阅读难易度都是指向成人而非儿童。但由于这类读物家喻户晓，文学性、可读性极强，而且必定是今之儿童成人后的必读作品，而那些智慧早熟、悟性较强的孩子也必然会提前阅读，于是这就有将传统经典名著改制成适合儿童阅读接受的"少儿版"之必要。其方法或是约请经验丰富的作家直接改写，既忠实原著，又具有儿童的"适读性"。如中国少年儿童出版社出版的金波改写的《红楼梦》、高洪波改写的《水浒传》、白冰改写的《西游记》等；或为小读者量身定做，在经典名著的版式、插图、装帧、设计、难字注音、篇幅大小等方面进行全面整合包装，以使符合儿童阅读需要。书市上这方面的"少儿版"品种较多。传统经典名著"少儿版"，还有另一类古代儒家蒙学经典，如《三字经》《弟子规》《千家诗》等，通过注释、白话翻译、导读、插图等形式，古为今用，同样成为今天重要的儿童读物。

第七类是儿童启蒙读物，以学前期的低幼儿童为对象。可以分为两类启蒙：一是认知启蒙，向小小孩传授最基本、最简单、最实用的一般知识的读物，如识字卡片、看图识字、智力开发、由图向文过渡的"桥梁书"等；二是文学启蒙，这有儿歌童谣、幼儿诗、低幼童话故事等幼儿文学作品。如《365夜儿歌》、郑春华的《大头儿子和小头爸爸》、苏梅的《恐龙妈妈藏蛋》、引进版桥梁书英国的《不一样的卡梅拉》等。

第八类是现在比较流行的儿童图画书和卡通读物，阅读对象主要是幼儿园小朋友与小学低年级学生。这类读物因其视觉化的艺术特征、用连续性的艺术画面讲述故事的表演手段而深受孩子喜爱。现在书店热销的主要是引进版图画书和卡通读物，如何打造我们民族自己的本土原创图画与卡通读物，已成为新世纪少儿读物出版的重要发展方向。这类读物如张乐平的《三毛流浪记》、詹同的《猪八戒吃西瓜》、保冬妮的原创图画书"虎年贺岁"系列、引进版美国的《花婆婆》等。

需要指出的是，以上八类读物中，文学读物虽只是其中的一部分，但却是整个儿童读物中最重要、最核心、最具审美价值与人文内涵的读物。一方面，文学作为最古老的审美方式，是最具原创意义和基础意义的艺术，因而文学是一切艺术的母体，往往成为其他艺术门类如影视、戏剧、图画书以及电子传媒等的直接文本资源或改编对象；另一方面，思想品德、文史知识和自然科普科技读物等，为适应少年儿童的阅读接受心理，也往往要借用文学手段，采取"文学性"的叙述方式，以增强可读性。"文学性"几乎成为衡量一切叙事艺术的通约。从少年儿童的阅读现状考察，儿童文学已成为当下儿童读物出版的最大生长点。

三、拉动新世纪儿童阅读的多重因素

具有5000年悠久历史的中华民族历来重视儿童阅读。"建国君民，教学为先""十年树木，百年树人""耕读传家""有教无类""忠厚传家久，诗书济世长"，一直是我们民族的优良传统。虽然在当代中国也曾出现过"读书无用""读书越多越反动"的非常时期,但那毕竟是逆流而非正道。进入新世纪以来,尽管有这样那样消解阅读的因素,但儿童阅读却一直做得有声有色,终成气候。促进新世纪儿童阅读运动不断向前推进的因素是多方面的,既有阅读运动的外部给力,也有自身的积极实践。

(一)国外儿童阅读活动的影响

当今世界已是信息网络化、交通立体化的地球村,国外儿童阅读的经验与做法通过各种渠道影响着中国。1967年4月2日,国际儿童读物联盟(IBBY)把安徒生出生的4月2日确定为"国际儿童读书日"。40多年间,国际儿童读物联盟每年都确定一个主题,在世界儿童中开展读书活动。"书之光""书籍是昨天的故事和明天的秘密""书籍是和平的太阳""书籍是黑暗中的萤火虫""书籍是我富有魔力的眼睛"等图书日主题,促进了不同国家、不同民族、不同肤色的儿童阅读,影响了一代代儿童成长。为了推进中国的儿童阅读,2007年3月23日,由教育部基础教育司和团中央少年部共同支持,中国儿童读物促进会与首都图书馆共同主办的"共同架起儿童与图书的桥梁——纪念国际儿童图书节四十周年暨中国儿童阅读日系列活动"启动仪式在北京举行,会议宣布设立4月2日为"中国儿童阅读日",并授予深圳南山区、山东德州区为中国促进阅读示范区,向河北太行山地区和山东德州捐赠一万元的图书,建立CBBY爱心书屋。"中国儿童阅读日"的设立,显然是受国际儿童图书日的影响所致。

欧美发达国家普遍重视儿童阅读,有的国家还有立法保障。1995美国政府倡导儿童读写运动。1998年美国前总统克林顿签署了"阅读卓越法案",以立法形式保障儿童阅读,超过50万名孩子从1999年度拨给的2亿6千万美元中受惠。2001年,布什总统提出了"不让一个孩子落伍"的中小学教育法案。"9·11"事件的早晨,布什总统正在佛罗里达一家小学参加阅读促进活动。英国自1996年4月开展"阅读是基础"运动以来,"早期阅读""每天增加1小时读写课程""打造一个举国皆是读书人的国度"的理念与做法,不断深入人心。日本在少年儿童中开展"每天晨读10分钟"的活动。以色列向少年儿童倡导三句话:"书本是甜的;知识和智慧是抢不走的;学者是最受尊敬的"。1995年,意大利教育部宣布了一个"促进学生阅读计划"。俄罗斯学科模式的课外阅读指导富有成效,强调文学作品是课外阅读的主体,同时在语文课程中专门辟有课外阅读课。

国外的儿童阅读活动往往是政府教育工作的重头戏与不折不扣的"国家工程",政府提供足够的政策资源和公共服务,用以促进儿童阅读的发展。他山之石,可以攻玉。这些成功做法显然可以作为我国儿童阅读的借鉴。

(二)"儿童读经活动"的推助

"儿童读经活动"系指有教师引导、有教材读本、有时间保障、引领组织少年儿童,主要是学龄初期即6~9岁的儿童开展的阅读中国传统儒家经典与蒙学读物的活动,其中又以阅读《三字经》《弟子规》《论语》《唐诗三百首》为中心。这一运动始于上个世纪90年代海峡对岸的台湾,以后扩及至东南亚华人社区,再进而影响到大陆沿海地区,并深入内地。

1994年,台湾地区现代新儒家代表人物牟宗三的弟子、台中师范大学王财贵教授首倡儿童读经,很快得到台湾社会的响应,读经之声遍地可闻。1997年10月,王财贵到海南岛进行了第一场大陆公开的读经演讲,以后又不断到各地演讲推广。儿童读经活动逐渐影响到大陆各地。1995年,由冰心、曹禺、夏衍、启功等9位德高望重的前辈,在第八届全国政协会议上提交《建立幼年古典学校的紧急呼吁》的提案,吁请从幼儿抓起重视传统典籍的教学。1998年6月,"中华古诗文经典诵读工程"正式在全国铺开,至2004年年末,这一工程已经惠及全国30个省市5000多所学校的430万儿童。"读千古美文,做少年君子"的口号不断深入人心。如何评价读经运动,对此读书界与教育界自然有不同讨论。但这一活动的直接影响是促进了儿童阅读的深化与细化,致使现在国内已有相当数量的小学校,将《三字经》《弟子规》等传统读物引进了课堂教学,组织孩子进行背诵、朗诵比赛等活动。至于此类出版物,可谓"铺天盖地",各地书店到处可见。

(三)语文教学改革与书香校园建设

语文教学改革一直是我国教育界的课题,但其改革力度之大且引起全社会的高度关注,则是新世纪以来的事。其直接原因是从上个世纪末开始,语文教学受到了社会各界多方面的批评与讨论,其中论争的焦点问题是文学教育:"首先,在人的全面发展过程中,文学教育具有的和应该发挥的作用没有得到足够的重视;其次,在中小学的语文教学中,文学作品的教学内容少并且单一、陈旧";再次"中小学语文教师文学素养低"。新世纪以来,中小学尤其是小学语文教学的改革极大地促进了儿童文学与儿童阅读运动,其直接成果是:

第一,加大了小学语文课本的文学性,将大量中外优秀儿童文学作品直接引进教科书。教育部公布的《九年义务教育全日制小学语文教学大纲》(2000年)明确规定:"低年级语文要注意儿童化","课文类型以童话、寓言、诗歌、故事为主。中高年级的课文题材、体裁、风格应该多样,要有一定数量的科普作品。"《大纲》中提到的课文类型,全是儿童文学的常见文体。据统计,现行人民教育出版社、北京师范大学出版社等编制的小学语文课文,80%以上均为儿童文学作品。金波、吴然、高洪波、沈石溪、曹文轩、杨红樱等儿童文学名家之作,均被选入读本之中。

第二,加大了课外阅读的要求。《大纲》规定小学阶段课外阅读总量要达到145万字,其目的是培养学生"具有独立阅读的能力","学会运用多种阅读方法"。为落实语文教改的精神,各地学校普遍加强了学生的课外阅读指导,"书香校园""书香童年""读书月""读书节"遍及无数校园。语文教学改革无疑极大地拉动了儿童阅读运动,给书香校园建设带来了蓬勃生机。

(四)网络时代家长更加注重孩子的图书阅读

身处网络、手机、游戏机、影视等多种传播手段的电子媒介时代,儿童接受知识的渠道变得多样化、快捷化,但同时也增大了风险。不良网站、暴力游戏、传媒陷阱等负面影响,使孩子的身心两面都受到伤害;而电子媒介的图像视觉化、直观性,则消解了传统图书阅读尤其是文学阅读给人的想象性与诗性。因而现在的家长普遍都不放心孩子过早接触网络,尤其是孩子一旦沉迷网络游戏,更是焦虑揪心;但是家长只要看到孩子在那里安静地读书——不论读什么,则普遍放心。正因如此,家长自然更愿意支持孩子参加与阅读有关的活动,亲子共读,图画书阅读,带孩子逛书店、进图书馆,甚至双休日送孩子进作文培训班。凡此种种,自然推动了儿童阅读。

(五)出版社的图书营销与阅读推广

"多出书、出好书",这是出版系统的任务与追求。新世纪以来,全国各类出版社纷纷改制,由事业单位改为直接在市场经济大潮中摸爬滚打的企业公司。出版社为追求图书的社会效益与经济效益的最大化,自然特别重视儿童阅读活动。现实资料显示,各地专业少儿出版社与非专业少儿出版社,经常通过组织"作家进校园签名售书""读书征文大赛""读书网站"等形式,鼓励儿童阅读,拉动图书促销。

典型案例如二十一世纪出版社为推销本社的图画书,曾组织图画书推广人、儿童文学作家彭懿,在全国数十座城市上百所小学与幼儿园,做了上百场图画书的讲演与签售。又如湖北少年儿童出版社开展的《百年百部中国儿童文学经典书系》的阅读征文活动,湖南少年出版社开展的《全球儿童文学典藏书系》"小书虫阅读"活动,外语教学与研究出版社为配合建国60年《中国儿童文学60周年典藏》举行的书香校园与绿色阅读活动等。显然这些阅读活动既为出版社带来了利益,同时也推动了儿童阅读的普及与深化。

四、新世纪儿童阅读的八种形式

88岁高龄的著名儿童文学作家任溶溶曾激情地呼唤:"让孩子的阅读点亮所有孩子的童年。"北大教授、著名儿童文学作家曹文轩写道:"一本好书,便是一轮太阳,一千本好书,便是一千轮太阳。灿烂千阳,照亮了我们的世界,也照亮了我们的灵魂。"新世纪以来多种形式的儿童阅读活动,尤如灿烂千阳,照亮了无数孩子的童年。据我观察,新世纪行之有效、具有广泛影响的儿童阅读,主要有以下八种形式:

(一)经典阅读

经典阅读是学校、家长、社会普遍看好与开展的阅读形式。虽然研判经典有时间的维度、价值的维度、审美的维度、语言的维度等多种标尺,对何为经典、哪些书可以作为经典向孩子推广,也见仁见智。但一般而言,那些已经为文化史、文学史所肯定,而又有专家学者在那里推荐的经典,学校、家长都会接受。事实上,新世纪以来的"经典阅读"也主要是由专家学者竭力加以倡导推广的,因而经典阅读可以视为是一种由上而下策划推动的精英阅读形式。

经典阅读的内容有两类:一是传统文化经典,主要是儒家蒙学读本,如《三字经》《弟子规》《千字文》《论语》等;二是文学经典。这又可细分为两类,一类是经过挑选、改写的古典成人文学名著,如《西游记》《水浒传》等;一类是中外儿童文学经典名著,这在经典阅读中所占份额较大,也最易为孩子接受,如安徒生、格林、林格伦等的外国童话作品,叶圣陶、冰心、张天翼等的本国名家名作。湖北少年儿童出版社出版的《百年百部中国儿童文学经典书系》《少儿科普名人名著书系》、湖南少年儿童出版社出版的《全球儿童文学典藏书系》、天津新蕾出版社出版的《国际大奖儿童小说丛书》中的不少作品,都曾被阅读推广人和专家教师用作"经典阅读",从而使中外儿童文学精品在中国孩子和学校、家长中作了一次卓有成效的普及。

(二)早期阅读

早期阅读的年龄段是0～6岁的婴幼儿。早期阅读,并非是要让婴幼儿也来阅读,而是指养成婴幼儿与阅读有关的行为与习惯,为孩子今后的学习打下良好的基础,这是一种终生养成性的教育。早期阅读的重要性与作用主要包括:激发孩子的学习动机和阅读兴趣;提高孩子语言能力;发展孩子的智商;为孩子今后的学习与阅读预备技巧。

早期阅读是欧美发达国家早期教育的重点与焦点。新世纪以来,我国幼教界也以前所未有的热情关注和推广早期阅读教育理念,尤其是《幼儿园教育指导纲要(试行)》颁布之后,第一次把幼儿早期阅读的要求纳入语言教育的目标体系,提出要"培养幼儿对生活中常见的简单标记和文字符号的兴趣;利用图书、绘画和其他多种方式,引发幼儿对书籍、阅读和书写的情趣,培养前阅读和前书写技能。"国内早期阅读现在已形成了公立、民办幼儿园与民营幼教公司等多渠道探索、推进的趋势,积累了不少经验,图画书的阅读是早期阅读的重要内容和手段。

### (三)图画书阅读

图画书是低幼儿童与学龄初期儿童的重要读物,英文叫"Picture Book",日本称为"绘本"。图画书不同于传统的连环画,图画书是绘画和语言相结合的一种特殊艺术形式,以图画为主,文字为辅,文字大都简短、浅近,有的图画书只有图而无文。图画书阅读是进入新世纪以后逐渐热起来的,现在已有为数不少的幼儿园与小学,将图画书作为孩子们"初级阅读"的重要内容。如深圳后海小学从2004年起,将图画书引入小学语文教学,具体做法是:首先将"图画书快乐阅读"纳入校本课程中,排入课表,每班每周一节,制定课程目标;同时还开办图画书课外阅读兴趣班、创作兴趣班,结合家长的亲子阅读,举办周末故事妈妈、故事天使和故事宝宝讲图画书活动;再次,教师和孩子一起,运用参与式、交流式、互动式、拓展式等多种教学方式,鼓励孩子动手写、用笔画,已出版了孩子们自创的图画书《小老鼠如意》《我最棒》等,还出版了该校老师写的《图画书阅读——引领孩子快乐成长》(海南出版社2007)。该校的图画书阅读经验还引起了海外关注,新加坡四德小学与该校建立了"图画书快乐阅读"校际合作项目。

### (四)亲子阅读

亲子阅读,或称亲子共读,即家庭阅读。家庭是社会的细胞,是儿童生活、成长的摇篮与基础。儿童教育成功与否,在很大程度上取决于父母和孩子在家里能否建立起良好的亲子关系。亲子阅读是父母双亲或长辈陪同孩子一起读书,这种阅读方式对于发展儿童语言、培养和养成孩子的阅读兴趣与习惯、舒缓儿童心理压力等方面都有着重要作用。亲子阅读虽然以前也存在,但作为一种儿童阅读的重要方式,在全社会广泛倡导并加以指导,则是新世纪以来的事。

亲子阅读现在主要流行于都市中产阶层,特别是那些受过良好教育、有经济能力重视幼教的家庭。亲子阅读通常由妈妈担任阅读主角(爸爸缺席的现象较多),方式灵活多样,一般常见的有:大声给孩子朗读图书;每天睡前给孩子读一段连续性的故事;一起翻看图画书,边看边讲;根据书中情节,和孩子一起做游戏、扮演角色;陪孩子一起看少儿电视节目,随时回答孩子提问并解释节目。

### (五)班级阅读

语文教学改革促进了学校的阅读教学,"班级阅读"是阅读教学的重要形式,也是新世纪儿童阅读的重要成果。所谓班级阅读,是教师采用"班级读书会"的方式,布置全班同学在课外读完同一本书,然后在课内时间组织讨论,因而班级阅读是学生、教师、文本之间进行对话的过程。班级阅读有以下特点:一是阅读的书需要由教师慎重选择、比较,这就要求教师熟悉中外儿童文学名著与当今儿童文学创作态势;二,以长篇阅读为主。阅读长篇的好处是能使孩子的阅读时间"化零为整",在一个时期内集中精力读完一部作品,日积月累,对孩子显然是受益终生的。这种阅读方式与效果，自然大大优于无计划的即兴阅读、短平快的快餐阅读。三，教师要认真组织好班级阅读讨论，鼓励孩子们写读书心得，并将孩子们的讨论和书评结集成册，用以激发大家的阅读与写作热情。班级阅读现已作为一种成功的阅读经验得到推广。北京清华大学附小、江苏海门实验小学、重庆永川区汇龙小学等，在班级阅读方面都积累了成功经验。

### （六）分级阅读

分级阅读在西方发达国家已有上百年的历史，我国是最近几年引进的，其重要事件是2008年广东南方报业传媒集团成立的"南方分级阅读研究中心"；2009年和2010年，北京师范大学中国儿童文学研究中心与接力出版社连续召开两届全国性的分级阅读学术研讨会，接力出版社又成立了"接力分级阅读研究中心"。

所谓分级，实际上是指分年龄。分级阅读的基础与原因是图书的可读性与适读性问题。因为不是每种图书都是适合所有读者的，尤其是小读者，这就需要挑选、推荐那些具有可读性与适读性元素的图书。一切从儿童出发，一切从实际出发，这是分级阅读的出发点与归宿。分级阅读是真正以儿童为中心的"儿童本位"的阅读行为，分级阅读观念在我国的推广与实践，是新世纪儿童阅读运动的进一步深化与细化，只有当儿童阅读真正从儿童阅读的个体出发、从儿童本位出发，儿童阅读才算落到了实处，阅读成效才能进一步彰显。国内现在分级阅读做得最有声势的是广东与北京。南方出版社、浙江少儿出版社、青岛出版社等，还不失时机地编制出版了各具特色的分级阅读图书。

### （七）作家签售阅读

儿童文学作家进校园，与孩子们面对面地交流儿童文学，介绍阅读经验，这是儿童文学界的传统。以前主要是作家参与学校的少年队、夏令营活动以及少年宫活动。进入新世纪以来，作家直接配合出版社进校园签名售书；或配合书香校园建设，讲演自己学生时代的读书体验，同时也会推广自己的新书。杨红樱、金波、曹文轩、秦文君、张之路、沈石溪、周锐、伍美珍、郁雨君等深受孩子们喜爱的儿童文学畅销书作家都参与其中。作家进校园，与孩子们零距离、面对面地现身说法演讲儿童文学，交流阅读、写作经验，往往成为学校的一件大事。因有不少作家的作品曾被选入课本，他们已成了孩子们心目中的"明星"，因而"作家签售阅读"自然会产生轰动性的效应，使孩子们终生难忘。但同时也要防止签售的商业化倾向。

### （八）特色阅读

特色阅读是书香校园文化建设的重要举措，与校长的办学理念，或与这所学校拥有一位或几位特殊教师（本身是儿童文学作家、诗人）密切相关。经过积极实践，这些学校在儿童阅读方面走出了自己的新路，办成了类似"童话学校""儿童文学学校"等特色学校。如重庆市永川区汇龙小学。该校从上个世纪90年代起就将儿童文学阅读引入语文教学与校园文化建设，进入新世纪进一步加大投入，特色更为明显。第一，该校在全国小学中最早实行"专职阅读教师的编制"（现有两名），用以指导和确保全校的儿童阅读，有时间，有校本教材（《儿童文学阅读与欣赏》低、中、高年级各一册，北京大学出版社2006年版），有导读与考核；同时还创办了专门刊登学生作品的《小汇龙》内部刊物，现已出版20期。第二，每年举办全校性的"儿童文学节"，为期一周，届时全校上下都为儿童文学而忙碌欢庆。节日期间，邀请儿童作家。

评论家进校园,开展学生阅读比赛、有奖征文、经典朗诵、图书交流等各类活动,使儿童文学渗透到每个孩子心中。第三,进行儿童阅读的教学考核、评估,不但由学校自评,还邀请重庆市教育主管部门与外地专家进行评估,找差距,立目标,不断改进和优化儿童阅读。汇龙小学以"阅读滋润童年",打造"儿童文学校园"为特色,成为全国首家儿童文学校园,曾获教育部重点课题"中小学生特色学校发展战略研究"一等奖,被中国宋庆龄基金会命名为"重庆乡村特色示范学校"、重庆市命名为"重庆市100所经典诵读实验学校"、重庆市作家协会命名为"儿童文学校园"。

特色阅读在各地学校都有成功案例,如河南省安阳市人民大道小学的"小学生主体性发展实验研究"的主体阅读活动,浙江省宁波市北仑港小学的"儿童诗教学与阅读"活动,广东省深圳市后海小学的"图画书教学与阅读"活动、福安学校的"古诗文读书导航"活动等。

五、儿童阅读运动的卓越推手

儿童阅读关乎儿童文化权益的保障,关乎民族的未来发展,因而引起全社会的广泛重视,现在主要有三种力量参与其中,即政府、教育文化机构与民间人士。政府重在给政策、给资金,如政府有关部门的专项赠书活动,包括农家书屋建设、向农民工子弟学校赠书等;倡导儿童读书日与读书节、发布全民阅读及儿童阅读的调研蓝皮书等。教育文化机构的儿童阅读活动有:图书馆举办的儿童阅读活动与培训,学术机构研制推荐儿童阅读书目,出版社组织各类儿童阅读选题与推广活动等。民间人士的儿童阅读推广活动更具有灵活性、多样性,如图画书交流会、故事妈妈会、社区推广会、网络联谊会等。社会多种力量的参与,使新世纪儿童阅读活动得到了健康、深入的发展;而一批儿童阅读的卓越志愿者、推广人,一批执着儿童阅读研究与实践的教学机构的艰苦努力,则为这一活动提供了源头活水与多重资源。

(一)朱永新与新阅读研究所

教育家朱永新教授十馀年来坚持进行阅读书目的研制与推广工作。上个世纪90代末主编并出版了《新世纪教育文库》,分为小学、中学、大学、教师四个系列,每个系列一百种,旨在为学校阅读与儿童阅读探索新的阅读路径与读本。进入新世纪,朱永新将精力集中到儿童阅读领域。2006年,朱永新与他领导的新教育实验研究团队,在倡导师生、亲子之间进行"共读、共写、共同生活"的儿童阅读理念基础上,开发了新教育实验"毛毛虫与蝴蝶"儿童文学书包,受到了老师家长特别是孩子们的普遍欢迎。2007年,由台湾慈济基金会资助200万元购买儿童文学书包15000套,发放到甘肃、内蒙、青海、山西、北京的打工子弟学校及其他数百所学校,让孩子们分享到阅读一流童书的快乐。

2010年8月,朱永新在北京成立了国内第一家专门从事阅读研究与推广的机构——新阅读研究所,研制面向幼儿、小学生、中学生、大学生、教师、家长以及企业家等多个特定群体的基础阅读书目,为书香中国和全民阅读做出切实的贡献。首先启动的是"中国小学生基础阅读书目"的研制,旨在为小学低中高不同年龄阶段的孩子挑选出基础性的阅读书目。该书目围绕中国儿童所必须树立的"核心价值观",研制30本基础图书与70种推荐图书的书目,推荐给学校、家长。该项目于2010年9月30日启动,并于2011年4月21日"世界读书日"前夜向全社会正式发布了"中国小学生基础阅读书目"。

（二）中国儿童阅读论坛

该论坛由江苏和北京一批儿童阅读的积极实践者、推广人所创办，核心人物是徐冬梅、王林、梅子涵等。每年在4月2日安徒生诞辰日与4月23日世界读书日之间举办，被称为"点灯人的聚会"，参与者主要为开展儿童阅读的小学、幼儿园校长、园长和小学语文教师。该论坛的口号是"我们都是点灯人"，宗旨是为儿童阅读运动提供交流平台，促进对话。从2004年迄今，几乎年年举办，每届都有一个主题：例如，于2004年9月在江苏扬州举行的第一届，有11个省市500多人与会，发表了《中国儿童阅读宣言和行动纲领》。迄今已有六届活动，其中第六届于2010年4月在江苏常州举行，22个省市近1200人与会，主题是"儿童的课堂，文学的课堂"。常州会议分设亲子阅读分论坛、早期阅读分论坛、原创图画书分论坛、书香校长分论坛。

（三）南方分级阅读研究中心

该中心隶属于广东南方报业传媒集团。自2008年创设以来，主要致力于选编、出版儿童文学精品、均衡阅读、初中套书、红皮书和蓝皮书等儿童分级阅读丛书；曾在广东先后组织了"千万少年快乐阅读"、争当"阅读之星"、创建"书香校园"、"悦读地带走进校园"、"中澳儿童文学交流"等系列读书活动。其中"千万少年快乐阅读"活动已被列入《广东省建设文化强省规划纲要》，以"教孩子阅读，给孩子未来"为口号，为全省1700万少年儿童提供快乐阅读服务。南方分级阅读研究中心创办的"小伙伴网"，是国内首个儿童阅读门户网站，2010年又推出了全国首个线上儿童阅读社区——"悦读森林"，用以引导儿童多媒体阅读。

（四）三叶草故事家庭

"三叶草故事家庭"是一个致力于推进亲子阅读进入家庭的民间公益组织，以北京、深圳为中心，现已涵盖全国两千馀个家庭。"三叶草"取意于无处不生的三叶草，以"童心、爱心、慧心"作为故事家庭的核心价值，并以"我是一棵会阅读的草"构成"草籽"们共同的行为密码。三叶草故事家庭主要通过线上网站（www.3yecao.org）和线下举办的多种活动用以推进亲子阅读、家庭阅读、社区阅读。主要活动形式有：故事妈妈培训、专家阅读讲座、新书试读会、主题文化沙龙、年度讲述大赛、故事剧团等。三叶草志在"用这个世界最美丽的童话、最动人的故事滋润我们的孩子，柔软孩子的心灵，彰显孩子的灵性，放飞孩子的想象，呵护孩子的童真。"

（五）苏州"书香童年·阅读与写作"推广平台

这是苏州儿童文学作家苏梅和几位志同道合的作家、老师一起开展的儿童阅读推广平台。苏梅是一位成绩卓著的儿童文学作家，任职于苏州大学，曾兼任《小学生拼音报（幼儿版）》编辑部主任。她长年坚持到当地小学、幼儿园以及市图书馆"名家大讲堂"等进行"图画书阅读"、"亲子阅读"、"家庭阅读"等的公益讲座，并指导培训幼儿教师的儿童文学素养，还通过网络和家长、孩子们进行阅读交流。苏梅和朋友们始终把推荐中外优秀儿童文学作品作为重要工作，先后向孩子和家长们推荐导读中国作家协会"全国优秀儿童文学奖"的获奖作品、《百年百部中国儿童文学经典书系》《中国儿童文学60周年典藏》《国际大奖小说书系》等。正是由于苏梅等一批儿童阅读推广人的无私奉献，苏州以及各地的儿童阅读活动才能搞得有声有色，儿童文学经典名著才有可能得到全社会的普及推广。

# 第十九讲　母亲文化的构建及在家庭教育中的重要性

王开敏

**主讲人简介：**

　　著名家庭教育专家，在多家报纸开设子女教育专栏，问诊各类家教问题并提供独到见解。被媒体誉为"平民化的阳光教育"专家，"母亲文化倡导者""阳光母亲"。出版《架个天梯给孩子》《母亲的路，孩子的天》等著作。

　　家庭教育重要,更重要的是每位家长的思维模式,要综合多方面的因素,来构建一个符合自己的家庭教育子女模式。笔者讲的是母亲经营家庭,包括经营丈夫、经营孩子的一种思维模式。这种思维模式和行为方式,其实就是一种文化。落实到母亲身上就是母亲的文化和思想构建的重要性。日本人可以生一大群孩子,母亲是可以不断实践的,心理压力很轻。而中国国策只生一个,心理压力比较大。根据我国的国情,我们的教育工作者就要上到一个很高的层面来看待子女的教育。

　　孩子尤其像现在还不会说话的孩子,是通过认识家长再认识社会的,你的社会化原始期是什么样,是母亲的所作所为。不管是任何教育发展很好的家庭、学校,还是教育发展很好的国家,我们都不能直接引进。我们要根据我们的国情,借鉴别人的先进成果,然后在我们的土地上认真实践。我们的教育总是不强调实践,教育家是绝对实践家。如果没有实践,天天研究学术,那是不行的。

　　一个不会玩耍的孩子,身心是严重不健全的。孩子在早期最需要的是母爱,他需要你抚摸他,对他微笑。一旦母爱缺失了,他就不知道什么是爱,还会去爱别人吗? 中国现在留守儿童很多,每一个都是将来爱的缺失的炸弹,但很多人都没有认识到。

　　因为只生一个孩子,家长都希望孩子成为人才,什么是人才,自己又不知道。笔者多次提到,人才是已经有独立生存的能力又有技能,做出了贡献,被社会认可的人。真正的人才包含着三要素:广泛的兴趣、独立思考的能力、创新的精神。这是哈佛校长说的。现在,人的全面发展没有被放在教育的重要位置,应对考试的知识传授却达到登峰造极的状态。

　　因此,我们要首先分析教育体制的缺陷在什么地方。对于国家来讲,教育体系分三大块:社会教育、学校教育、家庭教育。严格地说,这三个是早期的,核心的教育是孩子的自我教育,这在我们的教育体系中是不太被重视的。当一个孩子能主动思考、能管理自己的行为、能达到自我教育的时候,会给家长带来意外的收获。

　　孩子的自我教育应该是家庭教育非常重要的一个目标,但是很多时候我们都不够重视。我国的教育体系是不完整的,缺少的最重要部分是人的教育。比如湖北省省重点的幼师都要研究生毕业,也就是说受教育的程度要小学到高中 12 年,加大学 4 年,加研究生至少 2 年,共 18 年才能当幼师。而母亲,不说十几年,就连三个月或者三天的培训都没有,这是教育体制最不完整的地方。母亲是天生的教育实践家,但很多人都不知道。如果一个母亲认真学习和付出了,所起的作用就是孩子以后所有老师的总和,甚至是平方或者 N 次方。因为孩子后来受的教育是一个共性教育,是必须接受的,是最平等的。但是家庭教育不一样,这是一对一的教育,是个性教育。

　　母亲对社会最大的贡献是孩子,但当今社会却不认可这点。第一,国家在制度上没有认可,这是对女性的第一大打击;第二,家庭成员不认可;第三,不培训;第四,教育好了都有份,教育不好都是母亲的不对。现在中国自杀的女性是男性的五倍,这说明女性的压力很大,但女性没有发言权。这就是典型的女性本体文化的严重缺失。中国女性最缺失的就是读书,而一个人的成功就是获得信息的多种渠道的能力,阅读就是最直接的能力。女性群体本来就弱势,除了性别上的弱势,还有文化思想上的弱势。因为没有发言权所以变成弱势。比如,大部分女性在不减轻承担家庭重负的同时,还要和男性同样在社会中运作。和男子同工同酬,才能获得地位,还没那么高。这才是社会最大的不公。这是典型的对女性生命的掠夺。

21世纪是文化改变世界格局的时代,我们党所提倡的和谐社会,而和谐就是一种文化。和是一个禾一个口,就是先吃饱饭。谐是一个言一个皆,每个人都有发言权。而现在女性却越来越没有发言权。其实这些都是没有文化造成的。

家庭教育缺失的就是母亲文化。母亲文化是人类的根文化,更是女性文化的核文化。文化作为人类的思维成果和行为方式,涵盖了语言文字、文学艺术、科学技术、伦理道德、政法制度、文物典章、宗教习俗等许多方面。在这些方面中,与母亲这一角色直接、间接有关的内容就是母亲文化内涵的最坚实的基础,母亲对于社会的最重要的贡献,就是在孩子的幼年阶段,向他(她)传递自己对于人类思维成果和行为方式的理解。最优的传递方式就是"母亲文化",具体包括如下四个方面:

(一)关爱就是快乐。把你的关爱无私地奉献给孩子,让他从中收获快乐。

(二)沟通就是幸福。与你的孩子平等相处,经常进行心灵交流,探讨对古今中外文化的理解,你将会感受幸福。

(三)理解就是万岁。引导孩子学会换位思考,只有这样他们才能更好地理解别人,也才能促使别人更好地理解自己,从而创造出和谐的家庭和社会生活。

(四)互动就是成功。教育孩子不仅要体现在思想上、口头上,更要落实到行动上。当母亲给孩子提出要求的时候,母亲也要跟着动,不断提高自身素质,成为他(她)效仿的榜样。当母亲与孩子产生互动的时候,成功就在眼前。

简而言之,母亲文化就是在家庭关系中母亲向孩子传递自己所认同的最优文化。通过实践这个理念,母亲可以受益,孩子更可以受益,最终实现家庭和社会的和谐发展,母亲成为幸福的母亲,孩子成为成才的孩子。经历了"母亲文化"熏陶的孩子,终将拥有美满的生命周期、健全的大脑以及健全的人格,也会在学习、生活和社会工作中享有很高的美誉度和诚信度,成为一个能为社会做出杰出贡献的人才。但在和谐社会的背景下,构建女性文化一定要有男性的支持。和谐社会是人的和谐,落实到实处是两性的和谐,这也是社会和谐的基础。先进的女性文化和先进的男性文化握手,和谐社会就进入了最佳状态。两种先进文化握手,就要构建科学的思维模式。比如,孕妇怀宝宝的时候,要给自己营造很好的环境。首先把自己的工作环境创造好,让别人知道自己怀孕,人们就会关心你,这是一种思维模式。反之,你不告诉他们,偷偷摸摸的,没有一种很好的思维模式,带来的全是悲哀的结果。科学的思维模式才能带来好的行为,好的行为才有好的结果。

不同层面有不同的优质文化和劣质文化,比如母亲文化。讨饭的时候,恶劣的母亲文化教育孩子偷抢,优秀的母亲文化就会告诉孩子吃完了要丢进垃圾筒,不要影响市容。现在家庭教育中存在无限的攀比现象,天天拿孩子跟这个比、跟那个比,从来不研究自己是哪个层面的人。这就是层面的教育,应该找同一层面的去比。

如果母亲文化思维不科学,就不知道早期教育的重要性,不知道学校教育和家庭教育的差异,不知道自我开发的重要性。孩子的自我开发能力的培养非常重要,要从小培养,要从母亲开始。但必须明确的是,孩子属于社会,从生下来那一天,他就具有独立的人格,能享受一切平等待遇。如果建立这种观念的话,孩子自我开发的第一步就走好了。举个很简单的例子。如果不把孩子看成一个独立的人，而是将他关在一个装修得漂漂亮亮的房子里，这无异于动物园笼子里的野生动物，笼子一关，一点野性也没有了。比如在孩子刚出生时，经常抱出去见许多不同的人，他就不会害怕，见谁也不哭，这是最早的身心健康的完美。另外，这样的话，孩子遇到同龄的人就会打交道，也是有能力的。任何人都是平等的，尤其是孩子与父母。因此，在孩子早期阶段，要把他当做跟自己一样平等的人。

女人还有一个非常重要的部分，事业。事业是由两份工作组成的，家庭工作和社会工作。家庭是绝对分工，但是家庭工作和社会工作是夫妻两人共同的事业。男性的事业也同样由这两份工作组成，只是男性的社会属性要多于家庭属性。但是，这两种工作绝对要在 45 度角上，只是倾斜度稍微多一些，男的社会属性上稍多些，女的家庭属性多些。但是女性跟男性不同，男性的事业是有阶段性的，并且阶段性还分不同的工作重点，女性则不同。在孩子零到三岁的时候，女性的重点应该在家里。一个女人只要把孩子带到三到五岁，将终身轻松。因为零到三岁如果不教他，就永远再回不去了，而其他事情以后还有机会。把这个思维模式建立以后，社会工作与生存工作就能平衡。如果这个重点摆好了，对女性的好处很多。就拿笔者自己来说，不仅家庭和谐，工作也提升很快。所以社会观要建立好，家庭定位好，把母亲在这阶段应尽的家庭工作当做天职工作做完，这就是母亲文化的核心。

女性有自我意识，同样女性中的母亲也有自我观。母亲也是一个个体，有自己独立的生活空间和个体思维。很多女性一旦当了妈妈，就没有自我了，眼里只有丈夫和孩子。比如，男性会说我是大树你是小鸟，我希望你小鸟依人，于是，女性就愿意小鸟依人。但是，笔者认为，你要愿意当小鸟，丈夫就是老鹰，男人要当大树，女性就是一棵木棉树，同类才有后代。一旦有自我，就会很清楚地把女性的几个阶段全部都分析到。一般而言，女性的五个阶段是女孩、女生、女人、为人妻、为人母。女性要把五个阶段的自我观都把握好，尤其是在当母亲的时候，应该明确男性在自己的思维模式中的定位是什么。一般这个阶段是女性最迷盲、最有挑战性的时期。一定要知道为什么要生孩子。生了孩子以后女人才完成了人生最大的一个任务，才是一个完整的女人。但是现在很多 80 后不想生孩子。一般的思维是，男人都喜欢要儿子，生儿子是两个染色体遗传，生女儿是一个染色体遗传。如果两代都是闺女，遗传基因就没了。从某种角度来说，男人就怕基因没了，所以 90% 的男人都想儿子，这是很正常的。但是我国的国策要求只生一个，生了女儿怎么办呢？就要学会在思维模式上淡化这种遗传观念。儿子一旦 18 岁，就会主动远离母亲，进入男性文化；而一旦生了姑娘，她 16 岁就开始向母亲靠拢，学习女性文化，一旦她自己生了孩子，就感受到了这种母亲文化。实际上女人生孩子是幸福的一生，但也是操心的一生，这就是能量守恒。男孩、女孩都不重要，关键是思维模式的构建科学合理，思维模式一旦科学了，自我观也有了。

女人的自我观特别重要。现代的社会不允许女性回家，一回家，就失去了社会的属性。脱离了社会是不行的，一定要掌握好坐标，最佳的坐标就是社会体系纵坐标，横坐标是家庭属性，女人在 45 度角上发展。要想发展得好，身心健康，幸福指数又高，加一个纵坐标，先进的女性本体文化。如果思维是立体性的，肯定会幸福，所以自我管理构建，对于女性来讲，是非常重要的。这个自我表现在思维上的独立，经济上的独立，决策上的独立。

为什么要讲家庭观呢？因为女性的思维模式存在一个最大的不足，所以女人的思维模式要提高,在家庭说话要有地位,家庭资源的配制比例就要高。学历、收入,这都是家庭资源配置。女人要想有家庭地位,自己的资源配置要高。一定要知道家庭观构建是循序渐进的,新婚期阶段一定要把握好。为什么80后离婚率这么高?就是思维模式错误。家庭观的构建对家庭幸福起了决定性的作用。结婚前女人会拼命找完美的男人。其实,没有完美的男人,我们要找的是过一辈子的。不管是国内还是国外,女人离婚的贬值率比男人高,所以不要朝离婚这个方向去走。此外就是处理好与公公婆婆、小姑子的关系,这叫家庭的整合。

母亲的育儿观也很重要。中国的思维模式的错误造成人流。思维模式一旦错误,怀孕了还没生,母子互动就走了。第一,现在都想着剖腹产,没有母子的互动,会影响到孩子的呼吸系统。第二,母乳是最营养的。但孩子出生以后,母亲为了保住体型、为了乳房不下垂就不喂奶。第三,工作忙,自己的孩子给别人带。第四,不知道什么是育子观。现在家庭教育变成了什么?学校教育的第二战场,让孩子一动也不动地学。学校天天学,最不科学的是把孩子的玩耍不作为学习的范围。要孩子的自我开发能力达到极限,就要让孩子会玩。凡是小时候不会玩的孩子,长大后自我开发能力极差。当一个孩子在没有玩耍的情况下长大,学习再好也没用。比如弗吉尼亚的中国留学生朱海洋杀人事件,那是人性的极度丧失。人性丧失到这种程度,就是学习好有什么用?家庭教育上的这种育子观的失败,使我们的孩子基本上输干净了。就像美国人跟我们讨论说,中国人长得瘦瘦的,脖子长长的,眼睛带着圈子多多的,脑袋大大的,走路蔫蔫的。所以,家庭育子观一定要好好学习,一定要知道母亲是孩子的第一任教师,母亲一旦完成了这个光荣的教育职责,可以顶上孩子所有老师的总和甚至是 N 次方。

为什么讲母亲的角色观呢?因为很多母亲对自己的决策重要性不能理解,她觉得自己只是家庭的一员,从来没把自己上升到一个文化层面来讨论。所以,母亲的角色观要上去;此外,母亲的十方面的自我要求一定要把握好,这是母亲的角色观中做的最不好的,其中最差的是自我认同感。女性当母亲这个角色的时候要主宰自己,不受别人左右。第一,要相信自己的孩子是最好的,这样才能教育好。第二,培养孩子的最终目标不要定太高,要定得非常合理。孩子 18 岁的时候,能成为社会的合格公民,这个母亲就是一个优秀的母亲。孩子是靠后天自我发展的。第三,零到三岁的孩子的母亲,一定要做别人不愿意做的事情。孩子小的时候,一定要保持接触他皮肤最多的人是母亲。比如孩子拉屎,现在都要保姆去换。为此我们专门做过一次实验,孩子拉屎,不让妈妈换,孩子马上就动起来;如果是母亲换,他就很平稳。这是早期给予孩子足够的爱的直接的、现行的一种方式。在孩子的的早期做别人不愿意做的事,这个最关键。第四,满月就去串门,孩子要和很多孩子在房子里玩。这锻炼了孩子负责任的能力。还有,绝对不要当着孩子的面吵架,因为那样伤害的是自己的孩子。

健康篇

# 第二十讲　身边的传染病及其预防

陆家海

**主讲人简介：**

中山大学公共卫生学院流行病学教授。研究方向为人兽共患病学、传染病学和流行病学。编著有《影响人类健康的人兽共患病》《趣谈人兽共患病》《干细胞－人类疾病治疗的新希望》等，先后主持国家、广东省、香港和海外科技项目多项。

2009 年 4 月 12 日，墨西哥发生了一个重大疫情，并在最短的时间内从墨西哥传遍了全世界。随后，这种疾病越过了大西洋，传播到了全世界。世界卫生组织因此发出了六级的最高警告。这种疾病在早期的时候，被认为是由猪传染给人的，因此叫猪流感。此病在当时引起了很大的风波，因为人总是要吃肉的，而猪肉是最主要的肉类，人们担心猪流感传染到人身上，可能就不吃猪肉了，这样就会影响商业流通。所以，后来猪流感就被改称为人流感。因为这种流感病毒中含有猪的基因，因此叫猪流感，现在学术上仍然有一部分称其猪流感。通过这个故事主要想说明：疾病的预防是非常重要的。疾病的控制最重要的在于预防，通过预防的手段使人类保持健康，不发生疾病。如果把每一种疾病的发病率降低一个百分点，就能减少很多病人。

前一段时间蜱虫叮咬事件闹得轰轰烈烈，究竟什么是蜱？蜱是一种吸血的寄生虫。蜱虫叮咬最先发生在河南，在比较短的时间内，河南省蜱虫事件已造成了 18 人死亡，500 多人被叮咬。2010 年的 9 月 10 日，河南省发生了 557 例，山东也累计发生了 100 多例。到现在为止，统计显示，全国有 5000 多例的蜱虫叮咬事件。蜱有很多的别名，也叫草爬子。蜱虫非常小，甚至比绿豆还小，但是吸血后会变成差不多有花生米那么大。这种蜱有软、硬之分，有甲壳的是硬蜱，没有甲壳的就是软蜱。实际上它的种类还有很多，但那是医学界或昆虫学界研究的范畴。蜱对人的健康最主要的影响是因为其能携带各种各样的病原体，例如病毒等。蜱是一个传播的媒介，通过它的叮咬能够传播各种各样的疾病。蜱虫在我国和世界上分布极广，比如我国的四川、云南、贵州、两广地区都有蜱虫存在。蜱虫经常会叮咬人，也会叮咬动物。蜱虫叮咬人或动物的时候，主要叮咬隐藏的地方，例如人的大腿内侧等，越敏感的地方越容易受到蜱虫叮咬。在这种情况下，蜱虫会大量吸血，并在吸血的过程中传播疾病。

蜱虫造成的疾病有很多种，第一种是森林脑炎。感染的病人会出现脑炎的症状，最主要的是神经类症状。所以，去原始森林等地方旅游前，一定要考虑去的这个国家有没有发生森林脑炎。如果有，就应密切注意是否会被蜱虫叮咬。森林脑炎已经有疫苗可预防，所以到原始森林旅游的时候，可注射森林脑炎疫苗来预防它的发生。因为这种疾病最早在新疆发现，所以也叫新疆出血热。蜱传播的另外一种疾病叫回归热，回归热的病原体并不是病毒，而是螺旋体。这种螺旋体在显微镜下是看不到的，要通过电子镜才能看到。这种病原体会在蜱的体内长期存在，通过蜱叮咬引起人患病，发病的时候会出现高热迹象，叫做蜱传立克次体病。另外一种疾病叫莱姆病，莱姆病最早是在黑龙江发现的，其病原体也是一种螺旋体，和新疆的螺旋体是不一样的。这种疾病目前在全世界各个国家都发生过。蜱传播的疾病比较多，除了病毒、寄生虫等，还有一些细菌性的疾病，例如鼠疫。如果患病，女性易习惯性流产，有的会患关节炎。

蜱体内存在着大量的各种各样的病原体，蜱可以通过产卵生成小蜱，而卵内也存在着多种病原体。河南所发生的就是一种无形体病，这种疾病主要通过蜱叮咬传播。单纯的蜱叮咬吸血并不能对人体健康造成极大的危害，但是可通过吸血来传播一种新的疾病。这种病的病原体叫无形体，它能够使机体内的吞噬细胞或者白细胞变得很少。细胞或者白细胞都是机体增加免疫力的细胞，如果它们被破坏了，机体免疫力就降低，可导致严重的炎症，甚至死亡。

有没有办法防治蜱叮咬引起的疾病呢？第一，环境防治。其实，在农牧区常发生蜱虫的叮咬,通过牧区的轮换能够消灭一些蜱虫。第二,化学防治。但是如果大量地用化学药物,会对环境造成隐藏的危害。所以,现在很多科学家正在思考能否研究出一种能杀灭蜱虫或者苍蝇、蚊子,且对环境无害的生物农药。第三,生物防治。可以用一些蜱虫的天敌进行防治。

对于个人来说,最重要的是防虫。蜱虫叮咬最大的一个问题是,它在叮咬的时候,进入人体的体液,同时释放一种麻醉剂,让人感觉不痛不痒。在这种情况下,只能加强自身防护,比如去野外的时候穿长袖,或者用驱蚊药驱虫。被蜱虫叮咬后怎么办? 蜱虫叮咬的时候把刺刺入了人体内。如果此时把它拔掉,它的刺就进入了体内,不能去掉。正确的方法是赶快去医院把蜱虫去掉,可局部消毒,然后把刺去掉。如果感到身体不适,一定要就医。不同地区有不同的病原体,因此还要考虑这种病原体有没有特效药物,比如细菌可以用抗生素治疗。

东南亚是登革热常发国家。登革热危害了全世界一百多个国家的两亿多人口的健康。它是目前除了疟疾以外的第二大重要防治的传染病,登革热的病毒有四个亚型,一型、二型、三型、四型。这个病毒用电子显微镜放大几十万倍才能看到。因为它有几种亚型,所以很难防治,而登革热到目前为止也没有有效的疫苗。它最主要的传染源是病人,或是未发病的健康带毒者。在这种情况下,如果蚊子叮了他的血,病毒在蚊子体内繁殖,就会通过蚊子传播。蚊子叮咬后在其体内的病毒才能够传播给其他的正常人,所以,蚊子繁殖的季节最容易传播登革热。患登革热的病人,如果没有通过蚊子做媒介,是不会传染的。它的传播途径很简单,即蚊子叮咬登革热感染的人,然后传给其他人。所以,如果把感染登革热的病人隔离起来,这种疾病就不会再传播了。如果把蚊子消灭掉,登革热也不能传播。

登革热的分布很广,只要有蚊子的地区都有登革热的存在。而我国的海南、广东、广西、福建、台湾、澳门地区等都有登革热流行。全球每年有五分之二的人受到登革热的威胁,登革英文名字叫 Dengue,感染了登革热病毒的人都会高热。世界卫生组织估计,每年有五千万人感染登革热并导致死亡。我国这几年主要是输入型的病例。在我国,登革热散发的比较多,从 1987 年到本世纪以来,各个不同地区都发生了一些登革热的病例。因为登革热非常严重,又是乙类传染病,因此不管发生了多少病例都需要直报到中央去。登革热因为在蚊子繁殖的季节才能传播,而在广东或者海南地区一年四季都有蚊子,都可能发生登革热。虽然任何年龄都可以发病,但发病最多的还是青壮年。男性和女性只要被蚊虫叮咬都可以发生登革热。典型的登革热是发热,且高热不退。它的发热时间一般都是 2~7 天。发热期间正是传染的过程。但是还有一些其他的情况,比如身上会出现皮疹,可能会出血,而出血可能就会造成死亡。

到目前为止,登革热还没有有效的药物,所有病毒都还没有特效的药物,病毒的防治主要靠疫苗,但是登革热的疫苗还没有研究出来。因此有很多科学家想办法来解决,其中第一个办法就是改良蚊子基因,通过一种转基因的方式让它不能生产第二代,但这种方法太困难,所以预防是最重要的。用化学的药物或者其他的方法把蚊子杀掉是最重要的。因为没有特效药物,故加强个人的保护意识十分必要。预防登革热最主要的预防措施就是防治蚊子、消灭蚊子。环境治理可以防止蚊子滋生。另外,睡觉的时候挂上蚊帐,出门的时候穿长衣长袖,也能起到防治蚊子的效果。

手足口病的发生主要跟小孩有关,手足口病在感染早期只是引起感染,并不引起死亡。

最近几年出现了小孩因为手足口病感染导致死亡的病例,所以引起了重视。手足口病的英文名叫 Hand－foot－and－mouth disease,实际上它是一种肠道病毒。肠道病毒有很多个亚型,它所表现的症状,一个是发热,一个是口腔溃疡,手上起泡。大部分情况下是小孩得病,大人不得病,只起到传染的作用。手足口病的病源实际上是一种肠道病源,有很多种型,但是我国目前只有两个型:科萨奇型,EV71 型。最近两年通常是混合感染,有一部分人是科萨奇型,一部分人是 EV71 型,最近几年 EV71 型的病毒占多数。EV71 型病毒感染后,小孩出现神经症状,最终导致死亡。目前来讲,手足口病在全世界都有发生,但是最早发生在新西兰。手足口病最早是在国外流行,然后通过马来西亚到了台湾,后传到我国内地。在国内,最近几年来手足口病在不断地上升,小孩的感染大部分表现为口腔溃疡,或手上有红点。过去它们被误认为是皮疹,或者是口腔烂了。如今小孩如果出现这种症状,基本可以诊断为手足口病。

手足口病容易流行,因为它是一种肠道病毒,此病毒本身就在人体内存在着。它不同于登革热只通过蚊子叮咬传播,密切接触就可以引起传播。也就是说,空气的飞沫可以传播,日常的接触也可以传播,水源污染了也可以传播,接触了患手足口病的小孩也可能被传染。五岁以下的小孩最易患病,三岁以下的小孩病死率可能更高。在这种情况下,小孩是重点的防护对象。前几年全国都在流行手足口病,一年四季都能发生,且春秋季节发生相对比较多,并且群发比较多。一个幼儿园如果发生了几个病例,整个幼儿园可能都会发生手足口病,可见它的传染性极强。

手足口病感染初期并没有一些显著的特征,可能只是出现感冒的症状,过几天才出现口腔发炎,或者手上出现一些白点,这时才能最后诊断为手足口病。实际上临床诊断是不太敏感的。如果小孩手上有泡或者嘴里有泡,可以考虑到是手足口病。因为它是一种病毒,目前没有有效的治疗方法。但是加强小孩的体育锻炼,增强其抵抗力,多喂一些有营养的食物等,都是有效的、可以预防手足口病的手段。手足口病是可以预防的,比如饭前便后勤洗手,妥善处理已患病孩子的物品,婴幼儿的奶瓶也要充分消毒。手足口病流行期间,应居家隔离。小孩所用的衣物都要保持通风,儿童出现症状时要及时去医院就诊。总结起来,手足口病的预防有十五个字最重要,"常洗手、勤开窗、喝开水、食熟食、晒衣服",这是预防手足口病的基本知识。

常吃生鱼容易导致肝吸虫病,学名叫华支睾吸虫,形状像葵花子。并不只是鱼能传播这种疾病,豆螺也能够起到传播作用,因为这种虫的卵可以在螺的体内生活。感染了肝吸虫病,会引发几个症状,有的类似肝炎症状,也可能出现胃肠炎症状,发生肝硬化,也可诱发胰腺癌、肝癌。所以,肝吸虫病的患者骨瘦如柴,大肚子。目前,肝吸虫越来越严重,对人的健康危害越来越大。我们做了一个调查,广东顺德地区鱼里面的肝吸虫携带率可以达到百分之六七十。所以在这种情况下,如果去吃生鱼是极不安全的。目前,肝吸虫在全国 23 个省市自治区流行,主要的感染方式就是饮食感染。实际上,这种疾病很好防治。首先就是防止粪便的污染,因为卵都在粪便里面。另外就是禁吃生鱼,还有就是消灭传染源。消灭传染源是非常困难的。吃生鱼可以患华支睾吸虫病,吃小龙虾可能患肺吸虫病,如果生吃红菱、荸荠可能会患姜片吸虫病。这种病人感染后也很严重。如果生吃淡水鱼或吞食活泥鳅,也易患一种寄生虫病,叫棘颚口线虫病,这是一种人类的肠胃道疾病。吃生海鱼,吃软体动物,还易患一种异件尖线虫病。福寿螺是上一个世纪我们国家从欧洲引进的,吃福寿螺易患一种疾病,叫广圆线虫病。此外,如果吃蛇肉、喝蛇血,也易引起一种寄生虫病,叫舌形虫病;吃龟肉、喝龟血也可能患比翼线虫病,这也是一种寄生虫病。

上世纪我国在控制寄生虫上取得了重要的成绩,中山大学的陈心陶教授就曾经被毛主席接见过。当年,血吸虫对我国的人类健康危害严重,他就提出一个血吸虫的防治方法。他指出血吸虫的传播是通过钉螺传播,如果把钉螺抓住后埋起来,血吸虫病发病就降低了。这几年随着人们生活习惯的改变,各种各样的寄生虫病也变得越来越多。

开篇已经提到,甲流是2009年的4月从墨西哥传来的,这次甲流引起了全世界的轰动,世界卫生组织一直指导着这次甲流的防治。流感的流行对人类来讲影响是非常大的,从4月到6月,世界卫生组织就把警戒的级别提到了最高级。实际上,我们国内这次对甲型流感的防治是成功的。目前来讲,死亡的人数也比较少,全世界总共死亡的人数是两万多人。历史上有多次流感大流行,其中最著名的就是1919年的流感,称为西班牙流感。当时是一战期间,因为患上流感引起的死亡人数总共约四千万到五千万人。随后发生的是1957年的亚洲流感、1968年和1977年的俄罗斯流感。1977年的那次流感在我国的流行是非常严重的,很多工厂因此停工。流感的流行最可怕的是其变异性,因为流感的流行毒株不一样。

猪有猪流感、牛有牛流感、马有马流感、人有人流感,而人感染了禽类的流感,就是人的禽流感。从这点来讲,流感流行的后果还是非常严重的,流感目前也没有特别有效的治疗方法,通过说话以及空气中的飞沫等都可以传播。仅仅通过临床表现不好判断是不是流感,并不是所有医生都能诊断出流感。有几条个人防护的方法是非常重要的,第一是在流感的季节戴上口罩。戴口罩方法的正确与否应该引起我们的重视,很多的人戴了口罩实际上却不起作用,因为上边没戴严、下边也没戴严。正确的口罩佩戴方法应该是严合的,这样才能有效地预防流感。在防治流感时,要用正确的方法洗手,注意个人卫生。比如掌心对掌心来回搓搓,随意地洗一洗是不能有效地防治流感的。学会如何洗手和进行消毒,是我们应该掌握的一些防治流感的知识。

现在生活条件好了,很多人都在养猫、养狗。但是如果不注意宠物卫生,这些宠物可能会给人类带来极大的危害,其中一个就是狂犬病。和上个世纪相比,近年来狂犬病在中国处于高发状态,狂犬病得病以后结局只有一个:死亡。只要得了狂犬病,没有一个是能治好的,因此它引起了医学界的高度关注。全球每年因为狂犬病死亡的有五万多人。狂犬病的病死率是百分之百,实际上狂犬病是很容易预防的。因为狂犬病不像登革热,狂犬病是有疫苗可以预防的,只要打了狂犬病疫苗就不会得狂犬病。但目前狂犬病仍旧高发,因狂犬病导致的死亡也还是存在的。笔者的一项研究表明,从上个世纪90年代到2006年,中国的狂犬病一直处于高发状态,发病率和死亡率都处在高峰。狂犬病的传染源主要是狗,因为很多狗都没有被注射疫苗,所以狂犬病才会高发。只要被狂犬一咬必得狂犬病,在农村有蝙蝠传染狂犬病这一说,其实,这也是狂犬病的传播途径之一。我国的一个县曾经为了防治狂犬病,把所有的犬都杀死了,结果引起了很多动物保护组织的高度反感。光打狗是不行的,生活习惯的不同也会对狂犬病发病有影响,比如吃狗肉。其实狂犬病致病的原因就是因为带有狂犬病病毒的狗咬了人,人被咬了以后,狂犬病毒会直接随着血液进入体内,到达神经。狂犬病的症状主要是神经症状,并在短时间内引起死亡。预防狂犬病时要注重犬和猫的管理,因为猫也可以传染狂犬病,但不是最主要的,最主要的传染源还是犬。有一种寄生虫病叫弓形虫病,过去叫弓形体病。患了这种病后的一个最主要的症状就是使女人不怀孕,怀了孕也容易流产;另外一个就是关节炎。所以,宠物可能导致有的人生不了小孩,或者怀了小孩又流产了。弓形虫病就是由猫引起的。所以养猫养狗的时候一定要关注好宠物的健康,宠物健康才能保证人的健康。比如狂犬病,养狗的时候一定要给狗注射狂犬病的疫苗,被犬咬了以后一定要去注射人的狂犬病疫苗。需要注意的是,狂犬病的疫苗注射不是只注射一针,而是要注射五针。所以在被狗咬的 24 小时到 48 小时之内,一定要到当地的疾病预防控制中心或防疫站去注射狂犬疫苗,这样才能有效地防治狂犬病。

现在对艾滋病的宣传教育很多,但并没有达到人人皆知的地步。艾滋病感染初期是不发病的,那叫 HIV 感染者,感染了艾滋病病毒发病后才是艾滋病。艾滋病导致的死亡并不像狂犬病一样迅速,艾滋病病毒感染后会进入人的免疫系统,破坏免疫功能。这时微小的气候变化就可能导致生病。正常情况下,人的免疫力在面对一些细菌时,自身就能消灭它,但患了艾滋病后,人体的免疫力已经消灭不了那些细菌了,这些细菌就能致病。

目前艾滋病的传播主要有三个途径。第一是性传播。性是人类活动中美好的一件事情,因为有性,人类才可以繁衍。但性是艾滋病传播的主要途径之一。第二是血液传播。在上世纪,河南是艾滋病的高发区,感染的原因主要是卖血导致。上个世纪因为血液管理的不规范导致了艾滋病的广泛传播。现在这种传播途径在逐渐地被杜绝,因为现在是无偿献血,过去是卖血。卖血的时候,用的是未经处理的针头注射,并且是几个人共用一个针头。第三个是母婴传播。最近几年研究发现,患了艾滋病的妇女生小孩的时候可以将艾滋病传染给小孩,这样后果就很严重。目前全球艾滋病的感染数每时每刻都在增加,全球估计现在有几千万,实际上肯定不只这么多。全球艾滋病的传播途径是同性性传播、异性性传播,主要还是性传播。此外,吸毒也可能导致艾滋病感染。

那不能传播艾滋病的途径是什么呢?空气、饮水、食物、日常的生活接触不能传播,即使和艾滋病人生活在一块也不一定会传播。如果蚊子叮咬到艾滋病的病人,再来叮咬自己,也不会传播艾滋病。护理艾滋病病人也不会传播,和艾滋病的病人在一个厕所坐一个坐便器也不会传播。

我国目前艾滋病的病人有一百万,实际上具体的数目还不清楚。目前的感染者是通过不同的途径感染的。中国的艾滋病历史上分为三个阶段,早期的阶段是上个世纪 80 年代,这在当时没有引起重视。这些年来中国已经成为全世界艾滋病传播最迅速的国家之一,新疆等地方也开始有艾滋病病人了。艾滋病的发病每年都呈现上升趋势。防治艾滋病最重要的是控制高危人群。所谓高危人群,就是卖血的人、从事性活动的人。性传播目前是艾滋病传播最主要的、也是最难以防范的途径。目前来讲,艾滋病的感染人群从 20 岁~49 岁的年轻人比较多。艾滋病的死亡年龄也在年轻化,都是青壮年。从国外这几个国家的人均寿命可以看出,艾滋病高发的几个地方,如赞比亚从 65 岁下降到 33 岁,津巴布韦从 70 岁下降到 40 岁,乌干达从 59 岁下降到 31 岁,这几个国家都是非常贫穷落后的国家。艾滋病会引发的很多社会问题,如艾滋病孤儿、艾滋病孤寡老人等。所以,预防艾滋病非常重要。

　　为应对艾滋病，我们国家付出了很大的努力，现在很多明星也在参加公益宣传活动，如抗击艾滋病的大使濮存昕。国家领导人也作出表率，去看望艾滋病病人，和艾滋病病人握手、拥抱，通过这样的宣传来告诉人们不要歧视艾滋病病人，其中最有名的宣传就是红丝带活动。因为人们缺乏对这种疾病的正确认识，才导致了不知如何预防艾滋病。如果人人都知道艾滋病是通过三个方面传播的，艾滋病就能够得到有效的防治。因此，我们的媒体更应该主动地宣传。比如宣传通过戴安全套、不胡乱进行性行为来减少疾病发生，不要去不正规的场所卖血，不吸毒，不共用牙刷、剃须刀，此外，还要阻断母婴传播，如果孕妇已经是艾滋病的携带者，在生小孩的过程中一定要得到医生的指导。如果能够做到这些，艾滋病就可以得到有效控制。世界卫生组织为了宣传防治艾滋病的相关知识，专门设定每一年的 12 月 1 日为世界艾滋病宣传日。

# 第二十一讲　人体健康影响因素分析

## ——以运动、饮食为例，兼谈健康管理

### 李宁远

**主讲人简介：**

　　台湾辅仁大学教授，祖籍广东省中山市。曾任台湾辅仁大学校长、民生学院首任院长、台湾营养学会理事长。现被聘为北京师范大学珠海分校教育学院客座教授。主要致力于运动营养学、营养学、饮食文化、中老年人生理与保健等方面的研究。

有一个名词叫 wellness，台湾把它翻译成全人健康，也就是身体的各部分都达到最好的状况，是全方位的健康。全方位不仅包括生理上的健康，更包含心灵的健康、情绪的健康、社交的健康、心理健康。而人会生病，有的人心理病，有的人情绪病，有的人社交非常孤独。

世界卫生组织对健康有一个定义，健康是生理、心理和社会完全安宁的状态，不仅是无病或虚弱。事实上，这个定义大家比较容易接受，就是生理上没有毛病，心理上没有毛病，社会在一个安宁状态下，而绝对不是没有生病或者不虚弱就是健康。所以，健康事实上也分个人层次与社区层次。社区层次包括卫生政策与行政，收入与社会安全，居住品质与环境安全，生活条件与营养等。也就是说，是一个健康城市、绿色城市、文明城市。而个人层次是指营养状态、免疫力、情绪稳定性、卫生知识与态度等。社区层面举个很简单的例子，如婴幼儿打疫苗，得流感时打流感疫苗，就是卫生行政措施。社区健康，个人也要健康，只有个人健康也不行。这两个因素是互相影响的。

跟健康有关的行为都有哪些呢？第一、每天睡眠 7～8 小时。每天睡眠要充分，但是个人有差异性，有的人只睡五六个钟头，有的人要八个钟头才够。第二、每天固定三餐，不要吃零食。吃零食就会影响正餐，比如吃甜的东西，血糖高了以后食欲就下降，就不想吃正餐了。真的要吃点零食，吃咸的不要吃甜的。第三、保持适当的体重，每周大概三次适度的运动。第四、不要过度饮酒，不要抽烟。

体育（Sport）是指竞技运动，有比赛规则。那些运动主要目的就是要得胜。运动（Exercise）就是身体的活动。一般人讲的健康应该是指运动（Exercise）。但竞技运动会提高全民运动的兴趣，提高可见度。所以有时，全民运动跟竞技运动是相辅相成的。例如足球，在国家有足球比赛的时候，青少年看了以后就会学习踢足球。再比如国标，在亚运会项目里叫体育舞蹈。假如你当选手，可能会有运动伤害；把它当成休闲、社交活动，就没有伤害，适当跳跳就好，体育与运动二者的差别就在这里。

常常运动的人曲线较美，避免了基础代谢率下降。（基础代谢率反应出内脏器官的活动运转，年纪大了，基础代谢率都会下降，假如还吃很多就会胖。）其次，促进心理健康。饮食控制是一种剥夺，限制而运动是一种欢愉，可以降低忧郁。所以，运动的人比较不会犹豫，比较不会自杀。第三，运动还可改善整体的健康。第四，运动可避免新陈代谢率下降，有助于长期的体重控制。年纪大了骨的密度会减少。如果体重增加，是不好的现象。所以，体重控制是一件非常重要的事情。

台湾也有一个口号："3－3－3"，每周运动三次，每次三十分钟，心跳达到 130 次。正常情况下，人的心跳每分钟 72 次，人比较紧张的时候心跳会加快。还有一种情形是新陈代谢比较差、心脏比较差，所以必须跳得快一点。运动员大概都是六十几次，比较健康。一般来说，女性心跳比较高，男性心跳比较低，越老心跳就会高一点。

运动强度一定要够，否则就变为无效的运动。比如太极拳，虽然心跳不是很快，但是运用时间长。如果是激烈的运动，时间就要缩短一点，比如 20 分钟可能就够；比较柔性的运动，时间可以长一点。也就是说，运动强度要介于最大心跳率的 60～90%。最大心跳率就是用 220 减掉年龄，所以年龄越大，最大心跳率就越低。比如 80 岁，最大心跳率就介于 80～130 次。运动的持续时间要维持在 20～60 分钟。意思就是说，刚开始运动少一点，没有问题就加大时间。每周最好三次,体能比较好的人可以五次。有的人运动之后会有一点伤害,旧伤复发或者肌肉损伤,所以运动一天、休息一天比较好。

那运动不足会有什么影响呢?第一个冠心病。心脏营养有三条微细血管,左边冠状动脉有两支,右边有一支,年纪大的人多半都会堵塞,只是塞的程度轻重不同而已。严重的话,心肌梗塞甚至会引起死亡。第二个是高血压。高血压要经常注意,特别是收缩压不要超过160,否则就要吃降血压的药。此外,还会引起肥胖症、糖尿病、下背痛、骨质疏松症,癌症里面的大肠癌、乳癌等。

每天有适当规律的运动能够促进新陈代谢,加强免疫力。事实上免疫力是适当的,有一种是免疫力过度警觉,结果把自身的细胞也都消灭了。比如过敏,过敏是一种过度免疫。还有红斑狼疮,又叫蝴蝶症,这都是过度过敏。过度运动是不好的,比如马拉松选手跑的太多,上呼吸道会感染,适当运动是最好的。

健康体适能(health – related physical fitness),也有人翻译成健康体能。另外一种就是竞技体适能,是与运动竞技能力有关的体适能,其主要要素有敏捷度、爆发力等,是维持一个人的生活品质很需要的条件。健康体适能中第一心肺要好,心脏跟肺脏的耐力要好。心脏把血液流到全身,也要做气体交换,让肺脏的二氧化碳经过肺部呼吸出去,把氧气带回来。心肺耐力的运动方法就是做有氧运动,最好的是跑步,此外游泳、爬山、攀岩也可以。瑜伽是静态的拉肌,柔软度比较高;太极拳时间要久。所以,要短时间有效,最好还是跑步。呼吸要达到呼吸明显而合理的喘的状态。

肌肉适能,包括肌力与肌耐力。有的人肌力很好,非常有爆发力。有的人则能够维持很久,肌耐力很好。两个对于我们来说都是非常重要的。柔软度是指什么呢?一个人年纪大了以后,常常会跌跤,其中一个原因可能就是柔软度不够。所以,日常生活健康需要有适当的柔软度。柔软性运动的类型是静态或动态伸展操。静态就是拉,比如猫早上起床,就是一种静态的拉肌。动态的例如太极拳、瑜伽,其运动强度是伸展至肌肉明显而合理绷紧。持续时间是每次10～30秒,每个动作反复3～5次,其运动频率是至少两天一次,包括全身大的关节。长时间坐在电脑旁边也可以做些拉肌运动,抬脚也是一种运动。还有坐飞机经济舱,长时间不动,位置又窄,大脑里面阻塞,就会昏迷。所以,有时候做伸展是有帮助的。

身体组成是全世界的大问题,身体组成是指身体脂肪。女孩子的生理上有需要,应该适当地保护脂肪,比如胸部、臀部都需要适当脂肪。男孩子事实上皮下脂肪少。女孩子是25个脂层,男孩子是20个脂层,运动员大概是10个脂层,看起来身体很魁梧,肌肉多、骨骼厚。过胖有可能是脂肪过多,所以要减少脂肪;过瘦也要增加肌肉的质量。前面提到,增加肌肉量要吃点蛋白质多的东西,同时要配合运动。

运动完了以后要注意补充水分。水分流失以外,同时伴随流失的是电解质,纳离、钙离子、镁离子,所以要补充电解质,然后再补充一些糖分。运动完以后不补充糖分脑袋会空空的。有的人血糖会低,血糖低也是危险的。因此,喝有点糖份的运动饮料,多吃面包,补充钙和糖。具体方法包括:摄取相当于1.5倍体积的汗液流失量的水,以完全平衡体内水分;摄取含有碳水化合物的饮料,帮助肌肉中肝糖再储存;以钠去帮助及保存摄取之体液。例如,喝含钠高的运动饮料可以有效且快速地促进水分的再补充;摄取含钾丰富的食物,比如香蕉。

当消耗热量跟摄取热量相等的时候,体重是不变的。当摄取热量大于消耗热量,体重就增加。假如体重增加了没有运动,也没有吃什么,一定是增加体脂肪。体脂肪有可能堆在皮下,也可能堆在内脏器官,堆在肝脏里就变成脂肪肝。肥胖的人做超音波扫描一定有出现脂肪肝的现象,最终会影响肝的功能。当热量摄取小于消耗的热量,比如运动或者考前紧张,体重会减轻。用脑也会消耗热量,血液大部分到大脑去了,脑细胞里面做运动,虽然别的地方没有动,但还是消耗热量。当消耗热量多,没有补充的时候,体重会减轻。

消耗热量包括三大因素:第一、基础代谢率,就是内脏器官活动;第二、运动;第三、饮食本身的作用,就是吃东西的时候,配合身体消耗的热量。饮食要重质,量不一定多,关键品质要好。营养要均衡、多变化,多颜色,要强调各种颜色的食物都要有,如黄色、绿色、黑色,黑色就是木耳、黑豆等。但是有的时候太忙没有办法就随便吃个便当,营养会不均衡,可以吃营养补充品,是有一点帮助的。

再说身体质量指数(Body Mass Index,BMI),就是体重(公斤数)除以身高的平方,即 BMI $= kg/m^2$。正常的大概是 19～24,以 22 为最佳。台湾的标准是 18.5～24 之间都是正常范围,如果身体质量指数大于 27 就是肥胖,大于 24 又小于 27 就是过重,小于 18.5 是过瘦,过瘦最常发生在模特身上。另外,也要把腰围列入判断是否肥胖的标准,男性不要超过 90 公分,女性不要超过 80 公分,超过这个就容易有新陈代谢的疾病。

台湾最新的营养调查指出,台湾民众代谢症候群的危险性在 BMI 24 以上的人数明显增加。BMI 越高,患肥胖相关疾病的几率越高,如糖尿病、高血压、心脏病、冠心病、高血脂症等。如果 BMI 超过 25,较不易怀孕。因为,肥胖女性有卵子质量不好、无法正常排卵的情形,男性则是精子活动力差、精虫数量少。理想的体重范围为身体质量指数介于 18.5～24 之间。

作为运动,最好避免撞击性的运动和容易伤关节的运动。最常见的运动伤害有擦伤、足踝扭伤、膝部扭伤和肩部拉伤等,其中比例最高的是足部和踝关节,其次是膝关节等。不同运动有一些不同的特色,桌球就比较好,不会撞击。篮球比较容易受伤,拳击、跆拳道受伤比较大,慢跑运动伤害比较少,快跑就比较危险。要避免运动伤害就得附具,比如直排轮的护肘与护膝,运动场地的灯光要够明亮,棒球场要有防护网。

台湾卫生部门每日饮食的建议量是,糖类为 58～68%,蛋白质为 10～14%,脂质为 20～30%。以每日摄取 3000 大卡为例:糖类为 450 公克(60%),蛋白质为 112.5 公克(15%),脂质为 83.3 公克(25%)。此饮食除 2 杯全脂奶、4 碗蔬菜、3 个水果外,另有 6 碗饭及 6 两肉。台湾民众的饮食指标是,第一、维持理想体重。第二,均衡摄食各类食物。比如五谷根茎类、奶类、蛋豆鱼肉类、蔬菜类、水果类及油脂类的食物。第三,三餐以五谷为主食。第四,尽量选用高纤维的食物。一般含丰富纤维质的食物有:豆类、蔬菜类、水果类及糙米、全麦制品、番薯等全谷根茎类。第五,坚持少油、少盐、少糖的饮食原则。第六,多摄取钙质丰富的食物。第七,多喝白开水。市售饮料常含高糖分,经常饮用不利于理想体重及血脂肪的控制。第八,饮酒要节制。

中国的居民平衡膳食宝塔于 2007 年订立,它指明了人们每天适宜摄入的食物量和种类,是为了给人们以直观印象,并非严格规定。中国营养学会理事长葛可佑强调,推广"均衡"饮食的理念,提倡的是长期坚持的态度。中国居民平衡膳食宝塔的应用,第一是确定一个适合自己的能量水平。然后根据自己的能量水平来确定食物需要。三是食物同类互换,调配丰富多彩的膳食。比如今天少吃米饭多吃馒头,少吃鱼肉多吃鸡肉,蛋白质来源、碳水化合物来源彼此互换。四要因地制宜,充分利用当地资源。特别是中国幅员辽阔,各地的饮食习惯及物产不尽相同,只有因地制宜充分利用当地资源才能有效地应用膳食宝塔。五要养成习惯,长期坚持。

美国也有这样的平衡膳食宝塔,它的六大类是谷类、蔬菜、水果、奶类、肉类、油类。美国的健康标准主要有四个,第一是鼓励活动,身体要经常运动。第二要吃营养的膳食。第三要预防,做体检。第四要做健康的选择。

对一般民众而言,随着现代慢性疾病的增加,必须依赖运动营养的观念促进健康。每人都有一个自己的计划,针对个人及特定运动的计划,获得丰沛的体力以达成健康及良好的体能。1991年的时候,肥胖症在美国很少,到2001年的时候全国已经越来越多。所以,现在肥胖是美国最大的健康问题。

卫生部门公布统计的2009年台湾十大死因中,第一位死因是癌症,第二是心脏病,第三是脑血管,第九名是自杀。2002年与2009年相比,现在台湾的癌症死因中第一位是肺癌,超过肝癌,可能跟空气有污染有关。还有乳癌,特别是更年期的女性,乳癌很多。此外,台湾多了一个口腔癌。

老化的这个观念,一般从25岁开始,是不可逆反应,主要因随年龄增长荷尔蒙浓度下降。许多因素都会影响老化速度,如健康状况、营养、运动、压力、污染、紫外线、自由基、心理、睡眠状态等。老化只有慢跟快的差别,没有人不会老化,所以我们现在提出健康老化。老化是不可逆的,而且是累积性的、恶化的,某一个地方器官坏了会影响其他地方,比如摔断腿了以后肯定别的功能就会差了。所以老化没有关系,但是要快快乐乐地老化。

所谓的新陈代谢症候群,世界上有诸多版本。台湾健康部门邀集专家及专业团体,参酌台湾情况,订定台湾的临床诊断准则为:在以下5项危险因子中,如果包含3项或以上者就属于代谢症候群。这5项危险因子分别是腹部肥胖、高血压、高血糖、高密度脂蛋白胆固醇、高三酸甘油酯。男性腰围不要超过90cm,女性不超过80cm;高血压最好是收缩压不高于130 mmHg,输出压不超过85 mmHg;空腹血糖值小于110 mg/dl是好的,大于这个就不好了;高密度脂蛋白胆固醇,男性应该大于40 mg/dl,女性应该大于50 mg/dl,小于这个就不好;高三酸甘油酯小于150 mg/dl是好的,大于这个不好。五个里面有三个符合,就是新陈代谢症候群的候选人,就要警觉了,这是卫生教育的一个很好的版本。比如,糖尿病是新陈代谢症候群里面很高的。要控制糖尿病,就要控制总热量,吃七分饱,适当运动,少吃或尽量不要吃甜食,腰围男性要小于90cm,女性小于80cm,血压血脂要在正常范围。

疾病的自然发生都是这样的,由健康进入易感受期,由于病因、宿主、环境改变,就会有得病的机会。在临床前期,会有致病因子入侵。到临床期,症候出现,发烧或者红肿等症状。残障期就更糟糕了,骨折会引发一些并发症。后来进入临终期,器官衰竭。

那怎么样促进健康呢? 第一做适当的卫生教育,要补充营养,注意个性的发展,工作、娱乐、休息同时均衡。进行婚姻咨询和性教育,这是主要的。很多遗传疾病是因为自己不注意,没有做产前检查,或者结婚之前没有去检查导致的。再就是遗传优生,定期体检。此外,还有特殊保护，包括实施预防注射，比如婴幼儿、成人的疫苗。改进环境卫生。比如广东比较潮湿，尽量不要用地板，可用木板、大理石。培养个人卫生。避免职业伤害，比如提供良好的工作场所及防护措施。预防意外事件，比如佩戴安全带、安全帽以及溺水预防。摄取特殊营养，如食盐加碘。去除致癌物质，腌制、烧烤的东西不要吃太多。慎防过敏来源。

复健，大陆叫康复，包括心理、生理和社会的复健，提供适宜的复健医疗、设备和就业机会，职能治疗，以及长期照顾。受伤一定要有一个复健，及时治疗。比如台湾地区也分很多区，建设社区医疗群和社区公卫群的健康管理系统。

健康管理包括个体跟群体，个体是自身的健康管理，群体就是一个社区的健康管理。健康管理就是对个体及群体的健康危害因素进行全面管理的过程。其目的是要利用有限的资源达到最大的健康改善效果，保护和促进人类的健康，达到预防控制疾病的发生，提高生命的品质，降低疾病的负担。

全民保健是一个热门话题。全民健康保险，一般称为"全民健保"或"健保"，是台湾依据有关法律所实施的全民医疗保险制度。第二次世界大战结束后的台湾，原本只有劳工保险、农民保险、公务员保险等医疗保险，无法照顾到全体民众。为增进全体民众健康，台湾于1995年3月起，开始实施全民健康保险，以提供医疗保健服务，主要法律依据为《全民健康保险法》。台湾全面健保化了，比如台大医院1956年就开办了全身健康检查服务，2003年6月又对健康管理中心的业务进行全面改革，推广大众疾病预防与促进健康的观念。

现在比较流行的是大陆同胞在台湾观光顺便美容，比如台湾形体美容医学研究中心。健保现在的保费是以被保险人职业差别及薪资所得为基础，为增加保费负担的公平性，健保法方案依家户总所得计算保费，称为"二代健保"。目前，健保被保险人换工作或退休，必须更改投保单位，二代健保则是采所得税申报户为计算单位，保费与所得税有连动关系；雇主则依固定责任比例分担员工保费。

追求生活品质的态度，要培养正确的人生观，适应生活的变动，发挥个人的能力。生活能力适应的好，生活品质就会好。生活形态的改变会促进健康，只要生活形态不好，迟早会生病。所以，我们要发展积极的生活形态。

# 第二十二讲　中医养生保健，缔造美好人生

濮　欣

**主讲人简介：**

　　广州中医药大学教授、主任医师，擅长应用中西医结合治疗内科疑难杂症，对中医养生保健、情绪障碍、焦虑、忧郁症、更年期疾病及慢性的疲劳综合症、亚健康调理等有深入研究和丰富的临床经验。主持和参加省市级科研课题八项，其中两项获中山市科技进步奖，在国家级和省级专业杂志发表专业论文二十多篇。

现在养生是一个热门话题,"人活百岁不是梦",要活百岁至少首先有一个规划。从生物学的理论来讲,哺乳动物的生理寿命应该是它生长期的五到六倍,而我们的生长期是20岁～25岁,一般女性20岁、男性是25岁。如果是五到六倍的话,我们的生理寿命应该是100岁～150岁。其实,从古到今活一百岁的人还是有的。现在全国的平均年龄已经达到71.8岁。

人的生命质量是自己掌握的,以前有一个误区,觉得医生对我们的健康帮助很大。其实,现在医学研究表明,影响我们健康的因素中15%是遗传因素,7%是气候因素,8%是环境因素,医疗其实只有10%,最大的60%是自己可以掌握的生活方式。所以,养生就是自己能够控制的这60%。因为遗传是父母给的,环境和气候是无法改变的,只能优化或者不破坏它,医疗会有一些帮助,但帮助不大。

中医的经典著作《黄帝内经》第一段就是讲养生,保持健康就是人生最大的节约。美好人生有三大支柱:健康、事业、家庭,其中健康是最基本的。有了健康才能有精力经营事业、照顾好家庭。如果能够尽早把自己的健康管理好,就可以享受美好人生,间接地延长生命,提高生命质量,所以,保持健康是人生最大的节约。

"养生是一生的修为。"养生学是一门管理学,它管理的对象是我们自身。真正的养生之道以提升人的整个生命质量为目的,不是教我们怎样保养生命,而是改变我们生活中的一切弊端,包括不良的性格、不科学的生活方式,从而提高我们的生活质量。如果要健康长寿,关键要把养生知识贯彻到日常的生活之中并持之以恒,所以,养生是一种修养,是一生的修为。

现代养生有一个误区,就是比较急功近利。平时不太管,到了真正有问题、不舒服的时候,就想到医院找一个养生的办法回来,其实并非如此。再比如早段时间张悟本的绿豆,每个人都吃绿豆和茄子。每个人的体质不一样,养生方法是不一样的,有一些共性的东西,但也有非常个性的东西,所以,我们要走出这样一个养生误区。

有关于中医养生的基本理论,主要有三个方面:一是阴阳平衡,二是和谐为本,三是天人合一、顺应自然。

阴阳平衡是健康的保证。其实,阴阳学说是传统文化的一个哲学概念,它把事物的特性或演变规律分成阴和阳。比较浅显的理解就是,从它的性质来说,凡是向阳的、向外的、明亮的、运动的、积极的、温热的东西都属于阳。而凡是背阳的、内守的、阴暗的、静止的、向下的、寒冷的东西都属于阴。如果从形态来说,男属阳,女属阴。从个体内部来说,凡是属于物质的东西都属于阴,而那些功能性的东西属于阳。阳是无形的功能,是一种生命的活力;而阴是有形的器官,是人体的组织。正常的情况下,阴阳是处在一个动态平衡中。如果人的身体阴阳平衡,生命活力就行,承受能力也强,整个身体是和谐的,所以应急能力、抗病能力都会强。但是,一旦这种平衡被破坏之后,阳过剩或阴过剩,阳不足或阴不足都是一种病理状态。养生的目标就是要达到身心平和、阴阳协调。中医治病最基本的东西就是调和阴阳。太极阴阳鱼把宇宙中万事万物的演变规律都包含在中间,是传统文化中非常经典、非常智慧的一个图形。这个图形就把阴阳的特性全部体现出来,白色的属于阳,黑色的属于阴,阳中有阴,阴中有阳,而且阴阳是互相依存、互相转化的,阴到了极处就变了阳,阳到了极处就变了阴。

"和谐为本"也是传统文化的一个精华。2008年奥运会开幕式中最核心的,用一个字来表达中国传统文化精华的就是"和"字。中医是中国传统文化中非常重要的一部分,中医讲和谐包括三个方面：第一个是人与自然的和谐，第二个是人与社会的和谐，第三是人自身的和谐。这是中医在2500年之前就已经有的认识。而现代医学近百年发展非常快，但是对于人的认识、对健康的认识只是在最近二十年才从单纯的生物健康、身体健康，扩展到心理健康和社会的和谐。

中医研究人是在两个层面：一个是自然，一个是社会。自然有春夏秋冬，四季轮回就会产生风寒暑湿燥火。在社会层面，人有七情六欲，就是因为人在社会的交往中会产生一些情绪变化：喜、怒、忧、思、惊、恐、悲，这是人的正常的情感。如果没有这种情感，人生是惨白的，但是这种情绪不能太过，太过和不及都是病态。太过，每一个情感都会伤到中医的一个器官，例如，过喜就会伤心，范进中举是最典型的例子。怒伤肝，有时候肝火旺，一发怒就觉得肝区不适。忧思就会伤脾，如果有什么事情困扰，就会突然之间不想吃饭了。惊恐伤肾，惊恐过度就会大小便失禁。另外，风寒暑湿燥火这种自然界的变化太过和不及，或者自身不协调不能抵御这些变化，就会产生病理状态。所以，平时要顺其自然，要和自然、社会保持和谐，这就是和谐在中医方面的体现。

中华民族是一个崇尚自然的民族。中医的养生观认为，人是自然的一部分，天地是一个大宇宙，人身就是一个小宇宙，所以，天地所有的变化都会影响到人。其实，春夏秋冬四季对于人的影响是完全不一样的。所以，中医强调天人合一，天人一体，顺应自然，顺应自然界阴阳的变化，追求一种人体、生命和自然万物的整体和谐。其实，自然界很多生物根本没有吃什么补药或者一些医疗的干预，特别是深山老林里没有人干预的地方，那些生物都生长得非常好。那就是顺应自然，吸收天地阳气、大地的灵气，不受外来的干扰。人其实也脱离不了生物的本性。所以，只要顺应春夏秋冬这种自然界的变化，就不用补药或者凉茶作为一种养生的手段。最近一百年来，因为现代医学发展得太快，人们走进了一个误区，低估了人体自身的智慧，高估了现代医学和现代技术对人体的影响。其实，人本身就是一个非常智慧的生物体。例如，眉毛为什么会长在眼睛上面？因为眉毛长在上面，平时劳作出汗的时候就可以挡住汗，不让它流到眼睛里面。正常情况下，人体可以通过生物反馈、应激反应等很多办法来调节。

中华传统文化崇尚自然哲理，很多哲理都是从自然而来，而自然是不会变的，是大公无私的。天无私覆，普照大地，没有私心。地无私载，地球在转，不会这里转得快一点，那边转得慢一点。四时无私行，春夏秋冬，四季轮回是按照这个顺序走的，不可能开小差或者不走。日月无私照，太阳和月亮照亮每个人。人在中间，上有天，下有地，自然环境会对我们有影响，社会的人事纠纷、情感也会对我们有影响，但是我们如果大公无私、心无杂念，就可以保持内心平衡，抵御各种各样的干扰，可以保持一个很好的和谐状态，我们就是健康的。人行合于天行，人德合于天德，人道合于天道，人时合于天时，人序合于自然之序，这就是始于卦、延续于儒道两家文化的基本准则。

明确以上这三个基本理论，就很好理解人为什么会生病。人生病有内在因素，就是父母给的15%的因素，还有自己的性格方面或者走进一些误区不能调试，使得内心阴阳不能协调，就会生病。外在有一些环境因素，为什么选择好一点的地方居住？因为现在的环境在不断地恶化，气候也在不断地变化，这些都会影响到我们。但如果内心是平衡的，体质是平衡的，我们就不会得病；一旦失去了平衡就会生病。自然界风寒暑湿燥火和体内的脏腑气血如果和谐，就不会生病。得病非常重要的一个原因，就是因为自然界发生了一些突变或者是自身的阴阳失去了平衡，体内的细菌突然之间不断繁殖。医学上所讲的条件致病菌，就是指细菌在一定的条件下才致病。

中医治病就是调和阴阳，改善自身的内环境。中医、西医，完全是两个思维模式，但是各有所长。中医治病的思维方式比较好，一个是整体观，一个是和谐观，一个是辨证观。不同的人都是感冒，但用的药可能不一样；同一个人，今天得的病和夏天得的病，用的药也不一样。中医不是治病，而是治人，是用药物的偏性来纠正人体的偏性，改变致病因子在体内赖以生存的条件，修复那些被破坏的环境，让致病因子生存的条件破坏掉。不通的使之通，不降的使之降，不升的使之升，升降平衡，气血畅通。所以，养生其实就是讲平衡。

中医养生的重点主要有四个方面：一是辨体质，根据个人的体质不同科学养生；二是顺四时，人与自然和谐相处；三是调情志，人和社会和谐、心身和谐；四是重实践。

体质决定我们的健康，也决定了我们对疾病的易感性。所以，养生首先要了解自己的体质，根据体质不同顺势而为。为了便于理解，把体质分为八种，其实是一种比较机械的分类方法。人是活的，所以每个人只是有一个主流方向，并不是说完全可以套到每一个体质。

第一，平和体质。这种体质脏腑功能比较协调，健康少病，适应能力强，是和谐状态。这种人谐表现在心理和谐，性格比较随和、开朗，肤色比较润泽，头发也是非常稠密，目光有神，精力充沛，而且适应能力特别强，一般的病都能够抵御，这种体质属于长寿体质。这种体质的人，养生方法就是顺其自然，不伤不扰，和自然保持和谐状态。

第二，气虚体质。这种体质比较多见。气虚体质的人看上去柔柔弱弱，稍微有一点风吹草动就感冒，而且比较敏感，热也热不得，寒也寒不得；平时觉得少气无力、不耐劳，容易得过敏性鼻炎，打喷嚏，皮肤过敏，肌肉比较松软。这种人的性格比较内向，平时气短懒言，精神不振，容易出汗，经常便秘。这种人的便秘不是说大便很干，其实排出来还是软的，就是气不足。同样便秘，中医会有很多方法去治疗，气不足是补气；而有些人精液不足，就要滋阴，要补液；还有一些是火太盛，要清火，清肠热。另外一个比较好判断的方法，就是早上起来没刷牙的之前看看舌头，舌体看上去有淡淡的颜色，而且比较胖、比较大，舌边上有一点齿痕，好像舌头在口里放不下，舌苔比较薄白。脉象比较弱，这种体质的养生方法就要健脾补气。平时不要熬夜，不要思虑过度。有很多事情困扰或者晚上熬夜，就很容易伤气。这种体质就可以吃一点人参、西洋参或者黄芪、大枣。如果是中成药，可以是归脾丸、四君子丸、玉屏风散等。玉屏风散对特别容易感冒、吹一点风就起鸡皮疙瘩或者流清鼻涕、打喷嚏的人很好。其实，它就是三味中药，防风、白术和黄芪，经常气虚感冒的人就可以吃玉屏风散。如果气虚感冒，就不要喝凉茶了；喝凉茶会伤脾胃，而伤脾胃就气不足。

第三，阳虚体质。阳是向上的、温热的、积极的、明亮的。阳虚是火力不足，我们叫能量不够。这样的人喜热不耐寒，体型比较白胖，脸色比较柔白，但实际上肌肉比较松软，毛发容易脱落，大便比较稀。中医有一个病名叫五更肾泻，到了五更天，就是早上三、四点钟，阴最盛、阳不足，起来拉肚子。如果是这种，就是典型的脾肾阳虚，一定要用温阳的药物。阳虚体质的人积极性不高，生命活力不够。所以，这种体质的人特别容易得一种精神方面的疾病：抑郁症，对什么都不感兴趣，工作起来没有热情、没有积极性，整个人的心情是灰色的。现在为什么有这么多的月经不调、不孕症？其实都是因为不注意生活方式。因为孕育胎儿属于生命力的象征，如果总是把一些阳气耗在外，生命力是不足的。所以，要注意保养阳气，要多动，"动能生阳，静能生水"。这种阳虚体质，建议选择用一些比较激烈的运动方法，比如跑步、打球、爬山。还有一种方法，中医叫天灸，天灸特别适合阳虚体质。这种体质可以吃比较温补的东西，切忌喝凉茶。

第四，痰湿体质。这种体质完全是吃出来的问题，当然也有一些遗传因素。这种体质的人肥胖的比较多，特别是肚子胖，叫做梨形体型。这种体质容易得高血压、冠心病、糖尿病、脂肪肝。平时老觉得嗓子有痰，舌体也比较胖大，舌苔特别厚白，早上刷牙的时候还要用牙刷去刷一刷舌苔。如果摸脉的话就比较滑，因为这种体质的人的血管里面比较硬化，所以就会感知到它是比较滑的。这种体质就是运动不足、吃得太多形成的痰湿。这种体质的人就要健脾去湿，饮食要清淡，不要总吃海鲜，少喝酒、抽烟。要适当地多吃一些生姜，去湿茶，平时喝点薏米、扁豆汤。这种体质不能补，平时吃一点藿香正气丸其实就能达到补的效果。

第五，阴虚体质。广东比较多见，因为广东比较湿润、热气比较重。这种体质的人瘦瘦的、干干的，皮肤比较干。阴不足就会阳亢，阴不制阳，容易上火，平时又容易手心、脚心热，总感觉眼睛很干很涩，咽喉也有一点干，但又不想喝水。这属于阴虚，不属于热，热和阴虚是不同的两个概念。这种人睡眠差，皮肤容易打皱褶，特别不抗老。晚上属阴，阴不足睡眠肯定不好，大便就干，容易便秘。这种人容易得焦虑症，和阳虚体质的人不同，阴虚体质的人心里很烦燥，睡不着觉，焦虑。焦虑和抑郁相比，抑郁症醒得早，积极性不够；而焦虑症睡不着、入睡困难。所以，治疗方法是不一样的。这种人的养生方法就要镇静养生。静能生水，动能生阳，如果运动的话不要太过激烈，不要总到外面晒太阳，户外活动出很多汗，更加耗阴了。适合这种人的运动是比较柔和舒缓的运动，比如晚上或者早上太阳初升的时候，到环境好的地方去散步，或者打太极拳、练瑜伽。这种人不要天灸，不要熬夜，越熬越干，越干就阴虚；多吃一些水果、滋润的东西，比如百合、玉竹、沙参、山药、白木耳、燕窝等；少吃一些辛辣、干燥的东西。进补要用比较润一点的。

第六，湿热体质。湿热体质的人也是属于阳旺型的，性格比较急躁，容易发怒、生痤疮、湿疹，感觉脸上不干净，容易得肝炎、黄疸、口干口苦。如果查看舌子的话，就是很厚的黄色的苔，有时候口中有异味，口气重。如果是湿热的体质，就适合喝凉茶，不要去补。所以看看自己的舌质，可以初步判断自己属于什么体质。

第七，气郁体质。这是性格方面的问题，性格比较内向，比较敏感，脆弱，多疑又善感。这种人的体质表现在身体方面，就是觉得咽喉有异物，觉得有东西吞又吞不下，吐又吐不出来，觉得脖子疼，乳房胀，情绪不稳定，特别是女性，到了月经期的时候更加明显。对精神方面刺激的适应能力特别差，人也比较懒散，容易得抑郁症，也容易得失眠症。肝脏是情智之官，这种人的养生方法，特别要调养肝脏，舒肝理气。肝又是一个多血器官，所以要补血，舒肝理气，可以少量地喝一点酒，但不要多喝，不要酗酒。要学会发泄，对事不要太过敏感，要迟钝一点。一位日本医生曾写了一本书，名曰《钝感力》，就说在精神方面和身体方面都不要太敏感，对什么事情都要稍微迟钝一点。

第八，瘀血体质。瘀血体质比较少见，但也是比较麻烦的一个体质。这种体质的人血液循环比较差,看上去皮肤黑黑的,嘴唇或者眼眶都比较暗,有些人的嘴唇就是青的。这种人很容易产生各种各样的肿瘤,良性的比较多,少数也会得恶性肿瘤。这种人的性格比较急躁,面色比较灰暗,容易脸上生斑,舌子上面有一些暗点或者淤块。如果是女性,月经有很多暗色的血块,不畅且痛经。这种体质的养生方法是要舒肝理气,还要理血。有一种比较好的中药叫逍遥丸,可以舒肝,还有一种桃红四物汤,田七煲鸡也比较适合这种瘀血体质的人。这种人不要太寒凉,因为血遇寒则凝,要保持心情开朗,适当地运动,平时可以吃一点当归、党参、田七。

每一个人有一个主流体质,这个主流方向可能有一些是遗传因素,但还有一个环境和生活方式的影响。如果平时不太注意生活方式就会出现偏,一偏就容易得病,出现阳不足、阴不足或者湿热体质,通常不会表现为单一的体质,都是夹杂的。

人们平时讲"运气",并给运气赋予一种神秘的色彩,其实中医的"运气"就是运动的气,运动的气在自然界的表现就是春生、夏长、秋收、冬藏这样一个自然界的运行规律,表现在人就是生、长、化、收、藏。顺四时就是按照四时来调整自己的生活方式。如果按照这四时来调整方式,心态是平和的,内环境是非常健康的,气血是和谐的,就不会得病,精神状态就会比较积极、比较乐观,处理事物的时候都会朝比较好的方面去走,判断事物会比较准确。所以,很多事情就比较顺,运气就好。

怎么样四时养生呢?春夏属阳,秋冬属阴,人就要在春夏养阳,秋冬养阴。

春天是万物生长之季,树叶舒展,枝生叶茂,这种生华之气是非常宝贵的。春天如果总是给小孩子压力,让他在一个非常压抑的环境中生活,就会长不高,影响生长发育。所以,春天要令他心情舒畅。因为春天肝强脾弱,春气通于肝,春天要养肝舒肝,补脾。肝不是解剖概念的肝脏,它是指一个复杂的功能系统。中医理论认为肝气犯胃。春季的养生方法还可以吃一点乌鸡白凤丸,它是舒肝、养肝的。特别是女人,在春天容易犯情志方面的毛病。因为春天是百草回阳、百病易生的时候,所以春天的传染病、精神病就比较多一点。饮食方面要注意少酸增甘,因为酸能入肝脏,甘是补脾。

夏天万物生长,是阳气最盛的时候。人的新陈代谢也特别旺盛,阳气在外,里面反而比较空虚,即浮阳在外,潜阴于内。所以夏天特别容易拉肚子,因此不要太过吃生冷的东西。心气通于夏天,心气是夏天的主气,这个季节心的功能特别活跃。汗为心之液,所以容易出汗。出汗多就容易耗伤心气。所以,平时可以吃一点人参和麦冬,可以冲茶喝,再加一点五味子。这三样东西泡水在夏天是很适合的。夏天饮食要清淡一点、少油腻,不要补。因为夏天阳气在外,浮阴在内,再补的话都会堵在里面。夏天心火旺,遇事容易发火,所以要忌怒。

秋天是收获的季节,我们要遵循这个原则,不要太放,要收。秋天和肺气相通,所以要养肺。秋天容易干咳,咳嗽又没有痰,觉得嗓子干,眼睛也干。所以可以多用一点秋梨膏、麦冬、玉竹、沙参,这些都是滋肺阴的;还有杏仁、百合、川贝等,秋天煲汤是比较好的。秋高气爽要去登高爬山。秋天容易悲秋,因为秋气通于肺,肺主悲,容易产生悲哀的情绪,反过来过悲容易伤肺。所以,秋天要注意防哮喘,防干燥、便秘、脱发。

冬天很多生物都冬眠了,所以冬天就不要太过张扬。冬气通于肾,肾是人体阳气的一个主载器官,所以要以敛阴护阳为根本。冬天可以用一点圣元膏、六味地黄丸,大补阴元。因为冬天阳潜于内,所以吃很多补的东西就可以吸收。冬天可以到户外多晒太阳。

这就是顺四时而养生，春生、夏长、秋收、冬藏。春生夏长是能量的消耗过程，而秋收冬藏是能量储备的过程，这样才会有一个循环，达到一种平衡。如果到了冬天不补，总是耗散，到了春天就没有营养了，所以要顺天道。

还有四个季气值得注意，就是春分、秋分、冬至、夏至。春分、秋分比较好，太阳正好直射，阴阳平衡。而冬至和夏至则是阴极和阳极。太极图中阳极则阴，阴极则阳，冬至、夏至就是这个时候。这两个季气，阴阳由量变到质变，是疾病容易发生突变的一个季节，也正是养生的一个好时机。有一种非常好的养生方法叫节气灸，就是按照节气来进行一种灸疗。比如天灸，就是三伏天的时候，用一种非常温热的方法选择背上的三条阳络去温灸，可以达到事半功倍的效果。还有一种神阙保健灸，就是肚脐眼，医学上称为神阙穴。这是先天和后天相通的一个穴位，因此，用一种灸疗的方法去灸，也可以达到事半功倍的效果。还有一种就是关元灸，关元穴位于肚脐眼下三寸。关元穴是人的命门之穴。冬至是阳最少阴最盛的一天，但也是阳开始升华的一天。此时温灸，它会更旺，这是一种非常智慧的养生方法。

笔者做了一些总结，就是二十四个字，"不伤不扰，培养正气，好好睡觉，好好吃饭，适量运动，心理平衡"，最重要的是要坚持。

不伤不扰，培养正气。其实大多数人很多时候属于平和体质，也即健康体质。中医有一句非常经典的养生理论："正气内存，邪不可干"。如果身体抵抗力非常强，外邪就不会侵犯。中医上还有一种治病的方法叫扶正御邪，不是杀细菌，而是把身体调理好，把正气提起来，自己去抵抗它。

适当进补，培养正气。药膳进补，也要讲究因人因时因体质而异。春季肝木当令，疏肝以生发。夏季心火当令，清心以降火。秋季肺金当令，润肺以防燥。冬季肾水当令，温肾以助阳。按照人来说，女人以肝血为用，要补肝血。男人以肾阳为根，宜温肾阳。幼儿纯阳之体，要平补肝脾。青年血气方刚，清热润燥。中年脾土壅滞，要健脾祛湿。老年肾水寒湿，要温肾驱寒。

好好睡觉，不要熬夜。睡觉其实是一个非常重要的养生方法，比较理想的睡眠就是太阳醒了我们醒，太阳睡了我们就睡，和大自然保持和谐。中医讲心和肾相交的能力越强，人就越精神，怎么样心肾相交呢？就是睡觉。其实这和现代医学的一个研究结果完全是一致的，小孩子睡眠的时候才会产生一种生长激素，才会长得高，长得好。如果小孩子一、两点钟睡觉，做作业很晚，身体就会不好或者长不高。所以，一定要把握好小孩子的几个长高的时期，青春期、一岁以内的幼儿期。身体很多激素都是睡眠的时候才会分泌。现在为什么糖尿病这么多？就是长期熬夜，精神压力过大影响了胰岛素的分泌。所以，睡觉是养生的第一要素。

好好吃饭。现在很多人不好好吃饭。我们讲究要吃杂，不要太精，吃七八分饱，还要多吃应节的食物，比如冬吃萝卜夏吃姜。到了冬天吃一点萝卜会觉得很舒服，因为冬天进补了很多东西，胃有一点滞，吃一点萝卜汤比较顺气，比较润。还有一个叫合理调配、五味调和。多吃五谷杂粮，蔬菜、水果，适当吃些禽肉蛋类、奶制品，以及少量的油脂类。

适量运动。第一不要太过了，讲究一个度。其次还要适合自己运动，也要适合自己的体质。比如阳虚的人要多到户外晒太阳，多做一些稍微激烈的运动；而阴虚的人就要静养，做一些比较柔和的运动。有些运动虽然非常好，例如瑜伽，但很多人不能坚持。所以要选择一个自己喜欢,而且又能够坚持的运动,例如散步、快走或者慢跑、游泳、太极拳等。第三提倡有氧运动。就是氧气比较充足,而且正好适合,不会觉得缺氧。第四最重要的是顺势而为,持之以恒。

心理平衡。在所有的保健措施中心理平衡是最重要的。中医养生祛病有一句名言叫做"精神内守,病安从来?"精神内守,心血通畅,心态平和,外邪是不能侵犯的。所以要健康长寿必须保持好的心态,心情好,内分泌的激素就会协调,身体内部的环境就可以达到最佳状态。

中医还讲究形神共养,因为身心是可以互相影响的。现代社会压力大,我们可能都会遇到焦虑、疑虑、心烦、易怒、失眠、头痛、情感障碍、人格分裂等很多问题,这都是城市文化病。怎么样避免? 一定要把性格养好。修身养性,追求高品质的人生。仁心仁德,养心立德,是一个人健康的内在要素,养生的过程实际上是道德自我完善的过程。高尚圣洁的伦理观既是人们人格自我完善的一个途径,也是养生的一个重要方法。孔子就是传统文化的一个代表人物,他提出,大仁者必有长寿。所以养生在养心,养心在养性,养性才能达到养生的最高境界,才能真正的延年益寿。

中华民族是一个崇尚自然的民族,很多时候我们是以自然哲学来指导人生哲学的,《易经》中的乾卦卦义是天行健,君子以自强不息,以天地运行不止的那种标准来指引我们自强不息。地势坤,君子以厚德载物,像大地一样什么事情都能承载,心就是平和的。

静生智,定生慧,不管做什么事情都要养成静和定的生活习惯,凡事顺其自然,知足常乐。保持一个平和的心态去处理问题,就会达到事半功倍的效果。中医养生其实就是要怀揣一颗淡定、客观、善良、稳重的心态,拥有整体的思维,具备长远的目光,充满深层智慧,这样就会非常健康,身心和谐。

主讲人：蓝韶清
广东中医药博物馆馆长

# 第二十三讲　中医药文化与健康生活

蓝韶清

**主讲人简介：**

广东中医药博物馆馆长，现任广州中医药大学研究员、主任中医师，社会医学与卫生事业管理研究生导师，广东省非物质文化遗产保护工作专家委员会委员，广东省文物博物馆协会理事，中国高教学会摄影专业委员会常任理事。目前担任的各级科研项目共九项，其中主持部省级五项，参与国家一项。在各类刊物上发表论文多篇，任《通俗中医药丛书》副主编，广州中医药大学校室副主编。

中医药高等教育已经成为我国高等教育的重要组成部分了。早在 1956 年,在周恩来总理的亲自倡导下,全国的中医高等教育就已经开始布局了,成立了北京、上海、广州、成都四所中医本科院校。当时国家刚刚解放,百废待兴,能够拿出这样的财力、精力在全国布点四所中医本科院校,说明国家当时对中医药教育是非常重视的。1956 年到 1958 年间,江苏、黑龙江等各个省市都相继成立了中医院校,到文革前全国每个省都已经有一所中医院校,而广州中医药大学已经是一所综合性大学了,专业门类已经涵盖了各个学科,中医的教育体系是非常完备的。

中医药的医疗工作跟广大市民关系最密切。比如广州中医药大学第一、第二附属医院以及中山中医院等各级中医院,在日常的防病治病、保障人民群众健康生活中起着重要的作用。广东民间的中医药应用范围很广,药膳在广东,尤其在珠三角就更加普遍了。广东人饮食中总是加些既是药材又是食品的东西,比如淮山、莲子、荔枝、圆肉、大枣,这些都包含和体现着中医养生的理论以及思想。

笔者将从宏观的角度讲述中医药理论与中国古代哲学的密切联系和历代中医的科技成就,以期对人们的日常生活有所指导和帮助。

中医学是一门生命的学科,而哲学是一门智慧之学。中医学是中国传统文化尤其是中国古代哲学在医学中的浓缩和升华,体现了我们先辈对天文、地理、哲学、社会、人文、生命等各方面的综合思考。因此,想了解、学习中医学,必然要对中国古代哲学进行学习。而在中国古代哲学中,儒、释、道是其鼎足而立的三大思想文化体系,千百年来,它们一直对中医学产生着深刻的影响。

道家对生命的哲学有深刻的认识,本着贵生的思想,期望以法自然、尚柔弱的道术来超越生命的束缚,明确以“长生久视”为终极目标,研究并发展了炼丹、导引、符咒等一系列道术作为修炼方法。它认为,万物以及生命的起源都是“道”,道是万物生成的本源,庄子更是对生命的起源作了细致的论述。他指出,有形的东西生于无形,形质从精气中生来,精神从大道生来。作为万物之灵的人,是气的聚合。这个观点,对中医有直接的影响,一是体现在中医形成了以“气”为本的生命观,二是为中医“天人相应”的理论提供了基础。可以解释为:既然天之道与人之道有同一性,那在自然界获得的知识,就可以指导对生命规律的认识。中医理论就无不体现崇尚自然、取法自然的取向。

道家的“贵生”思想,就是去除过多的欲求,以保存生命为人生最基本的利益。而中医学的主旨就是治病救人,两者是相通的,就如《黄帝内经》中所说“人莫不恶死而好生”。所以,好的医生在为病人治疗躯体疾病的时候,总会运用中医药理论,指导病人节制欲求和贪欲,改进生活方式。道家在“贵生”的目标下形成和发展了许多技巧方术。其中,导引、按摩、药食就是医学技术,而其登峰造极的炼丹术,原来是道家为追求长生、“升仙”而研究的,虽然没有达到目的,但是对中药(尤其是外科用药)的发展,对中国化学的萌芽和发展起了很大作用。

在几位亦道亦医的人物中,有名的就是孙思邈,活了 101 岁。在唐朝,活到这个岁数真是不简单。而与广东关系最密切的则是葛洪,他与中医的科学性内容的发展具有很大关系。广东中医药博物馆里藏有一本葛洪在晋朝时写的《肘后备急方》,当然,这是清代的刻本了。肘就是手肘。因为古人的衣服都没有袋子,东西都是放在袖子里,所以,《肘后备急方》就可以理解为现在的一本袖珍急救手册。比如,其中有"又方:青蒿一握。以水二升渍,绞取汁。尽服之"。笔者把这句话提炼成"青蒿一握,绞汁顿服"。青蒿是我们历来一直认可的治疟疾最好的药物,现在城市里的疟疾很少见,但从农村来并且上了年纪的人们都知道,在农村、山区,疟疾是很可怕的。比如,上个世纪70年代,美国在越南打越战的时候,他们双方因为感染疟疾而打不了仗的人数比战斗减员的人数还多。

越南当时是社会主义阵营。当时有人提建议说,越南的疟疾很厉害,我们研究一些好的治疟疾的药,然后给越南用,那样越南就不怕疟疾了,从而就可以帮助越南了。当时是在文革的后期,中央就集中了全国的中医药专家来做这方面的研究。所有专家都认为,中医古籍一直以来都记载着青蒿治疗疟疾最有效,因此,大家就在青蒿里面做文章。最后,所有专家集中起来研究古籍,找各地的青蒿来做实验,一直持续了好多年,到80年代都没有取得很好的疗效,跟西药的喹啉差不多。(喹啉是二战的时候出的治疗疟疾的特效药,用了多年之后,到了70年代耐药性大了,它的治疗效果也不好了。)直到1983年,就在那个研究小组一筹莫展的时候,有个专家在翻阅葛洪的这本书的时候看到这句话,于是突然间醒悟。因为书中提到"青蒿一握","一握"就是一把的意思,是数量。然后要"绞取汁",用现在的话就是榨汁。也就是说治疗疟疾的青蒿一定要用新鲜的。专家们突然间醒悟过来了,因此就放弃了传统的水煮法。因为水煮会把青蒿里面的一种叫青蒿甲醚的成分破坏掉。最后,他们马上采用现代科技方法,用酒精提取以后来做抗病成分。结果,他们发现这个提取物的治疗效果是传统用药的十倍、百倍!

这个故事告诉我们,中医药里面的宝贝还有很多,就在医书里。中国古代留下来的古籍中,一大半是医书。大概研究历史的的人都知道,秦始皇当年焚书坑儒。但很少人知道,医书和农书他是不烧的。所以,我们现在留下来的常用的中医古籍应该还有一万多册,由人民卫生出版社影印出版的,也有两千多种。实际上,这里面应该有很多可以挖掘的内容,为现在的健康生活服务。

儒家的本质,是研究社会人伦,以仁、礼、孝等范畴作为思想的核心。现在的学者普遍认为,医学是儒家实行仁孝的方式之一,而礼制尊卑的观念自然就渗透到医学理论当中来了。这种尊卑观念到底是儒家生出来的,还是医学去学习儒家的,我们不得而知,但是二者确实有很多很相像的,从而可以看到中医文化跟儒家哲学的关系。

很多有名的人物都是因为尽孝而去学医,因为,学医是他们行孝的一种方式。比如北宋的范仲淹,他那句"先天下之忧而忧、后天下之乐而乐",大家都很熟。但是我们学医的更记住了他当时的另外一句话:"不为良相,愿为良医。"据说,当年他考功名的时候,有一天去算命,他问能不能做到宰相。那算命的一看,就摇了摇头,范仲淹就说了那句话。人家问他,怎么突然降了这么多? 他说不是的,做良相可以直接造福大众,但是做良医也可以为人民群众解除痛苦。还有一位名家柳宗元,也是为了治疗母亲的病而学医的,最后成了一代名医。其实,这样的例子不胜枚举。

我们中医有一个名词,叫"坐堂",它源于汉代的张仲景。实际上,他应该是一个政治家,官至长沙太守,相当于现在的副省级干部。但是他那个两百多人的家族在瘟疫流行的时候,约有三分之二的人死于那场瘟疫。所以,他就在做官的时候同时学医,由此写成了《伤寒杂病论》。这本书是中医的四大经典著作之一。当时,他不想让自己的知识荒废,就发出告示说,每逢初一、十五,他就不办公,在公堂给大家看病,且不收诊金。久而久之,长沙的百姓都知道,这个太守定期在他的公堂里诊病。后来,坐堂就成为中医行医的代名词。这个名词的由来也可以从另一方面反映中国儒家哲学的仁心仁术。

讲到中医药文化又不能避开个别比较荒谬的做法,比如"割肉疗亲",这是很多人拿来指责中医的例子。其实,我们传统的另一种思想,就是身体发肤,受之父母,不敢毁伤。为什么有这个观念的同时,中医却又流传着割肉疗亲的例子呢?这不是自相矛盾吗?笔者是这样理解的,一方面,我们的传统认为,头发都是不能毁、不能割的,但是为了治亲人的病,割下身上的肉做药引都是无怨无悔的。这就是行仁、孝的具体表现。虽然这是荒唐且没有科学依据的,但是这种思想、这种用意应该是清晰的、明确的,而其更大的作用是在心理上,而不是在实质上。

儒家的"君臣上下,尊卑有序"礼制也渗透到医学里面。《黄帝内经》里就将五脏六腑像一个社会一样管理起来。它说"心"是君主之官,有着特殊重要的地位,心、肝、脾、肺、肾五脏,各司其职。大家知道,君主有病的话就要马上治,心有病的话,人就很危险了,这说明中医理论对此认识也是很深的。在方剂配伍理论中,还有君臣佐使的说法,这也是从儒家的礼制来的。君药指的是主药,臣药为辅药,而佐药和使药是其他配合药物。这种重视制度、秩序的思想,对组成一个方义清晰、药物协调的方剂是十分必要的。

儒家有一个具有方法论意义的概念,就是中庸。它强调不偏不倚,以中和为常态。而中医对人体的认识也是以常态为本的。所以说,学好了中庸,中医基本学好一半,或者说学好大半。因为中医最基本的理论之一就是阴阳,人体最根本的也是阴阳,中医治疗的方法、追求的效果,就是阴阳平衡。如果做到阴阳平衡,身体就没事,这跟儒家的中庸思想是一致的。

佛教本身就很重视医学,佛教的哲学思想、修身养性学说等,对中医学的影响比道教、儒教还深,这在医学伦理道德、心理卫生与心理治疗、卫生保健与气功养生等方面无不体现。

佛教里边最值得借鉴的应该是两个方面,一个就是"四大皆空",这个主张的代表人物是弥勒佛。弥勒佛这种心态是中医一直提倡的。早在唐朝,中医的分科还不是很多的时候就已经有治疗心理疾病的学科。可以说,佛教理论和中医理论出自一体,就从这里看出。如果能做到像弥勒佛这样"大肚能容,容天下难容之事;开口便笑,笑世间可笑之人"的话,心理疾病就会少很多。不但心理疾病少很多,由心理带出来的很多其他的病其实也会少很多。比如,笔者是看胃肠病的,这种病也有相当一部分是心理引起来的。老话说"气得吃不下饭","气"是主观精神上的,经常吃不下饭,自然胃肠道就有病了。

佛教的慈悲情怀,已经成为中华民族传统道德的一部分,也是医学道德的重要支柱。佛教徒以超脱往生为目的,但不仅求一己成佛,而是以慈悲为怀,决意普渡众生,救苦救难。唐代名医孙思邈在《大医精诚》里说,"凡大医治病,必当安神定志,无欲无求,先发大慈恻隐之心,誓愿普救含灵之苦",这已经成为现在中医学子入学誓词的一部分了。

讲到医德跟佛家这种慈悲之心是相通的,就不得不讲一个名词——杏林。杏林的由来,实际上也是有故事的。我们广东中医药博物馆藏了一幅画,它描绘建安时期,就是名医华佗、张仲景所生活的时期,中医董奉在今江西省九江一带行医的情景。当时,他看病不收诊金,只要求被他治好的病人种杏树,患一般病的病人种一棵、两棵,患大病的病人种三棵、五棵,久而久之,他家屋前屋后,包括山上山下,都种满了杏树,变成了杏林。他把杏摘下来去换米,又救助穷苦人家,如此循环,就等于自己开了一个慈善机构。后人感激他的这种医德,就把中医称为"杏林"。后来还有一个流传下来的"虎守杏林"的故事。据传,董奉有一次出诊的时候治好了一只老虎。当时,老虎吃东西的时候,喉咙里卡了块骨头,眼看就要饿死了,董奉就帮它掏出来,又给它敷了草药,之后,这个老虎就帮他看守那个林子,以防范一些宵小之徒。

下面,笔者简单介绍几件广东中医药博物馆馆藏的精品,以便让人们认识中医各个发展时期的情况。

首先的一幅画像是扁鹊,他是汉代的名医,中医治未病的思想就是他倡导的。史书上记载了这样一个故事。扁鹊有一次见到一个国王,发现国王有病,就跟他说,哎呀,国王你有小病,喝点汤药就可以好了。那个国王对左右说,这些人老是在人家没病的时候说人家有病,显示自己有水平,因此对扁鹊不予理睬。然后过了半个月,扁鹊又看到国王,劝他说,现在病已经发展到皮肤以下了,又深了一层次,用针灸还是可以治的,国王也没觉得不舒服,又没治,同样也还是嘲笑他。再过半个月,扁鹊又看到那个国王,这次他扭头就走。国王很奇怪,就派人去问他,他说,国王现在的病已经病入膏肓了,怎么样都治不好了!扁鹊就逃走了。没过几天,国王果然病发了,谁也治不好,最终一命呜呼了。扁鹊这个故事告诉我们,早发现、早预防很重要。所以,笔者建议大家定期做体检,只要过了三十岁,尤其过了四十岁,每年一次体检一定要去做。现在科学发展很快,很多疾病开始是可以检测到一些端倪的。比如一年做一次体检,把主要脏器的指标和参数检查一下,还有大家最怕的癌症的几个相关指标也都可以做出来。

广东中医药博物馆馆藏的另外一件藏品,是龙门石窟里面的一个药方洞的拓片。龙门石窟有一个窟因为洞壁里面凿了一百多个药方,称之为药方洞。广东中医药博物馆收藏了两幅,是明代末期的。它这里面记载了一条药方,就是用葱管导尿术来治疗小便不通,即使以拓本的时间来算,也足足比西医早了几百年,这是中医发展过程中取得成就的铁证。这也是我们馆藏的一件最重要藏品,是最早的一个拓本。

此外,还有一件书画类的藏品,清代一个著名画家所画,画的是清代著名温病学家叶天士。前几年中医治疗非典和甲流的组方思想都是他最先提出来的,这幅画是现在发现的最早的医家的写真画像。

广东中医药博物馆馆藏的一套陶瓷的十二生肖小药瓶,大家开始看以为是鼻烟壶,实际上不是的。它是让病人在相应时辰吃药用的,医生将药物装在相应的瓶子里,时辰到了,病人就会按时服药,从它的科学性来讲,这是中医时间治疗学的具体体现。这是清代中期的文物,说明当时已经有这个需求了,而且比较普遍,所以就把它烧制出来。现在西医的每天几次,每次几颗的服药方法,还比不上清代时的中医精确。这套药瓶,在全国只发现了三套,其中两套粉彩的就藏在这里。

经济篇

# 第二十四讲　亚洲崛起及其世界意义

陈峰君

**主讲人简介：**

北京大学国际关系学院教授，曾任中国亚太学会理事，中国南亚学会常务理事，中国东盟协会理事等职。长期从事亚太与印度的教学与研究，著有《印度社会述论》《东亚与印度：亚洲两种现代化模式》《当代亚太经济政治析论》《亚太安全析论》等。

美国一个人类学家,在探讨人类社会发展时,曾归纳出人类历史上最伟大的三个变革:一是人类从猴子变人,会使用火石工具。二是从原始社会走向农业社会,第三就是从农业社会向现代社会、向工业化社会迈进。第一次变革大概有几十万年,第二次大概有五六千年。第三次,从历史上来讲,应该是非常短的,充其量也就五百年的历史,跟过去两次大的变革不能并论。这次变革尽管时间短,但变化之快,使人难以预料。

亚洲崛起从本质上讲,核心问题是现代化进程问题。社科院的一个研究,将现代化归纳为两大阶段。这两大阶段可以归纳为两次现代化。第一次现代化就是从工业革命开始到现在二百多年的历史。这个现代化是从农业国转为工业国。到目前为止,差不多有 35 个国家已经完全实现了第一次现代化,正开始迈上后现代化,也就是第二次现代化的进程。这个进程实际上是从上世纪 60 年代已经开始进入第二次现代化的进程,也就是知识化、信息化的进程。但是大多数国家,包括中国、印度等一些国家,还处在第一次现代化的正在进行时。世界上大概有九十多个国家已经开始启动现代化进程,当然还有些国家没有启动,例如非洲一些少数国家。但是多数国家还处在第一次现代化,只有少数的国家迈上了后现代化,即第二个现代化。不管完成还是没完成,或者是基本完成的,包括印度、中国等亚洲大多数国家以及欧洲的一些国家在内的九十多个国家仍处于第一次现代化。日本、美国等将近三十个国家在第二个现代化进程当中,其中,约有十个国家的现代化已经基本完成,约二十个国家还在进行时。

亚洲正处于第一次现代化进程当中,而从英国工业革命开始一直到现在的第一次现代化,可以说有三次大的浪潮。第一次浪潮,是从 18 世纪 60 年代英国的工业革命开始,到 19 世纪 60 年代,大概将近 100 年的时间,中心部位在欧洲。第二次浪潮,是从 19 世纪 60 年代到上个世纪初期,即第一次世界大战前期。它的中心部位在北美,但与此同时,亚洲、欧洲一些国家也参加了这个进程。在这次浪潮里,日本已经开始了第二次现代化的进程。遗憾的是,上个世纪 30 年代以后日本发动了战争,使其现代化出现了断裂。第三次浪潮,是从第二次世界大战结束一直到今天,整个的亚洲地区,都处在这样一个进行时。但其核心部位,是以中国为核心的东亚。

我们把亚洲的崛起纳入到现代化进程过程当中,是想从宏观上理解它的进程的特点、内容、世界意义以及存在的一些问题。

一、亚洲崛起的特征

在第三次浪潮里面,亚洲的崛起跟西方现代化进程相比,有四个不同的明显特征:速度惊人、规模空前、群雄叠起、全面追超。

(1)速度惊人

亚洲的发展速度呈爆破式、跨越式。这是第一次现代化的前两次浪潮所没有的特征。其迅速发展,超越了以往且持续时间长,没有任何一个经济学家曾经预测过。

世界银行曾尖锐地做出了自我批评,对中国等国发展的预测全都不准而且相差极大,1985 年对中国经济的预测与后来的实际数据相差,只相当于中国实际上 1995 年经济总量的一半。

日本战后,在 1945 年战争遗留的废墟上以惊人的速度重新崛起,1955 年经济就已经恢复到了战前水平;从1961年到1970年的10年间,日本经济年均增长11.6%。1964年日本举办了东京奥运会,表示日本正式开始崛起;1970年大阪举办了亚洲历史上第一次世博会;1975年,日本成为G7成员中唯一的一个亚洲国家;1985年日本更是超越苏联一举成为世界第二经济大国。

韩国的"汉江奇迹"使得韩国仅用30年时间就走完了西方国家近百年的工业化道路,发展速度甚至超过日本。这个人口不足日本一半的国家,在汽车、电子产品和计算机等众多领域却极富竞争力。

地域广阔、人口众多的中国的崛起是亚太崛起最主要的标志,GDP第二大经济体,发展速度首屈一指,超过日本、韩国。日本正式公布的2010年GDP数据中,日本5.47万亿美元,中国则是5.88万亿美元,超过日本4千亿美元。以保守算法估计,从1984年到2010年的26年,中国GDP增长了10倍,超过了现代化历史上的所有国家。而历史上,英国在1830年后花了70年才使GDP增长了4倍。目前中国人均GDP是美国的19%,新加坡人均GDP已高出美国21%,从400美元上升至3万多美元;韩国等国的人均GDP的发展也是相当可观的。

在金融危机中,东亚更是带动了复苏与世界经济增长。历史上,从二战后帮助重建欧洲到日本的复兴、四小龙的高速发展,每一次世界的新增长点的出现,都和美国的消费带动分不开。但这一次,中国、东亚等新兴经济体的领先,带动了各国的进出口和消费的回升。在全球金融危机最为严重的时候,中国、印度、印尼2009年经济增幅分别为8.7%、7.2%、4.5%;2010年联合国报告称,亚太地区发展中经济体在中国和印度的带领下,预计增长幅度将达7%。美国华尔街日报11月写道:世界经历了三个增长"超级周期",1870年到1913年,1945年战后至1973年欧洲的发展,此次金融危机复苏后。预计此次金融危机后会有一个大的周期式的发展。前两个周期全靠西方自身启动,人口只占世界一小部分,而此次则靠亚洲经济体的启动,它将带动全球85%的人口。

(2)规模空前

过去300年,西方国家实现现代化的国家不过30多个,人口、面积仅占世界比重的12%,是相对的小范围地区。亚洲国家的现代化数量与规模则远远超过西方。亚洲真正崛起的关键是中国与印度。现在中印两国人口相加近26亿,相当于发达国家人口的三倍,美国的十几倍,欧洲的八倍。可以说,第三次现代化浪潮的规模与前两次浪潮的规模是不可同日而语的。

(3)群雄叠起

西方国家前两次现代化浪潮中,各个国家之间时间距离拉的较长,基本上孤立进行。先由英国进行工业革命,很多年之后法国才进行,接着是其他国家,加在一起将近一两百年时间。亚洲现代化则连片群雄叠起,此起彼伏。这种势头正向纵深发展,现代化浪潮几乎已辐射到最落后的地区,从东向西、从北向南、从低向高。亚洲现代化正呈现瀑布式或阶梯式状态,比如越南。战后,越南的经济一度凋零。20年来,越南经济高速发展,平均增长达到6.6%,在亚洲增长速度仅次于中国,是世界上经济增长第二快的国家。

再比如印尼,印尼一直以来经济相对落后,在东盟中一度有发展,后来一蹶不振,发展迟缓。近年来印尼经济步入稳定发展轨道,印尼人口多且速度相对以前较快。根据摩根斯坦利的报告,印尼作为东南亚最大的经济体,在未来5年内经济总量将会增长60%,达到8000亿美元,在全球经济复苏和国内形势向好的双重推动下,印尼经济增速到2014年将达到7%到8%。印尼2009年人均2246美元,当年比印度高一倍。摩根斯坦利发布报告称,印度经济的快速增长为印尼提供了成为"金砖第六国"的机会。

第三个就是高山两小鹰:尼泊尔与不丹。这两个国家处于高山之上,海拔均在四五千米左右,宗教非常发达,但经济落后。这两个国家近年的经济发展相当客观。尼泊尔人民2008年在印共(毛)领导下发动了自下而上的"人民战争",推翻君主立宪制,建立新民主主义国家。不丹从上世纪80年代末开始推行"全民幸福计划"(GNP)取代国民生产总值(GDP),向全体国民提供免费医疗、开放了卫星电视和互联网市场。2009年人均GDP为2081美元。2001年旺楚克国王下令结束世袭君主制,建立议会民主制国家,通过民主进程治理国家。旺楚克国王的儿子吉格梅在留美归国后继续推进不丹的民主政治进程,国内民众的生活方式也逐渐现代化。

除了以上国家,缅甸和朝鲜两个国家也在逐渐进行改革。整个亚洲都在现代化的进程中,虽然具体国家的现代化程度有快有慢,但整体的速度和成果还是相当可观的。

(4)全面追超

亚洲在经济规模、贸易总额、金融外汇、科技、区域合作、政治地位、文化传播、军事装备等方面虽然落后于西方,但在诸多领域全方位追赶发达国家,甚至在某些领域已超过西方。具体方面可总结为六大标志:

标志一:亚洲经济在世界经济中占据的份额不断加大

1980年,亚太地区的经济比重仅占世界的14.5%,而到了1993年,比重就已经达到了24.3%,显示出了极快的发展速度。以东亚地区为例,1960年,东亚地区GDP仅占世界总额的9.4%,仅仅25年不到的时间,到了1994年,这一数字上升到了25.9%。据韩国银行发表名为《亚洲经济的未来》展望报告,亚洲经济总量在2020年就可赶上欧元区,并与北美自由贸易区三国相当。到2040年,亚洲经济在世界经济中的比重,据保守估计,将达到42%,远高于北美自由贸易区三国的23%和欧元区的16%。国际著名商务咨询公司(PWC)2011年初发表的一份报告书称,2008年的世界金融危机让世界经济格局发生了历史性的变化,2017年,中印等7个新兴国家的GDP将超过西方传统7国的总和。

标志二:贸易额在世界的比重不断增加

亚洲在国际贸易中所占比重不断上升。1966年,亚太地区的贸易总额在全球总额中仅占一成,到了1993年已经占了四分之一左右。1990年到2003年期间,亚洲经济在世界出口中所占的比重从23.8%上升到29.4%。而中国外贸更是有望超过美国。1978年,我国外贸总额为206亿美元,世界排名第32位。2010年中国贸易总额超过德国,成世界第二贸易国;据预测,2011年中国进出口贸易总额有望超过美国。

标志三:金融中心东移亚洲

2010年9月的全球金融中心指数(GFCI)报告显示,伦敦和纽约继续保持在全球金融中心城市的领先位置,且在短时间之内,其他城市很难取而代之。但是在亚太地区,经济持续大踏步前进,紧随其后排名第三到第五的金融中心分别是香港、新加坡和东京三大亚洲金融中心。北京、首尔和台北的竞争力指数和排名的上升幅度也十分显著。在本期金融中心指数中，亚洲金融中心占据前十位中的四席和前十五位中的六席，数量均超过欧洲和北美洲。

国际货币基金组织（IMF）份额改革完成后，中国的份额将从目前的 3.72% 升至 6.39%，投票权也将从目前的 3.65% 升至 6.07%，地位在增长，超越德国、法国和英国，位列第三，居于美国和日本之后，在这一国际组织中将得到更大的话语权。外汇方面，中国这些年来一直处于领先地位，改革开放以来火箭式的发展，使得中国在 2010 年全球外汇储备排行榜上以近 2.65 万亿美元的数量排名世界首位。

标志四：制造业追赶西方

中国制造业 2009 年商品价值为 1.6 万亿美元，已超过德、日，美国为 1.7 万亿美元，2011 年中国将超过美国。而美国制造业已持续 110 年领先世界制造业。

汽车业是衡量制造业水平的一个重要产业。亚洲汽车在世界汽车制造业的排名中名列前茅。2010 世界七大汽车生产国依次是中国、日本、美国、德国、韩国、巴西、印度。具体来说，韩国为 351 万辆，巴西 318 万辆，印度 263 万辆。

2000 年，中国的汽车产量居世界第十，到了 2009 年，中国汽车产量 1379 万辆，不仅成为世界第一，而且刚好超过日本和美国的产量总和（日本为 793 万辆，美国为 570 万辆），占全球汽车总产量的 6 千万辆中的 22.35%。而欧盟 27 国产量合计则为 1524 万辆。2010 年的中国汽车产量为 1800 馀万量，数量依然相当可观。印度是亚洲日本之后最早的汽车制造国。印度汽车 90% 是自主研发、设计与制造的，自主品牌为印迪卡，汽车的几个核心部分，比如底盘、发动机都是该公司自主研发的。2009 年印度现生产 263 万辆，占据了第 7 位，已经成为全球的微型车制造基地。

标志五：高科技追赶西方

截至 2010 年底，中国高铁运营里程达到 8358 公里，占全世界高铁运营里程的三分之一，位居世界第一，节省造价一半、超前日欧 10 年、拥有专利过千。目前，中国是世界上高速铁路系统技术最全、集成能力最强、运营里程最长、运行速度、在建规模最大的国家。中国用不到 7 年的时间走完其他发达国家三四十年的研发之路。目前高铁项目正在向世界上 17 个大国输出，如俄罗斯等，还和很多国家有合作项目。

其次是软件、宽带手机的快速更新换代。仅仅经过十年的历程，印度软件业就继美国之后，占领了全球软件市场 20% 的份额。世界银行的调查评估显示，印度软件出口的规模、质量和成本等综合指数名列世界第一。中国手机与因特网宽带网的发展在世界排名第一。其中宽带网在 2000 年，中国和美国的相对差距是 311 倍，2008 年中国已经达到了 2.7 亿用户，已经超过了美国。2010 年中国手机用户数达 7.4 亿户，相当于一半的人口都有手机使用。印度的手机用户达到 5 亿，已经远超过了美国。

第三个是超级计算机。继美国之后，中国成为第二个能够研制千万亿次超级计算机的国家并且逐步赶超了美国。全球最快计算机排名中的第一名天河号和第三名的"星云"都是中国研发的，排名第二的是美国出品的"美洲虎"。再一个就是亚洲航天事业急起直追。按照国际统计的航天指数排名，世界的航天大国排名为：美国、俄罗斯、欧洲、中国、日本、印度。除此之外，韩国、马来西亚和台湾地区都有自己的卫星。中国是亚洲唯一具有将宇航员送入太空能力的国家。中国计划在 2015 年将宇航员送上太空，在 2020 年将宇航员送上月球。亚洲的航天大国中除了中国,印度近年来航天事业的发展也是蒸蒸日上。2008年,印度首个月球探测器"月船1号"成功发射,这一成就帮助印度跻身到了世界太空五强之列。同时,印度2010年7月成功发射一枚极地卫星运载火箭,把5颗卫星送入太空轨道。印度计划于2014年实现载人航天。其他国家如韩国首枚运载火箭"罗老"号于2010年6月9日升空。

标志六:东方文化复兴与升温

东方文化如茶道、瑜伽、武术、汉语等在全球范围持续升温,并且有越来越多的人关注和学习。孔子学院去年已经达到500家,涵盖面遍及各个大洲及主要城市。孔子学院的教学内容也从汉字教学升级到对儒家文化的了解和研究。

二、亚洲崛起的世界意义

(一)亚洲崛起雄辩地证明,直接重心已经由西方转向东方

亚洲崛起作为世界现代历史上最重大的事件之一,标志着世界重心已由西方转向东方。西方是世界的经济政治文化中心的观念已受到严重挑战,甚至有可能被打破。亚洲崛起正在或将彻底改写世界的现代历史的发展性质和方向。近代近500年的世界历史中,重大事件均起源并发生在西方,东方则被边缘化。因而在近代化的进程中,西方国家无疑是占据了引领现代化潮流的前线,成为世界的经济政治文化中心。

纵观东亚近现代历史上出现过的几次重大事件,如日本明治维新、东亚的民族解放斗争、中国革命的胜利等,这些事件虽然对世界近现代历史产生过较大的影响,但它们的意义大多局限于本地区,并没有对当时的全球进程产生极强的具有辐射性和扩散性的影响。

近年来,东亚的崛起对整个世界现代化进程的影响,已经不仅仅局限于地区内部,而是对整个世界的进程与发展具有深远和全面的影响,意义极为深远。

众所周知,从15世纪开始至20世纪中期长达500年的历史中,影响世界历史进程的几乎所有重大事件大都发生在大西洋东岸的欧洲,有时也发生在西岸的北美洲。根据世界现代化问题专家罗荣渠教授的说法,最突出的有四件大事:第一件是18世纪后期英国开始的工业革命,它使欧洲或西方优于亚洲或东方;第二件大事是18世纪末在法国爆发的资产阶级大革命,它使资产阶级成为近代历史上世界舞台的领导阶级或中心;第三件大事是19世纪后期在北美大陆崛起的头号金融帝国,它向全世界显示了现代生产力的巨大威力;第四件大事是俄国十月革命后建立起来的苏联,开创了通向工业化的非资本主义道路。这四件大事改变并影响了人类历史的发展进程和方向。

古老的东方文明正是在这四大浪潮的冲击波之下,发生了解体并改变了旧传统的历史方向,从而卷入了现代世界发展的大潮之中。大西洋两岸的西欧和北美成为世界经济、政治、军事、文化的中心和实体。当然,亚太地区特别是东亚地区对西方的冲击并非仅仅是被动回应,东亚国家和地区也曾一次又一次主动创造性地出击,其中包括日本明治维新及其参与西方列强的争夺,20世纪40年代和50年代初,东亚各国人民掀起的反殖民主义的民族解放斗争,最终结束了帝国主义的殖民体系,1949年中国革命胜利并走上了独立富强的新道路。这几个事件无疑对世界近现代历史产生深远的影响,但它们的影响更多是地区性的。真正对世界产生全球性的影响或根本性的历史变革,则是东亚或亚太地区经济的崛起。亚太崛起对整个世界经济、政治、军事、文化等诸多方面均产生不可估量的重大影响。

从 1990 年到现在,很多西方和东方的学者,都在论证东方崛起的话题,比较代表性的作品,一本是日本的岸根卓郎的《文明论——文明兴衰法则》。书中认为,世界的中心从历史上来讲,由西向东在不断转移。他把世界分成两个文明,一个东方文明、一个西方文明。按照八百年一个周期来计算,公元前 3600 年、公元前的 2800、2000、1200、400 年,公元后的 400、1200、2000 年到现在就是八百年为一个周期,这个周期是一种准确的、不断的重复,不断的交替。根据东西方文明这种周期性来讲,目前西方的文明从 20 世纪后半期起到 21 世纪前半叶的 100 多年间将迅速进入夜间,与到现在处于休眠期的东方文明交替。也就是说,历经了 800 年活动期的西方文明将处于休眠之中,为将来还会出现的 800 年活动期做准备,西方衰落东方升起。他说,光辉灿烂的西方文明也终于迎来了夕阳夕照之日,正在呈现出美丽的暮色,与此相对,到现在为止,正处于八百年长久休眠期的、深眠的东方文明即将苏醒,进入将要来临的八百年长久活动期。中华文明也终将迎来朝阳,东方的天空将沐浴日出之光,迎接一个美丽早晨的到来。

他书里面还有个图表,把世界历史从公元前 3600 年一直到现在,画了一个非常大的图表,八百年一周期,基本上符合历史事实,特别是后来的历史完全可以证明这样一种说法。例如,从 13 世纪到 20 世纪的八百年期间,欧州文明正在复兴的时刻,而东方文明恰恰是衰落的时间。20 世纪正处在世界历史转折时期,未来的八百年,亚洲文明复兴,欧洲的文明衰败。这也正如季羡林所言,三十年河西,三十年河东,现在该是河东的时候了。八百年也好,三十年也好,从历史上来讲,这是符合历史规律的。

未来八百年是不是如此,笔者并不认可。因为在全球发展时代,未来全球化到底怎么走,是你兴我衰,还是你兴我也兴,笔者认为后者应该更适用于全球化的实际,我们的思维也在发生变化。中国的一位著名学者认为,未来的世界是两大洋同时并举的世纪,一个扁担挑两个筐,一个是大西洋,一个是太平洋,两个筐同时在并进。

另一本由美国的一个著名的未来学家约翰·奈斯比特写的,他连续写了三本书,其中第二本是《亚洲大趋势》,从八个层面来论证亚洲的崛起。书中结论的一段话是:东方人和西方人已经开始明白了,我们正在迈上一个亚洲化的新世界操纵世界的中心,从世界的西方转向东方,亚洲曾经是世界的中心,现在它将复兴。他比较客观地用了大量的经济事实说明东方的崛起。2009 年他又出版了第三本书,叫《中国大趋势》。

(二)亚太特别是东亚的崛起打破了世界现代化"西化说"

传统的或占统治地位的看法是现代化等于西化,或称"欧化""美化"。现代化唯一成功的模式就是西方英、美、法的模式,原来还有苏联模式与之对抗,苏联解体后,"西化"模式似乎更是无可辩驳的真理。但东亚的一些新兴工业化国家的现代化成功却又让世人重新考虑:西方模式是否是唯一现代化模式? 东亚现代化初步成功的理论价值在于:现代化不等于西化或欧化,现代化道路并非只有西方一条。现代化的模式也并非只有欧洲或美国那样唯一的经典模式,人类的社会发展具有多样性,现代化的模式同样也具有多样性。如果人类将现代化作为一个追求目标的话,就应该允许东西方或南北方等不同人群的各种各样的试验和追求。

关于现代化是否西化问题,中国人争论也差不多 100 年了,一直没有结论。但是现在东亚地区国家崛起,这个问题不能说完全解决,但可以说有一定的结论:东亚崛起已经开始冲破了历史上百年来天经地义的传统观念，即现代化等于西化的说法。现代化有多种模式，亚洲国家有许多模式，西方国家有很多模式，西方模式只是现代化早期的形态，并非终结。

西化说认为，走现代化必须走这条路，无论是政治上还是精神上。但目前来讲，中国、印度等其他东亚一些国家走的道路，并不是西化的道路；如果是西化的道路很可能是失败的道路，拉美的一些国家如巴西，现代化非常早，走了将近一二百年，结果没走出来，就是西化的一种结果。而现在，东亚国家开始走出了西化道路，所以现代化应该是西化、东化、中化、南化，诸多现代化的一个组合。

西化只不过是现代化的一部分，是源头，但源头并不等于全部。现代化道路多种多样，比如东亚模式、印度模式和中国模式，各种模式都有自己的发展经验、发展道路。东亚模式，有的叫威权主义体制。东亚大部分国家与地区在战后上世纪50～80年代大都是这种体制，到了80年代末期和90年代初期，一些国家开始转型、开始民主化的进程。例如菲律宾、韩国、泰国学习西方民主，但是有的成功，有的失败。但无论如何，在近几十年发展最快的时期，实行威权主义，在经济上取得重大成果。东亚模式，应该说有很多经验，但也有很多不足的地方，比如新加坡就是一个典型。

东亚模式之外，就是印度模式。印度在政治上是最早的民主国家。议会民主对印度来讲，并不是很成功，但经济上却走出了一个新的模式。一般国家的现代化，从西方一直到中国，都是先发展工业、铁路、交通，然后再发展其他服务业。而印度反过来了，主要发展服务业，服务业占60%，特别是软件信息产业，是世界一流的，占世界的2%。比如摩托罗拉，一般都认为会是美国的，实际上，50%～60%是产在印度。印度专门发展服务行业，把它引进来，然后在他们那里生产。印度的服务业已经达到60%，与西方发展服务业相近似。印度走的一条独特的道路，也带动了工业，带动了农业，带动了高科技的发展。有的学者认为，印度绕过了工业化阶段，进入到了后工业化的阶段，印度是走了一个特殊性的道路。但这种模式也有很多弊端，工业太弱，软件解决不了大量失业问题与基础工业问题。印度模式，在一定时期有可取的地方，但也有不足的地方。但不管如何，应该说印度已经走出了一道比较独特的经济发展模式。

中国模式，是人们探讨最多的一个话题之一。有西方人认为，中国为什么发展，因为中国人用汉字，汉字比西方那些文字要好，汉字使中国人头脑发达。笔者认为对中国模式要低调处理，关于中国模式还在探讨过程当中，还没有成形，中国模式有自己的特点，但相当多的是学习东亚模式的东西，比如政府主导、政治威权。中国模式，是社会主义、资本主义两种体制的最优秀部分的整合与融合，吸取了东亚和西方的模式，还有苏联的模式，从而形成的一种特殊模式，所以这个模式正在形成的过程当中。

（三）对国际关系格局的影响

亚洲崛起影响世界格局之一：世界国家国际各种重心转移到亚洲或东亚。

第二次世界大战前几百年间，世界政治乃至军事舞台的重心均在欧洲，国际关系和世界政治舞台都是以西欧为中心展开；第二次世界大战后至苏联解体之前，这种状况虽然由于第三世界和不结盟运动的兴起，使世界格局与战前不大一致，但世界政治的重心并未发生根本变化。美苏两个超级大国争霸的主要阵地和战略重心也一直在欧洲，尽管美国因越南战争而一度乱了阵脚，但尼克松上台后很快作了调整。然而，随着亚太经济的飞速发展，加上苏联解体，世界政治战略重心正在发生向亚太地区转移的重大变化。种种迹象表明，美国战略已从以欧洲为重点逐渐转变为欧亚两大战略中心同时并重，或甚至可能将战略重心转向亚太。美国负责东亚和太平洋事务的助理国务卿洛德曾强调，美国政府今后将把与亚太地区的关系放在其对外政策的首位，在其长期安全和经济计划中，美国对东亚的重视将高于欧洲。同样，美国总统奥巴马2009年在日本的演讲中自称是"美国首位太平洋总统"：美国是太平洋国家，与亚洲命运有密不可分的关系。世界上没有哪个地区比亚太地区的变化更剧烈，美国与亚太地区的命运也在这种变化中更紧密地联系在一起。美国将更多地参与讨论如何构筑亚太地区的未来，并参加该地区合适的多边组织。

亚洲崛起影响世界格局之二：中美博弈新格局开始形成。

战后国际关系史的三个阶段分别是，第一阶段从战后到上世纪80年代末苏联解体前约四十五年，即美苏争霸两极格局；第二阶段从苏联解体到本世纪金融危机前约二十年，即美国一极独霸世界的格局；第三阶段从本世纪金融危机后开始，世界进入中美博弈或"G2"新格局。世界一超局面开始被打破，已进入中美博弈的新时代，美国学者称G2时代。美国总统奥巴马2009年明确宣称："中美关系将塑造21世纪的历史。"

随着中国的快速发展，世界舆论关于中国崛起、中国威胁、中国世纪、中国模式的内容到处可见。据《华盛顿邮报》与美国广播公司进行的一项民意调查显示，超过四成美国民众认为21世纪将是中国世纪。而在世界事务方面，美国人则更倾向于中国。43%的受调查者认为21世纪是中国世纪，38%的人说是美国世纪，同时近半数人认为，美国在世界事务中的地位正在广泛地降低。

美国心态的变化将对其全球战略产生极大影响，在面对新的格局时，在国际关系的研究中需要考虑一些问题，如对美国与中国国际地位如何评估，中国能否取代美国，世界中心是否已经转移；如何评估美对华围堵战略，是否为冷战的回归；中国应以何种思维与政策回应美对华战略，是对抗还是结盟。世界格局未来三种可能的发展方向为：全球合作共荣、抗衡回归冷战和合作抗衡并存，而世界前景很大程度上取决于中美的长期角力与共同智慧。

三、亚洲崛起中存在的问题

其一，现代化总体水平处于初始阶段

《中国现代化报告2006》显示在当下全世界109个国家中，中国社会（2003年）的综合现代化水平居第60位，低于世界平均水平，但高于低收入国家平均水平，处于世界初等发达国家水平。截止到2005年，中国各省市的第一次现代化程度平均水平已达87%，大部分国家都超过了85%。而2004年时，各省市第二次现代化实现程度的平均水平只有39%，除港澳台地区，大部分地区都在40%以下。

根据中国科学院中国现代化研究中心的《中国现代化报告2007》的统计调研结果显示，在现代化水平的两大阶梯进程中，同大部分亚洲国家一样，中国依然处于现代化的第一级阶梯上，将于2015年完成第一次现代化，即由农业国转化为工业国的飞越过程，而这一转变西方发达国家在20世纪60年代已经完成。而现在共有29个西方国家处于向第二次现代化的转变过程中，社会正经历由工业社会转变为知识与信息社会的变革，其中瑞、美、芬、日、澳、德、丹、比、荷、英等 10 个国家已实现。

其二，人均水平低下

亚洲人均产值目前只及世界平均水平的 1/5，亚洲贫困人口占世界贫困人口的 2/3。而南亚的贫困人口近 6 亿，远多于撒哈拉以南非洲。2009 年世界人均 GDP 排名显示，中国以人均 3315 美元在世界两百馀个国家和地区中排名 106 位（另一说是人均 3263 美元，居第 96位）。2008 年的 50 个亚洲国家的人均 GDP 相差悬殊可分为六个档次。中国排名 27 位，处在第四档次，即发展中国家的中等水平。莱斯特·瑟罗认为，中国世纪的到来还需要相当长的一段时间的发展。他的依据是，中国实际的发展速度是 4.5% 到 6% 之间而非 10%，历史证明赶上世界头号国家需要 100 年以上的时间，而美国并没有止步不前，也在不断向前发展。

就中国四大领域的发展水平来说，平均与美国的相应领域发展水平相差半个世纪。中国的发展在各个方面面临着很多问题，如经济方面，人均水平低下、城乡差距巨大和贫富极其悬殊；环境科技方面，环保治理落后、科技发展有限；社会文化方面，教育相对滞后、国民素质低弱、缺失现代文明；军事上，中国是陆上大国海上小国，海洋受制于美国、日本、俄罗斯和印度。

中国是经济大国、政治大国、航天大国、军事大国，但中国尚不能称为世界强国，甚至也不能称是富国。中国总理温家宝在庆祝中华人民共和国国庆 60 周年的招待会上说，再过 40年，即 100 周年时："到那时，一个富强、民主、文明和谐的社会主义现代化国家，将巍然屹立在世界东方。"

目前浮躁狂热的民族主义情绪有突显的趋势。我们要自强自信，反对妄自菲薄，为我国国力增强、国际地位迅速增强而无比自豪，并发奋将中国发展成为 21 世纪超级强国而努力；但切不可走向自我陶醉、自我膨胀、自我吹嘘，自我忽悠，处处张扬、忘乎所以的另一极端。

总而言之，亚洲的崛起任重道远。

# 第二十五讲　2010年世界与中国经济走势

### 杨　帆

**主讲人简介：**

中国政法大学商学院教授、博士生导师，中国环境保护促进会常务理事，国防经济研究会常务理事。著有《中国：1990——2020》《与非主流经济学家对话》《透视汇率》《利益集团》等。

2010 年的世界经济有三大特点，第一，美国财政部准备把中国列入汇率操纵国，那就意味着压迫中国人民币升值。第二，欧洲确立了新的国际贸易规则，国际贸易保护主义兴起。第三，中国推进亚洲经济合作，启动内需。

所以，第一，如果美国真把中国逼到类似日本的泡沫经济怎么办？第二，中国内需潜力很大，但能否变成现实？这么多年行不通，主要原因是国内利益集团压制。利用国债和财政税收启动内需，只是增量，效果有限。变存量就要调整中国内部的经济结构、社会结构、政治改革，调整 30 年形成的利益格局。

现在有几个前提，一是美国会不会跟中国玩硬的，中国有没有这个思想准备。第二是在内需上，中国能不能打破利益集团的阻碍，真正提供内需。第三就是如果国际资本继续进入中国，人民币的升值空间不大。到了那个位置的时候，国际资本也可能向回跑。美国一提利率，国际资本往回走，中国的经济繁荣就没有了。所以，中国崛起只能说有潜力，要真正能做得好才可以，否则就如前苏联、中国香港、其他亚洲国家、拉美各国一样都出现金融崩溃。

美国压迫人民币升值，人民币到底能升多少？大概有三种可能性，笔者预算了未来 5 年中国的经济增长。第一，假定 GDP 每年增长 8%（2009 年是 8.7%）。与美国、日本（负增长）等国相比，这是很高的比例。

CPI（Consumer Price Index）2009 年是负的，2010 年是 3% 左右。物价指数不包括房价，包括房租。房价太高，房租太低，所以 CPI 很低。CPI 是指三部分：石油系列，粮食系列和水电煤气加房租、企业费、医疗费。

中央政府能控制的就是粮食价格和石油价格。所以假设 CPI 是这样，PPI（Producer Price Indexes，工业品出厂价格指数，衡量工业企业产品出厂价格变动趋势和变动程度的指数。）的生产价格就往上增长。因为出口不行，进口也下不来。进口去年是 -10.2，国内经济只要高速增长，进口一定会很快地增长。出口去年是 -16，总量超过德国，居世界第一。进口继续增长，这不是出口拉动的进口增长，是国内投资和消费所拉动的。出口上不来，进口往上涨，所以贸易顺差会消失，或变成逆差，人民币就会逐步出境变成亚洲货币。中国在亚洲地区如果有贸易逆差，人民币就可以逐步亚洲化。

人民币正常升值空间是 5%。未来 5 年人民币可升值多少？这是用实际均衡有效汇率计算出来的，是理论上的均衡价格。3 年内人民币升 1∶6.38，到均衡水平肯定对中国总体经济有好处的。

第二种情况，如果美元突然对欧元贬值，黄金会上涨。美国一到借债的时候，美元就走强，等到把债借的差不多了就开始贬。人民币不升，等于跟美元一块对欧元贬值。美元如果单方面贬值，使人民币继续往上升值，这种情况就不太好了，升到 1∶6 左右就差不多了，不能再升。如美国、欧洲还对我们进行贸易制裁，情况就比较严重了。假设 3 年之内中国贸易顺差变为零，1960 亿美元总需求没有了，国内投资和消费必须弥补这缺口。那样就可以发国债，与美国国债比例的 100% 相比，中国国债才占 GDP 的 30%。

没有重大改革消费很难提高，投资可以保持。向中国老百姓借钱发国债可继续修机场，修马路，修高铁、轻轨、地铁、停车场、住宅、农村公路，架全国电网，挖水渠，挖湖。沿海地区可减少耕地变成湖泊。什么地方发大水，什么地方挖一个湖，把水存在湖里，别让流到海里。挖大湖,夏天下雨把水存起来,里面养鱼,湖周围盖房子。农民进城,现一个县城 10 万人,可以扩大为 40 万人;一个乡镇 1 万人,扩大为 10 万人;一个城市 100 万人,扩大为 500 万人。出现 2000 万以上人口的特大城市,就是要有水。我们可以和俄罗斯谈判,把贝加尔湖买下来。中国的环保问题很严重,第一项就是水。贝加尔湖的淡水占全世界十分之一。我们可以用劳动密集型产品和俄罗斯换水,挖水渠进新疆,从新疆进沙漠,走到甘肃、宁夏,进黄河。再挖一水渠进呼和浩特,进张家口到北京。蒙古有 1000 年煤矿,带石油。关键是要挖水渠,有了水才能采煤,进行没有污染的发电。

美国是怎样把日本经济搞垮的?

第一条,日本经济 18 年高速增长形成了惯性,政府继续追求高速度。

第二条,技术封锁。美国把技术用在军事上,向日本大量转移技术。后来日本半导体技术超过美国之后,美国在高科技如 IT 产业上对日本进行封锁。

第三条,压日元自由兑换。日本人说一套做一套,控制外国资本不能自由出入。美国 1985 年压迫日本金融自由化,把银行改造成商业银行。原来日本银行企业关系是家族式的,银行相当于企业的财务公司。银行由财政部管,跟中国计划经济很像。

第四条,压迫日元升值。1985 年到 1990 年短短 5 年,从 1 美元兑换 250 日元升到兑换 80 日元,速度极快。1985 年宣布日元升值,等于有了预期,又放开货币自由兑换,外国资本大量进入日本,外汇供给特别多,压迫日元往上升,这就是升值预期造成的。

第五条,海外投资失控。这种情况下,日本大量的资源向海外投资,特别是投资于美国房地产,但没有几年全亏损了。

第六条,股票房地产价格上涨。上个世纪 80 年代,美国吹捧日本的地产业,那时把日本吹到世界第一,东京房地产价值总量相当于全美国。

美国人曾写一本书叫《日本第一》,使日本人头脑膨胀,泡沫经济和中国非常相似。有人说不对,第一,日本没有主权,中国有主权,中国可以不听美国的,日本不能不听。问题是中国现在很听,日本是被迫听,中国是主动听。第二,中国有内需,日本没内需。问题是中国国内利益集团,压制内需,有内需潜力不一定能启动。

出口导向、货币升值、金融自由和宏观升控是催生泡沫经济的四大因素。美国可能会强加压力,强迫中国政府采取政策,就跟 1985 年的日本一样。

要启动内需,第一,财政补贴。比如把农村电价从一元一度变成两毛一度。鼓励政府、各公司、各单位、个人,加速固定资产折旧,包括汽车、电视、电脑、录像机、手机等,比如两年一换,把旧的交给扶贫办公室,往农村送。现在家电下乡、建材下乡、汽车下乡,以旧换新,就是促使城里人赶快加速技术更新、设备更新,把东西送给农村。这样县城就可以迅速启动内部需求,吸引周边农民进县城。

第二,禁止国有部门以垄断地位进入市场多种经营。我对国有资产有一个大建议,就是把国有资产分期分批划到社会保障基金,变社会所有制。因为,社会主义公有制最高形式是社会所有制。社会所有制符合马克思主义。当时,南斯拉夫反对苏联计划经济模式,自己实行社会所有制。实际是集体所有,工人持股做股东,集体股份制,南斯拉夫从 1948 年就开始实验了。中国改革开放初期首先学匈牙利计划经济和市场相结合,后来就学南斯拉夫。

马克思说,应该以个人所有为基础,实行社会所有,怎么统一? 就是基金。中国有一个最大的社会所有制,就是适用于全国的社会保障基金,是覆盖全体人民的,我们宪法还没有承认。这就是马克思主义。首先把上市公司国有股分期划归基金,作为平准基金,只赚不赔。全国人大设社会保障委员会,聘请专家运营,每年赚20%,给全国人民支付社会保障。包括农民的失业保险、退休金、贫困补贴,给全体人民解决共同福利。这完全是社会主义性质的。

现在股市下跌厉害,如果国家宣布把一部分上市公司国有股划拨社保基金,股市马上就大涨。国有资产逐步退出,变成社会保障基金,全国人民生活保障基本解决,消费就起来了。为什么消费起不来? 大家没安全感。现在社保基金的积累是靠年轻人,一个人一个账户存在银行里。钱是个人的,但不可以花,等到老了,有大病才可以花,但死了就不属于你了。以后人口迅速老化,就不够用了。因此只能够从国有资产存量加以解决。

要改革,企业难免破产,但对历史上工人农民扣除的钱,必须足够补偿,不能买断工龄,把社会保障市场化。由国家财政承担,或由国有资产总体承担,就是把一部分国有资产划归社保基金。

房地产争论很大,中国如果未来出危机就出在房地产上,这是国内最大的利益集团,是高度垄断的,完全破坏了市场经济法则。房地产商、地方政府和银行,三位一体,形成一个垄断集团,把房价无限高抬。再就是媒体,只要广告超过10%被一个行业支配,就会替这行业讲话。长期宣传说房价只涨不跌。这种说法根本没道理。

为什么中国房价不可能只涨不跌? 讲讲理论。房地产和股票是一样的,资产价格不等于商品价格。商品价格也没有只涨不跌的,比如手机刚出来的时候价格就高,两年以后新的又出来了,旧的就不行,价格都是有涨有跌的,这才是市场经济。石油刚打出来3美元一桶,当时中东垄断石油,10年涨到43美元,以后经济衰退,跌到18美元,从18美元又涨到25美元,到55美元,到140美元。到140美元的时候,国际投机资本造谣说会涨到200美元,称为200美元石油时代。中石油的股票,上市时46元,大家蜂拥买完,之后跌到8元。股票从1000点涨到6200点,跌回1600点,不到一年股票跌了75%,中国股民亏了80%。为什么这样还买呀? 因为人有好赌的天性。

大家对股票清楚,对房地产不清楚,以为房地产是商品。房价是商品,做买卖按照折旧,每年有折旧,新房子肯定贵,旧房子肯定便宜。但地价不一样,跟着经济涨跌,中国经济高速增长30年,地价涨得很快,好像只涨不跌,其实根本不是这回事。

资产价格,主要是股票和房地产,期货表面是商品,实质上是金融。资产价格不是成本加利润,也不同于商品价格是成本加利润加税收。资产定价的理论好多种,最新一种是预期收入的贴现,就是收入资本化。地价和股票价格是一个类型的,就是把未来30年收入,每年除以利率,贴现以后相加得来。你有一只股票,说明你有某一企业的所有权;你有房产证说明你有不动产,是住房所有权加地皮使用权。买房子是两个一块买。桌子为什么便宜? 桌子是动产可以搬走;房子之所以贵,是买了那块地的使用权。地皮增值不是自己投资造成的,是整个地区投资造成的。大部分增值收入应该归政府,投入基础设施,地皮可再增值。这是基本的道理。

买房子的核心是买了土地使用权和房屋所有权,两个不可分才叫不动产。拥有房产证,说明可以收房租。如果是20年,就可以收20年的房租。自己住,相当于自己租给自己,叫投资收益。20年房租加在一起,相当于买房子的钱。房租和房价之比1∶20是合理的,北京1∶50,房价很贵,房租很便宜。自己住,等于把房子租给自己,都是投资品,20年必须回收,这才叫市场经济,要不然为什么去投资买这套房?

目前大多数人买了,特别是有钱人,买了许多套出租,房租很低收不回投资,但还买,为什么?第一就是别的投资渠道不发达;第二就是以为房价只涨不跌,是增值的。其实房子折旧肯定贬值,有涨有跌,地价不可能一直涨。中国计划经济地价为零,市场经济了,肯定是一直涨。这个错觉就造成了买房,而收房租多少不在乎。他以为,房价20年以后还会涨一倍,要的是增值收入,就是投机。

什么叫增值,增值就是投机收入。实际上投资跟投机根本分不开。所有人买房子都有投机动机。按投资概念,不应买房子,但是买了,他误认为一大半财富可从地价增值中取得。这件事相当于我们买股票。大多数公司不分红,为什么这么多人买?因为预期股票价格要涨。

什么叫投资?投资是买了之后长期不卖,等着分红。中国大多数上市公司是不分红的,大家全是投机者。没有为了分红去买股票的。中国股票一上市不是一块钱,而是五块甚至十几块。等于拿十块钱买了一块钱股票。最好的股票,一年分30%,等于平均花一块钱就分三分钱,3%的利润率,还不如存银行。但为什么这么多人买股票,就是投机。

现在买卖双方博弈,房子这么贵,这边不买,那边不降价,垄断起来。这边就开始着急了,结婚等两年也不行,也不想租,最后忍不住就买了,跟做股票是一样的,涨到1000不敢买,涨到1500买了。买完之后涨2000卖了,涨到2500你又买了,3000你又卖了。没想到涨到3500,最后买了,4000你又卖了。涨到5000时大家眼都红了,说股市要涨到2万,这回大家就一致了,把家里所有的钱全押进去,最后涨到6400往回跌到2000。涨起来也没边,跌起来也没边。股票是这样,房地产也是这样。

有一个股票,或者一个房产证,说明未来是有收入的,收入就是股期分红或者房租。未来20年,每年都有这么多收入。如果现在把它卖了,卖的就是未来20年的收入。理论价格就是这么算出来的,每年收入都要贴现,都要除以利率。未来收入的贴现,加在一起就是现在的资产价格,与成本没有关系。为什么要买股票,就是说国家有政策支持股市,大家预期要涨。最初中国没股市,大家有存款,开始股票肯定涨得高。股票发多了,自然逐渐接近市场价。股票发行,在外国溢价20%,一块钱股票上市时卖一块二。同样的股票,比如中石油、中石化的股票在香港卖一块二,在大陆的A股卖4元,这是剥夺国内股民。为什么还买?就是大家觉得,4元可以涨到8元。房地产是资产价格,未来预期已打入现在的房地产价格。用商品理论来分析房地产是错误的。

现在是大学生过剩,找不到工作是为什么?产业升级慢。这10年,中国财富爆发得很厉害,温州是典型,辛苦30年出口赚点钱不知道干什么用,升不了级。钱没地方用就组织起来追求利润,追求利润就成泡沫。这是典型的中国缩影。财富突然爆发,国家没有政策鼓励加速折旧,搞技术进步。依靠外国资本,国内企业没有技术更新动力。财富没地去,股票、房地产就来了。

一个国家GDP有30%、50%以上都到房地产领域是有很大危险的,一旦崩盘后果不可收拾。现在，媒体帮助房地产说话，鼓动年轻人把父母的钱拿来买房。3年前就开始做这个宣传，让父母拿钱给孩子买房。这几年成为公理，大家适应年轻人的豪华心理，老年人又过分宠爱孩子，助长了房地产泡沫。各种原因，核心问题是垄断。所以要这么做，中国酝酿着一次较大的金融危机。

中山、深圳的房价挺低的，因为受香港拉动。香港是自由港，金融自由、贸易自由，但是劳动力和房地产是高度垄断的，高工资也是垄断的。房价又不跌，工资又不跌，只有港币贬值一条路。凡挣工资拿港币的人，马上就会到银行换人民币，港币实际上已经部分退出流通了。我担心中国被美国软硬兼施，走上泡沫经济。

我提到过，中国处于财富大爆炸时期很危险。但我们毕竟处在人口年轻阶段，教育也成功了，这些人还会发挥作用，就得靠知识了。中国也必须开始向科技转换，加快产业升级，大学生可以参加工作。

美国是真心实意发展新能源、新经济、生物科技、IT。欧洲是真心实意发展小国寡民，不想争霸世界。印度有钱造4个航空母舰，但没钱修高速公路，印度高速公路只修了100公里。因为印度的私有制度，不是人民的小私有制，是大地主所有，地主权力太大了，政府管不了，拆迁根本拆不动，基本设施就起不来。

我相信，中国肯定大大超过印度。比如5年前，印度出口软件，一年60亿美元，中国4亿美元。现在中国软件肯定超过印度了。俄罗斯还行，因为有资源，但人太少，半个世纪都上不来。日本人绝对怕中国。我去年两次到日本，看不到年轻人，开出租是60岁以上的男人。导游也有也60多岁的，因为退休金不够。人寿命长了，社会负担不起这么多老人。而我们人口年轻，要利用好现在这个财富，转化为真正的竞争能力。中国人不怕加入任何的国际规则，哪怕是不合理的规定，我们也能竞争过他们。企业家要自主创新，15年时间是最关键的，希望中国能够不走所有国家老路，把财富用到真正提高未来竞争力方面去。

我们有一次重大危机，是1989年汉字能不能进计算机这件事。邓小平说要从娃娃抓起，中国知识分子成立一个学会，研究汉字输入计算机。马克思也说技术中性，其实不是，技术手段是一个民族、一个文明毁灭其他文明的手段。西方人设计出来，本来就没想让中国人进。但中国人非常厉害。有一个知识分子，在文革的时候就用二进位琢磨这件事。十几年之后，清华大学副校长组织中国知识分子研究汉字输入计算机，很快就发明了1600种办法。慢慢地，大家认清了美国的真面目，中国人的信心反而起来了。

因为全球金融危机，欧洲的和美国的陶瓷工厂倒闭了40%，我们的订单反而增加了。中国出口去年超过德国，成为世界第一。从这方面来说中国人运气很好，只要在大政方针上不出错，我们国家就很有希望度过这个财富爆炸期，最后成为世界上仅次于美国的世界第二大国。中国在世界或在亚洲的作用一定会充分地发挥出来。

# 第二十六讲 负利率时期家庭理财的问题与策略

## 赵立航

**主讲人简介：**

　　广东商学院理财研究中心主任，广东商学院教授，广东保险学会常务理事、广东社会保险学会常务理事，国家理财规划师职业技能鉴定专家，香港富通金融学院荣誉教授。主要讲授课程与研究方向：个人理财、社会保障、风险管理与保险。理财专著有《非传统寿险理论与实践》《保险理财规划理论与实践》。

"豆你玩""蒜你狠"是网上比较流行的词语,因为绿豆、大蒜涨价涨得厉害;此外,房价也一直在上涨。其实,物价的上涨必会带来钱的缩水。这种现象实际上就是负利率的表现。

一、我国实际利率的历史走势及今后发展的趋势

什么是负利率? 一年银行定期存款的利率,叫作基准利率。所谓负利率,实际上就是基准利率低于物价上涨或者通货膨胀的速度。改革开放以来,我国物价一直在上涨。1980 年物价上涨 6 个百分点,高的时候上涨 24 个百分点。近年来还算是比较平缓的。所以,有的人说现在是负利率时代。但笔者认为,还是叫负利率时期比较妥当。

从 1990 年到 2010 年这 21 年,我国物价一直上涨。但是,一年期利率却一直在下降:1990年是 10%,现在是 2.25%,平均每年下跌 0.3%。近 11 年有两个额外的下跌因素,一是 1997年取消存款的保值补贴,二是 1999 年开始了 20% 的利息税。

除去金融危机期间,实际利率逐年都在走低,从 2003 年到现在都是负利率。2010 年 1 月到 8 月的物价走势,涨幅分别为 2.7%、2.4%、2.8%、3.1%。连续 7 个月都超过了一年期存款利率。把 20 个点的利息税扣掉以后,负利率达到了 1.7 个百分点。一年前存的一万元,到现在就已经缩水掉了 170 元。与一年前相比自己在银行的钱越来越少了,能够购买的东西越来越少了。

通货膨胀也就是物价上涨与经济发展有什么关系呢? 实际上,经济发展与通货膨胀往往相互伴随、紧密连系在一起。经济发展越快,物价上涨就越快,这是一个正相关的关系。由于我国经济还会有相当长一段时间的高速发展,因此还会发生通货膨胀。我国目前还处在生产力低成本的时代。随着经济的发展,劳动力的成本在涨,原材料的成本在涨,农产品的价格也要涨。物价涨,钱缩水,消费者为了保值,就想购买房产、股票等价格能够上涨的资产。这样又会带来资产的上涨,带来房地产的繁荣、股市的繁荣。以适度的通货膨胀来换取经济的持续发展,促进就业,实际上就是我国长期以来采取的一种策略。

大学生就业、农民工进城,就业的压力必须要通过经济的发展来解决,经济的发展还必须要有一定的通货膨胀。所以,从这里可以看到通货膨胀与经济发展的关系。因为我国经济还保持高度增长,因此通货膨胀、物价上涨仍然会在一个相当长时间里持续下去。

我国经济发展的三驾马车是投资、消费、出口。国家为了渡过经济危机,通过政府采购扩大消费,4 万亿的政府投资也带来了物价的上涨。促进消费,需求就会增加;工资增加了,需求增加了,物价就会上涨,还有人民币升值。我们要保证这三驾马车,也要保证促进外贸的发展,也会引入输入型的一些通货膨胀。

工业化的发展、城镇化的建设,会促进消费,但也会带来通货的膨胀。另外,促进经济要使用宽松的货币政策,因此同样也会带来货币的增加和物价的上涨。由于涨价,人们会形成一种心理预期,认为明天还会涨,因此就会马上去买。这样又带来需求的增加,从而又促进价格的上涨。

首先看投资,为了应对 2008 年金融危机,中央决定两年时间追加 4 万亿投资。庞大的政府买单又撬动地方其他方面的投资,导致物资供不应求,引起水泥、钢材等生产要素价格上涨。因此,2010 年 9 月 14 日,人民币兑换美元,收盘报价达到 6.75,累计升值 20%。但是美国政府在 9 月 16 号举行听政会,原来认为中国政府还在操纵货币,人民币升值太慢是政府控

制的结果,所以准备要把中国定为汇率操纵国。如果定为汇率操纵国,他们就会对中国进行报复行动,就可以增收高额的关税等。

其实,这个现象也可能是美国政府为了转移国内失业率高的内部矛盾。他们的逻辑是:失业率为什么那么高?因为工厂开工不足。工厂为什么开工不足?因为美国人不买美国货。为什么美国人不买美国货呢?因为他们发现两个东西,一个是高档的高端产品,因此买日本货。另一个是便宜的低端产品,比如买中国货。结果,本国工厂就开工不足了。美国是选举政治。就业率高居不下的话,选民就会对总统投反对票,总统的宝座就坐不稳。所以美国就拿起两把刀,一把对准日本,一把对准中国。拿日本开刀,就是要打破日本产品质量优良的神话,选中的是日本的丰田车,他们说丰田车的刹车系统不好。其实,汽车质量事故每年美国报道几百起,但就抓住日本紧追不放,大做文章,然后要求赔款、道歉。对中国,美国要打破中国商品的低价神话,就拿人民币汇率说事,拿汇率开刀。所以,美国一直揪住人民币汇率问题。现在美国方面又想把中国的产品挡在外面。人民币升值使得我国的购买力提高,又会造成房地产投资过热,最后导致实际利率下降。人们为了保值升值,可能把钱转入买房子、买股票,就造成这些领域过热。

如果把人民币的存款利率提高,超过物价的上涨程度,不就消灭了这个负利率吗?但是提高人民币的存款利率,必然把贷款利率也提高,银行的利差益就会减少。但是贷款利率提高,一般民营企业就承受不了如此高的成本,而国有企业照贷不误。因此,加息的时候可能就碰到这样的问题:货币政策调控失灵。

四大国有银行吸收的存款在6月份有33万亿,如果存款利率提高一个点,利息支出要提高3300亿,就要吃掉60%的现在的利润。通货膨胀现在是3.3,1年期利率现在是2.25,还赶不上物价的上涨。但是提高一个点银行就受不了。另外,利率提高使得人民币显得更值钱了,外资就会大量流入,投资人民币。外资的流入又会增加货币供应,加重通货膨胀。

通货膨胀的另外一个推手是城市化。我国现在的城市化率已经达到40%多。如果未来10年城市化提高到三分之二,年均社会消费额可以从十万亿增加到二十万亿。而且这种增长速度是可以维持20年的,十万亿增加一倍的消费额。城市化的建设确实会增加很多,比如深圳,其周边的几个角都扩进去了。再比如广州,南沙一带全都扩进去了。城市化发展非常快,城市化扩大一个地方就要盖新房子、修路,人们就要转成城市户口,就会带来大量的需求。在这一块上,重庆的模式比较有名。重庆计划要在今明两年内第一个阶段,330万农民转化为城市人口。过去是农民进城,但在农村还有耕地,实际上城市土地越来越紧张。而重庆提出这个模式,农民进城,可以把土地卖掉,比如宅基地,然后去交换在城市里面买地。这样,农民可以到城里面安身,城里也解决了用工荒的问题。这是解决了目前城乡二元化体制的重要途径。

金融是信心经济:我们可能花很多钱买一张纸,这张纸可能是银行的存单,可能是一个股权证,也可能是一张保险单。为什么花那么多钱买一张纸?因为我们相信:有需要的时候可以到银行把钱连本带利地拿回来;相信股票在那里上涨,有需要时可以把它取出来,还可以增值;相信有意外时,保险公司会给应急的钱。所以,金融是信心经济。如果信心出现问题,就会给经济带来毁灭性的后果。

低利率可以降低企业融资成本，负利率会强化人民的通胀预期，物价越来越高了。人们大量买房不是在物价、房价下跌的时候，而是在上涨的时候。因为人们害怕物价再涨，或者买了之后还会再涨，自己可以赚钱。所以，人们往往是买涨不买跌，这就是心理作用，也叫心理预期。

负利率会产生一种恶性的循环：物价上涨，导致了负利率。负利率又出现了涨价的预期，人们怕再涨，然后会购买资产来保值增值。人们都购买资产，造成资产需大于求，导致资产上涨，从而不断推动物价上涨。

二、负利率对家庭理财的影响

负利率对家庭理财有什么影响？对老百姓有什么影响？笔者认为，一个是威胁方面、不利的方面，另一个是一种机会。家庭理财是对家庭生活目标继续财务资源，财务资源方面继续配置的一种过程。比如"老有所养，病有所医"是人们退休的目标。要实现这样的目标需要多少钱呢？现在已经有了多少钱呢？未来又可以节约多少钱来做这方面的事？怎么实现养老目标？这就是一个养老理财的规划过程。理财实际上都是围绕着一个个生活目标来开展，比如孩子读书、留学、成家、买房、买车等。

理财有四大类型：一个是消费理财，怎么花钱；第二个是工作理财，怎么赚钱；第三个是保障目标，怎么保障自己的钱；第四个是投资理财，怎么去用钱赚钱。理财有四大要素，有多少资产，有多少负债，贷了多少款，我们的净资产是我们已有的财务资源，未来有多少收入就会有多少支出，我们的净结馀就是未来的财务资源。已有的财务资源多少？未来可以有多少财务资源？理财目标需要多少钱？什么时候拥有这笔钱？什么时候花这笔钱？这就是理财规划。所以，我们会围绕着理财做出家庭的负债表、家庭的现金流量表。

负利率会对理财有什么威胁呢？第一，使得资产缩水，特别是现金类的资产缩水，货币的实际购买力下降了，钱缩水了。第二，物价涨得比利率快的情况下，实际是存款的价在缩水。虽然安全，但是缩水。今年8月上涨了3.5%，等于一万元亏掉了170元，一年亏掉170元，负利率1.7%。另外，连续多个月的负利率就会引起加息，并且引起国家收售贷款，国家产生一些紧缩性货币政策，可能会影响经济的发展。负利率时代家庭的理财工具，也会发生一些变化。银行的存款原来是最安全的，但是在负利率情况下，它在不断缩水。尽管当初存了一百块，现在可以取一百多，但是实际购买力已经大大下降了。储蓄性的保险产品，比如买个保险，每年交一千，每过三年返还一千，交20年，交到60岁。这是固定的分红保险产品，是固定收益。但是，可能固定的收益就是盈利百分之二点几。30年、40年以后还是每三年拿一千，但是后面那个一千已经越来越少了，越来越不值钱了。

国债也是这样，它也是固定收益的产品。由于固定收益可能赶不上物价的上涨速度，所以也产生缩水，安全性、获利性也都下降了，过滤性也下降了。但是分红性的保险产品可能不一样，它的安全性可能还上升。它是带分红的，是带投资的，等于是买了股票、基金和房地产。这些东西都是资产，而资产的价格在通货膨胀情况下是上涨的。

让我们看看不同负利率的情况下，一万元一年期存款缩水的情况：在负利率1.1%的情况下，一万元10年以后只有9044元。20年以后只有只剩下8179元。如果负利率是2%，20年以后变成只有6676元。钱放在银行里越来越少，实际的购买力是越来越少了。

我们的资产会发生变化,会缩水,我们的负债对我们却是有利的。如果欠了银行的钱,我们是有利的。因为未来的钱不值钱,还银行的钱是越来越少,实际上就等于还的少。现在的钱比未来值钱,现在欠的钱比未来欠的钱值钱。收入也会导致变化,可能也会增长,但是物价上涨也会增加,甚至会超过年收入增长。

负利率时期有什么理财的机会呢? 一个资产涨价带来的机会,其他如房地产、股票都会涨。存款也可能加息,因为 CPI 上涨就会引发政策去加息,也可能政府通过政策采取一些补贴,或者增加工资。

三、负利率时期资产配置方面的策略

在负利率时期,我们采取什么样的理财策略? 资产配置,在负利率时期,时间长了效率是比较大的。一张 A4 纸对折 25 次,只比珠穆朗玛峰矮一点点,有 6710 米高。开始是慢慢地增长,到后面就十倍十倍地涨,最后就差不多是珠穆朗玛峰那么高了。这就是负利率的叠加效应。

养老规划、建设规划、健康规划,规划时间一般都是几十年。例如,老张夫妻目前一个月生活费是 3 千元,他们希望 20 年后退休以后保持现在的生活水平。他们现在银行已经有 100 万,想了解用来作为养老生活费够不够。曾经网上传说,人们养老要 500 万。北大的一个教授说,现代人养老要准备 1000 万。其实,离开了具体的家庭,具体的某一个人,某一个地方是很难回答的。一定要结合一个人来说,当地的生活水平是怎么样的,物价是怎么样的,退休以后有没有养老金,原来的生活水平有多高,生活的标准有多高等等,并不能够笼统回答。

刚才提到的老张夫妻,一百万够不够他们养老? 就物价的上涨程度,每年上涨 4%,20 年以后,每个月要 6573 元才相当于现在 3 千元,才能保障现在的生活水平。由于通货膨胀,他需要 25 年,退休的时候是一个月 6573 元。退休以后物价还要涨,这 25 年一共要准备多少? 128 万! 他目前存到银行的 100 万,按 1%的负利率,到 60 岁的时候,即 20 年以后,只剩下 81 万多了,缩水 18 万。养老金还差 46 万,如果负利率是 2%呢? 100 万只怕变成 66 万,缩水了 33 万,养老金还差 61 万。

从这个例子中可以看到负利率对家庭理财、对养老规划的影响。理财方面的策略,主要是资产配置,我们要以防守为主,套利物价上涨就是胜利。怎样套利呢? 我们在 CPI 上的物价,我们的理财产品能够套利,结果我们的资产配置能够套利 CPI 的资产方面。

减少负利率损失的策略:一是少拿现金,因为现金在缩水。现金的资产,一个是现金,一个是银行存款,活期的、定期的都要减少。存款如果多的话,可以提前还贷,或者购买其他资产。

在做理财规划的时候,常常可以发现,一些人存几十万,又去银行贷款几十万。此时,我们就会建议他,如果不愿意在理财上花很多精力和时间,也不缺乏这方面能力的话,现在就有一个无风险的套利。把贷款还掉,因为贷款利率是五点几,存款利息才一点多,除掉利息税 1.8%,这边是六点多。这里就有四点多的获利,马上就有 4%的收益,这就是无风险套利,一点都不需要费时间、精力,我们叫短拿现金。负利率时间长了,银行就要加息。所以为了防止加息造成逆势损失,就要放置一些短期的理财产品。可能有的就是七天通知存款(七天通知存款是一种介于活期存款和定期存款之间的存款业务,储户存入资金后,可以获得比活期存款更高的利息,但比1年期定期存款的利息稍低一些,提取存款需提前7天通知银行。),或者是一些短期的理财产品,比如一个月、两个月,年利率也能够达到一点多、两点多。银行一加息,到期马上可以转过去,利息不减少。所以,在现金方面的产品,我们要尽量短期化。

第三,减少低固定收益率的投资,增加一些收益递增的,或是物价挂钩指数型的一些投资产品。这个产品可能会跟着经济的增长而增长,跟着物价的上涨而上涨。再增加一些抗通胀类的资产,比如房产、农产品以及相应的股票等可以在通货膨胀中受益的股票。钱会贬值,资产会上涨,那我们就要减少钱,增加资产,这是基本的一个思路。

再就是未来的钱还现在的负债,等于把货币贬值的风险转给战略,因为负利率的时候贷款的利率低,把这个贷款的钱来买房或其他东西,今后再去还钱,这是比较合适的。可能是在负利率的时候,贷款比较困难,因为银行也赚这种钱。但短期来看,把投资作为投资工具的话,还是要谨慎一点,因为,现在国家对投资方有很多的政策打压。但如果是自己付的,是可以的。

股市在1989年开盘是96点,到2010年刚刚缩市的这一天是2656点,涨了28倍。每年增长50%,总体来讲,还是比通货膨胀跑得快。另外,负利率可以使人们去购买股票,买的人多了,就把股票的价格推上去了。

存钱是越来越不合算了。到底还要不要存款?存钱还是老百姓比较安全的一种理财工具,所以,老百姓还是把很多钱存在银行里,但是要尽量减少存款,特别是要减少一年期以上的存款。一般来讲,应急准备金达到月生活费的三到六倍就差不多了。馀钱尽量要使用短期的一些理财产品,比如可以用通知存款,它的年化利率也有1.71%,是活期存款利率的四倍多。

现在市场上的理财产品几千种,可以按照银行、证券、信托和保险划分为不同的类型。银行把钱放在那帮你生息。这么多年来,很多也都达到20%、30%的收益率。但是理财产品也有很多风险,有的风险还是相当大的。例如香港的雷曼兄弟的谜你债券,很多富豪去买,结果亏损了10个亿。那个产品其实就是一种与股票产品挂钩的产品,这个债券的价格和汇丰银行是相挂钩的。销售人员告诉你,现在汇丰银行的股价是50元一股,你可以30元买到一股。一般老百姓就买这个股票。进去一看,马上就赚了,但是他的资金是有锁定期的,锁了以后必须要不断地买这个股票,都以30元一股去买。在金融危机中,雷曼兄弟破产了。还没破产的时候他的股价就出问题了,因为汇丰银行的股价也跌。跌了以后掉到20元了,这些投资者还必须以30元去买;最后掉到15元还必须以30元一股去买,最后结果是,银行从市面上15元买进,30元一股卖给投资者。银行没有亏,但是投资者亏得厉害。这个也是理财产品,但却有很多风险。

保险可以购买,还可以用来防御风险。但是也有很多保障型、投资型的风险。在香港市场上有一个理财计划卖得很火。你买一百块钱基金,会送你一块钱购买寿险,这就是所谓的101计划。101计划实际上就是一个投资型寿险产品。一些国家遗产税很高,但保险赔偿金是不收遗产税的。101计划最后会将基金连本带利转化为保险赔偿金,因此可以合理避税。这项计划中的钱是在全世界投资基金的。全世界基金如果看作一支基金的话,前面30年,一看图形都在涨,平均收益率差不多都在20%左右。实际上,保险公司有强大的投资专家团队在运作这些钱,会科学地选时择股,收益率一般还会超过这个平均收益。此外,该项计划还有一个很好的吸引力是,投资一万块钱,马上奖励客户五千块钱,客户帐户就变成一万五在买基金了。因此,这个理财产品不仅保本保利,还有保障,万一要出事了会赔钱给他。还有保全,遗产继承的时候不会有损失,不会有很高的遗产税。保本、保利、保全、保障都有,现在很多香港的公司都在开投资公司,专门讲这个产品。

再说债券。负利率时期,实际上我们固定收益的资产也可能减少,所以,不仅一般的债券,甚至国债,20年来也是负利率,也没跑过通货膨胀。但是购买三年期以上的长期国债,一般来讲会跑过通货膨胀,跑过物价上涨。现在已经是普遍的基金定投的方式,固定的金额投资到基金,然后再做一些投资。

不同的风险会有不同的投资。黄金是对抗通货膨胀非常好的工具。1989年,人民银行收购黄金价是48元,但是到2009年底是244元,涨了五倍,收益率是80%。近十年黄金的上涨速度是10%,超过了CPI。这方面也有很多适合老百姓购买的产品,比如金条。

每个国家之间经济的发展,货币政策利率都很不一样,那么我们可利用不同利率的货币进行套期保值,进行投资,如外汇理财产品。

在负利率时期,前面提到的策略、方法,其实是要因人因地因时而异的,不能一概而论。每个人处在不同的生命周期,不同的生命周期会有不同的需求、不同的理财目标,家庭财务状况也都不同。因此,理财策略,即使在不同的负利率时代,也是不一样的。另外,不同的人承受风险的能力也不一样。所以,每个人还是要根据自己的情况作出决定,最好能够向一些理财方面的顾问进行咨询。

# 第二十七讲　住房与次贷：资产泡沫冷思考

王燕鸣

**主讲人简介：**

中山大学岭南学院金融系教授，曾任教于美国明尼苏达大学和纽约城市大学。主要从事金融投资与管理决策研究，负责国家自然科学基金六项，参与国家自然科学基金重点项目两项，参与政府和企业大型投融资决策咨询项目多项，担任上市公司独立董事，长期为 EMBA、MBA 讲授决策与投资类的课程。发表研究论文 130 馀篇，其中在国外重要杂志发表研究论文 70 馀篇，获广东省科学技术奖励二等奖。

住房是个热门问题,住房背后也有一些机制的担忧,把它和次贷关联起来,热问题做一个冷思考。

一、经济发展与个人财富增长的基本关系

回过头看看 1980 年、1990 年、2000 年、2010 年,经过三十年,中国的变化是翻天覆地的。1980 年中国的 GDP 是四千五百多亿,相当于今天一个佛山的 GDP。但现在大概是三十七万亿,翻了九十多倍。中国以前是以赶"四小龙"为骄傲,现在四小龙基本上都被广东超过去。GDP 有的时候也是虚的东西,其中有很大一部分就是房价、地价冲上去了。1980 年几乎没有人买房,1990 年的时候,一般行情五百元肯定算贵的。到了 2000 年基本上涨了三倍到五倍,到现在比如中山或者类似这样的地方,大概七千五。上海就不一样,1990 年应该是两千元一平米,到了 2001 年可能差不多是六千元,到了 2010 年两万多了。

上世纪 80 年代,万元户要上人民日报。那时候听到万元户是肃然起敬,按 5% 存银行,每 10 年一算,90 年代一万元资产增到一万六;90 年代说有一万六,就不好意思了;到了 2000 年增加到两万六,就很一般;到了 2010 年四万三,就是蜗居水平。当初的富人不会理财到现在也不行,这实际上是一个长时间的过程,增长的倍数太少,人家涨九十倍,或者涨三十倍,你才涨四倍,当然就落后了。比如工资的变化,笔者自己经历过的,80 年代大学毕业上班时,五十元;到 90 年代大学毕业,一百元;到现在,大城市的大学生起薪大概是四千。就是说工资是比较容易反映社会经济变化的。这个时候就要开始考虑,经济增长这么快,怎么跟得上? 要分享经济增长,分享社会进步,怎么分享? 把钱放在银行不行,如果放在家里就更惨,现在连低保户都不止是万元户了。广州的低保已经超过一万五,现在的钱和几十年前已经是完全不同的概念了。

财富增长最好的方式是什么? 不是买什么东西,最好的还是学习。找好工作是最靠谱的,其次创业当个老总。很多企业家甚至首富以前什么也不是,经过努力有了一份好事业。第三块就是买好的物业。我们认为很多的投资实际上可以超过 GDP,比如知识层的工资增长就要超过 GDP。因为这个时候你不会说几十年前大学毕业的,现在还是和那时的工资一样。拥有好的物业也一定要超过通胀的,这是很正常的。前面说的平均是一个倍数,但实际上,地段好一点,质量好一点,倍数不止是这一点,所以很多人在好地段买房子。

二、百姓的财富观和住房的观念

在中国,买个大房子,一般都愿意叫朋友来看,房子住着舒服,就说明有本事。因为在中国传统观念上,买房置业是比较实在的。中国百姓买房的观念就更强烈,因为农村成家也要有一个房子,这就标明这一块地方是我的家,这个家也是独立的,长大成人能够养家糊口了。

住房制度的选择很有学问,住房很难真正公平。讲几个不同的选择。我们国家试过单位配给,谁也不用买房,排队轮候着,也没有人会吵,年轻人结婚基本没有房,跟父母挤在一起。年轻人要房但没房,老年人不太需要了又配大房,这个不合理。另外香港又是一个极端,明明有地,就不提供。香港的地价已经是天价,比中国大城市还要高四五倍,所以香港人再富,大多数人一辈子也买不起房子,它实际上也是很扭曲的。还有一种就是按照欧洲的做法:廉租,住房占总收入的五分之一就可以了,其他的就消费、学习、旅游。

所以不同的选择,不能够完全说哪个对,每个选择都有所侧重。政府应该如何选择? 每个政府的选择相当于考试。一般的情况是靠民意选择，政府担心别人不选自己，肯定要满足人民不断增长的住房需求。如果是北欧，民意肯定选主张大家一样的政府。在欧美，如果不解决百姓住房，选民就不选你，所以你要想办法改善住房。中国本来不需要选举，但是中国政府的宗旨是全心全意为人民服务，政府承诺安居和谐，但房子越来越贵，越来越多的人觉得买不起房。中国政府说要调控房价，让百姓有住房。

买房这个问题我们一路过来看到很多实际的变化，家庭负责，实在不行就啃老；家庭帮助，再不行跟父母住在一起。还有一种就是单位负责分配，这就看运气了，在垄断企业工作或者当公务员就有房子，普通打工者就没有房子分。还有一个办法就是政府直接分配，这样部分官员就有权利了，更加复杂。权利太多容易产生腐败，群众不满。政府有的时候也出政策防腐败、保证公平。因为只让政府来分廉价房其实也是很难的，一方面是有压力，另外一方面完全没有私心也不太现实。

所以很多人建议市场负责分配，按市场规律谁有钱谁住大房子。房价高低就显出贫富差异，富人就住大房子。假如我们马上引入这个，社会就凸显不公。人为地把人用金钱硬性区分出来。要不然以地位区分，打工仔蜗居，领导住大房子，这样一来，又有新的不公平。假设大家住一样的房子，这也不公平。因为以前就是这样，不管你多聪明、多努力，住房只能排队等。所以政策一定是要在这里取一个平衡的。因此住房政策就变成一个深层次问题，首先要明确住房到底是必需品还是奢侈品。如果跟空气、水一样，人人必需，见者有份，那大家就一样。但住房不是的，因为我们去住酒店也没有说个个都要住五星级的，住招待所是因为不肯花钱。但是住房是长期住，有必需的成份，也有消费的成分。因为房子占用的土地是大家共有的，不能总是有钱就住大房，没钱就住小房。所以两个之间都要想一想，不能走的太极端了。政府现在提廉租房、经济适用房，豪宅多了，容易产生社会矛盾。每个政府都有它的难处，选一个理想的制度不是那么容易的。

三、金融创新与经济发展

金融创新就想解决这个事，要买房请付款，一次付清，没钱别买。如果这样，那么大多数人买不起房子。富人有钱可买房、穷人没钱别买房，这是不能被百姓认同的。

买房需要大量的资金，很少人能够一次买房，要让人们有合理的办法，尽早买到房子，这就要开始金融创新，这样一来观念就彻底改变了，叫做富翁和负翁是相等的。什么意思？左边的房产证上写自己名字，右边就是各个月扣的按揭，这样一来，观念创新了以后，老百姓高兴了，因为至少面上光荣了。结婚了也比较愉快，找到房子住进去，这确实是自己的房子，只不过以后得努力工作，按时交钱而已。至少多了一些选择，至于付的按揭是不是喘不过气是另外一回事。

所以我们经常讲中美老太太的故事，中国老太太等到死了，终于有套大房子了，安心地合上眼。美国老太太，早就按揭有房了，临到终了终于将房子的按揭付完了，其实都是别人的。这个里面牵扯到一个问题就是贷款，美国老太太先是贷款，先享受，按揭当房奴。现在流行反按揭，一闭眼什么也没有了，这个房子是给别人的，别人给按揭供你消费，这是美国新的创新。原来我们就是攒钱，攒到最后闭眼的时候刚够交清欠款。现在住房还钱收钱，一闭眼房子是人家的，人人都有房子住。有的人提前写了名字，名字写谁不重要。这个创新的过程看似很好，为什么引起我们很大的歧异？

比如，我到银行借钱还10%的利息。在正常情况下，我借给你一百万，你买房子，银行是有风险的。到时候还不起，我只能拿你的房子卖掉，如果房子卖不出去或者一百万卖成五十万，银行就吃大亏了，所以一般的房贷不太敢这样做。一般来讲，房子写你的名字，一般要求房产抵押给银行。第二你还要首付，这就有一定的安全性。如果首付五十万一般没有问题，你把房产押在这里，钱押在这里，房也押在这里，卖掉以后就安全了。但是首付三十万呢？就要评估一下，所以当房奴还要看够不够资格。一般要评估一下，这是行规。如果你付百分之五，或者不付，风险就大了，这是一个基本的看法。

现在轮到银行给你做评估了，银行的钱是别人存的钱，所以它控制风险，一般要评估。一般来讲，工作不好、收入不高，银行不会借很多钱给你，所以一般要押一点，押30%，这个贷款最多贷多少？不能开口就说贷一千万，买豪宅也要有相应的经济实力。一般来讲，你的月供不能超过个人的固定收入的三分之一。

银行因为不能把钱全部推到房子里面，大家都要房子，别搞生产了吗？所以一般都有额度控制，中国现在要做的就是房地产总量控制，不能够自己做太多房贷。现在，收入高、工作稳定的人当然贷到款了。所以越有钱，越有贷款，越买到房。但现实矛盾是，多数年轻人工资都不高。

还有一个是工资的问题，现在我们也是市场经济，美国人失业再就业都是很平常的。真有钱的人早就有房了，美国人知道银行不会为低收入、没保障的人贷款买房，但又需要解决这个问题。就需要金融创新，使它能够解决这些人的住房问题，其实美国次贷出发点也是好的，最后做成坏事。

四、次贷创新与房价泡沫

银行一个亿贷出去，如果每年本息收入按12%，收回一千二百万，三十年总共可以收回三亿六。但如果是这样，生意不能做大，政府也告诉你别这样做，这么做很多老百姓永远买不起房子。所以，先把资产卖给专门机构，比如中介，机构出一亿两千万买下，然后把资产分成一亿份，每份一块四，就是一点四个亿了。银行就是打包卖给专门机构，机构的工作就是切一刀，剁碎再卖给老百姓。这样，银行一亿两千万拿过来，又贷给买房的；那边专门机构剁碎又分钱，老百姓愿意买，银行的钱来回转，所以随时都可以见到钱。中国就没有想到。现在，中国的银行房贷给你钱，就守着你付按揭，这样，银行一旦用完了额度，其他人就借不到了。美国银行则不同，转一圈就行了，所以市面上的钱多了，这样一看多赢局面。银行说好，马上两千万利润到手，实际上一千万就够了，不许等30年，只要一转手就有钱了。只赚钱没有风险，专门机构也说好，剁一刀就有钱了。投资者的散户也觉得很好，存银行有多少钱，买这个资产高，比股票还稳定，唯一的区别是人家的按揭钱不给银行，直接给投资者就可以了。购房者觉得更好，以前贷款难，总是说额度不够，现在一直都能贷款挺好的，解决住房问题。政府说好，又不花自己的钱，大家都贷到款。

以前向银行借钱，银行认真评估，看还得起还不起。现在银行才不理你，一转手赚了钱就给中介，由中介去剁。至于这些人要房子，银行都贷款，还不还，原来它是认真评估的，现在不认真了，因为银行已经卖给别人了。所以银行可能不够尽责了，把一些不该买房的、还不起的,也全打包打到里面。如果按照严格的标准,很多人不够这个标准,现在既然已经创新了,就要把它扩大,一两个违约实际上看不出问题。实际上7.9%、8%无所谓了,反正比银行的5%高就行了。所以老百姓也觉得无所谓,这样一来大家开始创新了。最终就把它证券化了,买房子,供楼的房贷就当成证券了,买房倒是挺火的。

这样一来,有些不够条件的,比如新移民、职业不稳定、低收入的人,银行原来根本不贷款,但他们等着买房,银行考虑降低点标准,这部分人利率收高一点,应该可以的。所以大家开始买大房子了,其实房子还是同样的房子,只不过是坐地起价而已。原来是二十万,现在卖成一百万,过一阵卖成五百万。这样一来机构开始认真地设计一下产品。设计产品的人,认认真真地做,同行专业的机构就开始卖,卖的人就是各种各样的投资者。比如富人买房子就便宜一点,不要那么高的利息;如果卖给扫地的人,要付的钱多一点,基本的利息就高一点。这样一来像卖衣服一样,只需保暖就二十元一件,如果想牛一点就是两百元一件,想穿出去吸引眼球就是两千元一件,其实穿起来都是差不多暖。但是你能卖出去,有人愿意就行。把这些产品设计成优先级、普通级,不同的人买不同的东西,产品很丰富。

这样一来,不用生产只需要金融创新买房子。这个道理在哪里?把父母、自己所有的财富全部集中,先买一套房子,等待上涨。一些低收入的人原来根本买不起房,凑了三十万,因为房价涨得快得多。这样一来,投资银行后悔看错了,现在想要也只能自己高价买回来。评估机构原来对这些都不看好,后来看这么多年不出事,肯定是评错了。所以最后卖的东西全是三个A,反倒是中国的国债评级较低、风险较大。

该买房的早就买了,金融创新使不该买房的也买了,媒体转向,大肆宣传泡沫,买次债的找保险公司,保险公司说这是一个奇特的产品,属于意外事故,不保。这个债券现在实际上没有人要。这样,全部的人都拿住有毒金融债券,欧洲的银行全部吃饱了,一堆金融机构都开始倒闭了。

所以房地产不能搞的太过分,金融创新不能太过度。中国以前也觉得好像搞房地产泡沫是找到一个独门秘诀。美国已经做了榜样,全国人民如果没心思做任何事,只一门心思炒房,必然危险。在中国,这十年,房地产好像是中国的救星。2008年中国遇到前所未有的困难的时候,四万亿强力刺激,最后发现房地产这一块最容易见效。房地产牵扯到钢铁,牵扯到装修,牵扯到就业,牵扯到税收,牵扯到地方财政。好像房地产是救星。其实美国人现在发现,美国这次万劫不复就是因为把房地产当救星了,大家疯买房,房价疯涨,实业萧条。

五、居民购房的理性思考与政府政策

其实日本当年跟我们一样,房价一直涨,仅东京的地就比整个美国的地还值钱。所以,现在中国批评它就是冷思考,就是说不要把老百姓的住房欲望变得这么高。从经济结构来看,至少一些分析倾向于说,要向合理的成份改进,不能够将资金资源过分集中在地产上。其实我们说消费,80%就是房子,现在大学生或者博士生毕业想的第一件事就是房子。以前想的就是工作,现在不这样想,直接想怎么快点买上房,思想乱了就麻烦了。

从社会结构看,因为经济结构里面,房地产应该有一个相应的比例,比如占整个经济的15%左右。从社会结构看,不希望制造社会矛盾。以前没有这个矛盾,现在年轻人极其愤怒,特别是电视剧《蜗居》等播出以后,大家发现社会太腐败、太黑暗,这样一来大家都有了一种仇富的心理。一出来工作就是房子，怎么想办法努力，有什么按揭优惠，其实这很不对。相对比较一下，德国是比较讲实业，德国人基本上不买房子，十五年、二十年房子不涨。买房子和租房子是一样的，而且多买一套，收税很厉害。德国是使大家的资源尽量不要集中配置在房子里面。其实如果真的换一个思路，房租合理一点，可能大家意见不会太大了。如果你按揭付八分之一，或者最高到五分之一的工资或许可以接受，不能整个工资都投到房子里。所有的工资根本不可能一起用于居住。这样一来年轻人没有理想了，看到的就是一片黑暗。

所以中国政府就开始改了。这个问题很突出了，房价继续上涨，百姓受不了，政府也很难处理。从政府关系看，也不希望中央政府和地方政府角色错位，政商不分。因为现在地方政府把税钱多交给中央了，剩下的一块自留地就是卖地。地方政府不卖地，怎么会有那么多的钱进行建设？中国现在要改也担心很多。几轮调控，这一轮是最成功的，时间相对长一点。因为上一轮真要调，房地产公司就要倒一大堆。因为没有来得及，地买了，房子没有卖掉，一下子金融海啸来了以后，死定了。经济刺激使房地产公司吃饱了，现在熬个三两年没有问题，房地产商有钱，就好办了。

当然，调控力度如果过大，经济增长就受制约。如果是调控力度过大，跌百分之三五十，银行的麻烦大。房地产整个行业的链条太长，利益很难平分。中央政府和地方政府的利益调整需要很深层次的改革，现在广州、深圳都感觉不堪重负。现在房价问题是很复杂的，只要大家都去挤着买，房子就又涨。还有一个因素是全世界多数地方都没得玩了，大家愿到中国来。所以热钱的流入和游资的聚集，造成了很多的泡沫。

再说，中国现在没有希望？肯定有希望的，第一，调控手段比原来好多了。政府没有说房子一定要涨，也没有说房子一定要跌，也没有说一定要做什么，什么都有可能。这样一来，政策手段，真的要出硬牌的时候，就出硬牌了。银行监管，贷款首付三成，第三套不能给，就不给了。市场手段也有，一些价格手段，包括推出土地政策，包括配套的一些建房，其实还是有很大的一块馀地，现在调控手段比以前厉害了。

第二，中国的问题不像美国那么厉害。因为中国城市化进程可以使刚性需求消化很大的压力。比如现在买了房，一两年不赚钱，三四年肯定不会亏本的，压力很较小。和谐社会执政理念，可以通过居民收入增加缓解。人事部说工资倍增，工资加一倍，房价不动。房价维持就不贵了，还不行工资加两倍，它有这样一个牌，因为中国工资现在很低。这些牌还没有出来。

居民购房是要看情况的，居住或改善，二三线城市放心买房子就是了。如果你是投资保值，靠这个一转手就赚钱。现在不是最好时间，因为最好的时间是 2006 年、2007 年、2009 年，现在我们制定政策就不会拼命再去刺激房地产了。房产税等措施会使你的投资失败。现在很多人要买房做投资，笔者建议以后不要做太多，因为房子买太多了，各种税收确实吃不消的。

日本和美国的经验帮我们更清晰地了解这个东西，所以中国会发现不能火上浇油，使房子拼命上涨，因为人们发现房子快速上涨是万劫不复的一件事，所以很长一段时间会压住。

科技篇

# 第二十八讲　太阳爆发活动及其对地球的影响

陈鹏飞

**主讲人简介：**

南京大学天文学教授、理学博士，获日本京都大学博士后。2002 年获全国优秀博士论文奖，2004 年获教育部提名国家自然科学一等奖，2004 年获科技部"973"计划先进个人奖。在国际杂志上发表学术论文近 50 篇。

不少人都看过电影《2012》,在这个电影中,2012 年 12 月 21 号,由于太阳内部大爆发,产生大量的中微子,而这些中微子又沉积到地球,使地球里面发热的岩浆迸发,从而导致冰川融化,使很多生物都无法生存,人们就开始乘诺亚方舟逃离。这个过程是不是真的会发生?

谈到太阳,其实各大文明古国都有一个共同的特点,就是对太阳的崇拜。比如古希腊著名的阿波罗太阳神,印度也有太阳神,中国同样有关于太阳的一些传说:后羿射日和夸父逐日。为什么会对太阳崇拜呢?因为太阳是最明亮的光源,它是整个人类生命的源泉,它为生命的存在提供了能量。其实太阳照到地球附近,每平方米带来的能量就有 1300 瓦,相当于一个电炉子。太阳照下来之后,照到地球大气层,有一部分被吸收、有一部分被反射,一部分被大气吸收,剩下的 51%照到地球表面。而这 51%中有 4%左右是被地面和海洋反射掉,真正的被地球吸收的占 47%,这就为人类的生存、生命的繁衍提供了可能性。

太阳是太阳系里面最大的、最重的一个天体。在太阳系中,太阳占到整个系统的 99.98%的质量,它是 1.99 乘以 $10^{27}$ 吨,大概相当于地球的 331 亿亿倍。它的半径是 69 万公里,大概是地球半径的 109 倍。平均密度是每立方米约 1400 公斤,比水要重一点。水的平均密度是 1400 公斤。但其实太阳的密度变化很大,在它的中心内部是每立方米 10 万公斤;然而它的表面非常稀薄,表面的密度是 $10^{-4}\,\mathrm{kg/m^3}$。它的温度变化也非常大,太阳中心是一千万度,往外温度逐渐降低,到了表面只有 5700 度,再往外就是大气。它的大气温度就变为 100 万度。所以这其实也是科学界的一个谜:为什么太阳表面的温度只有 5700 度,而它的大气却有一百万度?

太阳就是一个非常炙热的火球。太阳是一个恒星,90%是氢气,10%左右是氦气,还有小于 1%的是其他的所有的元素,比如碳、铁、氧等。它自己会发光,这是由于太阳的结构。太阳的中心有一个很小的核球,这个地方密度非常高,每立方米 10 万公斤;它的温度也非常高,一千万度。在这么密、这么高的压力的情况下,氢和氢一碰撞就会产生核反应,这就是氢弹的原理。氢和氢在一定条件下就聚变了,变成了氦,然后就释放出能量了。其实太阳内部时刻都在进行着这么一个过程。所以这个过程其实是:在太阳内部氢和氢原子碰撞,有的时候产生聚变,结合在一起。四个氢原子就产生一个氦原子。在这个过程中它的质量减少了了 0.007倍,就是说四个氢原子的质量变成了一个氦原子,它的总质量减少了。因为质量能量是守恒的。减少的质量,变成光子的能量。这是爱因斯坦提出来的,最著名的公式 $E = mc^2$。也就是质量可以转化成能量,如果有一部分质量损失了,那乘上光速的平方就是它转化的能量。光速是每秒 30 万公里,这个能量非常巨大,这种聚变跟氢弹一样。也就是说太阳内部无时无刻不在进行着氢核的爆炸。正是这种爆炸过程提供了能量。其实太阳辐射出来的能量根据这个公式就可以算出来。比如我们可以测量太阳损失的能量,然后除以光速平方,就可以算出来每秒钟太阳减少的质量是 40 亿公斤。所以有很多人会担心,这样的话,太阳是不是明天就没了?其实不用担心。因为在太阳整个的 100 亿年中,按照这个速度瘦身的话,这 100 亿年里面所损失的质量只占现在质量的千分之一,所以就不用担心太阳明天会不存在了。太阳光从它表面出发,到了地球,大概是 1.5 亿公里。这个距离大约是太阳半径的 215 倍。光传播是以光速传播,它的光从太阳表面传到地球是八分钟,也就是 480 秒左右就从太阳表面传到地球了。而光从太阳的中心跑到表面需要两万四千年。为什么呢?就是因为它里面太致密了,光一跑,它就跟旁边的氢、氦核碰撞。比如你在没有人的广场上跑,就跑得很快;但如果在一个菜场里面,跑得动吗?所以光从中心跑出来的时候就来回地碰,一直碰到表面,它需要走两万四千年。

其实太阳是一直处在变化之中,而且像水一样在沸腾。如果用放大镜去看,也会看到太阳黑子的内部是十分复杂的。它内部的米粒会像烧开的水一样在不断地变化。也可以用不同的光去看,比如来自太阳的白光经过三角棱镜之后会变成红青黄绿橙蓝紫。如果我们假设不用整个白光去看,用其中的一部分光,比如红光去看太阳。你会看到上面有很多亮的结构,也有一些暗的纤维状结构。再看它的局部,会发现太阳表面有很多针状结构,像一根一根的针一样,不断上下起伏。紫外光有一个特点,它大部分被地球的大气吸收掉,这对我们来说是很幸运的事情,因为紫外线直接照我们人体是非常危险的。如果用紫外光去看太阳,受太阳黑子活动的影响。黑子少的时候,太阳表面紫外光比较暗;黑子多的时候,紫外线的亮度就特别的大;然后黑子慢慢地又减少,紫外光也越来越暗。因为黑子的变化周期大概有 11 年左右,因此紫外线的亮度随之也不断变化。

如果用 X 射线拍摄的话,跟紫外线情况一样,在地面也观测不到,因为 X 射线也被大气吸收,只有利用卫星上的望远镜才能够测。如果观看了卫星拍摄到的太阳像,会看到太阳表面非常复杂,有很多爆发活动。如果发生了日全食,月亮把太阳表面遮挡住了,这时候就能看到它的大气里面经常会发生一些剧烈的爆发活动,任何时候它都不是平静的。比如太阳耀斑爆发,它持续的时间可能就一个小时,但它所释放出的能量相当于一千亿个原子弹同时爆炸的能量。英国广播电视台曾经做过一期节目,介绍太阳上的一些爆发活动的相关情况。通过欧洲和美国发射的一个卫星,放在地球和太阳之间的一个地方,可以研究太阳的内部结构,以及它的一些外部结构。通过卫星上面的望远镜,可以发现太阳的大气竟然有一个个爆发事件。除了太阳耀斑,还会有日珥。日珥是从太阳表面伸出的一块,像太阳的耳环一样。太阳的大气最外面一层叫日冕,日珥整个往外抛,日冕的物质也跟着往外抛,这个现象专业词汇就把它叫日冕物质抛射。这种抛射经常发生,平均每年会抛射出一千个,也就是大约平均每天三个左右,多的时候每天七八个,少的时候可能两三天一个。它每次抛出来的速度非常地快,大约是每分钟一千公里,每次抛射出来的质量大概是十亿吨。

每一次太阳爆发释放出来的能量相当于一千亿个原子弹的能量,而它能量的来源就是磁场,磁场是它的能源。比如地球的磁场,就像一个条形磁铁,很规则,从南极出来然后到北极,正是因为它比较规则,所以鸽子等鸟儿就可以根据这个磁场的方向导航,候鸟迁徙的时候也不会迷失方向。太阳就不一样,太阳的磁场乱七八糟,就像一个毛线团一样,非常复杂。所以如果真有候鸟在那儿,它找不着方向;那么高的温度,鸟也生存不了。所以能量主要来自于磁场。在太阳表面,白的就是正级,磁场从那里出来的;黑的就是负极,磁场从这儿进去。它非常地强,对应的都是黑子。黑子为什么很黑呢?因为这块的磁场太强了,以至于太阳内部对流过来的热量被抑制住了,所以这块就比周围要冷 1500 度,这时候它就暗了。所以说,所有的各种爆发的能量来源就是磁场。

这么强烈的爆发,而且有的时候会对着地球撞击,就会对地球产生非常重大的影响。太阳运动爆发对于地球的影响有很多方式,通常有四种:太阳风、太阳风暴、磁场、辐射。

第一，太阳风

假如没有太阳风吹到地球，地球的磁场就是一个条形磁场，很规则的分布。一旦太阳风吹过来之后，地球的磁场就压缩，朝着太阳的这边被压到很薄的一个区域，背离太阳的那一侧就被拉得非常地长。这就是太阳风的影响。人类的出现、存在其实有很多的偶然性。生命的存在必须有非常多的要素，一个一个在地球上出现了，以至于才有我们。举个例子，太阳风吹过来是八百公里每秒，这么快的速度，还有些非常高能量的电子、质子撞击过来，如果没有地球的磁场，直接就撞击到我们人类，生命就不可能存在。所以，地球磁场起到了保护作用。

第二，太阳风暴

太阳风暴主要就是太阳耀斑，一次爆发就相当于一千亿个原子弹的能量，还有日冕物质抛射，一次抛射的质量大概是十亿吨。

太阳的某些地方由于条件合适，就出现了爆发。爆发有可能朝别的方向，也有可能朝着地球。如果它朝着地球传播，就会撞击地球，撞击之后它把能量就转移给地球的磁场。这时候地球的磁场就发生很剧烈的变化，出现一些振荡。这时候在南北极、高纬度的地方就可以看到极光，非常强烈的极光现象。这是太阳风暴过来之后产生的效应。不过，它带来的不只是美，其实它也有很危险的一面。人类生活在地面是受地球磁场的保护，但如果像杨利伟跑到太空上去，脱离了地球磁场的保护，就变得非常危险。这时如果太阳风暴里面高能的粒子，比如电子、质子，过来之后可以穿越宇航员的太空服，直接打到人体里面，甚至打到大脑。所以通常宇航员，特别是早期的宇航员缺少这种保护，到了晚年都得了痴呆，确实跟这种粒子辐射有关系的。还比如坐飞机，如果从北京或者香港飞到华盛顿去，通常走的路线就是通过太平洋，距离非常长。但是如果通过北极，虽然近多了，但是走这里有一个问题。地球上有两个地方是致命的，一个在北极、一个在南极。如果发生太阳风暴，从太阳过来的离子撞击到地球的磁场，就沿着磁场线跑到南极、北极去了，一旦碰上太阳风暴，乘客、飞行员都会受到很大的X射线等的辐射，就非常危险了。还有辐射，比如从太阳风暴传过来的电子、离子、质子，也会轰击卫星上面的芯片。被高能粒子轰击后芯片产生了缺陷，有了缺陷了就会对它的整个线路产生影响，甚至断路，或者产生错误的影响。

第三，磁场

刚才提到地球的磁场，地球的磁场起了一个屏蔽作用，可以保护我们免受宇宙射线的危害。其实太阳的磁场也同样起了一个屏蔽作用。比如太阳的磁场往外一直延伸，延续到整个太阳系，所以它是第一道屏障，地球磁场是第二道屏障。

第四，太阳辐射

这个很显然，比如北半球的夏天，太阳在我们头顶上，所以我们就热；冬天太阳比较低，在南半球，就比较冷。所以这种辐射的影响是很明显的。不管是磁场的影响、还是辐射的影响，它们共同的原因都是太阳的磁场，而且都会影响地球的气候和天气。辐射的影响很简单，辐射强地球温度就高。磁场的影响，太阳的磁场可以屏蔽掉宇宙射线，而宇宙射线对地球的云的形成非常相关，云的形成有一部分是受宇宙线的影响。所以太阳磁场的强弱就改变了宇宙射线的强弱，宇宙射线的强弱就影响到云的强弱，云的强弱就影响到气候的变化。磁场最典型的代表就是黑子，黑子的大小就反映了太阳磁场的强弱。黑子的观测，其实中国人做得最早的了,比如说中国的"日"指太阳,日的甲骨文是一个圈中间带有一点,那一点现在考古界有人认为这其实就是古代人看到的太阳上的黑子。通常比较大的黑子才能用肉眼看得见。我们国家虽然在两千多年前就观测到黑子,但是记录并不是那么多。而真正对于黑子进行系统观测的是伽利略。400 年前,伽利略发明了望远镜,发明之后就马上看月亮、看太阳。但是拿望远镜不要直接去看太阳,早晨和黄昏可以,白天看其实是很危险的。伽利略看到月亮上的环形山,看到太阳上的黑子,到了晚年就失明了。这确实跟他早期用望远镜去看太阳黑子是有关系的。这时候人类就开始记录黑子的数目,每天、每月都有系统的记录。这时候人们就发现太阳黑子有一个周期,大概是 11 年。与此同时,人们发现黑子数越多,太阳总的亮度也越亮。所以亮度也有 11 年的周期。太阳黑子多也就是磁场强,这时它的爆发活动也多,太阳就变得越亮了。当然这个亮度就影响到对地球的辐射,热量就多,地球的温度也就受到影响。

所以,后来有好事者就再去研究别的,医院的人发现心脏疾病也有 11 年的周期,建筑公司、房地产的人就说,建筑规模也是 11 年的周期,农业工作者发现小麦的产量也有 11 年的周期,或者 22 年的周期,就是 11 年的倍数。其实很多现象都有,包括洪水,这就是太阳对地球的影响。我们国家大的洪水确实有一个 22 年的周期,而且通常发生大的洪水的时候都是太阳上黑子比较少的时候,包括 2010 年。这些太阳的变化对地球的气候、气温都会产生影响。

在过去的一百多年里面,地球表面的平均温度,大概是十几度。我们把这个平度温度扣除掉,就看每一年温度的变化、温度的异常。从 1850 年到现在,气温原来是比较低的,现在在逐渐地升高。1850 年的时候比平均温度还要低 $0.4℃$,而我们现在比平均温度要高 $0.4℃$。这就带来一个很重要的问题,就是全球变暖。关于全球变暖,到底是什么产生的其实对专业人士而言也没有一致的意见。有的认为,这是温室气体产生的。另外一派就认为是太阳的活动性产生的。其实这个问题太复杂了,更多的人士倾向认为两者都有影响。但是有一点是肯定的,就是二氧化碳的浓度是有变化的,最近的几十年里面,空气里面的二氧化碳的浓度继续上升。二氧化碳对生命重要,但我们不需要那么多。所以这也是我们提倡低碳生活的一个原因。

但更有意思的是,在过去的一百年里面太阳持续变亮,但是最近的十几年里面,太阳的亮度又在慢慢地变小,这个反映在黑子上面,就是黑子数有下降的趋势。这里依然有着大量的争论,又分了两派,而且势均力敌。有一部分认为 2012 年太阳黑子数很高,比 11 年前还高。还有一派人认为 2012 年、2013 年太阳黑子数很低,比如说低到 2011 年的一半。所以这样太阳会变暗一些。这个变暗其实差别不大,但是即使如此,就跟四两拨千斤一样,它对地球产生的影响是巨大的。太阳亮度变低之后又使得地球温度变低了,就会抵消掉工业气体二氧化碳产生的加热效应。所以也许将来全球变暖问题不会那么严重。如果黑子会很少的话,就如历史上的 1651 年,太阳上的黑子数很少、几乎没有,大概持续五六十年。因为这个现象是美国人蒙德发现、研究的,所以这段时期叫蒙德极小期。那可能整个地球的温度会变得很低。所以其实我们也在担心,近期之内会不会出现没有黑子的时期。现在同行有人说,2012 年之后也许会没有黑子,也有人认为 2012 年左右也有,但是再过三四十年可能又一个新的蒙德极小期了,就是维持五六十年太阳上没有黑子,这时候温度就会很低了。

2012 年是不是那么特殊?按照 11 年的周期,大概在 2012 年、2013 年的左右会出现一个太阳的峰年，就是黑子数比较多，但是即使再多也多不过1980年。那时候我们都度过来了，所以其实问题并不是那么大。2000年的时候也有很多黑子爆发，我们人类也没有什么灭顶之灾。从长期的几亿年、几十亿年的这个时间尺度去看2012年，是不是就很特殊呢？其实也不是。太阳的能源来自于核心的氢聚变。氢气在那儿燃烧，越来越少，所以它的核是越来越少。与此同时它产生的能量使得外部又逐渐地变大，而且也越来越亮，因为它面积越来越大。所以太阳随着时间的增长会越来越大。目前太阳是46亿岁，但是没有说到2012年会突然冒出一个尖峰，很亮。

时间长了太阳会发生很大的变化。那50亿年之后太阳会变得非常大，它会把金星吞没掉了，而且马上朝着地球过来，甚至整个太阳的八大行星都会被吞没掉。所以那时候有可能地球上的生命就被毁灭掉了。这之后，这个抛射过程在从现在开始算60亿年的时候，抛出来之后形成一个星云，太阳的中心就又变成一个小小的核，这个就是一个白矮星。这时候太阳的质量就变成只有目前的一半，它的大小就变成了跟地球差不多了。这时候，太阳的密度非常高，每立方厘米有一到两吨重，变得非常重。而且它的成分，目前是以氢和氦为主，氢占了90%，到了那时候氢就很少了，主要由碳和氧组成。这时候太阳变得暗淡无光，地球即使有人的话也天天生活在黑暗之中。

那2012年应该不会有灭顶之灾，但是50亿年之后，太阳整个膨胀，就吞没了地球了，人类就有灭顶之灾。其实比这个还严重，十亿年之后，太阳越来越亮，以至于地球的水都蒸干了，而只有南极变成一个绿洲。这时候人类可以在南极生活，其他地方的冰可能都融化掉了。二十亿年之后呢，南极的水也被蒸干掉了，也许地球就变成一片沙漠。我们需不需要担心这个问题？我想应该不用的。我们至少还有20亿年，因为在一两百年、三百年的时间里面科学就取得了这么大的发展，更何况20亿年？

# 第二十九讲　水来自天上和地下

萧耐园

**主讲人简介：**

南京大学天文系教授,中国科学院紫金山天文台客座研究员,全国科普工作先进工作者。主要研究方向为天文地球动力学、天体测量学、天体力学、天文学史、历法等。著有《天文学教程》(上册)等。

地球上的水到底来自哪里？要回答这个问题，必须从地球的起源开始谈起，因为就是在地球形成的时候带来了水。地球是跟太阳系一起形成的，太阳系是在星云里形成的，星云在银河系里面很多。如果用望远镜去观察天空，会看见很多云雾状的天体，在天空中非常遥远，它们的大小有的是几光年，有的甚至达几十光年。它里面的成分是气体和尘埃。尘埃是多种分子结合形成的颗粒，包括很多水分子在里面。我们统称它们叫尘埃，以区别于气体。星云是形成恒星的摇篮，星云没有确定的形态，本身是气体和尘埃聚集在一起形成的。而尘埃由很多分子颗粒结合而成，包括很多水的分子，气体里面主要是氢原子。

星云的物质分布是不均匀的，有些地方密集一点，物质越密集引力就越大，就可以形成一个凝聚中心，吸引周围的物质不断向它掉下去。随着凝聚中心里面的物质越来越多，温度也逐渐升高，当高到700万度的时候，它的氢就开始触发热核反应，就是由4个氢原子聚变成为一个氦原子，这个反应就像氢弹爆炸一样。这样就形成一颗恒星了。我们的太阳大概也是在50亿年以前，在一个原始星云里面形成的。

星云里的恒星形成以后，里面还有很多物质，这些物质不断围绕着中心的恒星在旋转，然后慢慢地凝聚起来，成为一个一个很小的小颗粒，这些小颗粒我们叫它星子。星子有的是石块，有的是冰块（即水）。然后这些星子再进一步结合起来，形成了行星。这些行星就围绕中心的恒星旋转。地球大概在46亿年以前，也就是在太阳形成以后4亿年，在太阳周围形成了。地球在形成以后，成为现在这样，需要经过漫长的演化历史。这个演化在早期的时候，经历了三个过程，一个是引力收缩，一个是小天体撞击，一个是放射性元素的衰变。在这三种作用之下，地球本身温度还会升高，温度升高以后它就成了一个完全熔融的状态。在引力收缩前，它本来的体积比现在要大，收缩后变得比较小了。在收缩的过程中，它的温度会增加，同时放射性元素衰变的过程中也会产生热源，再加上不断有小天体撞击。而这些小天体就是一些原来还没有结合成行星的星子，那些星子在后来有一部分形成了小行星，有一部分就成了彗星。经过这3个过程，地球温度升高了，温度升高以后它成为熔融的状态。

在这个熔融状态，它里面有的物质比较重，比如铁、镍、铜、金、银这些金属。金属物质比较重，就沉到地球的中心。所以地球的中心有一个熔化的铁核，这是那个时候形成的，这叫分异过程。硅酸盐是比较轻的，就漂在上面，它的外面会冷却，冷却以后成为很坚硬的地壳。地壳是由岩石构成的，岩石的主要成分是硅酸盐。地球表面慢慢变得坚硬了，成为地壳。这样，地球就有了坚固的地壳。

地球在形成后的最初3～4亿年里，太阳系中许多还没有结合到地球里面去的小星子就不断地往地球掉落，这就是小天体撞击。这些小天体主要是小行星和彗星。彗星本身主要是由水冰构成的。撞击的结果就是在地球表面形成大量的陨击坑。而彗星的撞击就带来了大量的水分。地球上的陨击坑，随着时间的推移不断遭受地球上空气和水的风化作用，就慢慢地消失了。如果没有空气、没有水，陨击坑就能保留下来。而大海、大江里面的水有很大一部分是由彗星带来的。彗星带来的水形成了地球之水的一部分。

早期的时候，地球的地壳是很薄的，在小天体不断地撞击它时，有的地方一撞就破了。破了以后，就能看到地壳底下的地幔，地幔就是熔融的岩浆，它们就喷发出来。所以在地球的早期曾经有一个时期有大量的火山喷发。火山喷发的时候，会迸发出很多岩浆，还有很多气体比如二氧化碳、一氧化碳、二氧化硫，同时也含有大量的水分。彗星撞地的水跟火山喷发的水最后就形成了地球的水，形成了大洋。

下面我们来谈谈彗星。彗星我们通常叫扫帚星，彗星也是太阳系里面围绕着太阳在旋转的天体。但是它的轨道很长，它从很远很远的地方飞过来，靠近太阳的时候，它的物质就挥发出来了，形成了尾巴。这个尾巴就使它成为扫帚星，"彗"字在中国古文里面就是扫帚的意思。因为彗星很难得见到，形状又很特别，所以古人觉得这是一种凶兆。不仅在中国，在西方也有这样的观点。一般肉眼能看见的彗星大概要平均十几年才能出现。在我国，1972年年初在长沙马王堆曾发掘了一座古墓，是西汉初期的一个贵族的古墓。那个墓里面保存着一个女尸，有很多陪葬品，里面就有一幅彗星图。西方也有过肉眼看到彗星的记载，如1957年姆尔科斯彗星、1970年的本内特彗星，还有1975年出现的威斯特彗星。

彗星在飞行的过程中间，形态在不断地变化。彗星在总体上可以分为两部分，一部分叫彗头，一部分叫彗尾。彗头是彗星前面朦朦胧胧的、很亮的一团物质，中间特别亮，外部稍微暗淡一点。彗头还由两部分构成，一部分叫彗核，另一部分叫彗发。彗核其实是彗星的本体，它相当小；彗发就是看上去朦朦胧胧的那部分。彗星是一个小天体，彗核才是彗星的本体。彗星绝大部分的物质集中在中间很小的彗核上面。彗核是固态的，彗尾是气态的。彗核的尺度不大，作为天体来说是非常小的，1公里到40公里这么大；它的质量也不大，大概1千亿到1亿亿千克。彗核的主要成分是水冰，彗核里还有其他的气体。但是气体在宇宙空间离开太阳很远的时候，那里的温度很低，所以结成冰了。通常地球上的气体，如二氧化碳、一氧化碳、甲烷、氨等，在地球上面都是气态的，但是在宇宙空间因为非常冷，结成水冰，而且里面还有许多尘埃，这样结成一团。美国天文学家惠普尔，是专门研究彗星的，他把彗星称为脏雪球。

彗星在宇宙空间飞的时候，怎么会产生尾巴？那就是由于它在围绕着太阳飞，并且它的轨道很长。它离太阳很远的时候，就是一个雪球，开始慢慢飞过来，靠近太阳。而太阳有光和热，构成彗星的一氧化碳、二氧化碳、氨、水、甲烷等都蒸发出来了，包围在彗核周围，形成了彗发。

太阳不光有光，光还有压力，光压把尘埃压出来，成了尾巴。太阳还有太阳风。太阳风就是高能粒子，太阳发出来的能量强的那些粒子，包括电子、氢原子核、氦原子核、我们称之为 $\beta$ 射线、质子、$\alpha$ 粒子。这些粒子速度很大，每秒300到500公里。太阳风一刮，也把彗核周围的气体给刮出来了，这也成了彗尾。而且这个尾巴在变化。彗星离开太阳很远时，尾巴很短，越靠近太阳，光和热越来越多了，所以挥发出来的东西就越多，尾巴就越来越长。

那么彗发呢？就是从彗核里蒸发出来，由气体和尘埃形成的。彗发延伸范围很大，可以到几万公里、几十万公里，甚至于更长。在彗发里面物质密度非常小，彗发后面如果有恒星的话，星光能够通过彗发被我们看见。彗发外层是由氢云组成的。这个氢云的范围更大，可以到上千万千米。从彗核蒸发出来的气体和尘埃，在太阳风和太阳光压的作用下形成了彗尾。彗尾分成两类：一类很长、很直而且颜色是蓝的，这主要是由气体的离子构成的，叫离子彗尾，就是由太阳风把气体吹出来而形成的。还有一个彗尾是弯的，而且颜色比较黄，这主要是由尘埃构成的，主要是由于太阳光压打在尘埃上面形成的，这个叫尘埃彗尾。那么彗星是从哪里来的？其实原来很多星子是由水冰构成的，留存下来就是彗星。但是现在，在大行星的周围已经没有星子了,因为大行星的引力很强,早就把周围的星子都吸收完了。现在在太阳系里面,有两个地方有大量的彗星存在。在太阳系的边缘,在大行星以外,有两个区域,一个叫柯伊伯带。柯伊伯是一个荷兰的天文学家,他发现了这个区域,为了纪念他就以他的名字命名。柯伊伯带是从 40 个天文单位(天文单位就是太阳到地球的平均距离,一个天文单位长度大概是 1 亿 5 千万公里,40 个天文单位大概是 60 亿公里),到 100 个天文单位(就是 150 亿公里)这么一个区域,这个区域里面有大量的彗星。那里面许许多多的彗星在太阳引力作用之下,都在围绕太阳运转。另外一个区域更远了,在 3000 到 5 万个天文单位,叫奥尔特云。奥尔特也是一个荷兰天文学家,奥尔特云是他发现的。柯伊伯带基本上像一个面包圈那样,薄薄的一个圈,围绕在太阳系的外缘。奥尔特云,从太阳系外面看就像一个球形的壳层,包围着整个太阳系。奥尔特云里面也有无数多个彗星,大大小小都在围绕着太阳转,不是静止不动的。在柯伊伯带里面的彗星或者在奥尔特云里面的彗星,绝大部分都是围绕着原来自己的轨道运行。有时候会有一些因受到大行星的影响或者互相碰撞在运行中偏离轨道。轨道偏离了,就会向太阳系的中心运行过来。柯伊伯带里的彗星轨道周期就比较短,一般几十年。奥尔特云的彗星,轨道周期就很长了。所以,彗星可以分为短周期轨道彗星和长周期轨道彗星这两类。而且有一些来自奥尔特云的彗星,这样飞过来以后,绕过太阳以后又飞回去,就再也不会飞过来了,这是非周期彗星。

哈雷彗星是沿着很扁长的轨道绕着太阳非常有规律地每 76 年回归一次。在 20 世纪,它出现过两次,一次是 1910 年,另一次是在 1985 年年底到 1986 年年初。最近这次回归的时候,有五六个飞船去探测哈雷彗星。哈雷彗星是以英国的天文学家哈雷的名字命名的。哈雷是牛顿同时期的一个人,而且和牛顿是好朋友。那为什么以他的名字命名呢?并不是他发现了哈雷彗星,而是他是计算出哈雷彗星轨道的第一个天文学家。当时在 1682 年的时候他看见这个彗星回归了,于是他就观测它,测量它的轨道。然后他预言 1758 年还会再一次出现。在他做了预言以后,过了几十年他去世了。他去世以后又过了 16 年,哈雷彗星果然又回来了。这说明他的预言是正确的,他的计算是正确的,这也说明了科学预言是正确的。因为是他计算和预言的,从此就把这个彗星命名为哈雷彗星。哈雷彗星离太阳最近的时候,它的轨道是在地球的轨道之内。哈雷彗星离太阳最远的时候,它的远日点在海王星轨道之外。最近一次过近日点是在 1986 年年初的时候,下一次回归应该是 2062 年。

彗星对行星撞击,不光是地球的早期撞击,现在也有撞击的现象,但一个很小的小彗星撞到了地球上来,影响不大。如果一个大彗星撞到地球来,当然是会很猛烈的。在 1908 年的时候,确实如此。1908 年 6 月 30 日,西伯利亚通古斯卡地区上空啪一下,一个很大的东西爆炸了。这个天体没有掉落到地面上来,在高空冲击到大气层里就爆炸了。爆炸以后破坏几百平方公里的森林,估计爆炸的能量相当于一百多万吨的 TNT 炸药,或者相当于两颗扔到广岛的原子弹,这就称为通古斯卡事件。后来天文学家、地质学家去考查弄不清真实的原因,只能推测它可能是一个小行星或者一个小彗星,总之是天外来的东西。

彗星是我们天上水的来源。那地面水的来源是什么呢?火山。火山是地壳的变动,地壳下面就是岩浆。岩浆从地壳薄弱的地方喷发出来,就形成了火山。岩浆有的可以喷出来,有的可能渗透到岩层里面去,这些都叫火山活动。有的是正在喷发,有的是周期性喷发,会喷发的火山叫活火山。现在全世界估计还有 500 座左右的活火山,不定期地喷发。有的火山,过去喷发过,现在停止喷发了,就叫死火山。有的还有可能复活,在地壳下面休眠,如著名的意大利的维苏威火山。

地球上火山有一定的分布。在太平洋的周围有一个很明显的环太平洋火山带,还有一个从欧洲开始,一直到亚洲的南部也有火山带。这两个是比较重要的。环太平洋火山带,包括我们的台湾,还有日本,有的地方密度比较大,最大的是环太平洋地带,有 300 多座活火山。然后是欧洲-南亚火山带,还有一个东非、日本,以及大洋底部的海底火山。现在火山喷发还会有水分,有火山活动的地方还有温泉。火山喷发当然是自然灾害,但也有一定的好处,比如火山灰底下的土地相当肥沃,火山灰是一种很好的肥料,还可以带来很多矿产,从地底下带来很多种稀有金属。一些非常著名的死火山,如日本的富士山,是一个非常美丽的圆锥形象,就是很典型的火山,也是日本的一个著名的旅游景点。美国作家海明威还写了一本小说叫《乞力马扎罗山上的雪》。我国东北的五大连池,也是火山口。

太阳系里面的几个大天体上是否也有水?因为地球跟太阳系其他的行星,差不多同时形成,它们当时的条件也类似。在水星上,有很多陨击坑,陨击坑当然也是由小行星和彗星撞击出来的。但是水星现在没水,一个原因是它的质量小,于是引力也小,不足以把大量的水都吸引住,所以很容易蒸发掉。另外一个很重要的原因,是它离太阳近,太阳照上去温度就很高。白天太阳照到的时候温度最高可到零上 477 度,这样高的温度下所有的水分都会蒸发掉,所以现在表面没有水了。金星有很厚的云层,它的大气也非常浓密,表面大气压是地球大气压的 91 倍。但是它的大气的主要成分是二氧化碳,96% 是二氧化碳,还有少量的氮、氧等。金星上面也是会有水的,来源应该也是一样的。但金星表面很热,它的热量被大气不断地吸收,散发不出来,产生温室效应,所以温度就很高,甚至把岩石都烤红了。火星上面也是有水的,这个天文学家早就发现了。从望远镜去看火星,能看见它的一个极冠。夏天的时候极冠缩小,冬天的时候极冠变大。极冠的颜色是白的,它里面也是冰,但是它既有水冰,也有干冰,干冰就是二氧化碳。因为火星表面的温度要比地球表面低很多,在那里二氧化碳就结成了冰。此外,火星表面发现了许多河床,但是这些河床现在没有水。历史上肯定是有大量的水,这些水的流动和冲刷形成了河床。因为火星比地球要小得多,它的引力要小得多,所以时间一长也不能保持水分。另外还有一种可能性,渗透到地下去了。所以说火星可能有地下水。2003 年 6 月 25 日美国发射“机遇号”火星探测器。美国航空航天局副局长 E·惠勒尔宣布:“机遇号的探测结果显示,它的着陆区域表面曾被液态水浸透,这个区域适合生命居住!”有水就有可能有生命。所以火星探测很重要的一个目标就是要探测火星的生命。木星是一个气态大行星,在它的大气里面存在氢、氦,也有少量的水、氨、甲烷和一氧化碳等。土星的条件与木星是非常相似的,它也是一个气态大行星。它的大气里面主要也是氢和氦,也有少量的一氧化碳、水蒸气和碳氢化合物。土星有一个显著的特征,就是有一个明亮的光环。光环是由大大小小的团块构成的。这些团块里面,有岩石、冰块,有的是岩石外面结着冰,容易反射阳光,所以土星的光环是非常明亮的。天王星跟海王星也是大行星。它们大气的成分主要也是氢和氦,然后有甲烷和少量的水汽。它的大气下面有一个核,这个核是由岩石和冰构成的。海王星跟天王星十分相似。海王星的表面也有很多的冰,这些冰也包含水冰、二氧化碳冰、甲烷冰等。它的里面也有一个冰和岩石构成的核。

卫星上面也有水的含量。首先是地球的卫星。长期以来，人们认为月亮上面是没有水的，这个观点到1997年才改变。1994年美国向月球发射了一个探测器，叫克里门汀号，成为环绕月球的卫星。在1997年下半年的时候，它发回了一张月球南极地区的照片。美国科学家经过分析以后，认为照片上反映出月球的南极地区表面有水冰。为了进一步证实这个发现，就在1998年年初，美国又发射了一个月球"全球勘探者号"，专门探测月球表面的水分。水已经形成冰了。这个"全球勘探者号"带着专门的仪器去探测水，进一步证实了，不光月球的南极有水，在北极也有水，这些水完全结成冰了。而且月球表面的水冰呈现为很小的颗粒，跟尘土混合在一起。由于月球的两极终年照不到阳光，温度很低，低到零下230度，所以水不会蒸发。在月球的其他地方，在阳光照射下温度可以高到零上122度，所以水是很容易蒸发掉的，只有月球的两极可能存在水冰。2009年美国又发射了一个半人马座火箭，去到月球的南极，撞击月球南极附近的凯布斯月球坑，使它的水溅出来，去分析溅出物的成分。这次撞击扬起至少95升水。木星有4个大卫星。木卫一上有火山爆发，木卫二的表面结了厚厚的一层冰，几乎整个卫星表面全是冰包围的，冰的厚度有六七十公里，一直结到底下。冰下面是一个岩石的星球。木卫二比月亮小一点，半径大概是1500公里，直径大概有3000公里。木卫三也是这种情况，它是太阳系里面最大的一个卫星，直径大概有5300公里，比水星还大，但水星是一个行星，它是最大的一个卫星。木卫四的情况也类似，它的表面也有几十公里厚的冰层。土星的卫星数土卫六最大，其他卫星都比较小。如果卫星太小，不太可能保留冰，不再可能保留水，因为它引力小，积一部分水就容易蒸发掉。土卫六是太阳系里面第二大卫星，直径大概4900公里，也比水星大。它上面主要是甲烷、氮这些气体，也有少量的水。天王星的卫星也有很多，目前发现了27个，但是只有5个比较大，这5个卫星表面也都覆盖了冰。海王星的卫星现在发现了13个，海卫一最大，半径1千多公里，也是有水的。它的表面有间歇性喷发的喷泉。

由此可知，地球的水对我们实在是太宝贵了。地球上各种生物的生命延续是要靠水的，人类的的生产活动和科学研究也都要靠水。自然界中气候的调节、地形的形成和变化也取决于水，所以水是人类生存和社会发展不可缺少的重要资源。但随着人口的继续增长，人类生活水平的提高，人类对水的需求量是越来越大。水资源已经成为现在世界要继续发展的一个很重要的制约因素了。但水并不是静止的，它在循环，地壳里的水在互相转换。转换的动力就是太阳的辐射。太阳辐射加热水，水就蒸发到空中形成了云。然后云里的水汽凝结成雨、雪、雹下到地面，或流到地下，或流到海洋，这样循环不止。云就是由水蒸发生成的，凝结成很小的水滴聚集在一起形成了云。这些水滴互相碰撞变成大的颗粒，当空气托不住它们，落下来就形成了雨，雨就降下来了。也可能由于上空的空气比较冷，使水滴凝结成雪块。这些水最终还会变成水汽上升到高空。地球上的水就是这样往复变化着，这个过程就是自然界的水循环。它可以使地球上各种水体进行自然更新，并使海洋水、陆地水保持相对平衡状态。太阳辐射的加热，还可以不断地上升，不断地再这样循环。这可以说是天空跟地面、海面的循环。另外还有一个循环，是在海洋里面进行的。水在海洋里也进行着循环，形成海流。海流是海洋中发生的一种大规模的、相对稳定的海水流动，是海水重要的普遍运动形式之一。

　　尽管地球上面的水看起来很丰富,人类实际上面临着水的危机。当代全球有十大环境问题:大气污染、温室效应、臭氧层破坏、土地沙漠化、海洋生态危机、森林锐减、物种濒危、垃圾难题、人口增长过速。简单说,就是资源、环境、人口三大问题,它们一直困扰着人类的生存和发展,特别是发展中国家情况更为严重,而且这些问题几乎都与地球上的水有关。生态环境问题,应该是直接、间接的都是与水有关系的。城市的人口密度大,工业集中,水的供需矛盾十分尖锐。世界各国的大中城市都不同程度地存在着缺水问题。例如,中国已有 154 个城市缺水,仅 14 个沿海开放城市每天缺水就达 300 万立方米,给城市人民生活带来了不便和困难,严重影响工业的持续发展。

　　中国是淡水资源大国,居世界第 6 位。但倘按人口平均,每人每年只有 2400 多立方米,仅约为世界平均值的三分之一,在世界上排名第 88 位。所以中国水的问题也不容乐观。对自然资源大量地开采和利用,造成了生态平衡的严重破坏,森林、草原明显减少,土地出现了沙漠化与盐渍化,水土流失严重,许多地方的气候也变得越来越坏。工业生产把大量深埋在地下的矿物采掘出来,许多工业产品在生产和消费中,产生大量的废气、废水、废渣,对环境造成污染。我国南方的珠江流域是淡水资源比较丰富的地区,长江流域只是基本满足需求。长江以北广大的地区,淡水资源缺乏,甚至于淡水资源严重缺乏。中国的大部分地区都是缺乏水的。随着温室气体的大量排放和环境污染的日益加重,地球上产生严重的温室效应,地球的平均气温不断升高,导致地面上的冰雪消融,海平面上升。

　　现在海洋也是严重的污染,尤其是一些近海区域,城市发展、工业发展,大量的工业废水,包括大河里面的废水,排入海洋。海洋里面的污染物引起了海水的富氧化,大量的有害的生物繁殖,形成赤潮。就中国来说,每年都出现好几次赤潮,而且现在频次越来越多,规模越来越大。河水当然也受污染了,还有垃圾污染。过度的砍伐森林造成水土流失,土地失去水分导致盐渍化和干旱,最终造成荒漠化。而且荒漠化还不断地侵蚀我们的绿地,于是绿地不断缩小,沙漠不断推进。沙漠里当然是缺少水,寸草不生。这在历史上就产生过很严重的教训,比如说新疆的楼兰、吐鲁番的交河,过去都是绿洲,在历史上都是非常繁荣的城市。后来由于水土流失,沙漠推进,水没有了,人类就无法在这些地方生存了,这些城市就完全废弃了。另外一方面,如果控制不好,形成水灾,这也是对人类生存和发展的威胁。水是我们必不可少的,但是它也会给我们带来很大的灾害。我们的舟曲,遭遇洪水和泥石流,造成很大的危害。水土流失现象,在中国西北部是非常严重的。

　　地球是太阳系中具有高等生命的唯一空间。由于人口及其消费量的增长,对环境的破坏愈来愈大,逐步损害到人类本身的生存和繁荣,使人类与地球之间关系愈来愈恶化。世界各国的有识之士,到处奔走呼吁:保护环境,救救地球! 保护环境应该是我们每个人的责任。我们提倡低碳生活,要尽量节约有限的资源,节约每一滴水,让地球恢复天高气爽、山清水秀、鸟语花香、草木葱茏的宜居乐园。